PARALLÈLE

DES PRINCIPAUX

THÉATRES MODERNES

DE L'EUROPE

ET DES

MACHINES THÉATRALES

FRANÇAISES, ALLEMANDES ET ANGLAISES

Paris. — Imprimé chez Bonaventure et Ducessois, 55, quai des Grands-Augustins.

PARALLÈLE

DES PRINCIPAUX

THÉATRES MODERNES

DE L'EUROPE

ET DES

MACHINES THÉATRALES

FRANÇAISES, ALLEMANDES ET ANGLAISES

DESSINS

PAR CLÉMENT CONTANT

ARCHITECTE

ANCIEN MACHINISTE EN CHEF DU THÉATRE IMPERIAL DE L'OPÉRA

TEXTE

PAR JOSEPH DE FILIPPI

PARIS

A. LÉVY FILS, ÉDITEUR, RUE DE SEINE, 29

AVIS DE L'ÉDITEUR

M. Clément Contant, architecte, ancien machiniste de l'Opéra, avait entrepris de réunir dans un grand ouvrage les plans, coupes, élévations des principaux théâtres de l'Europe, réduits à la même échelle. Lorsque la mort le surprit au milieu de ses travaux, il avait déjà fait graver une partie des planches qui se trouvent dans ce volume, se proposant de le compléter en y joignant les plans des théâtres nouvellement bâtis, et en les accompagnant tous d'un texte explicatif.

C'est pour ne pas laisser inachevé un si utile et si important travail que l'éditeur du présent ouvrage s'est rendu acquéreur de la totalité des planches existant à la mort de M. Contant, et qu'il en a complété la collection en faisant lever et graver les plans de plusieurs théâtres que l'auteur n'avait pu encore se procurer, tels que ceux de Pétersbourg, de Londres, de Madrid, de Lyon (état actuel), de Parme, de Berlin, etc., etc. Il a ajouté à cette collection deux nouvelles planches pour les machines, achevant l'exposition du système anglais.

Le rédacteur du texte, de son côté, ne s'est pas borné à donner une Notice succincte sur chacune des salles de spectacle représentées dans ce recueil; il a cru utile de rappeler brièvement les annales de chaque théâtre, ou tout au moins ce qu'elles offraient d'intéressant au point de vue de l'histoire littéraire et artistique, et il a fait précéder ses monographies d'une Introduction qui résume d'immenses recherches sur l'histoire générale de l'architecture théâtrale en Italie, en France et en d'autres pays de l'Europe. Enfin, pour que cette publication, destinée surtout à amener une amélioration désirable dans l'édification et la direction des théâtres futurs, répondît autant que possible à la pensée de son auteur, les deux derniers chapitres de l'Introduction ont été consacrés à l'exposé de quelques idées pratiques, tant sur la construction des théâtres que sur leur administration intérieure et sur la législation qui les régit.

On trouvera à la fin de l'ouvrage une Table alphabétique des noms de personnes et de lieux pour faciliter les recherches, ainsi qu'un Répertoire des mots techniques les plus usités.

INTRODUCTION

I

Avant d'examiner la forme actuelle de nos théâtres et les améliorations dont ils seraient susceptibles, il ne sera pas sans utilité de jeter un coup d'œil sur l'histoire de cette branche de l'architecture et sur les monuments qui en existent.

Le penchant général, irrésistible, pour l'imprévu et l'extraordinaire, le désir de s'émouvoir, de se passionner, ont dû, dit Schiller, donner naissance de bonne heure aux représentations mimiques et dramatiques. Nous en trouvons la trace dès les premiers temps de ce que nous appelons la civilisation antique. On raconte que Thespis, imaginant le premier en Grèce la représentation dialoguée, se faisait conduire de bourgade en bourgade sur un char qui lui servait de théâtre, et du haut duquel il déclamait avec ses compagnons, barbouillés de lie, plâtrés et fardés, enveloppés de feuillage ou de voiles.

Bientôt le théâtre se fixe et devient un monument de chaque ville; il ne consiste d'abord qu'en une simple charpente: il est loin de présenter les dimensions imposantes et les proportions harmonieuses qu'il prendra plus tard; mais, tout imparfait, tout rustique qu'est l'édifice, il ne sert pas moins à développer l'art dramatique, et il suffit pour porter la tragédie, notamment, à ce degré de perfection qui est resté, de nos jours encore, le modèle du genre. Eschyle, Euripide, Sophocle, ne virent représenter leurs chefs-d'œuvre immortels que sur des théâtres de bois. Tel fut d'abord, à Athènes, le fameux théâtre de Bacchus, le plus ancien dont il soit fait mention, et qui servit à la représentation des plus célèbres productions de l'art grec.

Ce n'est que vers l'an 480 avant l'ère chrétienne que la pierre commence à être employée dans la construction du théâtre. Celui de Bacchus s'étant écroulé sous le poids des spectateurs, il fut, par les soins de Cratinus, réédifié en pierre sur les dessins de Philon, avec les proportions et les dispositions intérieures qui se sont conservées depuis sur tous les théâtres grecs, et qui ont servi de modèle aux théâtres romains.

Telle est, en résumé, la marche que suit l'architecture théâtrale dans l'antiquité; telle est aussi, à certains égards, son histoire dans les temps modernes.

Dès que la cessation des conquêtes, l'établissement des nationalités et l'affranchissement des communes, permettent aux habitants des villes et des bourgades de quitter les armes et de se réunir dans des occupations et des passe-temps paisibles, la tradition dramatique reparaît, d'abord sur des théâtres ambulants, chars ou tréteaux, où se montrent des mimes, des jongleurs, des farceurs enfarinés et couverts d'oripeaux, sans signification déterminée et sans art. Leurs farces sont grossières et obscènes, comme semble l'avoir été l'ancien théâtre romain à sa décadence; les chefs de l'Église les flétrissent, les autorités civiles les pourchassent. Alors la farce s'introduit dans le sanctuaire, et, se mêlant aux fêtes de la nouvelle religion, elle recrute des acteurs parmi les fidèles et parmi les prêtres eux-mêmes, qui trouvent dans l'intention d'honorer les saints une ample justification de toutes sortes de licences. Chassé des temples par les décrets des conciles et des évêques, l'art dramatique n'abandonne pas les sujets religieux, et, dès le xiiie siècle, d'informes théâtres en bois s'élèvent en plusieurs villes, à Rome même, dans le Colisée, pour la représentation des mystères.

Bientôt ce réveil d'un art qui a eu un si grand lustre dans l'antiquité se ressent de la renaissance générale des lettres grecques et latines, et des productions dramatiques consacrés à des sujets profanes, modelées sur la tragédie et la comédie antiques, sont écrites par d'illustres auteurs bien avant que le théâtre offre un établissement stable pour les représenter dignement. L'*Orfeo*, d'Angelo Poliziano, la première pièce littéraire qui nous soit connue, est représentée à Mantoue en 1472, sur un théâtre provisoire en bois, de même que les pièces de l'Arioste, de Bibbiena, de Machiavel, sont données à Ferrare, à Rome, à Florence, à Urbin, sur des théâtres de circonstance qui disparaissent après la représentation et ne laissent aucun vestige de leur existence éphémère, si ce n'est la date et le titre de l'œuvre représentée.

C'est ici le lieu de remarquer combien les auteurs qui ont écrit sur l'histoire de l'art théâtral dans les temps modernes semblent s'être peu préoccupés des conditions matérielles et économiques du théâtre et de la mise en scène aux premiers temps de la renaissance. L'histoire littéraire du théâtre a été l'objet de travaux importants, facilités par la découverte des documents qu'une science nouvelle, la bibliographie, a tirés de l'obscurité et de l'oubli. Dans ces derniers temps surtout, chaque nation a eu de zélés investigateurs des origines de son théâtre, lesquels, tout en rendant l'incontestable service de dévoiler et de développer une partie négligée et peu connue jusqu'ici de l'histoire littéraire, ont peut-être, dans leur amour des recherches et dans leur admiration pour les temps passés, donné trop d'importance à certaines œuvres primitives, et pris pour thème d'études étendues et brillantes certaines productions abruptes et grossières qui ne méritaient guère l'éclat qu'on leur a prêté. Quant au théâtre proprement dit, édifices, décorations, costumes, quant aux acteurs qui ont représenté les œuvres plus ou moins littéraires que l'on recueille avec tant de soin, nous n'en trouvons que de loin en loin quelque mention incomplète, qui fait regretter davantage la disparition ou le manque total des monuments. Ce n'est qu'à une époque assez rapprochée, c'est-à-dire environ deux siècles après les premières représentations connues des mystères, et environ un siècle après les premières apparitions de comédies et de tragédies profanes, que nous rencontrons quelques détails sur les constructions théâtrales et sur la mise en scène chez nos ancêtres.

La plus ancienne relation de ce genre, à notre connaissance, date de 1548, et se rapporte à une représentation dramatique donnée à Lyon par les comédiens italiens, en l'honneur de Henri II et de Catherine de Médicis. Ce curieux document, si peu connu, que nous nous proposons de reproduire ailleurs, contient une description minutieuse du premier théâtre de luxe élevé en France : on y trouve aussi les détails des décorations, des costumes, de la mise en scène complète, d'une des plus célèbres comédies du temps. Nous en reparlerons à propos du théâtre de Lyon, compris dans notre recueil. Des mentions moins détaillées, mais qui peuvent donner une idée de l'importance du théâtre à sa première époque, se retrouvent en Italie, à propos des fêtes célébrées à Mantoue, comme nous avons dit, chez les Gonzague, à Ferrare chez le duc Hercule Ier, où l'on représente *les Ménechmes* en 1486, *Céphale*, *Amphitryon*, en 1487 et en 1491 : à Rome, chez le cardinal Riario, en 1492, et avant cette date, sur la place du Quirinal, où Pomponio Leti avait fait élever un théâtre pour y représenter Plaute et Térence en latin; à Milan, chez le duc Ludovic Sforza; à Venise, à Padoue, à Sabbioneta, à Sienne, à Vicence, à Urbin. Tous ces théâtres, comme tous ceux du xvie siècle, étaient construits en bois, soit dans des cours de palais, à découvert, ainsi que cela eut lieu à Ferrare, soit dans de grandes salles comme celle de la Ragione, à Vicence. Dans le premier cas, la scène et l'auditoire affectaient la forme des théâtres antiques, autant que l'espace le permettait, en y ajoutant les décorations peintes et mobiles qu'un artiste de génie, Baldassare Peruzzi, créa pour la première fois à Rome, en 1514, pour la représentation de *la Calandra* devant Léon X. Dans les salles, le théâtre était dressé à l'un des bouts, et tout l'espace en largeur et en hauteur était rempli par une ornementation plus ou moins riche, dont on distingue quelques traces dans les dessins du temps.

Le premier théâtre entièrement bâti suivant les règles de Vitruve, à l'imitation des anciens, sur de vastes proportions et non plus comme dépendance d'un autre édifice, fut l'œuvre de Palladio, qui l'éleva à Venise en 1565, aux frais de la célèbre compagnie de *la Calza*, pour y représenter *Antigone*, tragédie de Conte di Monte Vicentino. Vasari nous apprend que Frédéric Zuccheri en fit les peintures décoratives, et qu'elles consistaient en douze grands tableaux enchâssés dans la façade de la scène, à l'imitation des bas-reliefs antiques. Ce théâtre coûta au célèbre architecte des soins et des fatigues infinis : il le dit lui-même dans une lettre à Vincenzo Arnaldi, qu'il invite à venir assister à la représentation. Le plan et les détails architectoniques ne sont point parvenus jusqu'à nous, mais l'importance inaccoutumée de cet édifice est prouvée par cette circonstance que, contrairement à l'usage, il ne fut pas démoli après la fête qui en avait été l'occasion, et ne fut détruit que quelques années plus tard par un incendie qui consuma une partie du couvent de la Charité, auquel il était adossé.

Les auteurs vicentins parlent avec admiration d'un autre théâtre bâti à l'antique, dans leur patrie, par un autre grand maître de l'architecture, Serlio, qui en a laissé une mention et le plan au deuxième livre de ses écrits. Ce théâtre était dressé comme à l'ordinaire dans la cour d'un palais (le palais Porro), et offrait cette particularité que la scène en pente était terminée vers les spectateurs par un plancher horizontal de douze pieds de large sur soixante de long, « chose, dit Serlio, que je trouvai bien commode et d'un grand effet. » L'auditoire s'élevait en amphithéâtre.

La pierre ne commence à entrer dans la construction du théâtre moderne qu'en 1580, et elle produit de prime abord un chef-d'œuvre, le théâtre de Vicence. C'est encore Palladio qui en est l'auteur, et cette fois il se propose de léguer à la postérité un monument qui concilie autant que possible l'application des préceptes de Vitruve avec les nécessités de temps, de lieu et d'espace. Nous disons d'espace, car travaillant pour une académie dont les ressources étaient limitées, Palladio n'eut à sa disposition, pour installer son théâtre, qu'un terrain étroit, bordé d'édifices, et d'une forme peu favorable. Non-seulement le grand architecte triompha de ces obstacles, mais il en tira parti en introduisant une innovation des plus heureuses dans la forme de l'amphithéâtre, pour lequel il adopta, au lieu du demi-cercle gréco-romain usité jusqu'alors, l'ellipse coupée sur le grand axe; forme toute nouvelle à cette époque, peu suivie depuis, et qui pourtant nous paraît mériter la préférence dans certains cas, notamment pour le drame parlé, comme nous le dirons plus loin. Les limites imposées au génie de l'architecte ne lui permirent pas de bâtir tout l'édifice en pierre, comme il l'aurait voulu. Il dut construire en bois les quatorze gradins de l'amphithéâtre, ainsi que cette partie de la scène appelée *la petite ville*, formée par les édifices que l'on aperçoit en perspective le long des sept rues où conduisent les sept ouvertures destinées aux entrées et aux sorties des acteurs; ces édifices n'en sont pas moins remarquables par la variété de leurs façades et la pureté du style, et ils contribuent puissamment à augmenter l'illusion, en ce que les personnages, au lieu de sortir uniformément d'entre les coulisses, sortent réellement d'un palais, d'une maison ou d'un temple, à la vue du spectateur. La colonnade corinthienne qui couronne l'amphithéâtre, les statues qui garnissent les entre-colonnements du fond de la salle, et la riche décoration de la scène, sont en marbre; les murs qui entourent la salle et le théâtre sont en brique.

Nous n'entreprendrons pas de décrire minutieusement ce théâtre célèbre, que tout le monde connaît ou peut voir, soit sur les lieux, soit dans les nombreuses gravures qui le représentent. Nous ajouterons seulement à ce que nous avons dit que Palladio n'eut pas la satisfaction de voir son œuvre exécutée : il mourut le 19 août 1580, pendant que l'on creusait les fondations. La construction, continuée sous la direction de son fils Silla, ne fut achevée qu'en 1585, et l'inauguration solennelle eut lieu la même année par une mémorable représentation de l'*Œdipe Roi* de Sophocle, mis en scène à la manière antique, avec chœurs et musique.

Le théâtre de Vicence est aujourd'hui le plus ancien de l'Europe.

D'autres théâtres s'élevèrent en Italie vers la même époque et se firent remarquer par la richesse de l'ornementation; mais l'architecture proprement dite y entra pour peu de chose.

Nous voyons par le livre de Nicolas Sabbatini (Pesaro, 1637), le plus ancien traité qui nous soit connu sur cette branche de l'art, que l'on ne songeait guère, au commencement du XVIIe siècle, à établir les théâtres autrement que dans des salles déjà existantes et dans les conditions que nous avons rapportées. Il n'en pouvait être autrement. Malgré la protection des princes et le concours empressé des poètes et des écrivains les plus renommés, les troupes dramatiques avaient encore à cette époque une existence trop précaire et des ressources trop limitées pour entreprendre des constructions importantes. Le peuple se contentait de tréteaux dressés sous un abri quelconque; il ne pouvait payer autre chose. Les princes, soit qu'ils eussent des troupes sédentaires à leur solde, comme le roi de France, l'empereur d'Allemagne ou l'électeur de Bavière, soit qu'ils voulussent des représentations temporaires, faisaient dresser le théâtre dans leur propre palais. Les académies, enfin, qui donnèrent à l'art dramatique en Italie ses premiers développements, avaient rarement, comme celle de Vicence, un théâtre permanent à leur disposition ; elles célébraient leurs fêtes littéraires à de longs intervalles, sur des théâtres qui, étant dressés, soit dans une cour, soit dans des salles attribuées à d'autres usages, ne pouvaient survivre à la solennité qui les avait fait naître.

L'exemple donné par les académiciens *olympiques* de Vicence mit trente ans à fructifier. Ranuce Farnèse, duc de Parme, prince fastueux autant qu'un roi, ayant résolu d'élever au premier étage d'une aile de son vaste palais un théâtre qui dépassât en magnificence tout ce qu'on avait fait jusqu'alors, en confia l'exécution à Jean-Baptiste Aleotti[1], son architecte ordinaire; mais celui-ci, sentant qu'il n'approcherait jamais du génie de Palladio, se proposa d'effacer, au moins par les proportions, l'œuvre du grand maître, et il éleva, en effet, le plus vaste théâtre qui fût alors et qui soit encore aujourd'hui en Europe. La scène et l'amphithéâtre y gardent la forme antique; seulement leur longueur démesurée altère singulièrement l'harmonie des proportions, et c'est peut-être la cause qui fit abandonner ce théâtre au bout d'un certain temps. Mais l'édifice était trop extraordinaire pour que l'on ne tînt pas à le conserver. Il subsiste comme pour marquer, dans l'histoire de l'art, la dernière tentative de restauration du théâtre antique.

Ici se place, en effet, une révolution totale dans l'économie du théâtre sur la terre classique qui l'a vu renaître, c'est-à-dire en Italie.

L'invention et la propagation rapide du drame lyrique changent les habitudes de la société et en même temps les conditions matérielles du théâtre. Avant l'introduction de l'opéra, le public des représentations ordinaires était restreint, payait fort peu, et s'accommodait de toute espèce de salle; mais lorsque, vers le commencement du xvii° siècle, l'opéra fit son apparition en Toscane et se répandit dans toute l'Italie, les représentations devinrent plus suivies, le public plus nombreux et plus passionné, et il fallut songer, non-seulement à construire des théâtres stables, mais aussi à y faire tenir le plus grand nombre possible de spectateurs, tout en leur facilitant le moyen de voir et d'entendre. De là l'invention des loges superposées, dont la première application à l'usage du public paraît avoir été faite à Venise vers 1639; de là aussi l'adoption de la ligne courbe pour le plan de la salle, qui jusqu'alors avait eu la forme carrée, même quand l'amphithéâtre était circulaire.

Telle est l'origine de nos salles de spectacle modernes. Sous le rapport de l'architecture, elles se sont peu modifiées depuis cette première époque.

I I

En France, comme dans le reste de l'Europe, le théâtre s'est développé sous l'influence des artistes italiens et d'après les modèles qu'offrait leur pays; mais il a eu d'autres origines. A Paris, et dans la plupart des villes de province, ce sont les représentations tirées des légendes religieuses qui ont d'abord et pendant longtemps constitué les jeux scéniques de nos pères; c'est l'élément populaire qui a soutenu ce théâtre primitif, bien plus que l'influence des princes ou le concours des sociétés littéraires. Les émotions vives et toujours nouvelles que procure le grand art qui les réunit tous entraient si bien dans le caractère national qu'elles devaient, une fois connues, devenir un indomptable et universel besoin.

Aussi, trouvons-nous le théâtre public et permanent établi en France bien avant qu'en tout autre pays. Si le pouvoir lui eût laissé son libre essor, il n'est pas douteux que de rapides progrès n'eussent couronné l'empressement avec lequel la nation l'avait accueilli: mais la royale manie de *protectionner* et de patenter les beaux-arts fit sentir dès lors ses funestes effets.

Le privilége accordé en 1402, par Charles VI, aux premiers pèlerins-acteurs qui s'érigèrent en confrérie de la Passion, stérilisa le domaine de l'art en le parquant au profit d'une société particulière; il fut la cause de la longue

[1] C'est à tort que certains auteurs ont attribué ce théâtre à Vignole ou au Bernin. Le premier était mort depuis vingt ans; le second était encore bien jeune en 1618.

enfance de notre théâtre national et des conditions mesquines dans lesquelles il resta enfermé, tandis qu'en Italie l'art dramatique prenait des allures littéraires si remarquables et produisait des monuments que nous admirons encore. Cela peut expliquer pourquoi tous les auteurs qui se sont occupés du théâtre, en France, n'ont guère ajouté d'importance à son état matériel et économique, et nous ont transmis si peu de détails à ce sujet. Nous savons seulement qu'après avoir obtenu l'autorisation de s'établir à Paris, les confrères de la Passion prirent à bail la grande salle de l'hôpital de la Trinité, qui formait l'angle des rues Saint-Denis et Grénetat, et que dans cette salle ou galerie, de vingt et une toises de long sur six de large, ils dressèrent un théâtre sur lequel, les dimanches et fêtes, ils représentaient *mystères* et *moralités*. Il paraît que la scène se composait d'un échafaudage garni de quelques tentures et muni, aux deux extrémités, de gradins par lesquels montaient et descendaient les acteurs.

Plus tard, on pensa à favoriser l'illusion en ménageant les entrées et les sorties au moyen de rideaux suspendus au fond de la scène. Pour certains mystères, pour celui de la Passion, par exemple, la scène portait deux autres échafaudages placés en échelon, parallèlement à la face du théâtre : le plus élevé représentait le Paradis, et l'autre la maison de Pilate, au-dessous de laquelle s'ouvrait le gouffre de l'Enfer. Le public était probablement assis sur des banquettes; mais en aucun mémoire du temps il n'est fait mention d'amphithéâtres élevés à la manière antique, comme en Italie.

Telle paraît avoir été la disposition du théâtre des confrères et des acteurs du xv siècle à Paris. Il en était de même dans d'autres villes de France, où de temps en temps des mystères furent représentés quelquefois sur une bien plus grande échelle. Du reste le théâtre de la Trinité ne paraît pas avoir été permanent, ni décoré à grands frais, puisqu'en 1422, le roi et la reine d'Angleterre, alors maîtres de Paris, désirant avoir la représentation d'un mystère, firent dresser un autre théâtre à l'hôtel de Nesle, sur la rive gauche de la Seine. Grâce au fatal privilège des confrères de la Passion, constamment soutenus dans leurs prétentions égoïstes par le Parlement de Paris, l'art dramatique ne sortit guère de ses langes pendant un siècle et demi, et pendant deux siècles le matériel du théâtre resta à peu près le même.

En quittant la salle de la Trinité, vers 1543, les confrères établirent leur théâtre à l'hôtel de Flandre. Cet hôtel et ses dépendances ayant été démolis quelques années plus tard, ils achetèrent, rue Mauconseil, un lot de terrain provenant du vaste domaine des ducs de Bourgogne, que l'on venait de dépiécer, et ils y bâtirent, en 1548, le premier théâtre spécial qui fût en France, et peut-être en Europe, théâtre devenu par la suite si célèbre dans les fastes de l'art dramatique sous le nom de *l'Hôtel de Bourgogne*.

L'acquisition du nouveau local donna aux acteurs privilégiés une demeure stable et indépendante ; mais elle n'amena aucun progrès dans la construction et la décoration du théâtre, qui resta longtemps encore l'échafaudage traditionnel que nous avons décrit. Seulement, le Parlement ayant fait défense de continuer à représenter des mystères, la scène ne fut plus surchargée par les deux estrades dont nous avons parlé; et, tout en conservant les rideaux du fond, qui jouaient un rôle dans la représentation des farces, elle reçut probablement à cette époque l'appendice de deux petites chambres encadrant la scène des deux côtés, et servant en quelque sorte de coulisses au moyen de deux petites portes; au besoin, ces deux avant-corps signifiaient des maisons, et ils en avaient l'apparence.

Nous pensons que la scène de l'Hôtel de Bourgogne devait être ainsi disposée, parce que, d'un côté, la décoration peinte et mobile n'a été introduite en France que beaucoup plus tard; et que, d'un autre côté, les pièces qu'on a dû jouer sur ce théâtre vers la fin du xvi siècle et le commencement du xvii exigeaient certainement des coulisses ou des retraits pour les acteurs sortants. Nous avons, du reste, un curieux document sur la décoration théâtrale de cette époque dans une gravure qui date indubitablement des premières années du xvii siècle, et qui nous a été transmise par Mariette, sans désignation d'auteur. Cette pièce rare et précieuse, au point de vue historique, représente, selon nous, la scène du théâtre du Marais, ou de l'Hôtel d'Argent, qui s'éleva, comme on sait, vers 1600, en concurrence avec celui de l'Hôtel de Bourgogne. On est fondé à le croire en voyant y figurer les trois fameux farceurs Turlupin, Gauthier Garguille et Gros-Guillaume, qui jouèrent sur ce théâtre vers 1622, longtemps avant de passer à l'Hôtel de Bourgogne, où ils entrèrent en 1634 par ordre du cardinal de Richelieu, qui voulut mettre ainsi un terme aux réclamations des acteurs privilégiés. Or, il est présumable que si la décoration du théâtre de l'Hôtel de Bourgogne avait été à cette époque moins rustique ou autrement disposée que dans les premiers temps, les acteurs qui s'installèrent à l'Hôtel d'Argent, et qui avaient alors plus de succès que leurs rivaux, n'eussent pas manqué, pour soutenir la concurrence, de l'imiter et même de l'améliorer.

L'entrée des trois *farceurs* à l'Hôtel de Bourgogne amena sans doute une augmentation des recettes, et par suite une transformation de la scène, qui reçut une décoration fixe en bois, formant salon, avec deux portes latérales aux deux avant-corps dont nous avons parlé, et une porte au fond, à la place des rideaux primitifs. C'est encore une estampe, œuvre d'un maître, cette fois, d'Abraham Bosse, plus connue, mais non moins rare que la précédente, qui constate cette transformation en reproduisant une scène d'une *farce* dans laquelle, outre les acteurs que nous avons nommés, nous voyons figurer l'Amoureux, le Capitaine espagnol et une femme, mademoiselle Beaupré, la première actrice dont la gravure ait reproduit les traits.

La salle était encore de forme carrée, mais elle avait dès lors au moins un rang de loges, ainsi qu'il est prouvé par la cession même que les confrères de la Passion firent de leur théâtre et de leur privilége à une troupe de comédiens, en se réservant les deux loges les plus rapprochées de la scène, qui furent appelées les *loges des maîtres*.

Près d'un siècle se passe donc depuis la fondation du théâtre de l'Hôtel de Bourgogne, sans que nous puissions constater un progrès dans la construction et la disposition de la salle : le privilége, en s'opposant à ce que des entreprises rivales élevassent des théâtres mieux disposés et plus élégants, dispensait les confrères, propriétaires de l'Hôtel de Bourgogne, de chercher, par des efforts constants, à améliorer leur salle ou leur spectacle. Pourquoi se seraient-ils donné cette peine? Le public n'avait pas le choix.

Les comédiens, locataires de l'Hôtel de Bourgogne, supportaient à contre-cœur cet état de choses, et dans leurs *Remontrances au Roy* (1631) à ce sujet, promettaient-ils, pour le cas où le théâtre leur « seroit octroyé, de le « rebastir à la façon des bastimens qui sont en Italie, afin qu'en toute liberté les honnestes gens, et principalement « les dames, y puissent jouir du divertissement des comedies, sans apprehension des volontaires et des mauvais « esprits qui se portent aux insolences. »

Cette reconstruction, dont les comédiens reconnaissaient la nécessité, a dû avoir lieu bien avant la suppression de la confrérie de la Passion, et nous en avons un témoignage authentique.

Vers la même époque où Abraham Bosse reproduisait la scène de l'Hôtel de Bourgogne, dont nous avons parlé, un de ses contemporains, François Chauveau, peintre et graveur, retraçait, dans une composition intitulée : *Les Agréables Divertissements de la Cour*, une partie d'une salle de spectacle qui est évidemment celle de la rue Mauconseil. Cette petite gravure, reproduite dans *le Magasin pittoresque*, suffit, tout imparfaite qu'elle est, pour nous rendre certains que, vers 1645, l'Hôtel de Bourgogne avait deux rangs de loges perpendiculaires, faisant le tour de la salle, probablement à angle droit, et soutenus par des piliers de bois à la hauteur de la scène, afin de laisser de la place aux spectateurs du parterre, condamnés à se tenir debout.

C'était, en effet, comme nous l'avons vu, le genre de construction adopté en Italie vers la même époque, c'est-à-dire depuis que le théâtre, cessant d'être temporaire et réservé aux princes et aux académies, était devenu une industrie publique, un besoin de tous les jours.

Quant au plan de l'Hôtel de Bourgogne, le seul authentique que nous possédions, reproduit dans l'œuvre de Dumont, date, selon nous, de la dernière restauration de ce théâtre (1763), et nous le montre parvenu à son complet développement, c'est-à-dire disposé à peu près comme les petites salles de nos jours, qui ne sont pas, on le pense bien, le dernier terme de l'art.

L'emplacement qu'occupait ce théâtre célèbre, qui fut le berceau de l'art dramatique en France et subsista pendant deux cent trente-cinq ans, est encore parfaitement reconnaissable sous l'édifice (la Halle aux cuirs) qui lui a succédé en 1784, et qui paraît destiné à une démolition prochaine.

Nous avons dit que le fatal privilége des confrères arrêta pendant longtemps tout progrès dans l'art dramatique aussi bien que dans l'architecture théâtrale; ce n'est, en effet, que sous Henri III qu'il est fait mention d'un second théâtre à Paris, et encore n'eut-il qu'une existence très-précaire. Les troubles publics, non moins que les arrêts du Parlement, l'empêchèrent de prospérer. Ce théâtre, qui était plutôt une dépendance de la maison du roi qu'une entreprise particulière, occupait une longue galerie de l'hôtel du Petit-Bourbon (d'où lui vint son nom), au coin de la rue des Poulies et du quai du Louvre. Il fut fermé et rouvert à différentes reprises et à de longs intervalles, jusqu'en 1660, où sa démolition fut jugée nécessaire pour faire place à la belle colonnade de Perrault. Nous savons peu de chose de sa construction primitive; il est probable qu'elle ne s'éloignait guère, quant à la scène, de celle de l'Hôtel de Bourgogne et des théâtres temporaires qu'on dressait à la cour ou chez les grands seigneurs. Mais il existe, dans la collection Hennin, une gravure du temps (reproduite dans *le Magasin pittoresque* de 1840, page 317), qui nous représente l'intérieur de la salle tel qu'il était en 1614, lors de la tenue des états généraux. Ce vaste parallélogramme de dix-huit toises de long sur huit de large, garni de deux étages de tribunes faisant le tour de la salle entière, était terminé, en face de la porte d'entrée, par une espèce de chapelle voûtée, séparée du reste de la salle par un arc en maçonnerie, appuyé sur deux pans de mur, qui la rétrécissaient et formaient en quelque sorte une avant-scène naturelle. Là a dû être dressé le théâtre, en 1576 et aux époques successives.

Vers la fin de son existence, c'est-à-dire en 1645, lorsque Mazarin y fit représenter *la Finta Pazza*, le théâtre du Petit-Bourbon avait acquis une grande importance et pris un aspect tout à fait conforme à celui des théâtres des autres cours de l'Europe, sans être toutefois aussi richement orné que ceux de Munich et de Vienne, édifiés également par des Italiens.

Jacopo Torelli avait encadré la scène dans une décoration peinte dont le dessin a été reproduit avec les décors de la pièce, gravés par Stefano della Bella. La salle proprement dite, restaurée pour la circonstance, était ornée des deux côtés de colonnes cannelées supportant l'entablement général, et séparées alternativement de chaque côté par les fenêtres et par des tribunes tenant lieu de loges. Des banquettes garnissaient le parquet, sans estrade ni amphithéâtre.

Tel fut le fameux théâtre dit du Petit-Bourbon, où débutèrent les Italiens en 1576, où joua Molière en 1659, avant de passer au Palais-Royal. Tels étaient à peu de chose près tous les théâtres de circonstance que l'on établissait, soit au Louvre pour le roi, soit dans des hôtels de grands seigneurs, soit enfin dans des jeux de paume pour le public.

Si notre but était de former la liste chronologique des théâtres de Paris, nous aurions à mentionner ici les scènes inférieures et temporaires qui s'élevèrent dans la capitale à diverses époques, pour des troupes françaises ou italiennes, et dont on trouve au moins l'énumération, faute de plus amples renseignements, dans les historiens de Paris, notamment dans Dulaure, qui les a résumés tous. De ce nombre seraient : le théâtre primitif des clercs de la Basoche, qui, au XVIᵉ siècle, était dressé une ou deux fois par an dans la grande salle du Palais; celui que le Parlement fit fermer en 1584, à l'hôtel de Cluny, où jouait, à ce qu'il paraît, d'après le rapprochement des dates, la troupe italienne des *Confidenti*; celui qui s'éleva au Marais, rue Vieille-du-Temple, après la fermeture de l'Hôtel d'Argent : le théâtre du jeu de paume de la Fontaine, rue Michel-le-Comte, fermé par autorité du Parlement; celui de la foire Saint-Germain, qui date de 1596 ; ceux des collèges de Reims et de Boncourt, dressés également une fois par an ; celui de la rue des Quatre-Vents, que son directeur Dorimont plaça sous la protection de Mademoiselle ; l'*Illustre Théâtre*, au jeu de paume de la Croix-Blanche, rue de Buci, où débuta Molière ; enfin celui que Perrin et Sourdéac élevèrent, en 1669, au jeu de paume de la Bouteille, rue des Fossés-de-Nesle, en face la rue Guénégaud, le plus important de tous par rapport à l'histoire de l'art, car il fut le berceau de l'Opéra et de la Comédie-Française.

Tous ces théâtres, dressés dans des jeux de paume ou dans des salles déjà existantes, avec les faibles ressources dont disposaient les artistes de l'époque, ne pouvaient offrir qu'un champ restreint à l'architecture : on limitait la décoration à l'échafaudage destiné aux acteurs, lequel était proportionné à la hauteur et à la largeur de la salle ; on disposait un ou deux rangs de loges sur des piliers de bois, et tout était dit.

Nous laisserons donc de côté ce que nos recherches sur ces théâtres pourraient nous offrir d'intéressant au point de vue historique, afin de suivre l'architecture théâtrale dans ses lents développements, en examinant les monuments les plus remarquables qu'elle ait produits.

Le cardinal de Richelieu fut le premier en France qui fit édifier une salle spéciale pour les représentations dramatiques, le premier, voulons-nous dire, qui construisit un théâtre régulier, aussi vaste et aussi élégant que le comportait l'état de l'art à cette époque. L'Hôtel de Bourgogne avait certainement la priorité ; mais nous avons vu que l'architecture et la peinture n'avaient guère fait apparition dans cette salle populaire, dont les dimensions et l'aspect se ressentaient de la pauvreté des comédiens d'alors.

Richelieu qui avait, comme on sait, autant de goût pour le faste que pour l'art dramatique, et qui disposait de ressources immenses pour le satisfaire, voulut avoir un théâtre qui ne le cédât en rien à ceux d'Italie, dont les voyageurs faisaient depuis longtemps l'éloge. En bâtissant en 1639 son palais, aujourd'hui le Palais-Royal, sur les dessins de Lemercier, il consacra toute l'aile droite à son théâtre ou salle de comédie, comme on disait alors, et n'épargna aucune dépense pour la rendre digne de la haute idée qu'il avait de lui-même et de ses œuvres qui devaient y être représentées. On prétend que le théâtre seul et les frais de la mise en scène de *Mirame*, pièce d'ouverture, coûtèrent au cardinal plus de cent mille écus. Deux documents authentiques nous restent de cette remarquable construction. Le frontispice de cette même tragi-comédie de *Mirame* (1641), reproduisant, suivant l'usage, l'encadrement et l'avant-scène, et une autre gravure beaucoup plus importante, que personne encore n'a signalée à ce point de vue, et qui représente, selon nous, la salle du Palais-Cardinal telle qu'elle était dans son état primitif. Cette pièce, dont un exemplaire se trouve au Cabinet des Estampes (*Histoire de France*, année 1643) et un autre en bien meilleur état, dans la belle collection de M. Hennin, forme l'une des quatre compositions, gravées par Montcornet et intitulées : *Les Occupations du Roi : le matin, le midy, l'après-midy et le soir*. C'est dans cette dernière que le roi Louis XIII est représenté assistant à une comédie dans une salle de spectacle, avec son frère à sa gauche, Anne d'Autriche et le dauphin, alors âgé de cinq ans, à sa droite, des dames et des seigneurs dans les galeries. La légende ne dit pas que ce soit la salle du Palais-Cardinal que l'artiste ait voulu retracer. Mais, si l'on compare le théâtre figuré sur cette pièce avec celui qui encadre le frontispice et les décorations de *Mirame*, le doute n'est plus permis ; la seule différence entre les deux consiste dans la suppression de la cannelure sur les demi-pilastres qui décorent la scène dans la gravure de Montcornet, suppression qui peut être attribuée à ce que la réduction des proportions du dessin rendait ce détail superflu.

Outre ces deux monuments qui font autorité, mais qui ne nous donnent pas toutes les parties de cette importante construction, nous trouvons quelques renseignements dans l'*Histoire des Antiquités de Paris*, par Henri Sauval, contemporain, qui avait pu voir l'aspect primitif de la salle avant que Molière vînt l'occuper et la transformer. « C'étoit, dit cet auteur, une longue salle parallélogramme, large de neuf toises en dedans œuvre. » La scène s'élevait à l'un des bouts, le reste était occupé par vingt-sept degrés de pierre montant « mollement « et insensiblement » et « terminés par une espèce de portique ou trois grandes arcades. » Mais il trouvait que la salle était un peu « défigurée par deux balcons dorés posés l'un sur l'autre de chaque côté et qui, « commençant au portique, venoient finir assez près du théâtre. Le tout ensemble, ajoute Sauval, est couronné « d'un plafond en perspective où Le Maire a feint une longue colonnade de colonnes corinthiennes qui portent « une voûte fort haute, enrichie de rozons. » Ces deux balcons et cette perspective se retrouvent sur la gravure de Montcornet, où l'on voit en outre les cinq gradins placés au bord du théâtre et par lesquels, nous dit dans ses *Mémoires* l'abbé de Marolles, qui assistait à la représentation de *Mirame*, « M. de Valençay, alors évêque de Chartres, descendit vers la fin de l'action pour présenter la collation à la reine. »

Les gradins de l'amphithéâtre, rapporte encore Sauval, n'avaient que cinq pouces et demi de hauteur sur vingt-trois pouces de largeur. Aux jours de comédie, on plaçait sur chaque gradin des pièces de bois qui exhaussaient le siége et laissaient derrière le spectateur un espace vide pour que la personne assise au-dessus pût y poser les pieds sans endommager les habits de la personne assise au-dessous. Les Romains ont eu des théâtres arrangés de la sorte ; mais on voit qu'en 1639 les siéges rembourrés et à dossier étaient jugés un trop grand luxe pour une salle de spectacle, même dans l'hôtel du fastueux ministre. Toutefois Sauval se trompe en portant à trois mille le nombre des places de cet amphithéâtre ou même de toute la salle. Les vingt-sept gradins (en supposant qu'ils fussent tous de neuf toises de longueur), les deux balcons latéraux qui ne pouvaient avoir plus de trois toises et ne portaient qu'un rang de spectateurs, et enfin le parquet destiné à la cour, ne pouvaient donner place tous ensemble qu'à environ quinze cents personnes. Paris n'a jamais possédé aucun théâtre pouvant contenir trois mille spectateurs.

Ainsi le premier théâtre de luxe bâti dans Paris, à l'époque même où la manière gréco-romaine était abandonnée en Italie et remplacée par le système des loges perpendiculaires ; ce premier théâtre, disons-nous, reproduisait les gradins échelonnés en amphithéâtre, qui avaient été généralement en usage au XVIe siècle au delà des monts. Nous verrons tout à l'heure que ce ne fut pas là le dernier exemple de ce genre de constructions.

Quant à la scène ou le théâtre proprement dit, il ne rappelait en rien la décoration gréco-romaine que les Italiens de la Renaissance avaient conservée, et dont on voyait un faible échantillon à Paris dans la décoration fixe de l'Hôtel de Bourgogne. Les décors peints et mobiles employés depuis cent vingt ans en Italie, introduits même à Lyon par la troupe italienne de 1548, adoptés enfin à Paris depuis la représentation de la *Silvie* de Mairet (1621), avaient fait faire un pas à l'art de la mise en scène et amené la nécessité de cacher, au moyen d'un encadrement extérieur de coulisses et de *manteaux d'Arlequin*, les rouleaux, les tambours et les cordages nécessaires au mouvement des toiles. Le théâtre de Richelieu fut donc, comme dit Sauval, *à la moderne*, c'est-à-dire formé par un grand arc surbaissé, soutenu par deux pieds-droits en maçonnerie, ornés extérieurement de pilastres ioniens, et à l'intérieur, de chaque côté, de deux niches contenant des statues allégoriques.

La disposition de la salle que nous venons de décrire pouvait convenir à une société d'invités dont les membres, appartenant à peu près aux mêmes classes sociales et se connaissant presque tous entre eux, n'avaient aucune répugnance à se coudoyer; mais lorsque Louis XIV accorda cette salle à Molière pour y donner ses représentations publiques, on sentit la nécessité d'adopter le système des loges séparées. L'œuvre de Mercier, qui avait réuni les suffrages de toute la société du cardinal, fut donc remaniée de fond en comble et remplacée par deux rangs de loges, dont le plan se formait de deux lignes droites s'élargissant vers la scène et réunies au fond de la salle par une courbe; forme défectueuse, ainsi que nous le verrons plus loin, mais très-usitée pendant près d'un siècle dans tous les théâtres publics de France, comme une amélioration de l'ancien parallélogramme allongé qu'offraient invariablement les théâtres construits dans des jeux de paume.

Charles Coypel, en dessinant six scènes des comédies de Molière qu'il publia en 1726, gravées par Joullain, reproduisit en guise de frontispice l'avant-scène du théâtre du Palais-Royal, qui existait encore à cette époque telle que Molière l'avait arrangée en 1660, telle que Lulli l'avait trouvée en 1673. On y remarque la suppression de l'arc surbaissé que nous avons signalé sur le frontispice de *Mirame*, et son remplacement par une architrave que soutiennent deux colonnes et deux demi-pilastres d'ordre corinthien. Les deux rangs de loges touchent à l'avant-scène, mais s'y arrêtent; en revanche, deux barrières en forme de balcons, placées derrière le rideau, des deux côtés du théâtre suffisent à peine à contenir la foule des seigneurs, des courtisans, des protecteurs, qui avaient le singulier privilége de prendre place sur le théâtre même et de troubler la représentation par leurs propos et leurs éclats de rire. Au-devant de la scène, une grille à pointes de fer s'étendait sur toute la largeur de la salle pour protéger les acteurs contre les entreprises éventuelles des turbulents habitués du parterre. Le plancher ou parterre était séparé en deux : au-dessus de la barre de séparation, jusqu'au fond de la salle au niveau des premières loges, s'élevait comme de nos jours l'amphithéâtre; entre la barre et l'avant-scène, l'espace était vide et le public s'y tenait debout. Cette vicieuse disposition, qui a duré jusqu'à la fin du siècle dernier, forçait l'architecte à tenir le niveau de la scène plus haut qu'il n'est de nos jours ; mais ce niveau était moins élevé dans les salles princières où tout le monde était assis.

Nous nous occuperons tout à l'heure, en parlant de l'Opéra, des différentes salles où ce spectacle a été donné à Paris. Nous devons auparavant, pour suivre méthodiquement les progrès ou plutôt les phases de l'architecture théâtrale, considérer le second théâtre monumental élevé à Paris, le second par ordre de date, mais le plus vaste et le plus élégant qu'on eût vu jusqu'alors : le théâtre des Tuileries.

La salle du Petit-Bourbon qui avait servi, comme nous l'avons dit, aux ballets et aux fêtes de la cour bien plus qu'aux entreprises particulières, fut démolie en 1660 pour faire place à la façade du Louvre. Mais le roi n'en fit le sacrifice que pour la remplacer par une salle plus en rapport avec les idées de luxe et d'élégance qui renaissaient à la cour depuis son avénement; il décida que le nouveau théâtre serait élevé dans le palais même des Tuileries dont il achevait la construction, et chargea de ce travail l'architecte Amandini et le machiniste Vigarani qui avaient remplacé à Paris le célèbre décorateur du Petit-Bourbon, Jacopo Torelli.

Ici l'architecte, travaillant pour un monarque et ayant à sa disposition un espace considérable, s'écarta également de la disposition par trop simple du théâtre de Richelieu et de l'arrangement étriqué et mesquin de l'Hôtel de Bourgogne, pour se rapprocher davantage du style monumental adopté sur quelques théâtres d'Italie; le plan de la salle, au lieu d'être semi-circulaire, devint un carré long terminé au fond par un arc de cercle. Trois rangs de gradins aux deux côtés du parterre, neuf rangs dans le fond de la salle formaient le soubassement d'une ordonnance corinthienne supportant deux étages de galeries; l'entablement du second étage portait un troisième amphithéâtre qui s'étendait sans interruption aux trois côtés de la salle. Au-dessus des gradins du rez-de-chaussée, dans chaque entre-colonnement, l'architecte avait placé des loges ou plutôt des tribunes, semblables à des balcons extérieurs, supportées par des consoles en pierre. Deux autres tribunes, plus élevées et plus ornées, surmontaient deux portes monumentales et remplissaient l'espace entre l'ordonnance de la salle et l'encadrement de l'avant-scène, qui était dépourvu de loges et formé par un ordre composite en colonnes de toute la hauteur du théâtre. Les bases, les chapiteaux, les corniches et les balustres étaient dorés; le plafond et l'arc de l'avant-scène, chargés d'ornements sculptés et dorés dans le goût de l'époque, sur les dessins de Lebrun, portaient des peintures allégoriques de Coypel.

Le parterre légèrement incliné, à petits gradins, était évidemment destiné à rester libre de spectateurs, suivant l'étiquette du temps, qui ne souffrait rien entre le roi et le bord du théâtre. Enfin, dans son ensemble et malgré ses défauts, la salle était d'un aspect grandiose et devait faire sensation en France où rien de pareil n'avait été vu encore ; mais, ainsi qu'il est arrivé pour la salle du Palais-Cardinal, on en a grandement exagéré la capacité en la portant à six mille personnes. Il suffit de jeter un regard sur les plans, coupes et élévations, gravés par Lucas et compris dans le grand ouvrage de Blondel (tome IV, page 90), pour se convaincre que cette salle ne pouvait contenir que le quart de ce nombre. L'espace est loin d'être utilisé comme dans les théâtres de nos jours; les tribunes, au nombre de trente pour les deux étages, ne pouvaient tenir plus de six ou huit spectateurs, et l'amphithéâtre du troisième n'avait pas à beaucoup près les dimensions que leur attribue Donnet, lequel paraît n'avoir pas vu les plans que nous citons. Telle était la salle qui occupait tout le pavillon Nord de Catherine de Médicis. Le théâtre proprement dit, ou la scène, était encore plus extraordinaire.

Les spectacles de décoration et les pièces féeriques, introduites par les Italiens, avaient pris grande faveur en France, au point d'exercer l'imagination du grand Corneille lui-même. Le nouveau théâtre fut disposé en conséquence et reçut la plus vaste scène qu'on eût encore vue de ce côté des Alpes; elle tenait toute la largeur et toute la longueur du bâtiment qui précède le pavillon Marsan, soit vingt mètres de large sur soixante-dix-sept de long, proportions inusitées jusqu'alors et même depuis, mais rendues nécessaires pour l'aménagement des formidables machines qui servaient aux apparitions et aux enlèvements : de là le nom de *Salle des machines,* que le théâtre des Tuileries a porté jusqu'à sa transformation, en 1792.

La scène offrait en outre cette particularité que les coulisses ou châssis mobiles, introduits quarante ans auparavant en France avec les décorations peintes, étaient placées obliquement, de manière à former avec le bord du théâtre un angle de vingt degrés; c'est à partir du sixième plan seulement que les châssis devenaient parallèles au rideau du fond, disposition recommandée par Pozzi et par Bibbiena.

De grandes destinées littéraires et musicales semblaient réservées à ce théâtre sans rivaux; mais, soit que la longueur de la scène et sa distance de l'auditoire nuisissent à l'effet des représentations, soit que Louis XIV préférât entendre ses comédiens sur leur propre théâtre, au Palais-Cardinal, ou sur ceux des châteaux royaux de Fontainebleau, de Marly, de Compiègne, de Versailles, la salle des Tuileries fut bientôt délaissée. Néanmoins elle subsista pendant un siècle entier. C'est là que Servandoni monta, en 1730, ses spectacles de décorations scéniques, qui eurent un si grand succès et développèrent en France l'art alors si imparfait de peindre les décors et de les éclairer convenablement.

Lorsqu'en avril 1763 la salle du Palais-Royal, que Louis XIV avait donnée à Molière, puis à Lulli, vint à brûler, l'Opéra se trouvant sans asile, on pensa à utiliser la Salle des machines, restée inoccupée depuis les représentations de Servandoni. Il fallait restaurer ce théâtre, mais la longueur exagérée de la scène et le nombre trop restreint de places dans la salle firent naître la malheureuse idée de détruire l'œuvre d'Amandini et de Vigarani et de la remplacer par une construction plus profitable aux intérêts de l'administration et plus conforme aux idées qui dominaient alors sur les théâtres; la longueur totale fut réduite; le pavillon qui contenait l'ancienne salle reçut une autre destination, et le seul espace occupé par la scène dut suffire à la nouvelle salle et au théâtre.

Soufflot fut chargé de ce travail. Cet architecte s'était distingué peu d'années auparavant en élevant à Lyon le plus beau théâtre qui fût alors en France: il y avait introduit quelques innovations heureuses, entre autres la forme elliptique et la régularité des lignes. On devait donc compter sur un progrès réel vivement souhaité alors par tous les amateurs, ainsi que le témoignent les écrits et les projets publiés à la suite de l'incendie de l'Opéra. Il n'en fut rien cependant, et la nouvelle salle, qui coûta quatre cent mille livres et neuf mois de travail, fut généralement critiquée et jugée indigne de sa destination. Soufflot dit pour sa défense qu'il n'avait pas été libre, que ses projets avaient été contrariés par les inspecteurs des bâtiments de la Couronne, Vaudière et Gabriel. Quoi qu'il en soit, la nouvelle salle, ainsi que nous l'apprennent les écrits contemporains, reproduisait à peu de chose près les dispositions de la salle incendiée du Palais-Royal, et se composait de trois rangs de loges envahissant l'avant-scène, suivant la coutume barbare qui s'est perpétuée depuis: d'un paradis, d'un amphithéâtre de banquettes s'élevant au fond de la salle jusqu'aux premières loges et d'un parterre sans sièges, entre l'amphithéâtre et l'orchestre.

C'est sans doute au peu de faveur que cette salle trouva dans le public qu'il faut attribuer le manque total de plans et de monuments graphiques suffisants pour en donner une juste idée; tout ce que nous possédons sur ce théâtre se borne à la gravure bien connue de Gaucher, d'après Moreau le jeune, représentant le couronnement du buste de Voltaire par la troupe de la Comédie-Française, le 30 mars 1778. On y voit que les trois premiers rangs de loges perpendiculaires montaient jusque sur le théâtre, en continuation sans doute des rangs de loges qui étaient dans la salle.

Cela nous apprend que la décadence dans la décoration des salles de spectacle avait commencé bien avant la proclamation de la liberté des théâtres (1791), et qu'elle ne fut pas l'effet de cette liberté, comme l'ont voulu faire entendre ceux qui affectèrent de décrier la sage mesure de l'Assemblée nationale; la décadence générale des arts à la suite de la Révolution, et cette déplorable erreur des administrations théâtrales qui les porte encore aujourd'hui à exiger avant tout des architectes l'établissement du plus grand nombre possible de places, sont la cause véritable des constructions hybrides que nous avons vu surgir à la fin du dernier siècle et au commencement de celui-ci, et que le régime de la liberté et de la concurrence tendait plutôt à faire abandonner.

Ainsi, dans cette salle remaniée par Soufflot, l'encadrement de l'avant-scène, qui avait toujours comporté une certaine élégance, même dans les salles provisoires des jeux de paume, comme dans celle de Lulli, rue de Vaugirard; cet encadrement, que Mercier, au Palais-Royal, Amandini, aux Tuileries, avaient conservé dans toute sa pureté de style, disparut pour toujours à partir de cette époque, tant en France qu'en Italie, pour faire place à un désagréable entassement de loges au profit de l'entreprise. Plus tard, lorsqu'on voulut sur d'autres théâtres reprendre les traditions de luxe des époques antérieures, on rétablit la décoration de l'avant-scène par un ordre d'architecture, mais on n'eut garde de supprimer les loges; on crut pouvoir faire transiger l'art et la spéculation (les meilleurs architectes en donnèrent l'exemple), et l'on porta les colonnes sur le théâtre même, des deux côtés des loges façonnées en balcons; combinaison bâtarde qui produisit deux inconvénients encore visibles sur les théâtres actuels, à savoir : un entre-colonnement insuffisant par rapport à l'élévation des colonnes et une interruption des rayons visuels pour une partie des spectateurs, par suite du rétrécissement de l'avant-scène et de la saillie formée par les colonnes et par leurs chapiteaux.

Pour en finir avec le théâtre des Tuileries, nous ajouterons qu'après avoir servi sept années à l'Opéra, douze à la Comédie-Française et un an aux chanteurs italiens, que l'arrivée de la cour, en 1789, força de déguerpir, il subit le sort de beaucoup d'édifices publics et se métamorphosa en salle de séances. C'est là que siégèrent la Convention et toutes nos assemblées nationales jusqu'au Consulat. Enfin, sous l'Empire, la salle de théâtre fut rétablie d'après les dessins de MM. Percier et Fontaine, et elle reçut alors la décoration grecque à colonnes qui a été conservée jusqu'à ce jour.

III

Nous avons vu quelle fut en Italie l'origine de l'architecture théâtrale moderne. Le jeu de paume n'y existant pas, si ce n'est à ciel ouvert, les salles de spectacle n'y subirent point comme en France l'empreinte de ses formes droites et allongées.

Lorsque la vulgarisation de l'opéra multiplia les théâtres publics et donna naissance au système des loges superposées, toutes les formes furent tentées par les architectes. A Venise, où, sans contredit, s'élevèrent les premiers théâtres de ce genre, on abandonna d'abord la forme semi-circulaire du théâtre antique pour en allonger les deux côtés, en les rétrécissant vers la scène; puis, pour diminuer la distance du fond de la salle au théâtre, on pensa bien faire en écrasant la courbe à son sommet, de manière à en former presque une ligne droite, arrondie seulement aux deux coins; mais on maintint toujours la plus grande largeur au fond de la salle, afin de profiter de tout l'espace disponible et de ménager en même temps le service des coulisses, en rétrécissant autant qu'il le fallait l'ouverture de l'avant-scène, en sorte que la salle présentait dans son plan la figure d'une raquette. Cette forme, qui fut celle des premiers théâtres de Venise, San Cassiano, Saint-Jean-Chrysostôme, etc., a prédominé en Italie pendant la première moitié du xviiie siècle, mais elle a rencontré de nombreux adversaires.

Pour obvier au principal inconvénient de cette courbe et faciliter la vue de la scène, un architecte de cette époque, André Seghezzi, élève de Brizio et de Dentone, imagina une nouvelle disposition qui eut du succès pendant quelques temps et dont il reste encore des monuments curieux. Dans son système, les loges, depuis la scène jusqu'au fond de la salle, allaient en s'élevant chacune d'environ un demi-pied, et elles débordaient dans la même proportion, de sorte que chaque loge, au dire de cet architecte, était beaucoup mieux tournée vers la scène que si elle avait suivi l'alignement régulier. Le théâtre Formagliari, de Bologne, les vieux théâtres de Padoue, de Reggio, de Vérone et de beaucoup d'autres villes, étaient construits d'après ce système, qu'Algarotti appuya de son autorité.

Dans le théâtre de Saint-Samuel, à Venise, l'architecte avait cru améliorer l'aspect général de la salle en formant la saillie de trois en trois loges, et en évitant avec soin la ligne droite, tant dans leur plan que dans leur profil. Les Bibbiena, Ferdinand et François, ont adopté cette courbe ainsi que l'arrangement trouvé par Seghezzi; ils en ont fait l'application, notamment au Théâtre philharmonique de Vérone, construit en 1729 sous la direction du marquis Scipion Maffei, l'auteur de *Mérope*. Cette salle fort remarquable quant à sa décoration se signalait, en outre, par une idée renouvelée de Palladio, et qui consiste à placer deux portes d'entrée monumentales aux deux extrémités de la courbe, là où le rétrécissement de l'avant-scène crée forcément des places de souffrance; disposition avantageuse pour certains théâtres, comme nous le dirons plus loin.

Antoine Galli Bibbiena, fils de Ferdinand, architecte et en même temps peintre décorateur d'un grand nombre de théâtres en Italie et en Allemagne, confondant les propriétés des corps sonores avec celles des parois du vaisseau où le son se produit, imagina de donner aux salles de spectacle la forme d'une cloche renversée dont la partie évasée formait l'avant-scène; on appelait cela une *courbe phonique*. Bologne, Mantoue, Vérone, Pavie conservent peut-être encore les théâtres bâtis d'après cette donnée, dont nous n'avons pas besoin de démontrer la fausseté.

Comme on le voit, le problème de concilier la sonorité avec les exigences de la perspective a constamment préoccupé les architectes italiens. Toutes les formes ont été proposées, depuis le demi-cercle jusqu'au quadrilatère; mais, comme il est dans la nature de l'esprit humain de partir du complexe pour aller au plus simple, on s'égara en de longues recherches avant de s'arrêter à une solution satisfaisante, qui cependant n'était pas éloignée du point de départ.

Deux traités sur cette matière, ou plutôt deux projets, ont surtout fixé l'attention des contemporains.

Le premier en date, celui du comte Vincenzo Arnaldi, publié à Vicence en 1762, est une curieuse tentative pour approprier à l'usage moderne le théâtre des anciens. L'auteur adopta l'amphithéâtre en demi-cercle, en lui donnant très-peu d'élévation, afin de laisser place à plusieurs rangs de loges ou de balcons séparés l'un de l'autre par un petit ordre corinthien, et, de trois en trois, par de grands pilastres qui tenaient toute la hauteur de la salle. Beccega a repris cette idée en 1817 dans un très-bel ouvrage qui nous fournira plus loin quelques sujets d'étude. La scène était toute romaine et copiée sur celle du Théâtre Olympique de Palladio.

Le second de ces projets, daté de 1771, est l'œuvre d'un abbé architecte. François Milizia, fort connu dans l'art par ses nombreux et savants ouvrages sur l'architecture. Bien qu'autorisé par la censure romaine, son livre (*Del Teatro*) n'en fut pas moins confisqué dès son apparition sur l'ordre du maître du sacré palais, par des motifs qui ne sont pas connus. Réimprimé l'année suivante à Venise, sans nom d'auteur, il souleva une véritable tempête de réfutations et d'attaques personnelles. Milizia avait, en effet, attaqué lui-même et vivement critiqué dans tous ses écrits, et surtout dans le dernier, tous les théâtres existants et tous les projets mis en avant par ses confrères. Le sien, à son tour, ne trouva grâce ni devant les contemporains, ni devant la postérité. Imbu des préceptes de l'antiquité, Milizia revenait comme son devancier à l'idée favorite de tous les architectes théoristes, celle d'un amphithéâtre en demi-cercle; la scène, au lieu de s'ouvrir dans un large parallélogramme comme sur le théâtre gréco-romain, était comprise dans l'autre demi-cercle de manière à former avec la salle une vaste rotonde; des colonnes, placées à l'intérieur pour soutenir deux rangs de galeries, interceptaient la vue aux spectateurs assis à l'amphithéâtre, erreur bien souvent renouvelée depuis; enfin l'extérieur de l'édifice manquait tout à fait d'élévation et de style.

Nous n'avons pas besoin d'ajouter que ni le projet de Milizia ni celui d'Arnaldi ne pourraient de nos jours être l'objet d'une discussion sérieuse; nous ne les avons mentionnés qu'à cause de l'importance qu'ils ont eue en leur temps et des débats qu'ils ont soulevés; au surplus, ils peuvent servir à démontrer la vanité des tentatives qui ont pour objet d'adapter le style monumental des anciens aux salles de spectacle destinées aux nouvelles générations.

La dernière tentative de ce genre, limitée à la scène seulement, a été réalisée sur le théâtre d'Imola, bâti en 1779 par le chevalier Cosimo Morelli; la salle, qui a la forme d'une demi-ellipse coupée sur sa petite largeur, est disposée en loges égales comme dans les autres théâtres de la Péninsule; mais la scène se subdivise en trois compartiments, beaucoup plus larges à la vérité que ceux du théâtre antique et dépourvus de décorations fixes. Cette disposition, qui a pourtant ses avantages, ne fut pas suivie, et Morelli lui-même l'abandonna lorsqu'il prit part au concours ouvert par l'académie de Venise pour la construction du théâtre de San Fantino (la Fenice).

C'est à Rome, croyons-nous, que la courbe intérieure des théâtres fut d'abord régularisée. Carlo Fontana, en édifiant vers 1675 le théâtre de Tordinona, dit aussi d'Apollon, donna le premier exemple de la courbe en *fer à cheval*, qui, perfectionnée plus tard par Piermarini, a remplacé sur presque tous les théâtres d'Italie les formes imparfaites que nous avons signalées. Fontana avait donné à son théâtre six rangs de loges perpendiculaires et égales, ce qui ne s'était jamais vu jusqu'alors; mais sous le pontificat de Clément XII, qui fit restaurer et embellir ce théâtre, le sixième rang fut

supprimé pour donner une base plus solide et plus de montant à la voussure du plafond; sous cette forme, ce théâtre s'est conservé jusqu'à nos jours, ainsi que celui d'Argentina, bâti peu de temps après et suivant la même donnée par le marquis Teodoli, architecte.

Nous ne nous arrêterons pas à décrire tous les théâtres édifiés en Italie pendant la première moitié du xviii° siècle; leurs particularités ne sont pas de nature à faire époque dans l'histoire de l'art; ils suivent presque tous les modèles que nous avons cités. Le Théâtre Saint-Charles de Naples, construit en 1737, étonne par sa masse imposante et par l'étendue et l'élévation jusqu'alors sans exemple de la salle de spectacle; mais il n'offre aucun progrès formel, et sa courbe n'est pas préférable à celle de Tordinona. Nous donnons dans le chapitre qui lui est consacré quelques détails sur sa construction.

Le Théâtre-Royal, construit à Turin en 1740 par le comte[1] Benedetto Alfieri, architecte, quoique moins vaste que celui de Naples, obtint, tant en Italie qu'au dehors, une approbation plus générale à cause de l'élégance et de l'harmonie de ses proportions, de quelques innovations tentées dans la salle et du luxe de ses annexes; c'était la première fois qu'un théâtre était complété par des locaux de service et des salons de dégagement à peu près suffisants. L'architecte a essayé de fixer la théorie du tracé de la courbe, et Dumont a reproduit son procédé. Nous dirons plus loin pourquoi nous ne l'adoptons pas.

L'apogée de l'art est atteint, quant au xviii° siècle, par un architecte qui, nourri aux sources pures de l'antiquité et de la renaissance, trouve assez de vigueur dans son génie pour sortir des liens du mauvais goût et du baroque où l'architecture gémissait à cette époque en Italie.

Joseph Piermarini fut le Palladio de son temps; par rapport au théâtre, il a été pour l'Italie ce que Victor Louis a été pour la France, — le premier architecte qui ait donné à ce genre d'édifices les proportions, la solidité et l'élégance dont il est susceptible, en y ajoutant l'entente de la courbe que Louis n'a connue que plus tard.

Le théâtre de la Scala, construit en 1774, présente, nous ne craignons pas de le dire, le meilleur modèle que nous ayons encore. D'une capacité égale à celui de Naples, il a en outre la richesse des locaux accessoires, l'étendue de la scène, la régularité de toutes ses parties et une plus grande correction de la courbe, en ce qu'elle se rétrécit moins en s'approchant de l'avant-scène.

Piermarini a fait école : sans parler des autres constructions qu'il a laissées en Italie, à Milan surtout, et pour nous restreindre au sujet qui nous occupe, nous dirons que plusieurs parties de son théâtre, et notamment la courbe, ont été reproduites, d'abord par lui-même sur le second grand théâtre dit de *la Canobbiana*, qu'il construisit à Milan un an après l'inauguration de la Scala, et plus tard par divers architectes à la Fenice, de Venise, au Carlo Felice, de Gênes, et dans un grand nombre d'autres théâtres en Italie, en Espagne, en Russie.

Ce n'est pas que nous trouvions tout parfait dans les théâtres de Piermarini : l'avant-scène, par exemple, se ressent du préjugé du temps et des exigences de l'administration : elle porte, outre les loges qui devraient disparaître à cet endroit, deux énormes colonnes corinthiennes qui gênent la vue aux étages supérieurs et qui sont un non-sens à la place qu'elles occupent; le parterre n'est pas assez incliné, et au dehors, le portique qui offre aux voitures une descente à couvert est trop court de moitié; mais ce qui est bien certain pour nous, et ce que nous tenons à constater ici, c'est la supériorité relative du théâtre de la Scala et des théâtres faits à son imitation : on ne saurait méconnaître que tous les autres édifices du même genre construits jusqu'alors offrent bien plus de prise à la critique.

Depuis Piermarini, l'art de construire les théâtres n'a pas fait de progrès essentiels.

[1] Ce n'est pas sans intention que nous reproduisons les titres nobiliaires de quelques artistes dont nous citons les travaux; ces titres montrent que l'architecture a toujours été en telle estime auprès des Italiens qu'elle surmontait les préjugés du temps, et que la noblesse ne croyait point déroger en faisant profession de cet art.

IV

Soufflot, qui n'a guère réussi, comme nous l'avons vu, dans sa reconstruction du théâtre des Tuileries, a pourtant la gloire d'avoir le premier en France abandonné la routine et fait faire un pas important à l'architecture théâtrale. La construction du théâtre de Lyon (1754) marque, en effet, une nouvelle époque pour l'art en France, époque parfaitement distincte de celles qui l'ont précédée. Jusqu'alors, le théâtre n'avait pu s'émanciper et sortir des édifices où il était abrité, pour se faire édifice lui-même et se soutenir par ses propres forces; la salle avait toujours gardé la forme allongée des *Jeux de paume*, qui lui avaient jusqu'alors prêté leurs quatre murs et leur toit. Tout ce que les architectes novateurs avaient osé entreprendre en dehors de cette forme s'était réduit à réunir par une courbe les deux lignes droites du plan de la salle, et à les écarter légèrement à mesure qu'elles s'approchaient de la scène. Tel était le plan de la salle de la Comédie-Française, bâtie en 1688 par d'Orbay, rue des Fossés-Saint-Germain-des-Prés, et dont il reste encore des vestiges; tel fut le théâtre de Metz, construit en 1751 par Roland de Virelois, qui jugea son œuvre digne de figurer dans son *Dictionnaire d'architecture*, sans parler d'un grand nombre d'autres théâtres dont nous avons les plans sous les yeux.

Soufflot donna le premier exemple d'un théâtre entièrement isolé, indiquant sa destination par sa décoration extérieure, et d'une salle assez vaste, formée par une ellipse dont la scène prenait un segment. Cette courbe a pu être indiquée au célèbre architecte par plusieurs théâtres d'Italie; mais elle était nouvelle en France, et elle eut un grand succès. Tous les projets de théâtre, notamment pour la reconstruction de la salle incendiée de l'Opéra, partirent de cette donnée, que chacun modifia à sa guise. La réaction contre la ligne droite suggéra même à un novateur plus hardi que les autres, Nicolas Cochin, l'idée d'un plan tout opposé, c'est-à-dire d'une ellipse coupée par la scène parallèlement au grand diamètre: s'inspirant peut-être des théâtres de Vicence et d'Imola, qu'il avait pu voir pendant son voyage en Italie, Cochin ajoutait à cette salle toute nouvelle une scène à l'antique à trois compartiments, non en ligne droite comme sur le théâtre gréco-romain, mais comme à Imola sur une courbe formant avec la courbe de la salle l'ellipse complète et régulière. Cette innovation ne fut pas goûtée en France, du moins à cette époque. L'architecte Laguepierre l'appliqua quelques années après en construisant la salle de spectacle du prince de Württemberg, dans le château royal de Stuttgart : on en trouve le plan dans l'œuvre de Dumont, que nous avons eu plusieurs fois l'occasion de citer.

Quatre-vingts ans plus tard, l'idée de Palladio et de Cochin est reprise à Paris par un grand poëte, architecte improvisé, qui peut-être ne connaissait ni l'un ni l'autre de ses prédécesseurs et n'agissait que par intuition : Alexandre Dumas, concessionnaire du privilège du Théâtre Historique, en 1846, s'adjoint deux peintres de talent, MM. Séchan et de Dreux, et trace lui-même le plan de la salle à laquelle il donne la forme, si convenable pour les représentations dramatiques, d'une ellipse coupée sur le grand diamètre. Ce théâtre, terminé en 1847, a eu une courte mais brillante existence, et il va disparaître bientôt sous le marteau inexorable des démolisseurs; il ne nous appartient pas de juger ici la mission littéraire qu'il a remplie; nous constatons seulement qu'au point de vue de l'architecture théâtrale, cette construction, quoique imparfaite, contient en germe une idée heureuse que l'avenir développera.

La courbe trouvée par Soufflot pour le théâtre de Lyon fut, avons-nous dit, généralement suivie par les architectes, sauf quelques légères modifications. Moreau, chargé en 1764 de rebâtir l'Opéra, l'adopta également, mais avec cette différence que, pour agrandir l'ouverture de l'avant-scène, il redressa les deux parties latérales de manière à les rendre presque droites; il aurait eu raison s'il s'était abstenu de porter ses loges jusque sur le théâtre, suivant l'usage que les directeurs de spectacle faisaient déjà prévaloir. Malgré cette hérésie, qui est devenue un dogme pour les architectes de nos jours, la salle de Moreau fut trouvée magnifique. Le foyer public, qui régnait dans toute la longueur de la façade, les couloirs, les locaux de service, étaient des innovations, empruntées, du reste, aux théâtres de Lyon et de Turin : on les imita plus tard dans les autres grands théâtres de Paris.

L'ordre chronologique des faits nous conduirait ici à parler des nombreux projets de théâtre éclos en France depuis le premier incendie de l'Opéra de Paris (1763); car on peut dire rigoureusement que de cet événement date pour ce pays la discussion et l'étude de l'architecture théâtrale appliquée. Mais sans compter que la question d'emplacement, sur laquelle portent la plupart de ces projets, a perdu aujourd'hui son intérêt, et qu'elle trouve d'ailleurs mieux sa place, quant à l'Opéra, dans la notice consacrée à ce théâtre, nous ne croyons pas devoir réclamer l'attention du lecteur pour des projets plus ou moins prétentieux restés à l'état de plans, comme nous l'avons fait pour des ébauches plus modestes qui ont été mises à exécution.

Nous ferons cependant une exception en faveur de deux ouvrages considérables, deux études sérieuses qui, entreprises par des hommes spéciaux, montrent l'importance que l'on attachait dans le siècle dernier à la question, auparavant si négligée, de la forme des salles de spectacle, et révèlent les efforts tentés, non sans profit pour l'art, en vue d'une solution satisfaisante.

Gabriel-Pierre-Martin Dumont est, de tous les architectes connus, celui qui s'est le plus spécialement occupé de la construction des théâtres. Jeune encore, il se rendit en Italie et travailla longtemps à Rome et à Naples, d'où il rapporta un grand ouvrage sur la basilique de Saint-Pierre et sur les ruines de Pœstum. La vue des théâtres de la Péninsule l'avait convaincu tout d'abord de leur supériorité sur ceux de la France et de la possibilité de les perfectionner encore sous plusieurs rapports; il recueillit et leva lui-même les plans des théâtres les plus remarquables de Rome, de Naples, de Milan et de Turin, auxquels il ajouta, à son retour en France, ceux des meilleures salles de ce pays; et, vers 1760, il fit paraître son premier cahier sous le titre de *Parallèle des plans des plus belles salles de spectacle d'Italie et de France*. Puis, passant de l'analyse à la synthèse, il proposa lui-même un plan de son invention, lequel réunissait les avantages qu'il avait remarqués séparément sur divers théâtres, notamment la courbe elliptique de la salle, l'introduction de galeries et de foyers pour le public et pour les acteurs, et la descente à couvert, formant le soubassement d'un ordre d'architecture par lequel il décorait la façade plus convenablement que Soufflot ne l'avait fait à Lyon. Il ajouta à ce projet de salle de spectacle celui d'une salle de concert, circulaire, composée d'un parterre, d'un amphithéâtre public et d'une estrade semi-circulaire pour les exécutants; cette rotonde était contenue dans un édifice spécial, ayant sa façade particulière dans le goût italien qui dominait alors.

Les projets de Dumont, reproduits par les auteurs de l'*Encyclopédie*, ne furent pas exécutés: ils servirent néanmoins à redresser des erreurs, à propager de bons principes, et surtout à donner l'impulsion à une branche de l'architecture, que les artistes de France n'avaient pas jugée digne jusqu'alors de leur attention et de leurs études.

Dumont a laissé en tout cent quinze planches relatives au théâtre, en y comprenant les projets de salles bourgeoises et quelques décorations scéniques. Mais son œuvre, publié par fragments, entre 1760 et 1777, n'est pas facile à réunir aujourd'hui; il ne s'en trouve même dans nos grandes bibliothèques que des parties incomplètes, devenues elles-mêmes assez rares dans le commerce et chez les amateurs.

L'autre projet, que nous trouvons digne d'être pris en considération à cause de son importance, appartient à Roubo le fils, artiste profond et consciencieux, qui s'intitule modestement maître menuisier, et qui a laissé, en effet, sur son art, une suite d'ouvrages très-considérables et fort estimés encore aujourd'hui.

Son *Traité de la construction des Théâtres* date de 1777. Après avoir essayé une description des anciens théâtres de la France et des salles de spectacle qui existaient de son temps en différents pays, description insuffisante et peu exacte, peut-être à cause du manque de documents précis, Roubo propose un édifice dont la façade, fortement caractérisée et d'un bon style, trouverait encore faveur de nos jours. Mais, à l'intérieur, Roubo se lance dans la théorie, et reprend l'idée, toujours caressée par les architectes, d'un théâtre semi-circulaire, à l'antique, combiné avec la scène moderne et recouvert d'une haute coupole à peintures allégoriques. Une colonnade corinthienne, faisant le tour de la salle au-dessus de l'amphithéâtre, porte à sa base et au milieu de sa hauteur deux rangs de petits balcons en guise de loges; enfin l'entablement général soutient un second amphithéâtre formé de trois gradins. Dans son ensemble, ce projet paraît emprunté à celui de Milizia; mais il a sur lui l'avantage d'un meilleur goût dans la décoration générale de l'édifice, au dedans et au dehors.

Du reste, l'ouvrage de Roubo a influé en France, comme celui de Milizia en Italie, sur les études des architectes venus après eux; on en a la preuve en comparant les projets de théâtre qui ont vu le jour depuis cette époque. Les courbes et les dispositions intérieures adoptées par Soufflot et par Dumont étaient certes préférables de beaucoup, au point de vue pratique; mais en théorie, ou, pour parler plus correctement, dans les conceptions abstraites, ainsi que sur le papier, la forme semi-circulaire et l'amphithéâtre à gradins, surmonté de colonnes, devaient séduire davantage l'imagination des élèves et celle des admirateurs de l'antiquité; et nous croyons que, si les projets sortis de cette donnée n'avaient pas offert généralement une notable diminution dans le nombre des places ou certaines conditions de solidité et de décoration trop dispendieuses, nous aurions vu le théâtre antique renaître en partie, dès le siècle dernier, dans nos cités tortueuses et enfumées.

Cette lutte entre les aspirations de l'art et les exigences de l'économie engendra en France une nouvelle forme, espèce de compromis entre l'ellipse prise en longueur et le demi-cercle. Son apparition marque une troisième et dernière époque de l'architecture théâtrale. Nous voulons parler de la forme circulaire plus ou moins resserrée par la corde de l'avant-scène.

Si nos recherches sont exactes, ce serait Victor Louis, architecte du duc de Chartres (depuis Philippe-Égalité) qui aurait le premier appliqué cette courbe, en construisant, en 1777, le grand et beau théâtre dont Bordeaux s'enorgueillit à juste titre.

Nous avons déjà cité le nom de cet architecte en parlant de Piermarini, auquel il ressembla par la mission dans l'art et en partie par le style. Louis fut assez heureux, en effet, pour être mis à même de réaliser à Bordeaux, comme Piermarini à Milan, et presqu'en même temps, l'idée élevée qu'il s'était faite d'un théâtre destiné à une grande ville, où les arts sont en honneur; et de son œuvre, qui est encore aujourd'hui pour la France, comme la Scala pour l'Italie, le théâtre le plus grandiose sinon le plus parfait, date, ainsi que nous l'avons dit, la dernière modification notable de cette branche de l'architecture, qui depuis est restée à peu près stationnaire.

Le grand théâtre de Bordeaux est trop connu pour que nous ayons besoin d'en donner ici une description étendue: nous renvoyons, du reste, à la courte notice que nous lui consacrons, et surtout au grand et magnifique ouvrage que Louis publia lui-même, à Paris, en 1782. Nous devons seulement signaler les parties de cet édifice qui ont marqué un progrès ou une innovation dans l'art : la courbe de la salle, les quatre grands arcs qu'elle forme et qui soutiennent la coupole, les vastes et belles dépendances qui y sont jointes, et enfin la colonnade et les portiques qui constituent la principale décoration extérieure.

La courbe, avons-nous dit, est circulaire: l'architecte en a placé le centre au milieu même du parterre, c'est-à-dire qu'il a compris dans la salle le cercle entier, sauf l'interruption formée par l'avant-scène; et, pour adoucir la transition de la périphérie à la corde, en d'autres termes, pour diminuer le nombre des places de souffrance que le cercle crée nécessairement aux approches de la scène, à mesure que la corde s'éloigne du diamètre, il a redressé les deux bouts de l'arc sur une étendue correspondant à la largeur de l'avant-scène. C'est ainsi qu'il créa cette forme régulière et élégante que nous retrouvons encore aujourd'hui dans presque toutes les salles de France et d'Allemagne, et qui serait sans doute aussi la plus avantageuse, si le spectacle avait toujours lieu près de la rampe.

Le succès de l'œuvre de Louis fut immense : les principes dont il offrait la première réalisation reçurent une application immédiate à Paris même, où, après tant de projets et après dix années d'hésitation, on avait enfin décidé la construction d'une nouvelle salle pour la Comédie-Française, dans le faubourg Saint-Germain. MM. Peyre et de Wailly, chargés de cette construction, adoptèrent la forme circulaire du théâtre de Bordeaux, mais en l'évasant davantage à l'embouchure du théâtre, de manière à former, au rez-de-chaussée, deux côtés presque droits, qui cependant reprenaient et agrandissaient même leur courbe aux étages supérieurs, jusqu'à présenter le cercle complet au plan de la voûte. L'avant-scène reçut la décoration d'usage, c'est-à-dire quatre étages de loges, enfermées entre deux pilastres ioniens et se continuant tout autour de la salle en balcons de plus grande largeur. Pour la première fois, à Paris, les spectateurs furent assis à toutes les places; mais les architectes qui introduisirent cette utile innovation, réclamée par le public et par les écrivains depuis tant d'années, n'osèrent pas supprimer la barre qui crée entre le parterre et les stalles d'orchestre cette séparation absurde et incommode, maintenue jusqu'à ce jour dans toutes les salles de France. L'ordonnance extérieure offrait le premier exemple, à Paris, d'un théâtre isolé de toutes parts, entouré d'arcades et décoré d'un péristyle grandiose approprié à la destination de l'édifice, bien éloigné pourtant des proportions et de l'élégance du théâtre de Bordeaux.

Lenoir, en bâtissant, en 1781, la salle de la Porte-Saint-Martin pour l'Opéra, adopta, lui aussi, la forme circulaire: il rapprocha même la corde de l'avant-scène du diamètre de la salle, dans le but évident de diminuer le nombre des mauvaises places. Mais peu de temps après, les galeries ayant été jugées insuffisantes, furent allongées au dépens de la scène et reçurent la forme un peu évasée que nous leur voyons aujourd'hui.

Nous venons d'exposer quelle fut la marche générale de l'architecture théâtrale moderne en France et l'origine de la forme actuelle de nos théâtres publics: nous avons vu que le parallélogramme des jeux de paume, après une longue et tenace existence, céda le terrain à la forme elliptique adoptée par Soufflot et par ses successeurs, et que celle-ci, à son tour, fut détrônée par la forme circulaire, née de la tentative souvent renouvelée de concilier le demi-cercle antique avec les exigences de la scène actuelle. Toutefois, comme rien n'est absolu dans l'histoire des arts, pas plus que dans l'histoire du genre humain, nous ne prétendons pas avoir fixé des limites précises à la cessation d'une forme et à l'adoption d'une autre. L'ellipse, par exemple, fut encore préférée à Paris même postérieurement à l'ouverture du théâtre de Bordeaux, et pendant la construction de l'Odéon par l'architecte Heurtier, qui donna les plans de la salle Favart, ainsi que nous le verrons dans la notice relative à ce théâtre.

D'autres architectes, au lieu de rétrograder vers la forme elliptique, ont essayé de corriger les inconvénients que présentait la nouvelle courbe; ainsi MM. Legrand et Molinos, en bâtissant, en 1788, le théâtre Feydeau, rapprochèrent tellement l'ouverture du théâtre du diamètre de la courbe que la salle prit une forme presque semi-circulaire : c'est l'extrême limite à laquelle soit arrivée l'avant-scène vers le centre dans nos salles modernes, et l'on peut dire, sans crainte de se tromper, que tous les architectes ont tâtonné depuis cette époque entre la courbe de Feydeau et celle de Bordeaux. Nous verrons plus loin que ce n'est pas entre ces deux termes qu'il fallait chercher la solution du problème.

<h1 style="text-align:center">V</h1>

Dans le parallèle que nous avons essayé d'établir entre les théâtres d'Italie et ceux de France, en ce qui concerne l'histoire de leur formation et de leur développement, nous n'avons pas dû comprendre les théâtres de l'Espagne, de l'Angleterre, de l'Allemagne et de la Russie, afin de ne pas surcharger, par l'énumération d'un trop grand nombre de monuments, les faits essentiels qui établissent pour ainsi dire la genèse de l'architecture théâtrale moderne; d'ailleurs, les théâtres de ces nations n'étant, au point de vue de leur construction, que des importations italiennes ou françaises, ne pouvaient nous offrir des caractères particuliers assez distincts pour marquer dans le développement de l'art, quel que soit d'ailleurs l'intérêt qui s'attache à leur histoire littéraire.

Nous ne saurions dire quel fut de ces divers pays le premier à élever des théâtres; la question reste indécise, notamment entre l'Espagne et l'Angleterre, qui toutes deux ont vu représenter les mystères et les comédies à peu près à la même époque. Ce qu'il y a de remarquable, quant à l'Espagne, c'est la formation à Madrid d'une confrérie de la Passion, absolument semblable à celle de Paris, ayant les mêmes priviléges et déployant la même intolérance envers les entreprises rivales, qui la débordent cependant et finissent par prendre pied en se soumettant au payement d'un impôt en faveur de l'hôpital général.

Le théâtre des confrères et des premiers comédiens profanes était dressé, à Madrid, dans des *corrales* ou cours entourées de constructions dont les fenêtres et les balcons servaient de loges aux spectateurs privilégiés. Un échafaudage pour les acteurs, un amphithéâtre en planches pour le public, le tout à ciel ouvert, formaient toute la richesse de ces théâtres temporaires où furent représentés les mystères et les premières comédies. Lope de Rueda, que les Espagnols considèrent comme le fondateur de leur littérature dramatique, n'eut pas à sa disposition une scène plus convenable. Il est prouvé par les registres conservés aux archives de l'hôpital général de Madrid que ces *corrales* ne commencèrent à être couverts qu'en 1574, par les soins d'un chef de troupe italien, Albert Ganassa, le même qui avait tenté de s'établir à Paris quatre ans auparavant, mais qui en avait été empêché par la jalousie des confrères et l'intolérance du Parlement. C'est dans le *corral de la Pacheca, calle del Principe*, que Ganassa fit bâtir le premier théâtre couvert et à peu près régulier qui fût à Madrid et probablement en Espagne; l'auditoire s'élevait en échelons comme en Italie; la scène avait probablement quelques décorations mobiles.

Le maréchal de Grammont, envoyé à la cour de Madrid pour demander la main de l'infante Marie-Thérèse en 1659, ne trouva pas les théâtres de cette capitale en meilleure condition : les *corrales* étaient toujours les mêmes, entourés de maisons particulières dont les habitants, placés derrière des fenêtres grillées et sur des balcons, pouvaient assister sans payer à la comédie qui se donnait en plein jour; l'auditoire était toujours échelonné sur des gradins en amphithéâtre, au-devant desquels se trouvait un parterre sans siéges, qu'occupaient en partie les *mosqueteros*, amateurs populaires, ainsi nommés parce qu'ils se tenaient debout devant la scène, les uns derrière les autres, comme des rangées de soldats ; c'étaient eux qui décidaient du sort d'une pièce et l'on voyait souvent les auteurs solliciter humblement leur appui. Il y avait cependant tout près de la scène des siéges réservés, propriétés particulières, conservées de père en fils dans les familles, comme majorats qu'on ne pouvait ni vendre ni engager. Les femmes se tenaient toutes ensemble aux degrés supérieurs de l'amphithéâtre, où les hommes n'étaient point admis.

Il y eut toujours en Espagne, comme en Italie et en France, deux sortes de théâtres bien distincts : le théâtre populaire ou *corral*, que nous venons de décrire, et que la passion des Espagnols pour la comédie rendit bientôt permanent, et le théâtre princier, qu'on élevait dans une résidence royale lorsqu'une représentation scénique entrait dans le programme des fêtes de la cour.

Les auteurs espagnols mentionnent plusieurs de ces théâtres édifiés à différentes occasions, après que Juan de la Encina, longtemps attaché en Italie à la chapelle papale, eût introduit dans son pays l'art et le goût de semblables représentations (1492).

Ces théâtres royaux ont toujours suivi le mode italien. Jean Cristobal Calvete de Estrella nous apprend qu'à l'occasion du mariage célébré à Aranjuez, en 1548, entre l'infante Doña Maria, fille de l'empereur Charles V, et le prince Maximilien de Hongrie, « on représenta au palais une comédie de l'Arioste, avec le même apparat de théâtre « et de décorations qui avait été en usage chez les Romains, chose tout à fait royale et somptueuse. »

Cette forme romaine a probablement subsisté à la cour d'Espagne jusqu'à l'introduction du théâtre à coulisses et à décorations mobiles, richement encadré dans un ordre d'architecture extérieure, suivant le goût qui a dominé en Italie et dans toutes les cours de l'Europe pendant le xviie siècle. Mais les monuments nous manquent pour fixer l'époque de ce changement et le degré de perfection que l'art atteignit à cette époque ; la gravure, qui nous a transmis tant de précieux renseignements sur les théâtres d'Italie, d'Angleterre et de France, en a été beaucoup plus avare relativement à l'Espagne.

Nous ne connaissons d'une manière précise que la salle du *Buen Retiro*, ancienne résidence royale à Madrid, dont Dumout nous a conservé le plan dans l'ouvrage cité plus haut. On y remarque d'abord des proportions tout à fait extraordinaires : douze toises de longueur, du fond de la loge royale à la rampe, et treize toises dans sa plus grande largeur dans œuvre. La distribution intérieure est comme toujours à l'italienne, avec douze grandes loges égales à chaque étage, et au milieu, en face du théâtre, la tribune royale qui n'a pas moins de six toises de large sur trois de profondeur. Enfin la scène a près de vingt toises de développement.

A l'époque où le plan a été levé, c'est-à-dire en 1770, Saint-Charles de Naples avait seul, parmi les théâtres modernes, d'aussi vastes dimensions. La construction primitive date de plus loin ; il est probable qu'elle coïncide avec l'apparition à la cour d'Espagne, en 1738, d'une troupe d'Italiens, qui chantèrent au *Buen Retiro* l'*Alessandro nelle Indie*, de Metastase, mis en musique par Hasse : cette priorité fort remarquable semble constatée par ce qu'on raconte de Ferdinand VI, lequel, passionné pour les spectacles et ne pouvant supporter l'aspect de ces grandes loges à moitié vides, aurait plus d'une fois dérogé à l'étiquette et admis ou même invité le public à y prendre place sans distinction de classe ni de fortune.

Au commencement du xviie siècle, l'élément italien, pour ce qui concerne l'art dramatique, cesse de dominer au delà des Pyrénées. Le théâtre national y avait fait de tels progrès, et la culture de l'art dramatique s'y était tellement vulgarisée, que, loin de recevoir des troupes de comédiens d'Italie, l'Espagne en donna à toutes les nations, notamment à la France, et à l'Italie elle-même. On sait quelle différente influence exerça dans ces deux pays l'introduction de la comédie espagnole : tandis qu'en France elle fournit aux meilleurs auteurs des sujets plus variés et plus vrais, et des allures plus libres que n'en offrait leur ancien théâtre, en Italie elle eut les plus déplorables résultats et amena, aux dépens de la bonne comédie latine, cet abâtardissement de la langue et du goût que les Italiens ont renié depuis, en proscrivant les *secentisti* de leur littérature.

Le développement, nous dirons même le débordement de la littérature dramatique en Espagne n'y provoqua aucun progrès sensible dans la construction du théâtre public. Les Espagnols eux-mêmes ne se sont jamais beaucoup occupés de l'architecture ; d'ailleurs les comédiens populaires, ne se trouvant pas en position d'appeler les beaux-arts à orner leur théâtre, se contentaient des tréteaux primitifs. Le progrès dut encore une fois venir du dehors.

Nous avons déjà vu qu'un chef de troupe italien s'avisa le premier de faire couvrir son *corral* ; c'est encore un chef de troupe de la même nation, Bartoli, qui, en 1708, élève aux portes de Madrid la première salle de spectacle moderne qu'on ait vue dans cette capitale, avec loges et décorations à l'imitation de celles d'Italie et de France.

Ce théâtre s'appela de *los Caños del Peral*, d'après la dénomination du lieu où il fut bâti. C'était, dit M. Diana dans un ouvrage que nous signalerons plus loin, « un modeste édifice de deux étages, aussi mesquin par ses proportions « que ridicule par sa forme. » La troupe de Bartoli y joua jusqu'en 1713 ; à son départ, la ville à qui appartenait le terrain acquit le théâtre à dire d'experts, et le loua par la suite à d'autres entreprises de chanteurs italiens.

Les choses en restèrent là pendant trente ans, et le *mesquin édifice* de Bartoli continua à s'appeler, dit M. Diana, le meilleur théâtre de la capitale, jusqu'à ce qu'en 1737 l'élément italien, représenté cette fois par un noble diplomate, vint donner à l'architecture théâtrale une nouvelle impulsion par l'édification d'une véritable salle de spectacle, la première qui porta le titre de Théâtre-Royal.

C'est le marquis Adeodato Scotti, ambassadeur du duc de Parme à la cour d'Espagne, qui, frappé de l'infériorité des théâtres de Madrid, proposa et fit approuver par le roi la reconstruction, sur des dimensions plus convenables, du vieux théâtre *de los Caños del Peral*, d'après les dessins de deux architectes italiens, Gallucci et Bonavia. Le roi donna l'autorisation, mais il oublia d'allouer les fonds : le marquis y suppléa de ses propres deniers. Après plusieurs années d'efforts et de difficultés vaincues, le théâtre se trouva debout, et Scotti totalement ruiné.

Nous n'avons pu trouver une gravure, une représentation quelconque de cette salle, qui fut pendant si longtemps le principal théâtre de Madrid ; le diligent auteur du mémoire sur le Théâtre-Royal que nous avons déjà cité avoue n'en avoir pas trouvé non plus, mais il nous en a conservé une description tirée du procès-verbal d'état des lieux, que l'architecte de la ville, Don Juan de Villanueva, fut chargé de rédiger, lorsqu'en 1787 le roi permit à l'administration des hôpitaux de rouvrir le théâtre *de los Caños* pour y faire représenter des opéras.

Suivant ce document, la façade avait 80 pieds 1/4 (22^{m}30), les côtés 184 pieds (51^{m}26) chacun, formant ainsi un parallélogramme rectangle de 14,766 pieds de superficie, soit 1,145 mètres carrés. On voit qu'à Madrid, de même qu'à Paris et dans toutes les capitales hors d'Italie, le théâtre n'avait encore au XVIIIe siècle que de très-mesquines dimensions. En Espagne, comme partout ailleurs, l'édifice théâtral a grandi à mesure que sa décoration s'est améliorée. La forme de la salle était elliptique ; quatre étages de loges, soutenus par des pilastres en bois et ornés dans tout leur pourtour d'une balustrade, présentaient un aspect régulier, mais peu élégant. Des couloirs étroits entouraient chaque rang de loges, et quatre escaliers de bois placés aux quatre coins de l'édifice offraient au public une prompte sortie de ce théâtre, où il devait étouffer.

Les autres salles de Madrid sont constamment restées inférieures à celle-ci.

Il n'en fut pas de même en province. Longtemps avant que le pouvoir central songeât à donner à la capitale des Espagnes un théâtre monumental, Séville, Cadix, Barcelone, possédaient des salles de spectacle bâties à l'italienne, et beaucoup plus vastes et plus ornées que celles de Madrid. L'industrieuse et riche Barcelone s'est surtout distinguée en ce genre, et l'opéra italien y a constamment prospéré depuis plus d'un siècle. Aujourd'hui encore, Barcelone possède deux grands théâtres d'opéra : le *Principal*, reconstruit à la fin du dernier siècle par un architecte espagnol, don Francisco Renat y Closas, et le *Liceo*, de construction récente et un peu plus petit ; l'un et l'autre dans le genre italien, ainsi que les nouveaux grands théâtres de Séville et de Valence. Mais les salles secondaires sont encore, à Madrid même, d'informes réceptacles mal bâtis et mal tenus, affectant la plupart la forme vicieuse des petits théâtres de France, c'est-à-dire la courbe plus ou moins allongée, mais dépourvues de ces détails d'ornement et de ces soins d'entretien qui, chez nous, parviennent quelquefois à faire tolérer les vices de construction. L'usage peu civil de fumer dans la salle entre peut-être pour beaucoup dans l'état de malpropreté et d'abandon qui caractérise les théâtres secondaires de l'Espagne.

Ce que nous venons de dire de ce pays peut se répéter du Portugal ; là aussi l'architecture théâtrale n'a été qu'une importation italienne ou française : le grand théâtre Saint-Charles, de Lisbonne, est construit sur le modèle de la Scala ; celui qui existait avant le tremblement de terre de 1755 avait également les loges superposées à l'italienne.

En Angleterre, l'architecture théâtrale proprement dite n'existait pas avant 1809 et 1812, époques de la reconstruction de Covent Garden et de Drury Lane.

Ce n'est pas que les représentations dramatiques ne remontent en ce pays aussi haut qu'en Espagne, qu'en France même, s'il faut tenir compte du *Mystère de Sainte-Catherine*, représenté, dit-on, en 1110 à l'abbaye de Dunstable. Mais nous avons déjà suffisamment démontré que ces sortes de représentations n'étaient pas fréquentes et ne donnaient lieu qu'à des constructions temporaires en bois, formées d'un amphithéâtre pour les spectateurs et d'une ou plusieurs estrades pour la scène. Cette disposition a presque toujours été suivie, pour les représentations à ciel ouvert, dans les pays où les légendes du christianisme ont été mises en action scénique.

Comme il n'y a pas d'effet sans cause, il faut chercher l'explication de la longue enfance de l'architecture théâtrale en Angleterre (où pourtant les arts industriels ont atteint un si haut degré de perfection), dans les conditions où les mœurs et les lois ont placé le théâtre.

En France et en d'autres pays, le pouvoir central limite seul la tendance qu'a le théâtre à se développer et à s'étendre comme toute entreprise qui répond à un besoin du public. En Angleterre, au contraire, les conseils de la couronne ont été pendant longtemps plus favorables que la population à l'établissement des théâtres permanents. La cour donna même l'exemple et eut des représentations dramatiques avant le peuple. Herbert raconte que, lorsque Anne de Montmorency fut chargé par François Iᵉʳ (octobre 1527) de présenter à Henri VIII le cordon de Saint-Michel, avec 600 chevaux, le roi le régala d'une comédie dans laquelle sa fille, la princesse Marie, joua un rôle.

Cependant plusieurs salles de spectacle surgissent à Londres dès la seconde moitié du xviᵉ siècle : on en cite dans Blackfriars, dans Whitefriars, dans Gracechurch-street, à Ludgathill ; mais le fanatisme religieux les voit de mauvais œil, et en 1570 la reine Élisabeth est forcée d'autoriser leur démolition. En 1574, la même reine, qui ne ressent pas pour les spectacles l'antipathie de ses coreligionnaires, accorde des lettres patentes à la troupe de Barbage, Perkyn et consorts, pour convertir en salle de comédie le *Globe*, petit édifice isolé où se donnaient des combats d'ours, passe-temps qui faisait alors avec les combats de coqs les délices des Anglais. Mais en 1580 défense est faite de jouer le dimanche et les jours de fête ; la censure dramatique est établie en 1589. Le puritanisme tient l'épée de Damoclès suspendue sur les théâtres, dont le nombre augmente cependant grâce à la protection des seigneurs et des amis des lettres.

Shakspeare paraît, et, comme les grands poètes dramatiques de l'antiquité et de la renaissance, comme Sophocle, comme Eschyle, comme Sénèque, comme l'Arioste, comme Machiavel, comme Bibbiena, comme plus tard Lope de Vega, Corneille, Racine, Molière, il donne ses chefs-d'œuvre et fonde, pour ainsi dire, le théâtre national sur les tréteaux primitifs que les arts du dessin n'ont pas encore transformés. Cette comparaison entre Shakspeare et ses devanciers, ou ses contemporains, est même toute à l'avantage du poète anglais, car aucune des ressources de la mise en scène, déjà connues de son temps en Italie et en France, n'est venue contribuer au succès de ses pièces. On ne peut même pas désigner par le nom générique de *salle de spectacle* l'édifice informe qui vit représenter pour la première fois *Othello, Hamlet, Roméo et Juliette*. Nous avons dit ce qu'était le *Globe* quand la troupe de Barbage en prit possession ; en 1596 on le rebâtit dans l'intention d'en faire un théâtre, et voici ce qui en résulta :

L'édifice était un octogone à l'extérieur et, suivant Malone, une rotonde à l'intérieur, entourée de balcons et à ciel ouvert, comme les anciens *corrales* d'Espagne, ou comme une de ces cours d'auberge qui ont servi de théâtre aux anciennes troupes anglaises ; la scène occupait naturellement un segment du cercle ou l'un des côtés du polygone, elle devait avoir très-peu de développement ; le mur qui en faisait le fond portait au milieu un large balcon qui servait tour à tour de second théâtre si la pièce représentée l'exigeait, comme dans *Hamlet*, ou de maison, de tour, de forteresse, suivant les indications du poète. Le parterre, exposé, comme nous l'avons dit, aux intempéries, n'avait pas de siéges. Enfin cette étrange construction était surmontée par une espèce de belvédère sur lequel un drapeau indiquait l'heure de la représentation.

Les auteurs anglais disent et répètent que ce théâtre était hexagone et tout en bois. Mais une gravure du temps, reproduite dans plusieurs recueils, entre autres dans le *Gentlemen's Magazine* du mois de février 1816, nous porte à croire que le mur extérieur était en maçonnerie et qu'il avait, comme le Bear Garden, la forme octogone.

Quant à sa capacité nous n'avons pu en trouver les mesures précises ; cependant nous savons, d'un côté, que le prix d'entrée était de six *pence* pour le parterre et d'un *shilling* pour les loges ou balcons ; d'un autre côté, que la recette générale s'élevait au plus à dix livres par soirée ; il résulte du rapprochement de ces deux chiffres que le local ne devait guère contenir plus de quatre cents personnes. Les représentations avaient lieu à la lumière du jour.

Tel fut le théâtre qui vit se produire presque toutes les pièces du plus profond génie dramatique des temps modernes. Quelques-unes ont été données sur une autre scène qui appartenait à la même troupe, dans *Blackfriar's Road*. Là paraît s'être réunie une société plus choisie qu'au *Globe*, à cause peut-être de la disposition de la salle qui était close, couverte et pourvue de siéges. A l'extérieur, ce théâtre ne se distinguait pas des maisons particulières, suivant un usage qui subsiste encore en Angleterre, à Londres même, dans plusieurs quartiers. Les représentations commençaient un peu plus tard dans la soirée, et elles étaient éclairées par des chandelles.

Ces sortes de salles de spectacle établies à peu de frais, dans des maisons bourgeoises ou dans des locaux destinés d'abord à d'autres usages, se multiplièrent rapidement; on en compte dix-sept à Londres, de 1570 à 1629; mais ce nombre, relativement considérable, prouve lui-même leur courte durée. Souvent c'était l'incendie qui terminait l'existence de ces modestes théâtres, toujours bâtis de manière à offrir une large prise au fléau; c'est ainsi que disparurent tour à tour le *Globe*, en 1613, la *Fortune* en 1621, *Blackfriars* en 1623, et plusieurs autres prétendus théâtres, qui à cause de leur peu d'importance ne furent pas reconstruits. Parfois c'était le fanatisme populaire qui, excité par la secte croissante des puritains, devançait l'incendie dans son œuvre de destruction : en 1617, la populace prit d'assaut la salle du *Cockpitt* et la démolit entièrement, avec une telle précipitation que plusieurs personnes restèrent écrasées sous les décombres. Le même sort était réservé à la nouvelle salle de *Drury Lane*, qui fut démolie en 1623 par .a multitude ameutée.

On conçoit que, dans ces conditions, les chefs de troupes n'eussent ni le courage ni les moyens d'élever des édifices convenables. Plus tard, lorsque le fanatisme populaire se calma et que tout danger cessa de ce côté, le pouvoir royal intervint, comme dans les pays du continent, pour restreindre la liberté de l'industrie théâtrale en la soumettant au pouvoir vague et capricieux du lord *chamberlain;* ce qui mit le théâtre dans cette position précaire et incertaine où nous le voyons encore aujourd'hui, et dans laquelle il est impossible que cette utile institution se développe et prospère.

Nous ne parlerons pas des représentations dramatiques qui eurent lieu à différentes reprises dans les châteaux des lords, depuis le règne d'Élisabeth jusqu'au commencement des troubles, et parmi lesquelles la plus célèbre est sans contredit celle du *Comus* de Milton, donnée au château de Ludlow en 1634. Les théâtres érigés en ces circonstances n'ont pas laissé de traces; et d'ailleurs, construits provisoirement dans des salons qui n'avaient pas cette destination spéciale, ils ne pourraient compter dans l'histoire de l'architecture théâtrale, non plus que les représentations données à la cour ou dans quelques églises à l'occasion de fêtes publiques.

Pendant la guerre civile qui précéda la chute de la royauté, les comédiens anglais cherchèrent un refuge dans les villes qui tenaient encore pour le roi; à Londres où le puritanisme dominait, tout amusement scénique était mal vu, et les acteurs mêmes n'y étaient pas en sûreté. Quelques débris des anciennes troupes ayant tenté, peu avant la mort de Charles Ier, de se réunir au Cockpitt pour y jouer *Bloody Brother*, de Fletcher, les soldats firent irruption dans la salle et emmenèrent les malheureux comédiens à la prison de Hatton House. Ils ne recouvrèrent leur liberté qu'à la condition de défaire leur théâtre.

Ces violences étaient l'œuvre des partis; la loi ne s'était pas encore formellement prononcée. Mais le 11 février 1647, une ordonnance du *Long-parlement* déclara les comédiens vils et vagabonds, et prescrivit la démolition de tous les théâtres.

Les acteurs se dispersèrent, et tant que dura le règne de Cromwell, personne n'osa les réunir; plusieurs périrent dans les troubles : d'autres reprirent leurs anciennes professions; quelques-uns enfin cherchèrent une ressource dans la publication des pièces de leur répertoire, et nous transmirent ainsi des productions littéraires qui sans cette circonstance, dit l'auteur de la *Biographia dramatica*, n'eussent jamais vu le jour.

La restauration de la royauté fut le signal de la renaissance de l'art dramatique en Angleterre; malgré les sanglantes réactions qui suivirent le retour du roi, les acteurs revinrent de toutes parts. William d'Avenant qui jadis avait dirigé l'un des six théâtres autorisés à Londres par Charles Ier, obtint le 15 janvier 1662 le rétablissement de son privilége: le 25 avril suivant Thomas Killigrew, l'un des valets de chambre du roi, recevait de son côté des lettres patentes l'autorisant à établir un spectacle dramatique et musical. Les mesures furent prises immédiatement pour l'érection des deux premiers théâtres réguliers qu'on ait vus à Londres, et nous pouvons dire dans tout le Royaume-Uni.

Killigrew établit ses acteurs sous le titre de *King's servants* à Drury Lane, l'ancien Cockpitt; d'Avenant, dont la troupe s'appela *the Duke of York's servants*, joua d'abord à *Rutland House* et alla se fixer en 1663 dans la salle élevée pour elle dans *Lincoln's Inn Fields*. Ces deux théâtres ne nous sont pas connus comme forme[1], et n'ont pas eu, du reste, une longue existence; déjà l'épidémie de 1665 et le grand incendie de l'année suivante avaient suspendu toute espèce de représentations dramatiques pendant dix-huit mois. Les théâtres échappés au feu, qui probablement n'atteignit pas leur quartier, rouvrirent leurs portes à Noël en 1666. Mais le premier, celui de

---

[1] L'éditeur qui a reproduit la vue intérieure et extérieure du *Duke's Theatre* d'après les estampes qui accompagnent l'*Emperess of Marocco*, d'Elkanna Settle, première pièce anglaise publiée avec gravures, s'est trompé en désignant ce théâtre comme étant à *Lincoln's Inn Fields*. La date de la pièce et la confrontation avec d'autres monuments prouvent jusqu'à l'évidence que ce théâtre est celui de Dorset Gardens, bâti sous le même titre dix ans plus tard.

Drury Lane ne tarda pas à subir le sort ordinaire de tous les bâtiments de ce genre et fut brûlé en 1672 ; le second dit le *Duke's Theatre*, trouvé insuffisant et mesquin, fut abandonné la même année pour celui que d'Avenant avait fait bâtir dans Dorset Gardens par Christophe Wren, le premier architecte auquel on ait attribué la construction d'un théâtre. Mais avant de parler de cet édifice qui fait époque dans l'histoire de l'art et qui peut s'appeler le premier théâtre monumental élevé en Angleterre, disons encore un mot des salles plus imparfaites qui l'ont précédé.

La gravure, qui a été si avare pour nous en Espagne, en Allemagne et même en France, nous a transmis de précieux documents sur l'histoire et sur l'état des anciens théâtres anglais, depuis le *Bear Garden* et le *Globe* jusqu'à l'élégante façade de *Covent Garden* reconstruit l'année dernière. Ces documents, que nous avons soigneusement recherchés et recueillis en grand nombre, prouvent ce que nous disions au commencement de ce chapitre : que l'Angleterre n'a pas plus que l'Espagne une architecture théâtrale particulière, et que ses théâtres n'ont été et ne sont encore en général qu'une imitation étrangère. On peut ajouter que les salles anglaises n'ont de différences notables avec les nôtres qu'à leur origine, et qu'à mesure qu'elles ont été reconstruites, elles se sont de plus en plus rapprochées des formes usitées sur le continent.

Parmi les anciens théâtres anglais qui diffèrent le plus de l'idée que nous nous faisons d'une salle de spectacle, il faut citer le *Red Bull*, dont nous avons un curieux spécimen dans une gravure annexée à l'ancienne édition des farces de Kirkman. Le *Red Bull* existait du temps de Shakspeare ; fermé comme les autres théâtres en 1647, il fut le premier à rouvrir ses portes après la mort de Cromwell (1659), et ne dut peut-être qu'à son obscurité de pouvoir ainsi braver la loi générale. Ce théâtre, si l'on peut donner cette qualification à ce que nous allons décrire, se composait d'une salle, dans laquelle l'estrade carrée servant de scène occupait le milieu et ne touchait au mur du fond que par un de ses côtés. Les trois autres étaient entourés de spectateurs assis ; le mur du fond lui-même portait une rangée de petites loges qui probablement se continuait sur les trois autres côtés de la salle. Douze chandelles en guise de rampe et deux petits lustres suspendus au plafond éclairaient cette estrade sur laquelle les acteurs se présentaient pêle-mêle. Enfin l'absence de coulisses était compensée par deux pièces de tapisserie tendues au fond, au-dessous des loges, en guise de portière, et derrière lesquelles un acteur pouvait s'effacer au besoin.

Après l'ouverture des théâtres privilégiés, le *Red Bull*, soit qu'il ne pût soutenir la concurrence, soit qu'il fût privé de patente royale, ferma ses portes et redevint maison particulière.

Le *Duke's Theatre*, de *Lincoln's Inn Fields*, tout petit et imparfait qu'il fût, eut cependant l'honneur d'être le premier qui adoptât la décoration peinte et la mise en scène des autres théâtres de l'Europe.

Ce n'est pas que l'art de peindre les décors fût totalement inconnu en Angleterre. Inigo Jones, que les Anglais vantent comme le premier architecte de leur nation, et qui certainement avait étudié Serlio et connu les travaux des Italiens, s'était acquis une grande célébrité dans cet art, en peignant les décorations de plusieurs ballets donnés à la cour, à Whitehall, par exemple, en 1605 et en 1608 ; mais ces sortes d'ouvrages, trop coûteux pour des comédiens, n'avaient jamais paru sur les théâtres publics.

Betterton, l'un des acteurs de d'Avenant, reçut donc la mission d'aller apprendre sur les théâtres de France l'emploi des décorations mobiles et des machines en usage dans ce pays. A son retour il en fit l'application au théâtre de *Lincoln's Inn Fields*. La dépense monta si haut que, pour y faire face, les propriétaires furent obligés d'élever le prix des places de deux shillings à quatre shillings pour les loges, d'un demi-shilling à deux shillings pour le parterre. Le *Siége de Rhodes* fut la première pièce représentée avec décors et machines (avril 1662).

Une autre innovation importante pour la mise en scène, accomplie pour la première fois sur ce théâtre, fut l'introduction des femmes pour représenter les personnages de leur sexe joués jusqu'alors par des hommes : l'autorisation du roi, à ce sujet, est inscrite dans la patente même de d'Avenant, ainsi que dans celle de Killigrew ; la première actrice anglaise, madame Saunders (d'autres disent madame Hughes) débuta sur ce théâtre de *Lincoln's Inn Fields*, cette même année 1662, dans le rôle de Desdemone. Il y avait soixante ans que les femmes avaient paru sur les théâtres de France, cent vingt ans environ qu'elles jouaient sur ceux d'Italie.

Le *Duke's Theatre* dans Dorset Gardens, bâti par Christophe Wren en 1672, fut donc le premier théâtre monumental qui s'éleva à Londres et même dans les trois royaumes. L'architecte semble avoir eu connaissance des théâtres d'Italie et de France qu'il imita dans certaines parties. L'encadrement de l'avant-scène était rectangulaire, sans colonnes, et n'atteignait pas la hauteur totale de la salle ; entre la corniche de l'avant-scène et le plafond, au-dessus des armes royales, on avait introduit une espèce de grande loge faisant face au public, flanquée de deux énormes cariatides et entourée de festons. En avant du proscénium, à droite et à gauche de l'espace réservé probablement à l'orchestre, s'ouvraient deux grandes portes, du même style que le reste de la salle et surmontées, comme au théâtre des Tuileries, par deux tribunes ou balcons formant ici deux grandes fenêtres pour éclairer la scène: car, d'après la gravure, ce théâtre ne recevait que la lumière du jour. Les loges, situées en arrière de ces deux balcons intérieurs, faisaient probablement le tour de la salle, sur deux rangs séparés par de grandes fenêtres que l'on aperçoit sur le dessin de la façade et qui devaient éclairer à la fois la scène et la salle. A l'extérieur quatre colonnes d'ordre toscan, supportant quatre autres colonnes corinthiennes, formaient un portique destiné à abriter le public pendant l'entrée. Le tout était surmonté par une terrasse à l'italienne, au milieu de laquelle s'élevait une espèce de minaret oriental peu en rapport avec les colonnes et les balustres.

Si le respect pour l'art nous a fait dire que la véritable architecture théâtrale ne date en Angleterre que des premières années de ce siècle, l'équité exige que nous reconnaissions la priorité de ce pays quant à l'emploi du style monumental dans la façade des théâtres. Aucun architecte de France ni d'Italie n'en avait fait autant à cette époque. Mais quelle dissonance dans les proportions! quelle absence de caractère dans l'ensemble! Des colonnes et des chapiteaux, voire même des attiques et des balustrades, ne suffisent pas pour produire par leur assemblage une œuvre d'art, si toutes les parties de l'édifice ne répondent pas à sa destination, si les éléments de la décoration ne sont pas appliqués avec goût et discernement. A ce point de vue notre assertion, relativement à l'architecture théâtrale anglaise, n'a rien d'exagéré.

Inigo Jones, qui a laissé tant de beaux monuments que nous admirons encore, n'a pas érigé de théâtre public.

On peut donc avancer avec assez d'exactitude que le théâtre, comme édifice, comme décoration scénique, comme mise en scène, ne date en Angleterre que de 1663, et que son établissement fut l'œuvre de William d'Avenant, le plus éclairé et le plus entreprenant des directeurs de spectacles; son fils Charles d'Avenant fut le promoteur de l'opéra en musique, dont les premiers essais eurent lieu à *Lincoln's Inn*, en 1673.

A partir de la construction du *Duke's Theatre, Dorset Gardens*, les théâtres de Londres cessent d'offrir ces bizarres dispositions que nous avons vues au *Globe* et au *Red Bull*, et qui ont été communes à d'autres *maisons de comédie* (Playhouses) de la même époque, telles que le *Swan*, la *Fortune*, le *Faucon*, etc. L'introduction de la décoration peinte amène la nécessité de séparer la scène de l'auditoire, et de l'entourer d'un encadrement qui cache les rouages et les manœuvres, et augmente l'illusion du spectateur. Les salles deviennent plus régulières et se garnissent de plusieurs étages de loges et de galeries, suivant l'importance et le genre de spectacle qu'on y produit, mais toujours à l'imitation des théâtres du continent. En général la forme française, à galeries ouvertes et en commun, a été suivie dans les petites salles, tandis que dans les grands théâtres on a préféré le système italien des loges égales et superposées: seulement les architectes anglais toujours plus *pratiques* que les nôtres, en compensation de leur infériorité dans l'entente des proportions et dans le sentiment de l'élégance, introduisirent dès les premiers temps ces grands amphithéâtres de face qui se sont perpétués depuis et qui favorisent la spéculation aux dépens du bon goût, de la sonorité, et même de la sécurité et de l'hygiène.

Nous citerons quelques monuments en signalant les différences qu'ils offrent avec les théâtres d'Italie et de France.

Disons d'abord qu'en 1682, peu de temps après que Louis XIV eut ordonné la réunion des trois troupes de Molière, du Marais et de l'Hôtel de Bourgogne, en une seule dont les membres prirent le titre de comédiens ordinaires du roi, semblable fusion s'opérait à Londres entre les acteurs des deux théâtres rivaux (de d'Avenant et de Killigrew), lesquels ne formèrent plus qu'une seule troupe sous le titre de Compagnie du Roi (*King's company*). Elle établit son siége à Drury Lane, qui devint et resta longtemps le premier théâtre de la capitale. C'est là que nous trouvons dès 1674 un exemple de ces profondes galeries amphithéâtrales dont nous parlions tout à l'heure. Le plan de la salle offrait alors deux lignes droites réunies au fond par une courbe, forme que nous avons déjà signalée dans plusieurs théâtres du continent; mais ce qu'il y avait ici de particulier, c'était la disposition de l'avant-scène où, à la place occupée depuis par les loges resserrées entre deux colonnes, s'ouvraient deux portes à deux battants, richement ornementées, et donnant sur l'estrade même du théâtre. L'usage de ces portes latérales, au-dessus desquelles il y avait parfois des loges, dura jusqu'à la fin du xviiie siècle; nous les voyons sur les dessins de plusieurs théâtres de cette époque, entre autres de *Sadler's Wells, Covent Garden, Lyceum, Astley, Strand, Haymarket*. Plus tard, quand on introduisit en Angleterre l'emploi des colonnes pour orner l'avant-scène, les portes furent remplacées, dans certains théâtres, par des statues élevées sur des piédestaux; enfin l'esprit de spéculation prévalut, et les statues de l'avant-scène cédèrent la place aux loges que nous voyons encore sur presque tous les théâtres de l'Europe.

Le théâtre de *Haymarket*, construit en 1767 sous la direction de Foote, et célèbre par les émeutes autant que par les grands artistes qu'il a produits, offre une autre singularité digne de remarque. Son plan présente la forme inusitée d'un carré presque parfait ; la légère courbure du fond y est peu sensible, et les deux lignes droites et parallèles qui en forment les côtés ont une longueur presque égale à la largeur de la salle. Du reste, l'angle des loges est bien pris ; les cloisons sont dirigées vers le milieu de l'avant-scène ; enfin, la façade fort simple est ornée d'un beau péristyle de six colonnes corinthiennes surmontées d'un attique. Telle est encore aujourd'hui la disposition de ce théâtre après plusieurs restaurations successives. Mais ses dimensions fort restreintes (la salle n'ayant que 14^m,60 dans œuvre) et l'insuffisance des locaux de service et des escaliers de dégagement en font un édifice fort imparfait.

Les nombreux théâtres que Londres a vu s'élever dans sa vaste enceinte, depuis 1663 jusqu'au commencement de ce siècle, n'offrent pas tous des caractères assez distincts ni des particularités assez remarquables à notre point de vue pour que nous nous y arrêtions. Plusieurs ont brillé par leur répertoire et par le mérite des artistes qui s'y sont montrés, aucun par la régularité de son architecture, ni même par la grandeur des dimensions, qui sont d'une importance capitale pour une salle de spectacle. Les théâtres de *Drury Lane*, de *Covent Garden* et de *Sa Majesté*, les plus considérables et les seuls qui offrent, dans leur reconstruction plus ou moins récente, un sujet d'étude à l'architecte, seront plus loin l'objet d'une notice spéciale accompagnée de plans détaillés.

Ajoutons un mot sur les théâtres de province, qui semblent démentir ce que nous disions au sujet de l'origine tout étrangère de l'architecture théâtrale anglaise. Là, en effet, l'élément national se superpose à l'élément étranger : le genre de construction adopté généralement dans les trois royaumes, c'est-à-dire la maçonnerie en briques rouges et nues, donne à l'extérieur de ces théâtres un aspect étrange qui laisse à peine deviner la destination artistique de l'édifice. Sans les mots *Theatre Royal* généralement inscrits sur la façade, on pourrait croire que l'on a devant soi une église, une école ou une brasserie. Quelquefois un petit péristyle, composé de quatre minces colonnettes en pierre ou en bois peint en blanc, et surmontées d'un attique, abrite la porte d'entrée et interrompt la triste nudité de ces murailles rouges percées çà et là de croisées bourgeoises. Mais à l'intérieur nous retrouvons la disposition des petits théâtres de France avec leurs galeries à deux ou trois étages selon l'importance de la localité. La mauvaise distribution des places au parterre et dans les loges, l'insuffisance des escaliers et des couloirs, les entraves opposées à la libre circulation, augmentent les points de ressemblance avec les salles que nous critiquons sur le continent. Du reste les villes de province, en Angleterre, n'ont eu que fort tard des théâtres permanents. Le plus ancien, celui qu'on essaya d'établir à Dublin, dans Warbergh Street, en 1635, fut démoli en 1647 lors de la clôture générale de tous les théâtres. Oxford qui fit appel au premier architecte du temps, Christophe Wren, pour avoir un théâtre régulier, n'en fut en possession qu'à la fin du xviie siècle ; Édimbourg n'en eut un médiocre qu'en 1746, Bath qu'en 1767, Liverpool qu'en 1771, Manchester qu'en 1774, Margate qu'en 1786. Nous ne parlons, bien entendu, que des théâtres réguliers et permanents ; ceux qui les précédèrent à différents intervalles, généralement désignés sous le nom de *Playrooms* (chambres de comédie) ne paraissent pas avoir eu une existence fort brillante.

Le rapide accroissement de la richesse publique et de la population, surtout dans certaines villes, a dû modifier cet état de choses et donner naissance à des édifices plus en rapport avec l'état des arts dans le pays. L'un des premiers théâtres qui aient subi cette transformation nous paraît être celui de Limerick, dont la façade monumentale et d'un beau style date de 1788. Le théâtre de Plymouth s'annonce par un beau péristyle. Celui de Dublin, construit par Samuel Beazely, au coin de Poolbeg Street et Hawkins Street, et vendu aux enchères en 1828, est digne d'une grande ville par ses proportions et par ses annexes. Enfin le nouveau théâtre de la capitale de l'Écosse construit en 1857 sur les dessins de M. Bryce, prouve par sa belle façade plus que par ses dispositions intérieures (où nous critiquons les galeries semi-circulaires et les colonnes à l'avant-scène) que les passe-temps scéniques sont aujourd'hui en honneur même au milieu de la population qui leur était autrefois le moins favorable.

VI

Si l'Allemagne nous offre des monuments de l'art dramatique qui remontent au moyen âge, en revanche elle est restée en arrière des autres nations quant à la construction des salles de spectacle. Les auteurs qui ont écrit son histoire littéraire font à peine mention des plus récentes. Suivant M. Schneider, auquel nous emprunterons plus loin de précieux renseignements sur l'Opéra de Berlin, cette capitale n'aurait eu son premier théâtre qu'en l'année 1700, pour la représentation de la *Festa de l'Hymeneo*, à l'occasion du mariage du prince héréditaire de Hesse-Cassel avec une princesse de Brandebourg; et ce théâtre, qui ne subsista que huit ans, était une simple estrade élevée dans un manége de la cour.

Vienne n'avait encore au commencement du xviiie siècle que la troupe italienne au service de l'Empereur, établie probablement dans une dépendance du palais impérial; le théâtre allemand et populaire ne date que de 1708, mais on ne dit rien de ses conditions matérielles qui ont dû être peu remarquables, à en juger par l'absence des monuments et par l'état de l'art dans la capitale de l'Autriche à des époques plus rapprochées de nous.

Le théâtre populaire ne s'annonce pas mieux ni plus tôt, au point de vue de l'architecture, dans les autres grandes villes de l'Allemagne, où nous admirons aujourd'hui de si beaux monuments consacrés à l'art dramatique et à la musique.

Le théâtre princier, au contraire, a laissé des traces fort remarquables de sa longue et brillante existence à Munich, à Stuttgard, à Dresde, à Berlin, à Vienne. Nous avons dit que l'Empereur avait à son service une troupe d'Italiens, et cela dès le milieu du xvie siècle. L'Électeur de Bavière n'avait pas tardé à l'imiter, ainsi que l'Électeur Palatin et plus tard le roi de Prusse. Nous avons sous les yeux les gravures relatives aux principales pièces représentées dans ces diverses capitales dans le courant du xviie siècle et dans la première moitié du xviiie. Elles révèlent un grand luxe de mise en scène et nous montrent, dans les derniers temps surtout, des décorations magnifiques et des costumes d'une richesse tout à fait inusitée de nos jours. Mais la salle du théâtre, telle que nous l'entendons aujourd'hui, n'existait pas.

Les représentations de balets et de *feste teatrali*, que nous appellerions aujourd'hui opéras, n'ayant lieu qu'à l'occasion des fêtes pour le mariage ou pour la naissance d'un prince, c'est-à-dire à des intervalles indéterminés et peu rapprochés, on n'élevait pour cet objet que des théâtres provisoires dans des salles d'apparat et plus ordinairement dans des manéges. Cela est prouvé par des documents authentiques. Parmi les gravures qui nous ont conservé les décorations d'une de ces *feste teatrali*, en trois parties, représentée à Munich en 1662 pour la naissance de l'héritier du trône, se trouve le plan et l'élévation du manége : *Facies externa hippodromi Monacensis*, dans lequel le théâtre avait été dressé pour la circonstance. L'édifice, qui est isolé mais dépourvu de toute décoration extérieure, mesure trois cent quarante pieds sur quatre-vingt-dix. A l'intérieur l'estrade destinée à la représentation occupait le tiers de la longueur du bâtiment, et la décoration qui encadrait la scène remplissait entièrement la largeur et la hauteur de la salle comme aux autres théâtres du même genre, en Italie et en France, dont nous avons parlé dans les chapitres précédents. C'est sur cet encadrement que se portait toute l'attention de l'architecte et du peintre décorateur. Aussi le voyons-nous augmenter de richesse et d'élégance, surtout à Vienne, où Burnacini surchargea l'ornement jusqu'à l'extravagance. La gravure nous a conservé plusieurs de ces œuvres remarquables, sur lesquelles nous reviendrons en parlant de la nécessité de réformer la décoration actuelle de nos avant-scènes; on peut voir notamment le théâtre de Munich, dessiné par Alcaini, gravé par Panizzi, dans le ballet intitulé *l'Omaggio al ser. principe Ferdinando Maria*, dansé en 1656, et le Théâtre de Vienne dessiné par Burnacini, gravé par Kusel dans *Il Pomo d'Oro* (1667), ou mieux encore dans la magnifique édition petit in-folio de *Il Fuoco eterno castodito dalle Vestali*, représenté en 1674.

François Galli Bibbiena élevait à Vienne, vers 1704, la première salle de spectacle moderne qui fût au delà du Rhin. L'empereur Léopold, voulait fixer cet architecte à son service, lui offrit six mille florins d'honoraires, somme très-considérable pour l'époque; Bibbiena en exigeait huit mille, et ne pouvant les obtenir, il alla servir la cour de

Lorraine qui le chargea de construire le théâtre de Nancy. Son neveu Alexandre Bibbiena, architecte de l'Électeur palatin, a bâti le théâtre de Manheim qui était encore du temps de Patte (1782), un des plus beaux de l'Allemagne. Enfin l'ancien théâtre de Dresde, commencé sous Auguste III, était également l'œuvre d'un architecte italien, Nicolas Servandoni, mort en 1766, et célèbre par ses décorations scéniques autant que par ses œuvres d'architecture.

On peut aisément se faire une idée de ce que devaient être, quant à la disposition intérieure, les salles de spectacle construites par les architectes que nous venons de nommer : la forme de cloche renversée que nous avons déjà vu appliquer à Bologne se retrouve à Vienne, à Manheim, à Stuttgard ; quant à la décoration des loges et des avant-scènes, elle porte le cachet de son époque et de l'intolérante antipathie qui dominait alors contre la ligne droite.

Knobelsdorff qui bâtit en 1741 la *Maison de l'Opéra* de Berlin (nous employons ici la désignation officielle), adopta le système italien, mais en l'améliorant en ce qu'il avait de défectueux, c'est-à-dire en redressant un peu les deux côtés de la courbe, en entourant la salle de belles et commodes dépendances, et en isolant totalement son théâtre, bien avant que cette utile innovation fût pratiquée en France et généralisée en Italie. Nous ne croyons pas que Knobelsdorff ait construit d'autres salles de spectacle en Allemagne ; ce qui est certain, c'est que la sienne fut pendant longtemps la meilleure. Nous renvoyons pour plus de détails à la notice qui lui est consacrée.

Nous avons déjà parlé avec éloge de la salle elliptique construite par Lagnepierre dans le château de Stuttgard ; le projet que cet architecte proposa pour la reconstruction du théâtre de l'Opéra dans la même ville, et dont la gravure se trouve dans la grande *Encyclopédie* de d'Alembert et Diderot, est un spécimen curieux du goût et des idées qui dominaient en Allemagne il y a cent ans sur cette partie de l'architecture. Ce n'est qu'après l'apparition des grands auteurs dramatiques, Iffland, Kotzebue, Gœthe et de leur maître à tous Schiller, que les théâtres se multiplient et s'améliorent en Allemagne. Des architectes nationaux, Langhans, Weinbrenner, Catel, Hübsh, Heideloff, Welter, Ottmer, Meiser, Fischer, élèvent au théâtre national des monuments solides qui atteignent parfois une grande magnificence, ou donnent dans leurs écrits d'utiles préceptes sur ce genre de construction tout nouveau pour lequel les exemples des anciens font complétement défaut. Nous n'admirons pas tout dans les théâtres modernes de l'Allemagne ; nous déplorons même l'introduction de certains usages, nous pourrions dire de certains préjugés techniques que les architectes allemands ont été chercher en France et en Italie, tels que la forme circulaire et les galeries ouvertes qui dominent dans les petits théâtres, les grandes loges en commun et l'avant-scène surchargée que les théâtres de premier ordre conservent toujours en dépit de l'expérience. Mais le style élevé de leur ordonnance extérieure, la richesse et l'élégance de leur décoration intérieure, en même temps qu'ils constatent l'état florissant des beaux-arts en Allemagne, témoignent de la sollicitude des gouvernements, des municipalités et de la société tout entière pour une institution si utile, pour une industrie si intéressante.

Nous comprenons dans ce recueil un nombre relativement considérable de théâtres allemands : ceux de Berlin, de Munich, de Mayence, de Darmstadt, de Hambourg, de Carlsruhe, de Vienne, y sont l'objet d'une notice spéciale corroborée par les gravures. Nous regrettons que les limites dans lesquelles on a dû nécessairement enfermer cette publication ne nous permettent pas d'y comprendre beaucoup d'autres monuments du même genre fort remarquables à des titres divers, tels que le nouveau théâtre d'Aix-la-Chapelle, qui rappelle par son péristyle le Parthénon d'Athènes, celui de Stuttgard reconstruit de nos jours avec goût, celui de Breslau digne d'une plus grande capitale, celui de Dessau dont la courbe est modelée sur la salle de Bordeaux, le théâtre de Dresde, enfin, l'un des plus grands et des plus élégants de l'Allemagne, bâti en 1847 sur les dessins de M. Semper. Nous renvoyons pour ce dernier, au magnifique volume in-folio publié à Brunswick en 1850, dans lequel se trouvent tous les détails désirables de la construction et de l'ornementation.

Les pays limitrophes des grands États dont nous avons recherché le progrès dans l'architecture théâtrale ont naturellement suivi le développement de l'art chez les nations auxquelles ils se rattachent par l'origine, par la littérature ou par les mœurs. On retrouve en Suisse, dans les rares et petits théâtres que l'intolérance politique et religieuse n'a pu empêcher de surgir, toutes les dispositions défectueuses des salles de France et d'Allemagne. On peut en dire autant du Danemark et de la Suède. En Belgique, si l'architecture théâtrale n'a pas fait de progrès essentiels, elle a pris au moins un développement remarquable surtout depuis 1830. Les principaux théâtres de Bruxelles, de Gand, de Liége et d'Anvers prouvent que le concours de la population ne fait pas défaut aux entreprises théâtrales ; cette circonstance, jointe à l'état de la législation, plus libérale qu'en France à l'égard de l'art dramatique, nous porte à croire que les réformes dont le théâtre a si grand besoin au point de vue de la construction et de l'administration pourraient rencontrer chez nos voisins moins d'obstacles qu'ailleurs pour leur complète réalisation. Nous donnons les plans et une courte notice du théâtre d'Anvers, qui, bien que moins grand, n'est pas moins élégant que ceux de Gand et de Bruxelles.

La Hollande n'a pas, même aujourd'hui, beaucoup de théâtres ; mais elle en eut un fort considérable à Amsterdam, dès la moitié du xviie siècle. D'après une ancienne gravure, qui représente, comme de coutume, la partie qui fait face aux spectateurs, la salle devait être vaste ; sa couverture, qui diffère de toutes celles que nous avons vues à d'autres théâtres, consistait en trois forces travées soutenues par deux poutres placées parallèlement dans le sens de la longueur et supportant la voûte du milieu construite en planches et à plein-cintre. Les deux travées latérales étaient plates et plus basses, et montraient à nu les poutrelles qui soutenaient les planches du plafond. Du reste, l'ordonnance générale de cette salle était fort remarquable pour l'époque. Elle se composait de deux rangs de loges soutenues par des pilastres cannelés d'ordre corinthien, reliés par une architrave du même ordre, au-dessus de laquelle se développait un vaste amphithéâtre en planches. Il n'y avait pas d'avant-scène proprement dite ; les loges arrivaient jusqu'à l'estrade, mais n'y montaient pas. La scène qui n'était pas encadrée, comme elle l'était alors dans tous les théâtres de quelque importance, offrait sur les deux côtés une décoration fixe en maçonnerie, percée de portes et de fenêtres pouvant s'adapter à toutes sortes de pièces, et au fond une décoration mobile formée (dans la gravure que nous avons sous les yeux) de portiques à colonnes et de terrasses à balustrades tous *praticables*, à la manière des anciens et des Italiens de la renaissance. Ce théâtre, fort intéressant par ses particularités et relativement à l'époque où il subsistait, paraît avoir eu des dimensions considérables.

Dans la seconde moitié du siècle dernier, Amsterdam eut un théâtre tout à fait dans le goût moderne et non moins remarquable que l'ancien par son ordonnance et par ses proportions. Van Der Groen, en peignant en 1775 les décorations d'une tragédie célèbre, que l'on jouait tous les ans (*Gysbrecht Van Aemstel*), décorations gravées en 1788 par Brouwer, en a reproduit l'avant-scène qui offrait de chaque côté deux colonnes corinthiennes soutenant un arc surbaissé orné de rosaces ; point de loges entre les colonnes où l'on avait placé, sur des piédestaux, les statues de Melpomène et de Thalie. Les trois rangs de galeries qui faisaient le tour de la salle ne partaient que d'une ligne perpendiculaire à l'orchestre des musiciens. La vue extérieure de ce beau théâtre a été également gravée d'après les dessins de Schoute et publiée par Fouquet junior, à Amsterdam.

Du reste, quel que soit le degré de prospérité et de puissance qu'atteignent les pays du Nord, il ne faut pas s'attendre à y voir les théâtres se multiplier et prospérer comme dans les régions tempérées. La rigueur du climat pendant l'hiver, la longueur des jours pendant la belle saison, invitent les habitants à des plaisirs d'un autre genre.

C'est probablement à cette cause que l'on doit attribuer le peu de développement qu'a eu le théâtre en Pologne où pourtant les belles-lettres et la musique ont toujours été en honneur.

Sous le règne de Wladislas IV (1632-1648), il n'y avait pas encore de théâtre à Varsovie, dit M. Albert Sowinski dans son excellent *Dictionnaire des Musiciens polonais*. On ne jouait que de temps en temps à l'occasion de grandes fêtes. Il en était de même à Dantzick où le premier théâtre fut élevé par la municipalité à l'occasion du mariage du roi avec Marie-Louise de Gonzague. La salle était ovale et entourée de galeries qui pouvaient contenir, dit-on, trois mille personnes ; elle coûta, avec les frais de mise en scène de l'opéra italien qui y fut représenté[1], plus de cent mille thalers. Celle de Varsovie est moins connue : Adam Zarzemski, architecte et musicien au service du même monarque, parle dans ses *Mémoires* des fêtes données à la cour à la même occasion, et décrit les merveilleuses décorations des opéras et des ballets italiens ; mais, quant au théâtre qu'il dit splendide, il se borne à nous apprendre qu'on y jouait la comédie, la tragédie et l'opéra, qu'il était entouré de colonnes, éclairé par des lampes, et qu'on y voyait des personnages assis dans des loges.

[1] *Les Amours de Psyché et de Cupidon*, en vers italiens et en trois actes, par Virginio Puccitelli.

Sous Auguste II et Auguste III, les opéras italiens se donnaient au Manége, disposé vraisemblablement comme les théâtres érigés dans les locaux de ce genre à Munich et à Vienne.

Stanislas-Auguste Poniatowski fit plus pour le théâtre que ses prédécesseurs; il eut d'abord une troupe italienne fort remarquable et des maîtres de cette nation. Paisiello, Cimarosa Pugnani : Viotti, résidèrent à Varsovie sous son règne. A défaut de théâtre spécial, les représentations avaient lieu dans la salle de spectacle du palais Radziwill, où le public était admis. L'arrivée inopinée de ce prince, qui habitait Paris, ayant forcé le directeur et sa troupe à déguerpir, le roi amateur donna l'ordre de faire bâtir un théâtre public et alloua des fonds sur sa cassette (environ 500,000 florins). C'est pendant la construction de cette salle que le premier opéra polonais [1] fut représenté au palais Radziwill, en 1778, sous la direction d'un Français, M. Montbrun.

Ici se place la longue carrière théâtrale d'Adalbert Boguslawski, chanteur, auteur et directeur, qui créa par ses ouvrages et par son esprit entreprenant le théâtre national polonais, à une époque où son pays subissait les plus cruelles épreuves (1774-1814). Sans parler de ses brillantes productions dramatiques et des nombreuses traductions qu'il donna des opéras italiens ou français, Boguslawski établit le théâtre dans des villes où il n'avait fait que de rares et courtes apparitions; en 1775 une salle de spectacle est élevée par ses soins à Léopol (Lemberg) en Gallicie: en 1803 et 1804 l'opéra est introduit à Posen et à Kalisk. Mais c'est surtout à Varsovie que Boguslawski donna un grand essor à l'art théâtral. Vers la fin de sa carrière, il proposa la création de trois théâtres destinés : le premier à l'*opéra*, le deuxième à la *tragédie* et à la *comédie nationale* à l'instar du Théâtre-Français de Paris, et le troisième à l'*opéra-comique*, au *mélodrame* et au *vaudeville*; mais ses projets ne purent être mis à exécution. Il se retira alors de la vie active et se consacra à la publication de ses ouvrages parmi lesquels figure une *Histoire du théâtre national*.

Varsovie possède aujourd'hui, sur la place de l'Hôtel-de-Ville, un très-beau théâtre dont l'ordonnance extérieure pourrait servir de modèle aux architectes des plus grandes capitales de l'Europe.

L'architecture théâtrale, qui a suivi, comme nous l'avons vu, dans toute l'Europe occidentale une progression lente, mais constante, depuis l'estrade abrupte des premiers mystères jusqu'aux salles spacieuses et élégantes de Milan, de Paris et de Londres, n'a pas eu en Russie une si longue enfance; elle y a paru tard, mais toute faite, et y a créé de prime-abord des monuments qui dépassent en solidité et en élégance ce que les nations plus civilisées avaient produit jusqu'alors. C'est que grâce à la puissance du pays et à ses conditions politiques (que nous sommes bien éloigné de recommander aux autres peuples), le théâtre n'a pas rencontré en Russie les obstacles et les embarras qui ont retardé son développement dans les autres États de l'Europe. Il a suffi de la volonté du souverain pour créer des chefs-d'œuvre; la jalousie contre l'élément étranger n'a pas entravé une institution qui, évidemment, ne pouvait s'appuyer sur les seules forces locales. Les théâtres de Pétersbourg et de Moscou, construits sous les règnes de Catherine II, d'Alexandre et de Nicolas, par des architectes français ou italiens, équipés et décorés par des artistes de ces deux nations, n'ont donc conservé aucun des caractères singuliers de l'architecture russe. Ils ne sont qu'une répétition des édifices du même genre construits dans les temps modernes en France et en Italie, mais avec des améliorations capitales qui ont rendu les copies plus parfaites que les originaux, les reproductions plus remarquables que les modèles.

Parmi les grands et beaux théâtres que nous pourrions citer à l'appui de notre jugement, nous en choisissons deux qui réunissent les dispositions les plus dignes d'attention. Nous aurions voulu comprendre dans notre travail le nouveau théâtre de Moscou, le plus vaste de l'Europe après Saint-Charles et la Scala; mais nous n'avons pas dû aller sur les brisées de l'habile architecte, M. Cavos, qui l'a reconstruit en dernier lieu et qui en a entrepris lui-même la publication.

Le goût éclairé des princes et de la noblesse russes pour les représentations dramatiques se révèle jusqu'aux extrémités de l'empire : à Odesssa où un beau théâtre s'est élevé sous la bienfaisante administration du duc de Richelieu, à Tiflis où le théâtre, de construction toute récente, est l'œuvre d'un architecte français, et se fait remarquer entre tous les monuments de ce genre par la superbe décoration de la salle, en style persan, exécutée par le prince Gagarine.

---

[1] *Misère consolée*, paroles de Boguslawsky d'après une comédie de l'abbé Bohomolez, musique de Mathias Kamienski.

VII

Nous avons rapidement indiqué, dans les pages qui précèdent, quelques résultats de nos recherches sur l'histoire de l'architecture théâtrale moderne et sur les principaux monuments qu'elle a produits. Nous avons démontré que deux seules nations en Europe, la France et l'Italie, ont une architecture théâtrale particulière : que les autres pays ont pris modèle sur ces deux peuples, qui les ont du reste précédés dans tous les arts, notamment dans l'art de bâtir. Nous avons constaté que l'architecture théâtrale italienne a quitté les formes antiques à ciel ouvert et l'estrade de salon lorsque le goût des représentations musicales se généralisant a donné naissance à des théâtres publics permanents, destinés à toutes les classes de la société ; et qu'après bien des essais et des tâtonnements on avait fini par adopter la courbe de Piermarini, en fer à cheval, avec les loges égales et perpendiculaires, comme la plus favorable sous le double rapport de l'acoustique et de l'optique ; qu'en France, au contraire, la réaction contre la forme allongée des premiers théâtres, bâtis dans des jeux de paume, avait amené la forme circulaire avec les galeries saillantes et par conséquent découvertes, disposition vicieuse qui subsiste encore aujourd'hui.

Il nous reste maintenant à nous occuper de l'état actuel de l'art et de son avenir.

La réunion que nous offrons en ce volume des plans des principaux théâtres de l'Europe nous fournira l'occasion de signaler aux artistes les avantages et les inconvénients de chaque édifice, les parties à imiter, les erreurs à éviter, les résultats enfin de chaque système. C'est ce que nous allons essayer de faire dans les notices consacrées à chacun des théâtres dont les plans passeront au fur et à mesure sous les yeux du lecteur. Mais ce travail analytique n'atteindrait pas son but, si nous n'en profitions pour tenter une conclusion synthétique de nos recherches, pour établir quelques faits peu connus, pour émettre quelques idées nouvelles qui puissent contribuer à résoudre ou à simplifier le problème complexe de la meilleure construction d'une salle de spectacle. Certes, nous n'avons pas la prétention d'apprendre à bâtir à ceux qui ont porté l'architecture civile à un si haut point de perfection, aux maîtres qui ont créé une nouvelle branche de l'art, inconnue aux anciens, *l'architecture industrielle* : ce n'est pas sur la formation des parties constitutives d'un théâtre, mais seulement sur leur disposition relative et sur le caractère de l'ensemble, que nous hasarderons quelques remarques dictées par une longue expérience et par l'observation d'un grand nombre de monuments.

Nous posons d'abord un principe dont les corollaires se développeront d'eux-mêmes :

Les représentations lyriques et les représentations dramatiques, différant entre elles autant par les moyens d'action qu'elles emploient que par les effets qu'elles recherchent, exigent une disposition différente du lieu où elles se produisent.

En d'autres termes, le théâtre destiné au chant et à la musique doit être autrement construit que le théâtre destiné au drame parlé.

Cette distinction importante et fort simple, que les architectes n'ont jamais faite, leur eût évité les écueils contre lesquels ils se sont heurtés en voulant construire des salles qui pussent s'adapter à tous les genres, répondre à tous les besoins.

Dans un théâtre destiné aux représentations musicales, la question d'acoustique domine la question d'optique ; c'est le cas inverse dans une salle destinée à l'action parlée ou figurée ; et, comme les dispositions intérieures qui favorisent la sonorité nuisent généralement à la perspective et *vice versa*, il faudra opter et sacrifier l'un ou l'autre de ces avantages, dans certaines mesures bien entendu, suivant la destination de l'édifice à construire.

Expliquons d'abord ce que nous trouvons de contradictoire entre les exigences de l'optique et de l'acoustique dans une salle de spectacle.

Le développement de la sonorité et de l'illusion phonique, exige, ainsi que l'expérience le démontre, une grande étendue de la salle en longueur plus qu'en largeur, peu d'élévation, une sévère régularité des parois latérales, qui doivent être rigoureusement perpendiculaires, avec un plafond légèrement voûté. Ajoutons, pour augmenter les conditions de sonorité, le rétrécissement de la courbe de la salle à mesure qu'elle s'approche de l'avant-scène. Telles sont les conditions nécessaires pour produire la plus grande sonorité possible.

L'optique, au contraire, exige avant tout que les rayons visuels des auditeurs soient dirigés vers un centre commun, où se passe l'action, et que par conséquent les cloisons des loges suivent la même direction; qu'en outre les spectateurs soient le moins possible éloignés de la scène. La forme demi-circulaire des théâtres antiques réunit ces conditions; mais, comme l'action dramatique n'a pas lieu seulement au centre et qu'elle s'étend souvent des deux côtés, la demi-ellipse coupée sur son grand diamètre est préférable au demi-cercle, parce qu'elle rapproche davantage les auditeurs du point où se passe l'action et présente aux rayons visuels deux foyers au lieu d'un. Il y a plus. Comme, dans le théâtre consacré aux représentations parlées, une grande sonorité n'est pas nécessaire, et serait même nuisible, l'auditoire pourra être rangé en échelons semi-circulaires qui partagent l'espace d'une manière égale dans la hauteur autant que sur la phériphérie du demi-cercle ou de la demi-ellipse : avantage précieux, en ce qu'il facilite la distribution des places, assure l'ordre intérieur et présente un coup d'œil agréable.

Ce que nous avançons sur les conditions de sonorité d'une salle de spectacle est prouvé d'une manière évidente par les salles lyriques de Paris. Celle du grand Opéra (planche 2), qui est la plus vaste, est en même temps la plus sonore, sans être encore, sous ce rapport, ce qu'elle serait au moyen de quelques réformes ; l'étendue, la perpendicularité de ses galeries, une élévation relativement peu considérable, lui donnent cet avantage sur les salles, si ingrates pour la musique, des théâtres Favart et Ventadour (planches 6 et 9), dans lesquelles les galeries circulaires, différant entre elles de diamètre et même de centre, s'élèvent à une hauteur exagérée.

On voit que nous nous préoccupons surtout de la question de forme : quant à la matière de revêtement des parois, elle ne vient selon nous qu'en seconde ligne, sans perdre toutefois de son importance. On nous objectera qu'en ceci nous nous trouvons en désaccord avec de respectables autorités qui ont cru résoudre le problème d'acoustique en prescrivant l'adoption du bois à l'intérieur des salles de spectacle à l'exclusion de la pierre et de la maçonnerie. On a dit que le bois seul favorisait la sonorité, que les matières plus dures l'amortissaient. Nous répondons que le bois n'est pour rien par lui-même dans la sonorité d'une salle de spectacle, et qu'on a tort de confondre les vibrations imprimées par une corde à une caisse de violon, avec la propriété de répercussion que le bois possède moins que la pierre, parce qu'il est moins dur. La constatation de ce fait n'est pas chose difficile. Sans renvoyer les partisans du bois à certains théâtres d'Italie, construits à l'intérieur en maçonnerie ou en pierre de taille, nous les mènerons dans nos cathédrales, où la sonorité est telle que la voix du prédicateur s'y perd en sons confus, tandis que le chant ou les instruments y produisent les effets les plus saisissants. Que l'on recouvre les murs de ces églises en planches plus ou moins épaisses, la sonorité ne sera plus reconnaissable. Du reste nous admettons volontiers, l'emploi du bois pour les constructions intérieures d'une salle de spectacle, à cause des avantages qu'il offre sous d'autres rapports; et, pour la devanture des loges notamment, nous préférons de beaucoup la simple volige aux balustres et aux ornements en ronde-bosse.

Les proportions que nous avons indiquées une fois admises, quelle sera la forme la plus favorable à la sonorité? Évidemment celle du parallélogramme allongé, qui laisse s'étendre et s'amortir lentement l'ondulation imprimée à l'air par la bouche du chanteur. Les grandes salles des couvents ou des anciens châteaux peuvent en fournir la preuve. Cependant, comme dans une salle de spectacle il ne s'agit pas seulement d'entendre, mais aussi de voir l'action qui se passe sur la scène, les deux parties latérales du parallélogramme, d'où la vue de la scène serait presque nulle, sont recourbées de manière à répartir convenablement l'obliquité des rayons visuels. Sous ce rapport la forme la plus avantageuse, surtout si le problème se complique de la nécessité de placer un grand nombre de spectateurs, serait, comme nous l'avons dit, l'hémicycle, qui offre le plus de superficie dans le moindre périmètre; tous les points se trouvent à égale distance du centre et tous les rayons sous le même angle. Mais, l'hémicycle étant une forme contraire à l'expansion des sons, le problème se posera devant l'architecte en ces termes :

Trouver une moyenne qui satisfasse en même temps à l'acoustique et à l'optique, ou qui se rapproche le plus possible de ce résultat.

C'est ici que les architectes ont donné cours aux théories les plus diverses; on en peut avoir un spécimen dans le rapprochement des plans contenus dans ce volume, qui ne sont pas les plus dissemblables; et c'est à faciliter la solution de ce problème que la distinction des deux genres trouve son application la plus utile : en effet, si nous admettons que pour la représentation parlée la grande sonorité n'est pas nécessaire, qu'elle est même nuisible quand pour l'acquérir il faut éloigner les spectateurs de l'acteur, que par conséquent l'allongement de la courbe, ainsi que la perpendicularité continue des parois, n'a plus d'objet, nous en viendrons à préférer, pour les représentations dramatiques, la forme qui rapproche du lieu de l'action le plus grand nombre possible de spectateurs, c'est-à-dire le demi-cercle ou la demi-ellipse, et pour les représentations lyriques, la forme qui favorise le plus la sonorité tout en faisant une large part à la vision, c'est-à-dire la courbe en fer à cheval telle qu'on peut la voir sur le plan de la *Scala* (planche 78), du *Charles Félix* de Gênes (planche 86), du Grand-Théâtre de Pétersbourg (planche 67). Quant à la forme circulaire, elle est absolument à proscrire comme également contraire à l'acoustique et à l'optique : le cercle offre pour la propagation du son les mêmes inconvénients que le demi-cercle, et il crée en outre aux abords de la scène un nombre considérable de places de souffrance, qui sont pour les administrations théâtrales une perte constante.

Au reste les avantages des deux différentes formes que nous proposons pour les deux genres de représentations théâtrales, ont été reconnus, bien avant nous, par d'illustres maîtres dans l'art de bâtir. Nous avons vu la demi-ellipse appliquée par le plus grand architecte des temps modernes à un théâtre destiné à la tragédie. Quant à la forme en fer à cheval, elle a succédé, comme nous l'avons vu, à toutes les courbes qui ont été essayées en Italie, de même que le système des loges égales et perpendiculaires a remplacé dans les grands théâtres modernes de divers pays, les balcons saillants et les galeries qui avaient été autrefois en usage.

Ce principe admis, une autre application utile en découle : c'est la séparation absolue de la scène et de la salle dans les théâtres destinés au drame parlé. Le sommet de la courbe rapproché de la corde d'avant-scène, rend tout à fait inutiles les loges sur l'estrade (si contraires à l'illusion) ; les colonnes dont on a flanqué jusqu'ici ces sortes de loges, sous le prétexte de soutenir l'arc d'avant-scène, étant elles-mêmes un embarras, en ce qu'elles interrompent les rayons visuels des personnes placées aux extrémités de la courbe, devront être également supprimées. Toute l'ornementation se portera sur la face externe de l'avant-scène, vis-à-vis l'amphithéâtre destiné au public ; et, comme en ce cas l'espace n'est plus aussi limité que dans l'entre-colonnement des avant-scènes actuelles, l'architecte aura un vaste champ pour donner l'essor à son génie et créer une décoration qui encadre dignement le lieu destiné à l'action.

La séparation complète de l'auditoire et de l'estrade destinée aux acteurs permettra encore, dans les théâtres de drame ou de comédie, de placer, aux deux extrémités de l'amphithéâtre touchant à l'encadrement de la scène, deux portes monumentales, qui, tout en accompagnant agréablement la décoration dont nous parlons, créeront des issues de dégagement, impérieusement réclamées dans les théâtres actuels, et cela à une place qui ne saurait être autrement utilisée.

Enfin la hauteur de la salle pourra être proportionnellement plus grande dans les théâtres de drame que dans les théâtres lyriques, attendu que l'acoustique ne fait plus une loi de la modérer et qu'elle peut être justifiée par l'ordonnance générale de la salle. Au-dessus de l'amphithéâtre pourraient s'élever deux ou trois rangs de loges fermées, supportant un second amphithéâtre destiné aux places à bas prix et se prolongeant au-dessus des couloirs inférieurs et des foyers publics.

Dans le théâtre destiné au chant et à la musique, la séparation de la scène et de la salle ne saurait être marquée par un espace vide qui nuirait à la sonorité ou créerait des échos ; mais il est de rigueur, selon nous, que tous les rangs de loges, en se prolongeant jusqu'au bord de l'estrade, s'y arrêtent et laissent entre eux et la décoration peinte un encadrement uni continuant l'arc surbaissé de l'avant-scène dont la largeur favorise la sonorité. Dans un théâtre lyrique nous aimerons mieux diminuer la hauteur des loges que d'augmenter la hauteur de la salle ; nous réduirons aussi le nombre des rangs ou des galeries plutôt que de surélever démesurément l'arc d'avant-scène ; évitant ainsi en même temps les places de souffrance aux abords de la scène, et cette choquante interruption aux extrémités du dernier rang de loges, qui défigure aujourd'hui les plus belles salles anglaises (planches 33, 36).

Nous avons déjà dit l'importance que nous attachons, dans un théâtre lyrique, à ce que les rangs de loges soient égaux, concentriques et superposés verticalement ; quant aux proportions de la salle, nous préférons à toutes autres celles de la *Scala* (planche 78), un peu plus longue et un peu moins large que le Grand-Théâtre de Naples, mais moins rétrécie à l'avant-scène.

Nous devons à ce sujet ajouter une remarque négligée jusqu'ici par les auteurs qui ont écrit sur la matière : nous voulons parler de l'importance des dimensions d'une salle de spectacle. Sous le rapport de l'acoustique, l'ampleur est, jusqu'à un certain point, une condition favorable ; elle donne à la voix du chanteur cette élasticité, cette rondeur qui en augmentent le volume, la rendent plus agréable et en masquent les défauts. Au point de vue de l'optique, la grandeur de la salle offre l'avantage de diminuer l'angle de vision en abaissant les deux côtés, et de faciliter ainsi la vue de la scène aux spectateurs assis dans les loges latérales. Nous trouverons tout à l'heure un troisième avantage des grandes salles au point de vue des intérêts de l'administration.

Des dispositions que nous venons d'indiquer pour une salle destinée aux représentations lyriques, résulte nécessairement un genre d'ordonnance et de décoration intérieure commandé par les circonstances et que l'on ne saurait altérer sans inconvénient, c'est-à-dire, les loges égales, perpendiculaires, sans colonnes, sans ornements en saillie.

Nous avons déjà eu l'occasion de constater l'insuccès des efforts tentés pour concilier l'ordonnance gréco-romaine avec les exigences des théâtres lyriques modernes; les colonnes ont résisté jusqu'ici, surtout à l'avant-scène; mais elles doivent disparaître de cette place comme elles ont disparu de l'intérieur de la salle dans presque tous les théâtres construits récemment. Les colonnes, dit-on, sont un élément essentiel d'harmonie et d'élégance. Nous en sommes nous-même grand partisan partout ailleurs que dans une salle de spectacle où elles entravent la vue, notamment par les bases et par les chapiteaux; elles exigent un fort soubassement, une architrave, une frise, une corniche, toutes choses saillantes, nuisibles à la vision; enfin, pour avoir un emploi plausible, elles supportent une coupole que l'acoustique ne peut admettre. D'ailleurs, au point de vue de l'élégance même, l'utilité des colonnes à l'intérieur ne peut être admise; car la disposition générale de la salle commande des entre-colonnements tantôt insuffisants comme à la Scala, tantôt excessifs comme à l'Opéra de Paris, ce qui fausse toute idée d'harmonie dans les proportions. L'art du décorateur peut suffire pour donner à une salle de spectacle toute l'élégance désirable, sans qu'il soit nécessaire de déroger aux convenances architectoniques, ni d'introduire des éléments d'ornementation qui ne cadrent pas avec la destination de l'édifice.

Les annexes de la salle de spectacle, les locaux de service, les couloirs et les escaliers, ont été jusqu'ici mesurés avec parcimonie presque partout. Nous avons vu dans les chapitres précédents que les premiers théâtres étaient encore plus mesquins sous ce rapport, et qu'ils se sont améliorés successivement. A Paris le premier foyer public, d'aspect et de dimensions convenables, a été imaginé par Moreau en 1770, à l'Opéra, près du Palais-Royal. Depuis cette époque aucun théâtre nouvellement construit n'a été complétement dépourvu de cette annexe nécessaire; mais, aujourd'hui encore, il y a beaucoup à désirer sous le rapport de ses dimensions, excepté à la salle Ventadour, où cependant le nombre des siéges est insuffisant.

Un grand théâtre doit contenir quatre foyers aux quatre côtés de l'édifice, dont l'un, situé derrière la scène, sera réservé aux acteurs. En donnant à l'ensemble du théâtre soixante mètres de largeur sur cent mètres de longueur, on aura un espace suffisant pour consacrer une largeur de dix mètres à chaque foyer latéral et de quinze mètres au foyer principal tenant toute la longueur de la façade. Nous conseillons également quatre grands escaliers, dont deux partant du vestibule de la principale entrée, les deux autres des deux entrées latérales pour aboutir aux deux extrémités des couloirs de la salle, sans compter deux escaliers de service sur les derrières du théâtre.

En résumant ce que nous avons dit de la disposition intérieure des salles de spectacle, nous trouvons : 1° que dans une salle destinée aux représentations lyriques la courbe doit être allongée, selon la figure dite fer à cheval, les loges égales et perpendiculaires, le plafond légèrement voûté, l'avant-scène unie et sans loges ni colonnes, le parterre formant un seul plan un peu incliné, ayant une seule catégorie de places avec une porte au milieu de la courbe et deux portes latérales à ses extrémités; 2° que dans une salle destinée aux drames parlés, la meilleure forme est l'ellipse coupée par la scène selon son grand diamètre remplie avec un amphithéâtre montant en échelons à la manière antique, couronné par deux ou trois rangs de loges et par un second amphithéâtre; le tout indépendant de l'avant-scène qui doit présenter sa décoration architecturale sur sa face extérieure, sans loges ni colonnes sur l'estrade; 3° que dans tout théâtre, quelle que soit sa destination, les annexes doivent être plus largement développées qu'elles ne l'ont été jusqu'ici : trois foyers pour le public, un pour les artistes, quatre grands escaliers pour le dégagement de la salle et deux pour le service de la scène, nous semblent rigoureusement nécessaires pour assurer une circulation convenable dans un théâtre public.

L'éclairage et la ventilation des théâtres ont toujours été et sont encore un sujet de controverse parmi les architectes. Jusqu'à ce jour la physique n'a pas fourni de notables applications aux constructions civiles et surtout aux théâtres;

on chercherait vainement dans les traités d'optique, par exemple, quelques notions sur les principes qui doivent présider à la distribution de l'éclairage dans un théâtre; on ne trouvera guère plus sur la ventilation, si intimement liée à la question d'hygiène, et encore moins sur l'acoustique, qui, dans les ouvrages les plus complets, est l'objet de considérations tout à fait étrangères à notre sujet. Nous avons fait connaître les résultats de nos recherches quant aux moyens de favoriser l'expansion des sons dans une salle de spectacle ; nous allons tâcher de suppléer par quelques idées pratiques au silence des traités de physique et des ouvrages d'architecture relativement à l'éclairage et à la ventilation.

Le public, qu'il faut prendre en considération pour apprécier l'état actuel des choses dans les théâtres, se plaint des inconvénients que présentent les deux principaux générateurs de la lumière : le lustre du milieu et la rampe de l'avant-scène. Le lustre ôte la vue de la scène à tous les spectateurs de face des troisièmes et quatrièmes loges ; il incommode sensiblement ceux des secondes dont les rayons visuels, s'ils ne sont pas entravés, sont affaiblis par les rayons lumineux venant du lustre. Quant à la rampe, ses désavantages sont multiples : elle éclaire fortement de bas en haut et produit sur les acteurs des effets contraires à la réalité et parfois des ombres fâcheuses pour la physionomie : elle éblouit les artistes et même les spectateurs placés à l'avant-scène ou dans les loges qui l'avoisinent ; elle incommode ceux des rangs supérieurs par la fumée que produit un gaz insuffisamment lavé ou imparfaitement brûlé : enfin elle coupe la vue de la scène pour une notable portion des spectateurs assis à l'orchestre.

Tous ces inconvénients existaient avec l'ancien système d'éclairage à l'huile ; ils étaient alors imposés par la nécessité de laisser le lustre en place et de munir les lumières de la rampe de récipients suffisants pour une consommation de six heures. Ce qui peut étonner, c'est que l'introduction du gaz n'ait pas été accompagnée de réformes qui n'offraient pas de sérieuses difficultés. Le lustre d'abord, dont l'objet principal est d'éclairer la salle, non la scène, peut être un peu relevé pendant la représentation et sa lumière sensiblement diminuée par un tour de clef ; au baisser du rideau et pendant chaque entr'acte le lustre reprendrait sa place et tout l'éclat de sa lumière. Dans les théâtres de drame disposés en ellipse, le luminaire du milieu sera avantageusement remplacé par deux lustres placés vers les deux foyers de la courbe, comme cela avait été fait au *Théâtre Historique*, le seul depuis soixante ans qui soit sorti à plusieurs égards de la routine commune.

Au sujet de la rampe, aucune innovation n'a été tentée depuis l'introduction du gaz, si ce n'est la diminution de lumière pour les effets de nuit, qui peut se produire aujourd'hui par un tour de clef au lieu de l'abat-jour vert d'autrefois. Mais le coffre qui entrave la vue de la scène reste toujours en place. Différents moyens ont été imaginés pour obvier aux divers inconvénients de la rampe, mais aucun n'a été mis en pratique ; M. Barthélemy, qui a construit rue du Château-d'Eau une salle de concert fort curieuse, est le seul qui ait fait des expériences tendant à remplacer le feu de la rampe par des faisceaux de rayons partant de lampes électriques placées au fond de la salle à la naissance de la voûte ; ces expériences n'ont pas réussi jusqu'ici, parce que la vigueur même des rayons lumineux éclaire trop vivement certaines parties de la scène aux dépens des autres et rend plus choquantes les ombres qui se produisent. Jusqu'à ce qu'on soit parvenu non-seulement à fixer la lumière électrique pendant environ six heures (résultat qui aurait déjà été obtenu par M. Lorrin), mais aussi à en répartir les rayons d'une manière uniforme sur de grandes surfaces, il ne sera pas possible, selon nous, de se passer de la lumière du gaz pour l'éclairage de la scène ; seulement on pourra la disposer d'une manière plus conforme en même temps à l'effet scénique et à la commodité du public. La rampe actuelle peut être réduite au quart de sa hauteur sans rien perdre de l'intensité de sa lumière (en supposant que cette intensité soit bien nécessaire), et cela au moyen de becs dits *en éventail,* posés les uns derrière les autres sur deux rangs, et prenant naissance immédiatement au sortir du plancher, dont une portion doit être à cet endroit plaquée en tôle. La hauteur de ces flammes ne devrait pas excéder dix centimètres. Le réverbère placé en arrière et indispensable à cet endroit, tant pour augmenter l'intensité de la lumière que pour protéger les yeux du public, ne devrait pas non plus dépasser de beaucoup la hauteur uniforme de ces flammes pour lesquelles le cylindre en verre n'est plus nécessaire et peut être remplacé par un écran en vitres plates ou en toile métallique de même hauteur que le réverbère. Afin d'augmenter et de répartir équitablement l'illumination du spectacle, nous profiterions de la suppression des loges et des colonnes sur l'estrade du théâtre, pour introduire un cordon non interrompu de lumières aux deux côtés de l'ouverture de la scène et même au-dessus, lorsque la conformation de l'arc surbaissé le permettrait. La plaque réverbérante, placée derrière ces lumières, formerait un encadrement d'une largeur de dix centimètres, qui deviendrait lui-même un motif d'ornement en harmonie avec la décoration extérieure de l'avant-scène. Le gaz donne à ce sujet des facilités dont on ne s'est pas encore rendu compte dans les théâtres.

Les expériences relatives à la ventilation ont été, dans ces derniers temps, un peu plus suivies que celles de l'éclairage. Deux systèmes sont en présence, et leur lutte est soutenue de part et d'autre par de bonnes raisons et par des faits : l'insufflation forcée de l'air au moyen d'un propulseur ou d'un appareil à feu et la ventilation spontanée au moyen d'ouvertures diverses et de cheminées d'appel. Les expériences faites généralement dans des hôpitaux ont prouvé l'insuffisance de ce dernier moyen et la nécessité de recourir à une force étrangère pour l'introduction de l'air frais. Nous le croyons sans peine. Dans les locaux de cette nature, ordinairement fermés et habités par un nombre limité de personnes avec un éclairage fort restreint et un plafond peu élevé, l'appel de l'air extérieur ne peut être considérable, il faut donc y suppléer au nom de l'hygiène. Mais dans un théâtre les conditions changent. Avec une grande masse de personnes agglomérées sur un espace relativement petit, avec un éclairage éblouissant, produit par une forte combustion de gaz à l'intérieur de la salle, avec une voûte proportionnellement beaucoup plus élevée que dans tout autre local, l'appel de l'air extérieur est vigoureux et constant ; il est fourni presque exclusivement par la partie de l'édifice occupée par la scène, qui offre d'ordinaire un cubage quatre fois plus considérable que celui de la salle, et où de nombreuses ouvertures laissent s'introduire sans cesse l'air du dehors. Le lustre et la haute cheminée qui le surplombent maintiennent un courant incessant et très-considérable de bas en haut, c'est-à-dire d'air chaud qui s'élève, sort et fait place à l'air froid. La question se réduirait donc pour les théâtres à savoir si l'embouchure de la scène est une voie convenable au passage de l'air frais qui vient remplacer l'air chaud de la salle ; des considérations acoustiques ne permettent pas de douter de l'opportunité de ce mouvement de l'air ; il s'agit seulement en hiver de remplacer l'introduction de l'air extérieur par des colonnes suffisantes d'air chauffé aux calorifères souterrains et aboutissant sur l'arrière de la scène et autour du parterre. Le propulseur ne nous semble donc pas nécessaire dans les théâtres par le motif que : 1° avec le genre de construction actuellement usité et l'indispensable combustion du gaz, l'appel de l'air extérieur est constant et forcé, et 2° le courant d'air de la scène vers le fond du parterre et le mouvement ascensionnel ne peuvent être que favorables à la propagation du son dans les diverses parties de la salle.

Une question que l'on a regardée à tort comme secondaire et qui a une grande importance au point de vue de l'art est celle de la loge du souverain. Dans les grands théâtres de Saint-Pétersbourg, de Berlin, de Munich, de Vienne, de Milan, de Venise, de Florence, de Naples, de Madrid, de Lisbonne, le chef de l'État est assis à la meilleure place, c'est-à-dire en face de la scène, à une hauteur convenable pour bien voir et bien entendre ; la loge royale ou impériale est assez vaste pour pouvoir contenir, avec le souverain, sa suite et ses hôtes ; elle est richement ornée et éclairée de manière à continuer dans la salle l'élégance et l'éclat dont s'entoure, à tort ou à raison, tout prince régnant, conformément aux traditions monarchiques sur le mérite desquelles nous n'avons pas à nous prononcer ici. Tout le public voit le chef de l'État, et celui-ci embrasse d'un coup d'œil toute l'assistance en même temps qu'il se trouve en position de bien apprécier le spectacle qu'on lui donne. En France, sous l'ancienne monarchie, le roi et la reine avaient chacun leur loge aux deux bouts de la première galerie, mais en arrière de l'avant-scène [1]. Ces loges étaient ordinairement doublées de satin, ornées de dorures, surmontées d'un dais et parées sur le devant d'une draperie de velours fleurdelisée. Cela donnait à la salle une élégance que les meilleurs éléments de l'architecture actuelle ne sauraient lui rendre. On peut s'en convaincre en regardant les coupes des anciens théâtres comprises dans l'ouvrage de Dumont. A Versailles et dans les châteaux royaux, la loge d'apparat était au milieu de la première galerie, à moins que le roi ne préférât une estrade peu élevée au milieu du parquet où les personnes de la cour étaient seules admises, comme cela se fit dans la magnifique salle provisoire élevée à Versailles, dans le manège, pour les fêtes de 1745.

La Révolution devait naturellement faire disparaître tous ces vestiges de la monarchie. Mais en 1819, l'architecte Baraguey, qui rebâtit l'Odéon incendié, rétablit la loge royale à la seule place qui lui convienne, c'est-à-dire en face de la scène, au centre des premières loges. Quatre cariatides, portées par deux stylobates, soutenaient un entablement sur lequel se détachaient les armes de France ; un balcon un peu plus haut que la première galerie complétait la loge du souverain lorsque celui-ci assistait au spectacle ; en son absence le balcon était enlevé et le public prenait place sur la galerie, en avant des cariatides.

Après 1830 cette loge royale, toute mesquine qu'elle fût, a été supprimée ; et depuis lors le chef de l'État a toujours

[1] De là les appellations de *côté du Roi* et *côté de la Reine,* par lesquelles on désignait avant la Révolution la droite ou la gauche du spectateur. En 1792 ces noms devenus malsonnants furent remplacés par *côté cour* et *côté jardin* d'après la position du théâtre des Tuileries qui existe encore.

été aussi mal placé au théâtre que nous le voyons aujourd'hui. Étroitement parqué dans un coin de la salle, il voit ce qu'il ne doit pas voir, le dedans des coulisses et le désordre des préparatifs, tandis qu'il perd tout le coup d'œil des décorations, tout l'éclat de la voix des artistes et l'ensemble harmonieux de l'orchestre: une partie du public le voit de travers tandis qu'une autre partie ne le voit pas du tout; et les personnes qui se trouvent en arrière des deux fauteuils principaux sont entièrement cachées par l'obscurité, car la fumée et la lumière de la rampe défendent l'approche du parapet; enfin l'espace est si limité à cet endroit que, pour recevoir dignement à l'Opéra le couple royal d'Angleterre, en 1855, il fallut renoncer à la loge habituelle de l'Empereur et en construire une provisoire en face de la scène, où malgré l'habileté du décorateur elle ne s'harmonisait pas avec le reste de la salle.

Nous croyons qu'il serait nécessaire de rétablir la loge du souverain au centre des premières loges, non-seulement pour être conséquent avec les principes monarchiques reconstitués aujourd'hui dans toute leur plénitude, mais pour accroître les éléments d'ornementation et d'élégance qui n'abondent pas dans l'intérieur des théâtres modernes, des théâtres lyriques surtout, où les nécessités de la perspective et de l'acoustique exigent une régularité de lignes qui tombe facilement dans la monotonie. Quelle que soit la constitution politique d'un pays ou d'une ville, la disposition que nous recommandons au point de vue de l'art trouve toujours son emploi logique par la présence des autorités constituées, même dans les villes de second ordre, où le maire et ses adjoints, outre le rang qu'ils occupent au milieu de leurs administrés, ont droit à une place distincte comme chargés de la police des spectacles.

Rien n'empêche du reste que pour ménager la liberté du souverain, lorsqu'il ne lui convient pas de se montrer en cérémonie, une loge plus rapprochée du théâtre, et sans distinction extérieure, soit tenue à sa disposition exclusive, comme cela a lieu à Saint-Pétersbourg, où l'Empereur se rend souvent dans une petite baignoire à l'extrémité de l'avant-scène. La grande loge du milieu ne reste pas moins ouverte et éclairée comme si le souverain y était attendu, et l'aspect général de la salle en acquiert cet air de grandeur et de fête que nous admirons dans les grands théâtres des autres capitales.

Les opinions des architectes sont moins divergentes en ce qui concerne la forme de la décoration extérieure de l'édifice: on s'accorde généralement à reconnaître qu'un théâtre doit être isolé de toutes parts, et porter sur toutes ses faces le caractère de sa destination, révélé par des éléments d'un style monumental et grandiose. Presque tous les théâtres récemment construits présentent, au moins sur la façade principale, un ordre d'architecture à colonnes, surmonté d'un attique et garni de statues. Souvent les colonnes partent du rez-de-chaussée et forment un péristyle ouvert comme à Bordeaux ou fermé comme à Favart, suivant le développement du vestibule; quelquefois les colonnes posent sur un soubassement plus ou moins massif, percé d'arcades ou de portes cintrées et s'élevant jusqu'au premier étage, comme à Naples et à Covent-Garden, ou enfin elles couronnent un vaste perron comme au nouveau théâtre de Berlin. Ces diverses ordonnances ont chacune leur mérite et peuvent convenir aux grands et aux petits théâtres. Nous n'en dirons pas autant de ces corps avancés, de forme demi-circulaire, qui constituent la façade de certains théâtres, tels que ceux de Dresde et d'Anvers (Pl. 28). Aucune nécessité de service ne force l'architecte à renoncer aux éléments harmonieux de l'architecture classique appliqués sur une surface plane.

Selon nous un grand théâtre ne comporte que la forme d'un parallélogramme, isolé de toutes parts au moyen de rues ou d'espaces d'une largeur au moins égale à la moitié de la largeur de l'édifice; les quatre faces de ce parallélogramme peuvent être uniformes et présenter chacune un soubassement à arcades, formant la descente à couvert, surmonté d'une terrasse servant de dégagement à chaque foyer; quelque chose d'analogue à cette disposition se rencontre au théâtre Alexandra, de Saint-Pétersbourg (Pl. 75), qui est, quant à l'extérieur, un des plus beaux du monde.

Jusqu'ici on a fait une part trop incomplète aux dépendances et aux locaux de service; on a surtout trop mal traité les artistes en leur refusant un vestibule, des escaliers, des salles convenables. Le public même n'a presque toujours qu'une seule entrée à sa disposition, et en aucun théâtre de Paris cette entrée n'est précédée d'une descente à couvert, formée par l'édifice lui-même; ce sont la plupart du temps des *marquises* en tôle qui abritent les voitures, comme à l'Opéra, au Vaudeville, au Gymnase, à moins qu'on ne préfère, plutôt que de dégrader la façade, faire descendre le public sous la pluie, comme cela arrive à l'Odéon, à la salle Ventadour, au Théâtre Lyrique, à la Porte-Saint-Martin, etc.

Il est assez étrange que, dans un pays où l'inconstance de l'atmosphère commande tant de précautions, les architectes aient fait si peu de cas de ce qui est, pour certains édifices, de première nécessité; ainsi les Tuileries, l'Hôtel-de-Ville, le Palais de l'Industrie, les Hôtels des ministres et des ambassadeurs manquent généralement de descentes à couvert, qui sont remplacées, comme aux théâtres, par des abris postiches plus ou moins mesquins. Ne serait-il pas convenable d'imiter en ceci les architectes italiens qui ne manquent jamais de ménager une descente à couvert, soit à l'intérieur de l'édifice, soit sous un corps avancé dont on peut tirer le plus grand avantage pour la décoration de la façade? Dans un théâtre surtout cet objet est indispensable; nous en demandons même quatre, aux quatre côtés de l'édifice, parce qu'il est bien démontré qu'une seule entrée est insuffisante, surtout aux grands théâtres d'opéras où un nombre considérable de voitures afflue à la même heure. On objectera que le contrôle, tel qu'il est organisé aujourd'hui, ne saurait se partager; mais cette objection n'est pas sérieuse; le fût-elle, elle devrait tomber devant cette suprême loi du théâtre et de tout édifice de ce genre : la commodité du public. Les places et les loges étant numérotées, il n'y a aucune nécessité à ce que les billets soient présentés à un seul et même bureau; il y aurait au contraire grand avantage à ce que le billet portât l'indication de l'entrée de manière que chacun trouvât sa place en entrant, sans être forcé de faire le tour de la salle. Quant aux entrées d'abonnement et d'autre nature, elles peuvent aussi bien être connues de trois contrôleurs que d'un seul.

Mais c'est surtout au point de vue de la décoration extérieure que cette disposition se recommande; elle résout un problème que bien des architectes n'ont pas même abordé, celui de décorer convenablement les deux côtés de l'édifice, qui dans une grande ville ne doit pas avoir moins de cent mètres de longueur. Le corps avancé, composé d'un soubassement et d'une colonnade, couperait en deux ces longues faces du bâtiment, qui semblaient résister à toute décoration, et présenterait un motif d'ornement suffisant pour relever tout le reste. A l'intérieur les deux vestibules latéraux, les escaliers qui en partent, les foyers qui les surplombent, les locaux de service qu'on pourra y ménager facilement, offriront au public le moyen de changer d'air et de se mouvoir sans aller s'exposer aux intempéries du dehors, et faciliteront grandement l'entrée et la sortie qui sont aujourd'hui si scabreuses et contribuent pour leur part à diminuer l'attrait du théâtre.

D'après ce que nous venons de dire de la forme convenable à une salle lyrique et des dépendances qui doivent l'entourer, voici quelles seraient les proportions d'un grand théâtre de ce genre.

En largeur :

Diamètre majeur de la salle au nu des murs.	26	mètres.
Largeur des salons derrière chaque loge, 2 mètres 50 centimètres .	5	—
— des couloirs, 2 mètres 50 centimètres	5	—
— des foyers, 10 mètres.	20	—
— des deux portiques extérieurs (descente à couvert et terrasse) .	10	—
Total. . . .	66	mètres.

L'ouverture de l'avant-scène étant de 18 mètres de largeur sur 16 à 17 de hauteur.

En longueur :

Portique formant les descentes à couvert, 5 mètres chacun, soit . . .	10 mètres	»
Foyer principal (ou le vestibule au-dessous)	12	»
Largeur du couloir	2	50
Salon des loges de face, 2 mètres 50 centimètres	2	50
Longueur de la salle jusqu'à la ligne d'avant-scène	27	»
Largeur de l'encadrement d'avant-scène	2	50
Longueur de la scène.	25	»
Couloir entre le foyer des artistes et la scène	2	50
Foyer des artistes derrière la scène.	10	»
Total	94 mètres	50

Épaisseur des murs en sus.

La hauteur de la salle, du milieu du parterre au plafond, avec les dimensions que nous venons d'indiquer, ne pourrait excéder vingt mètres; c'est la hauteur de *la Scala* dont les proportions offrent selon nous le maximum de la sonorité ; elle a été trouvée suffisante pour y ménager cinq rangs de loges de dimensions convenables et un paradis en galerie pour les classes moins aisées, qui ont des escaliers particuliers, et qui auraient en outre, dans le système que nous proposons, leurs foyers et leurs terrasses.

Nous ne sommes pas d'avis de surélever le parterre d'un étage, comme on l'a fait dans plusieurs théâtres de Paris, peut-être dans le seul but de diminuer le travail d'excavation pour les dessous de la scène. La commodité du public devant être la loi dominante dans ces sortes de constructions, on ne saurait admettre que, pour épargner une somme peu considérable relativement à la dépense générale, on oblige les personnes qui vont chercher un plaisir à subir d'abord plus de fatigue qu'il n'est nécessaire ; il y a déjà assez d'escaliers à monter pour se rendre aux loges sans en ajouter pour aller au parterre, qui peut sans inconvénient être de plain-pied avec la rue. L'entrée et la sortie en sont beaucoup plus aisées, et ce n'est pas une faible considération pour faire adopter ce principe. Aux jours de grande affluence les escaliers ne sont pas sans danger ; une mémorable catastrophe en a fourni la preuve, au théâtre de Haymarket, à Londres. Le 3 février 1794, la foule se précipitant au parterre, alors abaissé de quelques degrés, pour voir la famille royale qui assistait ce soir-là à la représentation, il s'ensuivit une effroyable confusion dans laquelle quinze personnes perdirent la vie. Des accidents aussi graves sont certainement fort rares, mais dans un lieu d'amusement il suffit qu'une disposition soit seulement incommode pour engager à la supprimer. Les larges perrons aboutissant à une colonnade augmentent sans doute la majesté de l'édifice ; on peut en voir de beaux exemples au théâtre de Berlin (pl. 49), au Théâtre Royal de Munich (pl. 56), à celui de Strasbourg (pl. 27). Mais, même au seul point de vue de la décoration extérieure, il faut remarquer qu'un théâtre a déjà, par lui-même et de toute nécessité, une hauteur assez considérable pour que l'architecte ne cherche pas à l'augmenter.

Les dispositions générales que nous venons d'indiquer pour un théâtre destiné à l'opéra peuvent convenir, sauf les proportions de la salle et de la scène, à un théâtre destiné au drame et à la comédie. En nous reportant à ce que nous avons dit à ce sujet, voici quelles seraient les dimensions d'un édifice de ce genre dans une ville de premier ordre :

En largeur :

Diamètre de la salle au nu des murs près de l'avant-scène, tout compris.	22 mètres	»

L'ouverture de la scène étant de 15 mètres de largeur sur 13 de hauteur.

Couloirs, 2 mètres 50 chacun	5	»
Salons derrière les loges, 2 mètres 50 centimètres chacun	5	»
Foyers publics latéraux, 9 mètres chacun	18	»
Portiques extérieurs, 5 mètres chacun	10	»
Total.	60 mètres	»

En longueur :

Foyer principal au-dessus du vestibule	15 mètres	»
Largeur du couloir	2	50
Petit diamètre de la salle du fond des loges à la rampe	12	»
Longueur de la scène	15	»
Couloir entre la scène et le foyer des artistes	2	50
Foyer des artistes	8	»
Salons des loges de face	2	50
Portiques extérieurs pour les descentes à couvert	10	»
Total.	65 mètres	50

La hauteur de la salle serait déterminée : 1° par l'amphithéâtre à échelons, remplaçant le parterre ; 2° par deux rangs de loges superposées ; 3° par la galerie supérieure disposée elle-même en amphithéâtre pour les places à bas prix.

Quant aux combles, qui s'élèvent aujourd'hui d'une manière si disgracieuse au-dessus de presque tous les grands théâtres, nous recommandons le système inauguré par M. Barry, à Covent-Garden (pl. 36); il nous paraît préférable aux plus belles fermes, en charpente ou en fer, exécutées sur les autres théâtres de l'Europe.

Les principes que nous venons d'énoncer relativement à la construction et à la disposition des salles de spectacle n'ont encore reçu que des applications partielles, parce que telle est la condition imparfaite d'un art pour lequel une théorie générale n'a jamais été formulée; mais leur application se complétera, nous l'espérons du moins, dans les théâtres à venir, parce qu'ils reposent sur l'expérience et sur l'appréciation des différents besoins du service et des justes exigences du public. Du reste, nous ne prétendons pas avoir résolu le problème et prononcé le dernier mot : seulement, en constatant avec tous les auteurs la disposition vicieuse des salles actuelles, nous avons tenté un pas dans la voie synthétique que la plupart ont soigneusement évitée ou timidement abordée. Nous appelons ardemment des continuateurs, et nous espérons que l'autorité et les entreprises particulières, revenant au principe fécond des concours publics, offriront aux constructeurs éclairés un vaste champ pour dépasser même nos espérances.

En France il faudrait, pour appliquer dans leur ensemble les idées que nous exposons, rebâtir de fond en comble tous les théâtres suivant le genre de spectacle auquel on les consacre. Cependant on pourrait améliorer beaucoup ceux qui existent, au moyen de quelques réformes d'une exécution facile, qui auraient pour objet d'augmenter autant que possible la sonorité des salles lyriques, de faciliter la circulation, de mettre le public plus à son aise et par conséquent d'accroître son concours. Dans toutes les salles de Paris destinées au drame chanté (excepté à l'Opéra), nous trouvons qu'il serait nécessaire de baisser le plafond, même en sacrifiant la dernière galerie dont l'utilité, au point de vue de l'administration, est fort contestable. En cas de grandes réparations, on pourrait en profiter pour faire rentrer les galeries saillantes et pour remplacer les balcons en commun par des loges fermées, en ayant soin de placer les cloisons sous le même angle que le rayon visuel. Si l'on veut conserver les galeries à places fixes sur les deux côtés, il faudra en réduire la largeur et en graduer les échelons, de manière à ce que les rayons visuels des personnes assises en arrière du parapet soient dirigés sur la scène et non sur les frises, comme cela a lieu aujourd'hui dans tous les théâtres, ce qui force les spectateurs des loges de côté à se tenir debout lorsqu'ils désirent voir les acteurs.

Nous supprimerions dans toute espèce de salle de spectacle les séparations que l'on a établies en d'autres temps entre les stalles d'orchestre et le parterre, entre le parterre et l'amphithéâtre. Cet arrangement illogique est une tradition des anciens théâtres de France, où les spectateurs entraient avec leur manteau, leur canne ou leur épée, et se tenaient debout. Le parterre était alors considéré comme une place publique où allait et venait qui voulait. On sait toute la peine qu'eut Molière à mettre un peu d'ordre dans cette cohue en forçant les pages, les militaires et les gens du roi, à payer leur entrée. Mais, dans les théâtres de la cour, au Palais-Royal du temps de Richelieu, à Versailles dans les salles provisoires élevées sous Louis XIV, aux Tuileries, à Fontainebleau, à Trianon, et dans le Théâtre des petits appartements sous Louis XV, le parterre, c'est-à-dire l'emplacement où se presse aujourd'hui la partie la moins élégante du public, était occupé par le roi et par toute sa cour; tout le monde se trouvait à l'aise, et l'aspect de la salle n'en était que plus agréable. Il est incontestable que les administrations actuelles de nos théâtres perdent aujourd'hui, en grande partie, le bénéfice qu'elles pourraient tirer du parterre. Nous proposons par conséquent de réunir les trois compartiments du parquet en une seule et même catégorie de places, formée par des rangs de fauteuils suffisamment espacés et laissant un couloir au pourtour et au milieu afin de faciliter l'entrée et la sortie des spectateurs; cet arrangement rendrait à la meilleure partie de la salle sa véritable destination, en renvoyant la classe mal vêtue du public aux étages supérieurs; les élégants habitués des loges, du foyer, et de l'amphithéâtre se trouveraient plus à leur aise et pour ainsi dire chez eux, et pourraient librement circuler dans toutes les parties du théâtre sans être forcés à des détours incommodes; ce serait de plus une occasion de supprimer cette ignoble coutume de la *claque* qui ne trompe plus personne, qui prive les amateurs de la satisfaction d'applaudir eux-mêmes, et qui en dégoûte un grand nombre du plaisir d'assister aux représentations théâtrales.

Nous conseillons ces utiles réformes à tous les théâtres de Paris, dont les administrateurs devraient se pénétrer de cette vérité : que le public n'accepte pas de bon gré la gêne que prétend lui imposer une spéculation malentendue ou plutôt un préjugé suranné, et que toute amélioration dans la salle, tendant à y rendre le séjour plus agréable et la circulation plus facile, tourne infailliblement au profit de la recette.

VIII

Qu'on nous permette maintenant une rapide excursion dans un autre ordre d'idées, qui est plus lié qu'on ne pense à l'existence et au développement de l'architecture théâtrale. Quand on se prend à considérer d'un côté l'état actuel des arts en Europe, les chefs-d'œuvre que nous ont légués nos pères et les progrès importants que les générations modernes ont accomplis, et que d'un autre côté l'on se rend compte de l'attrait général et toujours croissant des représentations théâtrales chez tous les peuples et à tous les degrés de l'échelle sociale, on est surpris de constater dans les conditions matérielles et économiques des théâtres, en Europe, une flagrante infériorité par rapport aux édifices et aux établissements qui peuvent leur être comparés. On se demande si l'art est incapable de créer de plus belles choses et de vivre de ses propres forces ; ou si les populations se soucient assez peu des théâtres pour les laisser dans l'abaissement et l'abandon. Quoi ! Le théâtre qui est de tous les édifices civils celui qui offre le plus vaste champ à l'imagination de l'artiste, à l'application des plus belles conceptions de tous les beaux-arts, est encore en Europe, sauf de rares exceptions, le plus faiblement constitué, le plus mesquinement décoré de nos établissements publics. Quoi ! le théâtre, qui constitue le passe-temps le plus aimé de tous les peuples et le plus utile aux mœurs, est de toutes les entreprises particulières la plus dangereuse, la plus défaillante au point de vue économique, et parfois la plus onéreuse pour l'État. Étrange anomalie, qui nous ferait douter des principes de la science et des données de l'expérience, si les causes qui la produisent n'étaient pas flagrantes pour quiconque veut se donner la peine de les examiner !

Cependant ce n'est pas pour la première fois que la question est posée. Il y a plus de deux cents ans que cet état de choses soulève la réprobation des amis de l'art et exerce, surtout en France, l'imagination des écrivains.

Il n'y a pas moins de deux siècles que *la décadence des théâtres et les moyens d'y remédier* forment le thème de publications plus ou moins sérieuses et remarquables surtout par l'unanimité des plaintes, la conformité d'analyse, les efforts souvent divergents pour constituer un système de réformes. Nous laisserons de côté toutes ces évocations des temps passés qui sortiraient de la nature et des bornes de cet ouvrage, et nous ne nous occuperons que de l'état actuel de la question et des moyens pratiques que l'expérience nous offre pour la résoudre.

Et d'abord rectifions un fait ou plutôt un mot qui importe à la simplification du problème. La formule *décadence des théâtres*, qui a été comme stéréotypée en tête d'une foule d'écrits, n'est pas exacte et ne l'a jamais été dans l'ensemble des choses. Il n'y a jamais eu de décadence dans le sens que l'on a donné à ce mot, c'est-à-dire en prenant pour point de départ l'époque de la renaissance des lettres et du théâtre en Europe. L'état de malaise et d'infériorité relative de nos théâtres est constant depuis les premiers temps, et ce n'est que pour se plaindre de l'état actuel que chaque écrivain a invoqué l'exemple des temps passés qui n'ont jamais été meilleurs. En France, cette prostration de l'art sous le poids de circonstances étrangères à sa raison d'être est plus flagrante que partout ailleurs. L'opéra, par exemple, a toujours été passif, sous le rapport économique, depuis la mort de Lulli, et cette passivité, qui s'est élevée parfois à des sommes fabuleuses, peut être évaluée aujourd'hui à la moitié de son budget. Les autres théâtres lyriques français, à part quelques périodes de prospérité passagère, n'ont pas eu à la longue un sort meilleur. La même chose peut se dire en général de tous les théâtres qui sont obligés de subir des frais considérables. Quant à la province, les annales de ses théâtres ne présentent, dans les grandes villes surtout, qu'une longue succession de faillites ou du moins de retraites causées par le déficit. Comment l'architecture théâtrale pourrait-elle se développer dans ces conditions ?

Bien des auteurs ont attribué ce triste état de choses à la médiocrité du répertoire et à l'insuffisance des artistes ; mais sans compter ce que cette assertion a d'injurieux pour tout un peuple, il nous semble qu'elle pèche par sa base, qu'elle repose sur des faits absolument controuvés : la littérature française, la littérature dramatique surtout, est une des plus belles gloires de la France ; elle a conquis, on peut le dire, tous les théâtres de l'Europe, et elle reste encore sans rivale au monde. Et ce serait précisément en France qu'elle trouverait un accueil moins favorable que chez les autres peuples policés ? Ne faisons pas au public français un reproche aussi manifestement injuste, et cherchons ailleurs les causes véritables des conditions précaires et mesquines de toutes nos entreprises théâtrales.

On a eu tort, selon nous, de ne considérer le théâtre que comme un art relevant uniquement du développement des connaissances et du degré d'intelligence de ceux qui le cultivent. Tout art dont l'exercice doit procurer les moyens de subsistance à ses adeptes est par cela seul une industrie, et subit les lois générales de la production et de la consommation, dont l'étude constitue une science toute moderne que nous appelons l'économie politique. Si les écrivains qui ont tant déploré la décadence de nos théâtres avaient été économistes, ils auraient vu que l'art dramatique ne peut pas plus se soustraire aux lois de cette science que toute autre branche de l'industrie humaine ; et que le talent des auteurs et des artistes, quelque parfait qu'il soit, ne peut lutter contre les conditions matérielles qui lui sont faites au dehors.

Par application de ces principes incontestables nous trouvons que l'art du théâtre subit en Europe le contre-coup de conditions exceptionnelles qui ne frappent pas également les autres industries et qui doivent forcément arrêter son développement et son progrès. Pour ne parler que de la France, qui est du reste le pays le plus maltraité sous ce rapport, nous signalerons trois causes principales du malaise permanent de nos entreprises théâtrales : 1° l'impôt exceptionnel et spécial du dixième de la recette brute en faveur des hospices ; 2° la législation et les règlements en vigueur ; 3° les erreurs dominantes dans la construction et l'administration intérieure de tous nos théâtres.

L'impôt dit des pauvres, et qui n'est en réalité qu'un impôt municipal, aurait suffi à lui seul pour tuer depuis longtemps l'industrie théâtrale, si elle n'avait été soutenue par les sacrifices continuels du gouvernement et des particuliers. Rien de plus juste en apparence que de faire contribuer ceux qui s'amusent au soulagement de ceux qui souffrent. Mais sans compter que les premiers jouissent d'un droit qu'ils ont acheté en travaillant, est-on bien sûr que l'impôt soit prélevé sur eux ? On pouvait le croire du temps où l'intolérance cléricale imposa pour la première fois cette sorte d'amende à un genre de passe-temps qui n'avait pas ses sympathies ; il n'est plus permis de le soutenir aujourd'hui. L'économie politique nous apprend qu'à toute élévation de prix répond infailliblement une diminution dans la consommation (loi providentielle qui maintient l'espèce humaine); en élevant d'un dixième le prix des places au théâtre on peut donc s'attendre (toutes conditions égales d'ailleurs) à voir diminuer d'un dixième le nombre des spectateurs. Il y a plus : que l'impôt soit prélevé à part comme cela se fit autrefois, ou qu'il se confonde avec le prix du billet comme cela se fait actuellement, il n'en est pas moins vrai que le directeur ne reçoit pas pour son spectacle le prix que le public a payé ; et comme il est prouvé que l'apport du public se proportionne toujours aux sacrifices que l'on fait pour le satisfaire, que l'équilibre tend constamment à s'établir dans toutes les professions, dans toutes les industries, entre la recette et la dépense, il en résulte que, dans les circonstances normales, l'impôt est prélevé sur une somme qui suffirait à peine à parfaire le budget de l'entreprise, souvent même, hélas ! sur une recette déjà insuffisante à payer les frais de la représentation. On a remarqué qu'en général le montant des sommes dues par les directeurs faillis égalait la somme totale prélevée par les hospices pendant la durée de leur exploitation.

C'est aux effets désastreux de cet impôt qu'il faut attribuer l'état de délabrement et de ruine dans lequel se trouvaient un grand nombre de théâtres lorsque le décret de 1807 est venu couper court à leur existence, dans le but, et avec l'intention sincère, nous croyons, de faire refleurir les arts et les lettres sur les huit théâtres conservés, mesure déplorable, qui devait avoir les plus funestes conséquences précisément pour les intérêts de l'art que l'on voulait sauvegarder ; acte arbitraire, en flagrante opposition avec l'esprit général de nos lois qui garantissent le respect de la propriété particulière et de la liberté du travail. L'intention, avons-nous dit, était sincèrement bonne ; une erreur d'économie politique assez répandue encore de nos jours dérouta le législateur et lui inspira, au nom de l'intérêt public, une décision qui, loin de guérir le mal, ne fit que l'empirer. On se plaignait de ce que les théâtres compromettaient fréquemment par la faillite le sort de tant de malheureux ; de ce que la dignité de l'art n'était pas toujours respectée sur les scènes d'un rang inférieur qui formaient alors la majorité. Les comédiens des grands théâtres criaient le plus fort ; ils ne pouvaient se consoler, disaient-ils, de voir les chefs-d'œuvre de notre littérature impitoyablement mutilés et décriés sur des *tréteaux informes*, ainsi qu'ils appelaient les théâtres secondaires. On ne se rendait pas compte, à cette époque, des causes réelles de ce malaise ; on attribuait le déficit au trop grand nombre des théâtres, et l'état d'abaissement de l'art sur certaines scène à l'avarice des directeurs ou à l'insuffisance des artistes. Partant de là, on n'eut pas de peine à persuader au ministre qu'il fallait mettre un terme à cet état de choses ; les préjugés du temps en indiquèrent les moyens. Un décret impérial, contre-signé Maret, du 8 juin 1806, complété par un second décret du 8 août 1807, ordonna la fermeture de tous les théâtres, à l'exception de huit à Paris, de deux dans chaque grande ville de l'empire et d'un seul dans les villes de second ordre. Le répertoire fut fixé. Un seul théâtre à Paris eut le droit de faire représenter le grand opéra et les ballets. A une seule scène fut déféré le privilége d'interpréter les anciens chefs-d'œuvre de la littérature française. D'autres théâtres furent limités aux représentations d'opéras-comiques, de vaudevilles, de mélodrames à grand spectacle. Tout fut limité, déterminé, fixé ; on enchaîna l'art dramatique dans les bornes étroites des genres alors à la mode, sans se demander si les générations futures les adopteraient ; on enferma les administrations théâtrales dans le cercle vicieux des règlements, sans se préoccuper des conséquences financières, et on leur dit : « Marchez et prospérez. »

Les suites furent ce qu'elles devaient être ; malgré une lueur de liberté qui rejaillit sur les théâtres, en 1830, — non en vertu d'une loi, mais par un esprit de tolérance, que l'administration puisait dans la flagrante absurdité des lois en vigueur, — les théâtres n'ont point prospéré sous le régime du privilège. On compte, à Paris seulement, soixante faillites théâtrales, de 1807 à 1847. Ce sont là des chiffres officiels, constatés par documents authentiques. Mais qui constatera les tristes conséquences de la première mesure, qui priva un grand nombre de familles et de citoyens de leur propriété, de leur seul moyen de subsistance ? Qui nous donnera le relevé des infortunes privées, qui ont dû accompagner ces soixante déclarations de faillites, enregistrées dans le seul département de la Seine, sans compter celles, bien plus nombreuses, prononcées dans les départements ? Qui nous dira les misères actuelles de la classe si intéressante des acteurs et des musiciens qui, à part les sommités, languissent dans un état plus ou moins voisin de la gêne ?

Si au moins l'art avait véritablement profité de tant de malheurs, on pourrait se consoler du présent en vue de l'avenir. Mais, pour soutenir l'affirmative, il faudrait que les partisans de la restriction fussent en état de prouver que le progrès se fait sans le travail, que les comédiens parfaits s'improvisent sans modèles et sans apprentissage, que les auteurs débutent toujours par des chefs-d'œuvre, que les compositeurs enfin n'ont pas besoin d'étudier au théâtre l'effet de leurs conceptions et les profondes théories de l'instrumentation.

Les cartons de toutes les administrations théâtrales regorgent de pièces reçues comme bonnes, et qui ne seront peut-être jamais jouées, faute de temps. Paris est peuplé d'auteurs, ou d'aspirants auteurs, qui s'épuisent en démarches et en efforts de toutes sortes pour arriver à faire représenter leurs œuvres et à se faire un nom, ou à s'assurer du pain. Les plus heureux, ceux qui parviennent à trouver place sur un théâtre, sont souvent obligés de faire violence à leurs penchants, d'abandonner des études suivies avec amour, de renoncer à de nobles aspirations vers le beau idéal qu'ils ont rêvé, pour se livrer à une besogne qui répugne à leur éducation littéraire et qui ne peut les conduire qu'à la dépravation du goût. Ainsi le veut le règlement, au nom de l'intérêt de l'art ! Il n'y aura qu'un Théâtre français, avec une modeste succursale fermée la moitié de l'année. Les autres théâtres, à peu près exclus du mouvement littéraire, se contenteront du vaudeville grivois et du mélodrame à coups de fusil ; tout est prévu par le règlement : les scènes sont mesurées sur un modèle établi, les couplets sont comptés et leur nombre fixé pour tel théâtre, afin qu'il reste toujours ce qu'il était quand il a obtenu sa patente, il y a un demi-siècle.

Cette étrange *protection* des intérêts de l'art ne pèse pas moins sur les acteurs que sur les écrivains. Tel, au sortir du Conservatoire, la tête encore pleine des vers harmonieux et de la prose élégante du grand siècle, porté par ses études autant que par sa vocation à interpréter les œuvres dont il a été nourri, ne trouve, après bien des épreuves, qu'un emploi peu littéraire dans des farces sans nom. Et quand un jour la mort aura éclairci les rangs de l'illustre phalange à laquelle est échu le privilège de représenter les plus belles créations du génie français, c'est sur les scènes de vaudeville ou de mélodrame qu'il faudra recruter les interprètes de Corneille et de Racine !

Dans le domaine de l'art lyrique, le mal est encore plus sensible : le premier théâtre de ce genre, le seul à Paris qui ait le privilège de jouer ce qu'on appelle le grand opéra, n'a jamais pu subsister, avons-nous dit, de ses propres ressources pécuniaires ; nous pouvons ajouter qu'il n'est jamais parvenu non plus à se passer du concours d'artistes et de compositeurs étrangers. Où trouverait-il un assez grand nombre de chanteurs nationaux, si les représentations lyriques, en dehors de l'enceinte privilégiée, constituent un délit et sont rigoureusement défendues ? Demander au Conservatoire des compositeurs et des artistes pour l'Opéra, ce serait demander des diplomates et des orateurs aux écoles primaires. Le Conservatoire est une excellente institution pour l'instruction théorique de ceux qui se destinent au théâtre : mais le théâtre seul peut former les artistes. C'est là, croyons-nous, le secret de l'incontestable supériorité des Italiens dans la composition et dans l'exécution de la musique dramatique : il y a en Italie une centaine de théâtres consacrés à l'opéra ; il n'y en a que cinq ou six en France. Lorsqu'un jour la science, pénétrant les ténèbres administratives, aura convaincu nos législateurs que l'ordre public peut parfaitement s'allier avec la liberté, et que pour le théâtre notamment la liberté c'est la vie, c'est le progrès ; lorsque la France aura autant de théâtres lyriques que le concours de la population en comporte, les compositeurs de talent, aussi bien que les bons artistes ne lui feront pas défaut. Les directeurs des départements, libérés de l'impôt qui les écrase, débarrassés d'opéras-comiques, de vaudevilles, de mélodrames à grand spectacle. Tout fut limité, déterminé, fixé ; on enchaîna l'art dramatique dans les bornes étroites des genres alors à la mode, sans se demander si les générations futures les adopteraient ; on enferma les administrations théâtrales dans le cercle vicieux des règlements, sans se préoccuper des conséquences financières, et on leur dit : « Marchez et prospérez. »

Les suites furent ce qu'elles devaient être ; malgré une lueur de liberté qui rejaillit sur les théâtres, en 1830, — non en vertu d'une loi, mais par un esprit de tolérance, que l'administration puisait dans la flagrante absurdité des lois en vigueur, — les théâtres n'ont point prospéré sous le régime du privilége. On compte, à Paris seulement, soixante faillites théâtrales, de 1807 à 1847. Ce sont là des chiffres officiels, constatés par documents authentiques. Mais qui constatera les tristes conséquences de la première mesure, qui priva un grand nombre de familles et de citoyens de leur propriété, de leur seul moyen de subsistance ? Qui nous donnera le relevé des infortunes privées, qui ont dû accompagner ces soixante déclarations de faillites, enregistrées dans le seul département de la Seine, sans compter celles, bien plus nombreuses, prononcées dans les départements ? Qui nous dira les misères actuelles de la classe si intéressante des acteurs et des musiciens qui, à part les sommités, languissent dans un état plus ou moins voisin de la gêne ?

Si au moins l'art avait véritablement profité de tant de malheurs, on pourrait se consoler du présent en vue de l'avenir. Mais, pour soutenir l'affirmative, il faudrait que les partisans de la restriction fussent en état de prouver que le progrès se fait sans le travail, que les comédiens parfaits s'improvisent sans modèles et sans apprentissage, que les auteurs débutent toujours par des chefs-d'œuvre, que les compositeurs enfin n'ont pas besoin d'étudier au théâtre l'effet de leurs conceptions et les profondes théories de l'instrumentation.

Les cartons de toutes les administrations théâtrales regorgent de pièces reçues comme bonnes, et qui ne seront peut-être jamais jouées, faute de temps. Paris est peuplé d'auteurs, ou d'aspirants auteurs, qui s'épuisent en démarches et en efforts de toutes sortes pour arriver à faire représenter leurs œuvres et à se faire un nom, ou à s'assurer du pain. Les plus heureux, ceux qui parviennent à trouver place sur un théâtre, sont souvent obligés de faire violence à leurs penchants, d'abandonner des études suivies avec amour, de renoncer à de nobles aspirations vers le beau idéal qu'ils ont rêvé, pour se livrer à une besogne qui répugne à leur éducation littéraire et qui ne peut les conduire qu'à la dépravation du goût. Ainsi le veut le règlement, au nom de l'intérêt de l'art ! Il n'y aura qu'un Théâtre français, avec une modeste succursale fermée la moitié de l'année. Les autres théâtres, à peu près exclus du mouvement littéraire, se contenteront du vaudeville grivois et du mélodrame à coups de fusil ; tout est prévu par le règlement : les scènes sont mesurées sur un modèle établi, les couplets sont comptés et leur nombre fixé pour tel théâtre, afin qu'il reste toujours ce qu'il était quand il a obtenu sa patente, il y a un demi-siècle.

Cette étrange *protection* des intérêts de l'art ne pèse pas moins sur les acteurs que sur les écrivains. Tel, au sortir du Conservatoire, la tête encore pleine des vers harmonieux et de la prose élégante du grand siècle, porté par ses études autant que par sa vocation à interpréter les œuvres dont il a été nourri, ne trouve, après bien des épreuves, qu'un emploi peu littéraire dans des farces sans nom. Et quand un jour la mort aura éclairci les rangs de l'illustre phalange à laquelle est échu le privilége de représenter les plus belles créations du génie français, c'est sur les scènes de vaudeville ou de mélodrame qu'il faudra recruter les interprètes de Corneille et de Racine !

Dans le domaine de l'art lyrique, le mal est encore plus sensible : le premier théâtre de ce genre, le seul à Paris qui ait le privilége de jouer ce qu'on appelle le grand opéra, n'a jamais pu subsister, avons-nous dit, de ses propres ressources pécuniaires ; nous pouvons ajouter qu'il n'est jamais parvenu non plus à se passer du concours d'artistes et de compositeurs étrangers. Où trouverait-il un assez grand nombre de chanteurs nationaux, si les représentations lyriques, en dehors de l'enceinte privilégiée, constituent un délit et sont rigoureusement défendues ? Demander au Conservatoire des compositeurs et des artistes pour l'Opéra, ce serait demander des diplomates et des orateurs aux écoles primaires. Le Conservatoire est une excellente institution pour l'instruction théorique de ceux qui se destinent au théâtre : mais le théâtre seul peut former les artistes. C'est là, croyons-nous, le secret de l'incontestable supériorité des Italiens dans la composition et dans l'exécution de la musique dramatique : il y a en Italie une centaine de théâtres consacrés à l'opéra ; il n'y en a que cinq ou six en France. Lorsqu'un jour la science, pénétrant les ténèbres administratives, aura convaincu nos législateurs que l'ordre public peut parfaitement s'allier avec la liberté, et que pour le théâtre notamment la liberté c'est la vie, c'est le progrès ; lorsque la France aura autant de théâtres lyriques que le concours de la population en comporte, les compositeurs de talent, aussi bien que les bons artistes ne lui feront pas défaut. Les directeurs des départements, libérés de l'impôt qui les écrase, débarrassés des liens administratifs qui les empêchent de gérer leurs établissements suivant leurs intérêts, pourront offrir, eux aussi, un vaste champ aux talents des compositeurs et des artistes pour se produire et se perfectionner. Une graduation naturelle s'établira depuis le petit théâtre de débutants jusqu'au faîte de l'échelle artistique. Les entrepreneurs, désormais arbitres de leur sort et libres d'agir à leur gré, sauront profiter des éléments de prospérité et de progrès artistique que la France renferme dans son sein, comme elle le prouve dans les arts libres, dans les industries non ruinées par l'impôt.

L'état de choses actuel, dont nous signalons les inconvénients au point de vue de l'art, n'est pas moins contraire aux principes d'une saine administration publique; il entraîne, pour les gouvernements, des charges et des embarras que tout homme d'État éclairé doit chercher à faire disparaître : nous voulons parler des subventions puisées au trésor public et de l'intervention de l'autorité dans les affaires théâtrales.

La perturbation qu'amène dans l'ordre naturel des choses le fâcheux système des privilèges et de la fixation des genres, et plus encore l'effet écrasant de l'impôt des hospices, ont mis tous les théâtres de France dans une position tellement précaire qu'il leur serait impossible de donner des spectacles d'un ordre élevé si l'État ou les communes ne venaient à leur aide. Les seuls théâtres qui puissent se soutenir par leurs propres forces sont ceux d'un rang inférieur, dont les frais réduits au minimum ne dépassent pas la mesure de ce que les masses populaires peuvent acquitter. Mais l'opéra et le ballet, et généralement tous les spectacles coûteux, finissent à la longue par succomber au déficit. De là la triste nécessité pour le gouvernement de subventionner les grands théâtres de la capitale et des principales villes de la province, pour entretenir des traditions d'art qui se perdraient, et pour soutenir des genres d'amusements qui tomberaient au bout d'un certain temps.

Nous n'avons pas à examiner ici la constitutionnalité des subventions théâtrales, c'est-à-dire la question de savoir si un gouvernement régulier peut, sans dépasser ses pouvoirs, consacrer des sommes quelconques, levées par impôt, à des passe-temps qui ne sont pas une nécessité d'administration, et dont ne profitent pas tous les contribuables. Nous constatons seulement que les subventions absorbent des sommes importantes qui pourraient profiter à d'autres services beaucoup plus pressants, et n'atteignent qu'imparfaitement le but que le gouvernement se propose. Les subventions n'ont pas empêché jusqu'ici les faillites, surtout dans les théâtres de province; l'énorme subside accordé à notre Opéra n'eût pas évité à ce grand établissement un sort pareil, si, à plusieurs reprises, le chef de l'État ou la commune de Paris n'en avaient pris la gestion à leur charge. Les subventions enfin dérangent l'équilibre qu'il devrait y avoir entre la demande et l'offre, entre la valeur réelle des artistes et l'élévation de leurs appointements. Livrés à eux-mêmes, les directeurs calculeraient la dépense en raison des services probables; un prix équitable s'établirait par la force des choses entre les différents concurrents pour un même objet. La subvention rend la partie inégale et met tel directeur en position de donner des appointements auxquels tel autre ne saurait atteindre.

A côté de ce véritable désordre administratif, créé sans doute dans de bonnes intentions, un fait d'un autre genre se produit : les subventions servant de leurre aux artistes revêtent l'apparence d'une garantie d'exploitation de la part du gouvernement, et causent des mécomptes dont les artistes et les fournisseurs portent ensuite la charge.

Sous le rapport de l'administration intérieure, les largesses du trésor public entraînent d'autres inconvénients. En accordant une subvention, l'autorité administrative se réserve le droit d'intervenir dans la gestion générale du théâtre, qui ne devrait relever que de l'industrie privée. De là des conflits fâcheux et des mesures qui entravent souvent la marche régulière de l'entreprise et compromettent la dignité de l'autorité. De son côté le directeur subventionné, se sentant appuyé par l'État, néglige, ou ne trouve réellement pas, les moyens efficaces d'améliorer sa condition, et il s'enferme le plus souvent dans la routine suivie par ses prédécesseurs. C'est ainsi que nous voyons aujourd'hui encore des théâtres non subventionnés beaucoup mieux administrés que les théâtres favorisés par le budget de l'État.

L'intervention de l'autorité est encore plus regrettable dans les débats qui s'élèvent souvent entre le public et les directeurs, au sujet du mérite des artistes et du choix du répertoire. La concurrence, source féconde d'ordre et de progrès, étant abolie en faveur de l'unique théâtre d'une localité, la population se trouve en droit d'exiger du directeur privilégié un spectacle qui la satisfasse sous tous les rapports, et cela pour un prix fixé d'avance en dehors des calculs qui devraient lui servir de base. Si un chanteur ou une danseuse n'a pas le bonheur de plaire, des manifestations hostiles interrompent les représentations jusqu'à ce que le directeur ait fait droit : et voilà les maires et les préfets forcés de descendre jusqu'à se faire juges d'entrechats et de roulades, afin de sauvegarder l'ordre public qu'un règlement absurde met constamment en péril. C'est dans les provinces surtout que ces scandales se produisent le plus souvent. A la fin d'une saison ou d'un exercice, le public est mécontent, le directeur fait faillite, les artistes souffrent, et les autorités se retrouvent en face de nouvelles difficultés, contre lesquelles tout leur zèle et leur bon vouloir ne peuvent rien.

Ne serait-il pas beaucoup plus simple et plus convenable, au point de vue de l'ordre et de la dignité des autorités, de laisser l'industrie particulière s'arranger au mieux de ses intérêts qui dépendent directement de la satisfaction du public? Tout mauvais théâtre verrait surgir un concurrent qui ferait mieux, autant que les ressources de la population le comportent; et tout directeur pourrait exiger de son côté la tranquillité la plus parfaite de la part du public, lequel ne se sentant plus en droit de forcer un entrepreneur à subir ses volontés, finirait par s'habituer, comme à Paris, à ne plus manifester son déplaisir autrement que par l'abstention. La concurrence, ou du moins la liberté, serait donc la meilleure manière d'assurer l'ordre public, seul objet, quant au théâtre, dont l'autorité ait à se préoccuper.

Il n'est pas possible que cet état de choses persiste longtemps. Toutes les administrations qui se sont succédé en France depuis 1807 s'en sont émues; car aucun gouvernement n'a intérêt à restreindre le champ du travail et à tarir les sources de la prospérité publique, à s'imposer des charges et à fournir des occasions de désordre. Des projets de lois ont été élaborés à différentes époques dans le but de concilier la liberté avec les nécessités administratives, et nous avons vu qu'en 1830 le nouveau gouvernement avait quelque peu élargi le frein et laissé ouvrir de nouveaux théâtres. C'est aussi à cette époque que la redevance imposée aux petits spectacles en faveur de l'Opéra a été abolie. Le gouvernement issu du suffrage populaire du 10 décembre est allé plus loin dans la voie des réformes, et dès 1849 il a formé une commission spéciale composée d'hommes éminents, et a provoqué une enquête pour s'éclairer sur la véritable situation des théâtres et sur les moyens de l'améliorer. Les auteurs les plus connus de notre littérature dramatique, les artistes les plus célèbres, les administrateurs les plus recommandables, ont été appelés à donner leur avis sur un grand nombre de questions, et leurs réponses ont été recueillies et publiées dans un document qu'il est utile et intéressant de consulter. Il va sans dire que les esprits les plus élevés et les plus compétents se sont prononcés pour la liberté. Enfin, un rapport remarquable rédigé par M. Édouard Charton, alors conseiller d'État et secrétaire de la commission, a été présenté et allait devenir la base d'une nouvelle loi sur les théâtres, lorsque d'autres préoccupations sont survenues, qui ont fait ajourner la discussion. Le gouvernement actuel qui a déjà donné quelques gages, quoique bien timides encore, de ses tendances éclairées pour ce qui concerne la liberté d'industrie, base de la prospérité et de l'ordre publics, ne peut manquer de reprendre tôt ou tard en considération l'état déplorable de l'industrie théâtrale, qui succombe sous le poids de ses propres priviléges, et qui impose à l'État des charges toujours croissantes. Que le gouvernement, par une large concession aux préjugés administratifs de notre temps, érige un ou plusieurs théâtres modèles, subventionnés ou administrés par lui, et les propose comme types aux entreprises particulières, nous ne pourrons qu'en féliciter les artistes qui trouveront dans de semblables établissements, non-seulement des modèles à suivre, mais aussi un but honorable à l'ambition des plus vaillants. Mais qu'il soit facultatif à tout habitant français ou étranger, qui se sent ou se croit capable de diriger une entreprise théâtrale, de tenter la fortune à ses risques et périls. Les préférences du public, et non les règlements ministériels, doivent déterminer le genre de chaque théâtre; quant au maintien de l'ordre, seule question de la compétence de l'autorité, l'intérêt même du directeur et des spectateurs en répond; la loi d'ailleurs est suffisamment armée contre toute espèce de désordre possible dans toute réunion publique.

Les théâtres payent déjà des impôts généraux proportionnés à leur importance, soit à raison de la valeur de l'immeuble, soit comme droit de patente. Qu'ils soient libérés du ruineux prélèvement de chaque soir et de toutes charges superflues, sans en exclure le cautionnement qui est, du reste, en cas de ruine, une garantie illusoire; ce n'est pas à l'État qu'il appartient de garantir les particuliers les uns contre les autres. Ni subvention, ni impôt spécial; ni priviléges, ni restrictions. Que le théâtre soit assimilé à toutes les autres industries licites, et protégé par les lois générales qui protégent la propriété, le commerce et les professions libérales; sa prospérité et ses progrès sont à ce prix.

Nous avons indiqué, comme troisième cause de l'état de pénurie de nos théâtres, les erreurs généralement répandues relativement à leur administration intérieure; on pourrait faire de ces erreurs deux parts bien distinctes en ce que les unes sont déterminées par les règlements ministériels, et les autres proviennent purement de préjugés invétérés et librement acceptés par nos directeurs routiniers. Ainsi, l'une des plus funestes obligations imposées aux théâtres est, selon nous, la fixité du prix, absurdité économique, appliquée bien des fois, dans les temps passés, sur une vaste échelle et à bien d'autres objets. La loi du *maximum*, qu'une multitude affamée et ignorante arracha à la faiblesse du Comité de salut public dans les mauvais jours de la Révolution, et qui excita une réprobation universelle, abolie pour les denrées alimentaires, est restée en vigueur au théâtre. Le directeur est tenu de payer des charges infinies : mais il ne peut recevoir qu'un maximum fixé par les règlements. Voici ce qui en résulte : dans tous les pays du monde, la recette des théâtres subit des fluctuations déterminées par la comparaison des spectacles entre eux, souvent même par des circonstances étrangères au théâtre ; l'équilibre s'établit, en fin de compte, là où les bonnes recettes compensent les mauvaises. Mais, sur nos théâtres, celles-ci peuvent aller aussi bas que possible, tandis que les circonstances les plus favorables ne peuvent faire dépasser un chiffre de recette déterminé par les règlements ; on voit que par ce système, quelle que soit l'habileté du directeur, le déficit doit infailliblement en résulter à la longue. Sans discuter ici le taux lui-même du prix des places, il suffit qu'il soit invariable pour produire le mal que nous signalons. Le prix de tout objet est relatif. Si nous assistons, pour une somme donnée, à une représentation magnifique, à un chef-d'œuvre chanté par les plus grands artistes de l'Europe, nous trouverons le lendemain que cette même somme est trop élevée pour une représentation de moindre importance rendue par des artistes de moindre valeur. Malgré la logique inexorable de ce fait, on n'a jamais voulu se rendre compte en France de l'absurdité du prix fixe. L'idée de désordre, s'associant dans l'esprit de nos administrateurs à l'idée de la variabilité du prix, les a toujours fait reculer devant une mesure qui est cependant le salut de toute entreprise commerciale et industrielle. Nous verrons tout à l'heure que les craintes à ce sujet ne sont pas fondées. Notons en passant qu'aux grandes fêtes de l'art, aux représentations qui, par un motif quelconque, attirent un grand concours de spectateurs, les prix s'élèvent en effet et parfois à un taux fabuleux, mais ce n'est pas au profit de l'entreprise théâtrale, qui fait les frais de la représentation et qui ne peut dépasser le niveau administratif.

Les directeurs de nos théâtres ont ajouté à l'inconvénient de la fixité du prix un autre usage non moins illogique, et qui contribue pour sa part à préparer le déficit. Au lieu d'offrir un avantage aux personnes qui apportent leur argent dès le matin pour l'acquisition d'un billet de spectacle, au risque de ne pouvoir en profiter, les directeurs les frappent d'une amende. Le prix d'une place louée à l'avance est, dans tous les théâtres de Paris, plus élevé que le prix de la même place prise le soir. Si cette élévation de prix était produite naturellement par le concours des acheteurs, comme cela arrive souvent dans d'autres pays, nous n'aurions rien à dire ; établie *à priori* et d'une manière invariable, cette augmentation n'est pas acceptée de bon gré par le public, et bien des personnes renoncent à louer les places à l'avance, plutôt que de subir ce qu'elles regardent comme une taxe usuraire. Le soir venu, ou les personnes ont changé d'avis, ou, si elles se rendent au théâtre, elles trouvent toutes les places occupées par le public non payant ; car grâce à la disposition défectueuse de nos salles de spectacle, les vides choquent tellement la vue, et causent sur le public une sensation si pénible, que les directeurs s'empressent de les combler, à l'avance, au moyen des billets de faveurs ; expédient dangereux qui est déjà devenu un abus désastreux et, en même temps, une fatale nécessité pour les théâtres de Paris organisés comme ils le sont actuellement. Les Parisiens, connaissant par expérience cette étrange coutume, n'essayent même pas de trouver place au spectacle dans la soirée ; ce qui fait que, dans les grands théâtres surtout et pour les places importantes, la location faite, la recette du jour est à peu près fixée ; le produit de la soirée, malgré l'infériorité des prix, n'y ajoutera que peu de chose.

Un autre usage blâmable sous tous les rapports est la conséquence forcée de ce système de perception ; nous voulons parler de ce que l'on nomme en langage pratique *la queue ;* toute la partie du public qui n'a pu obtenir les billets de faveur et qui n'est pas assez riche pour accepter de bon gré la taxe imposée à la location, vient s'entasser auprès des guichets et attendre patiemment qu'il plaise à l'administration d'accepter son argent et de lui permettre d'entrer dans la salle. Souvent cette cohue de personnes des deux sexes et de tout âge prend un grand développement et, dépassant les entraves à claire-voie où on l'enferme comme une horde d'animaux, elle reste des heures entières debout et serrée, exposée au froid et à la pluie. Quelquefois, après avoir fait preuve de cette héroïque patience, de cette humble abnégation que l'on est tout étonné de trouver chez un peuple aussi éclairé et aussi fier que le peuple de Paris, la plus grande partie de cette foule s'en retourne sans avoir trouvé place. Ce sont là les beaux jours du théâtre, lorsqu'un grand artiste, une pièce nouvelle d'un auteur en vogue, ou la présence d'un grand personnage font surmonter au plus courageux la répugnance que cette humiliation et cette fatigue inspirent au plus grand nombre.

Nous n'avons pas besoin de nous étendre sur la gêne et sur les incommodités sans fin qui attendent le spectateur dans la salle : toute personne qui a pénétré dans un théâtre de France doit être suffisamment édifiée sur ce sujet ; et c'est là une cause importante du peu d'attrait qu'offre ordinairement le théâtre aux classes élevées de la société, lesquelles cependant ont toujours montré une préférence décidée pour l'art dramatique et pour la musique.

Cette vicieuse disposition de nos salles de spectacle, qui les rend si peu confortables pour les personnes habituées à l'aisance, a elle-même sa raison d'être dans un vice d'administration. Les prix et le nombre des places étant invariables, le directeur trouve son intérêt d'augmenter ce nombre autant que possible, afin d'augmenter la recette, comme si les habitants d'une ville étaient forcés par décret du souverain d'aller remplir la salle tous les soirs à tour de rôle. L'architecte n'a d'autre mission que de faire tenir dans la salle la plus grande quantité de spectateurs. On ne se préoccupe nullement de toute autre considération, si ce n'est celle de la plus stricte économie dans la construction et dans la décoration de l'édifice. Que devient l'art enfermé dans ces données? Nous l'avons dit : de tous les produits de l'architecture civile, le théâtre est encore le plus imparfait, et de tous les édifices publics le plus mesquin.

Nous avons exposé dans le chapitre précédent, comment nous entendons qu'un théâtre soit construit et disposé pour devenir, ce qu'il doit être, l'ornement d'une ville et un lieu de passe-temps agréable. Nous ajouterons quelques considérations pratiques au point de vue de l'administration qui est intimement liée à la question de construction de la salle.

L'idée de la mobilité du prix des places et de l'indétermination de leur nombre n'est pas une idée abstraite; elle est appliquée de différentes manières sur les théâtres des autres pays. Le système français existe à la vérité en Allemagne et en Belgique, moins toutefois l'absurdité de la taxe de location. Mais en Angleterre il y a déjà mieux : les prix peuvent changer d'un jour à l'autre, suivant un tarif affiché par la direction. Lorsque le spectacle est parvenu au tiers du programme, généralement à 9 heures, le prix n'est plus que de la moitié pour les places qui restent libres ; ceci est rationnel : le public paye autant de spectacle qu'on lui en donne, et de son côté le directeur profite des places vacantes qui seraient en France des non-valeurs. Les billets de faveur existent aussi en Angleterre, mais en moins grand nombre que chez nous. A Naples, les prix sont fixes, mais le nombre de places dans les loges n'est pas limité. Celui, qui loue une loge, peut y admettre autant de personnes qu'il désire. Les prix eux-mêmes peuvent être augmentés dans certaines circonstances; le directeur du Grand-Théâtre de Saint-Charles, par exemple, est autorisé, pendant la saison principale, à élever ses prix pour vingt représentations, à les baisser pour vingt autres, à son choix.

Dans la haute Italie, les théâtres ayant été généralement construits par des associations de propriétaires, chacun desquels s'est attribué la jouissance perpétuelle d'une loge, il s'est établi un autre système beaucoup plus avantageux que les précédents. Le prix d'entrée est uniforme pour tout le monde, soit pour aller occuper une place dans une loge, soit pour s'asseoir au parterre ; quant au prix des loges, qu'elles appartiennent à la direction ou à des propriétaires, il varie d'un jour à l'autre, voire même du matin au soir, suivant les circonstances, sans jamais occasionner de désordres. Grâce à ce système, si le concours du public est très-considérable, la recette peut monter indéfiniment, soit par le haut prix auquel le directeur peut mettre ses loges, soit par le grand nombre des personnes qui, dans certaines occasions, dépasse le double du nombre moyen de spectateurs. Le secret de cette élasticité apparente de la salle est tout entier dans cette circonstance que, le nombre des places n'étant pas limité, les spectateurs s'entassent spontanément dans les loges et au parterre en raison de l'attrait de la représentation. Chaque loge étant vendue, louée ou donnée dans son entier, elle n'est occupée que par les membres d'une même famille, ou par des amis qui se recherchent et s'assemblent de leur plein gré, ce qui ôte toute idée de gêne, toute la répugnance qu'inspire naturellement le contact des inconnus. Si, au contraire, des circonstances quelconques diminuent l'attrait du spectacle, le prix des loges disponibles baisse en proportion et peut descendre jusqu'à la gratuité (en faveur des personnes que le directeur ou les propriétaires désirent obliger), sans qu'il soit jamais dérogé à l'obligation du billet d'entrée; de sorte que les jours où le spectacle est relativement plus faible, ou qu'une circonstance étrangère au théâtre appelle le public ailleurs, les petites bourses en profitent pour jouir d'un amusement qui leur est resté jusqu'alors inabordable; et, comme à mesure que le prix des loges diminue le nombre de billets d'entrée tend à augmenter, le directeur trouve toujours une compensation suffisante. Grâce à ce système, les recettes d'un théâtre n'offrent jamais en Italie l'abaissement effrayant auquel elles arrivent parfois dans les théâtres de France. Tout le monde peut attendre son jour, toutes les fortunes trouvent le prix qui leur convient. Le billet de faveur est inconnu en Italie. La conséquence de ceci est que, même dans les plus mauvais temps de calamité publique, et dans les pays épuisés par l'occupation étrangère, les exploitations théâtrales se soutiennent et offrent au progrès de l'art des conditions plus avantageuses que les priviléges et les subventions.

Nous pourrions ajouter bien d'autres considérations qui condamnent la législation et le mode d'administration actuellement en vigueur en France, et qui militent en faveur d'une plus grande liberté et de sages réformes. Mais nous tenons d'un côté à nous éloigner le moins possible de notre principal sujet d'étude, et d'un autre côté, nous sommes forcé de ne point dépasser les proportions assignées à cet ouvrage. Nous avons voulu seulement constater le lien intime qui unit la question d'art à la question administrative, et démontrer l'influence de l'impôt, de la législation et de l'administration sur l'architecture théâtrale et sur le théâtre en général. Il n'y a point de progrès possible avec le privilège et le monopole. Aucun art ne peut se développer sans l'influence bienfaisante de la prospérité matérielle. Une industrie languissante, qui traîne son existence précaire à travers mille entraves et ne se soutient que grâce aux subsides partiels et toujours incertains du gouvernement, ou aux sacrifices des particuliers, ne peut donner lieu à des constructions qui réalisent les données des grands maîtres et qui appliquent les progrès acquis à l'art et à la science.

PREMIÈRE PARTIE

THÉATRES

PLANS, COUPES ET ÉLÉVATIONS

A L'ÉCHELLE DE CINQ MILLIMÈTRES PAR MÈTRE

THÉATRE IMPÉRIAL DE L'OPÉRA

Nous n'avons pas à rechercher ici l'origine du spectacle lyrique, né en Italie vers la fin du seizième siècle, ni à refaire l'histoire assez connue de son introduction en France sous les auspices du cardinal Mazarin. Forcé par la nature de cet ouvrage de nous restreindre à des appréciations purement architectoniques, il nous suffira de donner un court aperçu des différentes salles que l'Opéra a occupées à Paris avant de prendre possession du théâtre actuel, qui forme plus spécialement l'objet de cette Notice.

Lorsque les représentations données par les troupes italiennes venues en France sous Louis XIV eurent répandu parmi les beaux esprits du temps le goût du drame lyrique, l'abbé Perrin, déjà connu par quelques pièces de vers, et le maître de chapelle Cambert, s'associèrent pour fonder un opéra français, à l'instar de celui d'Italie. Après une pièce d'essai représentée à Issy, près Paris, dans une maison particulière, ils obtinrent du roi, en 1669, le privilége d'une *Académie de musique*, et ils établirent leur théâtre dans un jeu de paume, dit de *la Bouteille*, situé rue Mazarine, en face de la rue Guénégaud, local que nous supposons être le même où joua la troupe de Molière après la mort de son chef. Deux ans plus tard, Cambert étant parti pour l'Angleterre, et Perrin ayant cédé son privilége, de gré ou de force, à J.-B. Lulli, celui-ci transporta son théâtre au jeu de paume du Bel-Air, rue de Vaugirard, près le Luxembourg, où il resta également deux ans.

Nous n'avons pu trouver les plans de ces deux premières salles de notre Opéra, que Guichard, intendant des bâtiments du duc d'Orléans, avait appropriées à leur destination. On est fondé à supposer qu'elles conservèrent l'une et l'autre la forme d'un parallélogramme allongé, car les quatre murs furent maintenus. Mais on peut voir, d'après une gravure qui forme le frontispice des *Fêtes de l'Amour et de Bacchus* (opéra représenté en novembre 1672), que l'encadrement de la scène de Lulli, rue de Vaugirard, était aussi richement orné que pourrait l'être un théâtre de nos jours.

La salle du Palais-Royal, où l'Opéra fut installé après la mort de Molière, avait été bâtie, comme nous l'avons dit, en 1639, par Mercier, et formait l'aile gauche du palais de Richelieu. Pour le temps, c'était une merveille; mais les descriptions qu'en ont laissées différents auteurs nous paraissent exagérées; on ne saurait admettre, par exemple, que l'amphithéâtre ou même la salle entière pût contenir trois mille personnes, comme on l'a prétendu. Dans les plans généraux du Palais-Cardinal, la disposition intérieure de cette salle est à peine indiquée; et le plus ancien plan que nous en ayons se rapporte à la transformation qu'elle subit pour l'installation de la troupe de Molière. Mais il est aisé de voir, d'après ce document, que, même après cette transformation qui eut pour objet d'accroître le nombre des places, la salle ne pouvait contenir plus de quinze cents personnes.

Les changements introduits aux temps de Molière et de Lulli, donnèrent à la salle du Palais-Royal un aspect plus conforme à celui des autres théâtres publics de cette époque : deux rangs de loges offraient dans leur plan deux lignes droites latérales, réunies en face du théâtre par une courbe, et s'écartant à mesure qu'elles approchaient de la scène ; c'était la forme généralement adoptée, d'après les théâtres construits dans les jeux de paume, et conservée en France, sauf de légères modifications, jusqu'à l'époque où Peyre et Wailly, à Paris, Victor Louis, à Bordeaux (1778), introduisirent pour la première fois la forme circulaire usitée de nos jours.

Un incendie consuma entièrement la salle du Palais-Royal, le 6 avril 1763.

Après quelques années perdues en négociations entre la ville et le duc d'Orléans, en projets, en discussions, et pendant que les artistes de l'Opéra jouaient sur le théâtre des Tuileries reconstruit par Souillot, le duc d'Orléans accepta les plans de Moreau, et une nouvelle salle, plus grande et mieux distribuée que la première, fut édifiée, non sur le même emplacement que l'ancienne, comme on l'a dit jusqu'ici, mais à côté, sur le terrain occupé actuellement par le commencement de la rue de Valois et par la maison qui en forme l'angle avec la rue Saint-Honoré.

L'œuvre de Dumont renferme les plans et coupes de cette salle, qui était alors la plus belle de France. Sa forme intérieure se rapprochait de l'ellipse, qui dominait sur les théâtres d'Italie, et que Souillot avait introduite quelques années auparavant en bâtissant le théâtre de Lyon. Un ample foyer s'étendait dans toute la largeur du bâtiment, et des locaux accessoires presque suffisants entouraient la plus vaste scène qu'eût alors Paris après celle des Tuileries. Cette nouvelle salle fut inaugurée, le 26 janvier 1770, par la représentation de *Zoroastre*, opéra de Rameau.

Mais le 8 juin 1781, à la suite d'une représentation de l'*Orphée* de Gluck, le feu prit à une toile du cintre, et en quelques heures l'édifice tout entier fut dévoré par les flammes ; douze personnes, dit-on, ouvriers pour la plupart, périrent dans cet incendie ; ce qu'apprenant l'archevêque de Paris, M. de Beaumont, envoya immédiatement l'ordre de leur refuser la sépulture chrétienne, comme étant morts *flagrante delicto*.

Ce désastre décida le duc d'Orléans à renoncer à un voisinage aussi dangereux ; et, en attendant qu'un emplacement définitif fût choisi, l'architecte Lenoir reçut l'ordre de construire une salle provisoire près la Porte Saint-Martin, sur le terrain occupé alors par un magasin de la ville. On connaît le tour de force de l'architecte et de ses ouvriers, qui livrèrent la salle toute finie au bout de quatre-vingt-dix jours. L'Opéra y fit sa réapparition par une représentation gratuite donnée le 25 octobre 1781, à l'occasion de la naissance du Dauphin.

Cette salle existe encore ; elle est la plus ancienne de Paris, mais la forme intérieure a été modifiée dès les premiers temps et agrandie aux dépens du théâtre ; elle a eu depuis plusieurs restaurations.

Mademoiselle Montansier, célèbre directrice des spectacles de Versailles, qui avait suivi la cour à Paris en octobre 1789, enhardie par ses succès, et se trouvant trop à l'étroit dans la petite salle de Beaujolais, aujourd'hui du Palais-Royal, avait fait bâtir en 1792, rue Richelieu, en face la bibliothèque, le Théâtre national ou *des Arts*, que beaucoup de nos lecteurs peuvent avoir vu debout. C'est là que, pendant la détention de la propriétaire soupçonnée d'attachement à la royauté déchue, le gouvernement républicain installa l'Opéra qui donna sa première représentation le 28 juillet 1794.

Le *Théâtre des Arts* (pour nous servir de l'appellation la plus usitée) était le plus grand et le mieux bâti qu'il y eût alors à Paris[1]. Isolé de toutes parts, bordé d'arcades sur le devant, de locaux de service beaucoup plus spacieux que ceux que l'Opéra avait eus jusqu'alors, avec une scène relativement vaste et une salle bien coupée et sonore, il répondait assez bien au besoin des représentations lyriques, telles qu'elles étaient à cette époque, pour qu'on pût le considérer comme définitif ; Brongniart, qui venait de bâtir le Théâtre de Louvois dans la rue de ce nom, avait été chargé de modifier certaines dispositions intérieures de l'œuvre de Louis dans un sens plus favorable à la spéculation. C'est ainsi que l'avant-scène monumentale qui, en séparant le théâtre de la salle, concourait à accroître l'illusion du spectacle, fut garnie de loges des deux côtés, à tous les étages, comme l'avant-scène de l'Opéra actuel.

Mais le voisinage d'un si vaste amas de matières combustibles était une menace incessante pour le précieux dépôt auquel il faisait face ; des réclamations s'étaient élevées de toutes parts dès le commencement de l'édification de ce théâtre, et elles continuèrent pendant les vingt-six années qu'il subsista. Le gouvernement restait indécis et n'osait proposer son déplacement, lorsqu'un événement tragique vint brusquement trancher la question : le 13 février 1820, le duc de Berry fut assassiné sous le vestibule même de l'Opéra ; le lendemain la démolition de ce théâtre était décidée.

Dans les circonstances où l'on se trouvait, il n'était pas possible au gouvernement de songer à remplacer le théâtre sacrifié par un édifice définitif, convenablement situé et en rapport avec les autres édifices publics de Paris. Le temps et l'argent manquaient. On limita donc les projets à la construction d'une salle provisoire, sur le seul terrain dont le

---

[1] Bonnet et Orgiazzi, dans leur *Architectonographie des Théâtres*, nous ont conservé les plans de cet édifice dont ils font une description détaillée. L'intérieur de la salle est reproduit aussi dans une gravure d'après Xeunier, intitulée *l'Opéra sous la République* ; mais nous croyons que l'artiste l'a dessiné de mémoire, car la figure qu'il en donne n'est aucunement d'accord avec les gravures du temps, ni avec les dessins originaux de Brongniart que nous avons sous les yeux.

gouvernement pût disposer sans s'engager dans de coûteuses acquisitions, et M. Debret, qui avait restauré le Théâtre des Arts, fut chargé d'élever la salle actuelle.

L'emplacement mis à la disposition de l'architecte se composait de l'ancien hôtel du duc de Choiseul, occupé en dernier lieu par l'état-major de la garde nationale, rue de la Grange-Batelière, aujourd'hui rue Drouot, et de son jardin qui s'étendait jusqu'à la rue Le Peletier. Par mesure d'économie on imposa à l'architecte l'obligation d'utiliser autant que possible les matériaux de la salle démolie, entre autres la charpente, les colonnes placées à l'intérieur de la salle, les devants des loges, les corniches, la coupole. C'est ainsi que la nouvelle salle se trouva être, à peu de chose près, la reproduction de l'ancienne.

M. Debret tira un bon parti de l'hôtel de Choiseul en le conservant pour y établir les différents services de l'Opéra, et en élevant la salle proprement dite sur l'emplacement du jardin, mettant ainsi la façade principale sur la rue Le Peletier. La construction, entreprise en août 1820, ne fut terminée qu'un an après ; elle coûta une somme totale de 2,287,000 francs, fournie en partie par l'État, en partie par la liste civile.

L'ensemble de l'édifice et de ses dépendances occupe un espace de 6,200 mètres carrés (un tiers en plus que le théâtre de *La Scala*) ; il est borné au nord par la rue Rossini autrefois rue Pinon, au sud par une suite de passages parallèles au boulevard, à l'est par la rue Drouot, à l'ouest par la rue Le Peletier.

La légende qui accompagne nos planches nous dispense de donner ici une description des locaux intérieurs, suffisamment désignés par les initiales de renvoi et par l'indication qui s'y rapporte. Mais nous présenterons quelques considérations générales sur l'ensemble de cet édifice qui est, à tout prendre, le moins imparfait, dans son genre, qu'ait jamais eu Paris, et qui pourrait être de beaucoup amélioré en attendant la construction d'un théâtre définitif.

La salle actuelle de l'Opéra a sur les autres théâtres de Paris l'avantage d'être la plus sonore ; cela tient, suivant nous, à son étendue, à sa forme régulière, à la modicité relative de sa hauteur, à la perpendicularité de ses rangs de loges. Cependant la courbe de son plan, quoique moins défectueuse que celle des autres salles de Paris, est loin d'être parfaite. Elle se rapproche trop de la forme circulaire qui fait des parts si inégales à la perspective. Il en résulte que les loges de côté, surtout aux rangs supérieurs, se trouvent sacrifiées, et ne se louent qu'exceptionnellement. Sous ce rapport, la salle de la rue Richelieu était préférable, quoique un peu plus petite. M. Debret, obligé, comme nous l'avons dit, de faire servir les anciens matériaux, notamment les colonnes, l'architrave, la corniche et voulant en même temps agrandir la salle nouvelle, en a augmenté le diamètre tout en laissant à l'avant-scène son ancienne largeur ; de là vient le rétrécissement que nous remarquons dans cette partie du plan, rétrécissement qui favorise la sonorité aux dépens de la perspective.

Une autre modification introduite par M. Debret dans la salle de la rue Le Peletier consiste dans la surélévation, tant de l'arc d'avant-scène que de la corniche qui soutient la coupole, ce qu'il a obtenu en remplaçant les chapiteaux ioniques de l'ancienne salle par des chapiteaux corinthiens beaucoup plus élevés et plus élégants. En revanche, il a élevé l'amphithéâtre jusqu'au niveau de la première galerie, supprimant ainsi le plus grand nombre des petites loges du rez-de-chaussée, dites baignoires, pour n'en conserver qu'aux deux côtés du parterre et de l'orchestre, tandis qu'au Théâtre des Arts l'amphithéâtre les laissait toutes à découvert.

Depuis son inauguration la salle a subi à l'intérieur plusieurs changements, mais de peu d'importance : on a supprimé tout d'abord ces loges grillées qu'on avait creusées dans le fût des colonnes en profitant de la cannelure pour les masquer, et qui ressemblaient à des cages de ménagerie ; on a enlevé les stalles de balcon au premier rang [1] et avancé jusqu'à la balustrade les loges qui étaient derrière ; on a déplacé, à tort selon nous, la loge du souverain qui était en face du théâtre et qui depuis 1832 se trouve à l'avant-scène. Lors de la visite de la reine d'Angleterre à l'Opéra, en 1855, on s'aperçut de l'inconvénient de cette position et l'on établit à la hâte une loge de face, en l'agrandissant aux dépens de deux loges latérales ; mais cet arrangement exceptionnel ne dura qu'une soirée, et le souverain et sa cour continuent d'occuper, à l'Opéra, deux loges d'avant-scène, malgré les inconvénients que nous avons signalés. Enfin l'orchestre des musiciens a été agrandi, depuis un certain nombre d'années, aux dépens des fauteuils, augmentés eux-mêmes aux dépens du parterre.

En résumé, la salle actuelle offre dans sa disposition intérieure plusieurs des inconvénients que nous avons fait remarquer dans la plupart des salles de Paris et de France ; mais ces inconvénients y sont moins sensibles qu'ailleurs, grâce aux proportions mêmes de la salle, et ils pourraient être facilement diminués par des réformes d'une exécution

---

[1] Nous ne disons pas des premières loges, parce que, contrairement aux prescriptions d'une sage ordonnance de police, la désignation des places à l'Opéra n'est pas d'accord avec le fait : on appelle *premières loges* le *second* rang, et ainsi de suite.

peu coûteuse que nous avons indiquées, d'une manière générale pour tous les théâtres, dans l'Introduction qui précède cette Notice. Telle qu'elle est, la salle actuelle a sur toutes les autres le précieux avantage de l'ampleur et de la sonorité, et elle mérite d'être conservée, même après la construction d'un édifice plus grandiose pour notre première scène lyrique, jusqu'à ce que Paris ait vu surgir dans son enceinte plusieurs salles de spectacle qui réunissent les mêmes conditions.

La façade est, comme on sait, la reproduction à peu près exacte de celle de *la Ragione*, ou Palais de justice de Vicence; mais depuis quelques années une innovation, nécessaire peut-être dans nos climats, mais peu conforme aux préceptes de l'art, en a altéré le caractère primitif, en introduisant des fenêtres bourgeoises au milieu des grandes ouvertures que laissaient les entre-colonnements du petit ordre dorique, dont on a muré le surplus. Nous aurions pu reproduire cette innovation sur la planche qui représente l'élévation géométrique de la façade; nous ne l'avons pas fait afin de laisser la belle ordonnance de Palladio dans toute sa pureté de style, de même que nous n'avons pas reproduit l'auvent en tôle qui masque ou plutôt dégrade l'étage inférieur de cette façade, suivant un usage trop fréquent à Paris.

Si le gouvernement se décide un jour à isoler la salle actuelle de l'Opéra par l'ouverture d'une rue qui longerait le côté sud de cet édifice, il sera aisé de supprimer ce disgracieux appentis, en construisant une descente à couvert sur la nouvelle rue, ce qui offrira le double avantage de dégager la façade et d'offrir au public des issues plus nombreuses, aux voitures une circulation plus facile.

Nous ne croyons pas devoir nous arrêter davantage sur la description et la critique du théâtre actuel de l'Opéra; toutes ses parties sont suffisamment mises en lumière dans les quatre planches qui accompagnent cette Notice, et l'appréciation que nous pourrions en faire ne serait qu'une répétition de ce que nous avons dit dans l'Introduction sur le système général des théâtres de France.

Il sera peut-être plus opportun, avant de quitter ce sujet, de dire un mot des projets qui ont été faits pour remplacer la salle actuelle de l'Opéra (bâtie, comme on sait, à titre provisoire) par un théâtre définitif, digne de la capitale de la France.

Constatons d'abord que les projets de cette nature ne datent pas seulement de la démolition du Théâtre des Arts en 1820, mais bien du premier incendie de la salle du Palais-Royal en 1763. Il y a donc près d'un siècle que l'édilité parisienne, le gouvernement et les artistes agitent le problème complexe de l'emplacement à choisir et de la meilleure forme à donner au théâtre définitif de notre première scène lyrique; et à l'heure qu'il est aucun acte officiel n'en a encore annoncé la solution.

La question d'emplacement a dû être différemment envisagée à mesure que Paris s'est développé. Depuis deux cents ans la grande ville tend visiblement à se porter vers le nord-ouest: aussi voyons-nous les projets d'Opéra s'éloigner de plus en plus de l'ancien centre pour se rapprocher des quartiers préférés par les nouvelles générations. On proposa, en 1740, l'emplacement de l'hôtel de Soissons, occupé aujourd'hui par la Halle aux blés; puis la rue des Poulies; puis la rue Saint-Honoré, à la hauteur de la rue des Bons-Enfants, où s'éleva en effet la salle de Moreau. Après 1781, les projets d'Opéra choisissent de préférence la place du Carrousel; en 1817, Poyet propose le terrain des Feuillants, près la place Vendôme; d'autres préfèrent la rue de la Paix, l'hôtel Wagram, le Boulevard. A mesure que la Madeleine s'entoure de constructions, les regards se portent de ce côté; enfin de nos jours, on demande hardiment de mettre l'Opéra et les Italiens aux Champs-Élysées, dans la persuasion qu'ils ne tarderont pas à se trouver au centre de la partie élégante de la population parisienne.

La question de forme ou de mode de construction s'est également ressentie des progrès généraux de l'architecture et du développement de la richesse générale de la capitale. Les anciens projets, antérieurs au second incendie de l'Opéra, pourraient tout au plus s'appliquer aujourd'hui à un théâtre de troisième ordre. Même postérieurement à cette époque, les idées les plus étroites et les plus bizarres ont présidé au plus grand nombre des plans proposés. Nous ne ferons pas ici l'énumération de toutes ces publications avortées, de tous ces projets abandonnés, dont il reste à peine quelques rares spécimens dans les cabinets des curieux; nous renverrons ceux qui désireraient de plus amples détails à un travail spécial que nous avons publié sur ce sujet dans la *Revue et Gazette des Théâtres*, au mois de février 1858. Nous nous occuperons ici des derniers projets sérieux qui ont été présentés par des hommes compétents et entre lesquels l'autorité semble devoir faire prochainement son choix.

Dès qu'il a été question de supprimer la rue Basse-du-Rempart et d'ouvrir deux larges voies de communication entre le boulevard des Capucines et la rue du Havre d'un côté, la rue Lafayette de l'autre, un vaste emplacement est venu s'offrir aux études de l'administration et à l'esprit de spéculation des concessionnaires de ces terrains. L'idée d'y placer notre grand théâtre a été proposée par plusieurs personnes et admise en principe par l'autorité. M. Rohault de Fleury, architecte actuel de l'Opéra, s'est aussitôt mis à l'œuvre et a élaboré un vaste projet tendant à placer le grand théâtre au confluent des deux nouvelles rues dont nous venons de parler, au fond de la place qui doit faire face à la rue de la Paix. Cet édifice, qui couvrirait une superficie de sept mille mètres carrés, présente en général de grandes améliorations sur la salle actuelle et marque un progrès réel dans l'architecture théâtrale. Tous les besoins, tous les services y sont soigneusement étudiés; tous les problèmes que soulève l'aménagement si compliqué d'un établissement de cette nature, sur une si vaste échelle, sont résolus d'une manière satisfaisante. M. Rohault par sa position, par sa longue expérience, par les observations qu'il a pu faire dans les théâtres étrangers, est sans contredit l'architecte le plus compétent en France pour l'édification des théâtres. Aussi s'est-il écarté, sur plusieurs points, de la routine suivie par ses devanciers. Bien que la courbe intérieure de la salle rappelle celle de Louis au Théâtre des Arts, elle constitue aujourd'hui une heureuse protestation contre l'abus persistant des salles circulaires dont nous avons signalé les inconvénients. M. Rohault renonce également à la hauteur exagérée qu'on a donnée jusqu'ici à toutes nos salles de spectacle au préjudice de la sonorité. Il a supprimé ces troisièmes et quatrièmes loges latérales qui ne se louent jamais et qui nuisent à l'ordonnance générale en forçant l'architecte à surélever l'arc d'avant-scène. Il a fait précéder chaque loge de son salon, ce qui aura le grand avantage d'amortir le bruit insupportable de l'ouverture et de la fermeture des portes, et des discussions qui ont lieu dans les couloirs. Il a augmenté le nombre des escaliers, élargi les locaux de dégagement et le foyer public, et ménagé au parterre des ouvertures suffisantes. Cela pour l'intérieur.

Derrière le rideau les réformes sont encore plus importantes. Sans compter que l'ouverture de l'avant-scène est plus large qu'elle n'a été jusqu'ici (elle mesurera dix-sept mètres comme à la Scala), M. Rohault a augmenté de beaucoup la largeur totale du théâtre, de manière à faciliter le service des décorations. Il s'est même affranchi des rigueurs du parallélogramme, afin d'établir des deux côtés de la scène deux saillies semi-circulaires destinées à recevoir des loges d'acteurs mises ainsi à proximité du lieu de l'action. Les fermes qui soutiennent la toiture sont en fer, ainsi que toutes les parties des ponts fixes et du gril qui peuvent être établies autrement qu'en bois. Enfin la façade est d'un fort beau style, pourvue d'une descente à couvert, formée par le soubassement à arcades cintrées, sur toute la largeur de l'édifice.

Pourquoi faut-il qu'à côté de toutes ces belles choses, de toutes ces parties bien combinées, de tous ces éléments d'élégance et de solidité, nous retrouvions certaines erreurs que nous avons critiquées dans les théâtres actuels : les colonnes qui gênent la vue et qui occupent une place toujours précieuse à l'intérieur de la salle, les loges d'avant-scène qui nuisent à l'illusion, les galeries saillantes d'inégale largeur qui brisent la sonorité! L'architecte a peut-être dû faire la part des préjugés d'administration, aussi tenaces à l'Opéra qu'ailleurs et qui amènent bien d'autres inconvénients. Quoi qu'il en soit, et malgré les hérésies architecturales que nous venons de signaler, la salle projetée par M. Rohault de Fleury est bien la plus vaste et la plus belle qui ait jamais été proposée pour Paris.

Ce que nous ne pouvons admettre, c'est l'emplacement qu'on dit avoir été choisi pour élever ce monument, ce véritable temple de tous les beaux-arts, qui doit en étaler toutes les magnificences. Le terrain circonscrit par les rues de la Chaussée-d'Antin, Neuve-des-Mathurins, de Mogador prolongée et par les deux nouvelles voies de communication mentionnées plus haut, formera un pentagone irrégulier dont un côté serait occupé par la façade de l'Opéra, les autres par des maisons particulières enfermant tout le développement du nouveau théâtre dans une espèce de cour à laquelle on aurait accès par des guichets ouverts sur différents côtés. Cela n'est pas possible. Abstraction faite du haut prix des terrains en cet endroit, que le commerce réclame plus impérieusement qu'un lieu de plaisir, nous ferons remarquer que la circulation à travers des guichets est toujours pénible et même dangereuse, surtout aux heures de l'entrée et de la sortie du théâtre; qu'un édifice de cette importance doit être nécessairement isolé et ne peut en tout cas être entouré que par des rues régulières et d'une largeur suffisante qui permettent de circuler sans encombre et de saisir l'aspect de chaque face du monument.

Un emplacement plus convenable sous tous les rapports serait celui proposé par M. Duponchel, sur la lisière des Champs-Élysées, place de la Concorde. En 1791, bien avant que cette place fût englobée comme elle l'est aujourd'hui dans des quartiers nouveaux presque exclusivement peuplés par les classes riches et par les étrangers, l'architecte Poyet avait proposé de construire, de chaque côté des Champs-Élysées et du jardin des Tuileries, quatre grands bâtiments à colonnes périptères, dans l'un desquels il plaçait l'Opéra. M. Duponchel propose d'élever, aux deux côtés de la grande avenue, deux édifices semblables, destinés l'un à l'Opéra, l'autre au Conservatoire ou au Théâtre Italien, répétant les façades uniformes qui existent actuellement aux deux côtés de la rue Royale et qui sont effectivement plus appropriées à des théâtres qu'à des hôtels particuliers ou à des bureaux publics; idée excellente, qui ne sera probablement pas réalisée aujourd'hui, mais qui le sera dans un prochain avenir, car la tendance irrésistible de Paris à se porter vers le Nord-Ouest amènera infailliblement la nécessité de céder au flot envahissant des constructions la partie Est des Champs-Élysées et même la partie Ouest du jardin des Tuileries dont la longueur excessive devient de plus en plus embarrassante.

Un autre projet, que l'on dit grandiose mais trop coûteux, a été présenté au ministre d'État par M. Albert Cavos, de Venise, architecte au service de la Russie. M. Cavos a donné des preuves lumineuses de sa capacité en construisant plusieurs salles de spectacle, entre autres le Grand-Théâtre de Pétersbourg, représenté dans notre ouvrage, et celui de Moscou dont nous avons fait mention dans un précédent chapitre. Les idées bien connues de cet habile architecte sur les parties les plus importantes des constructions théâtrales nous font bien présumer de son travail, et nous portent à espérer que ce projet ne manquera pas d'être mis à exécution aussitôt que les circonstances le permettront. Paris ne sera pas toujours condamné à n'avoir qu'un seul théâtre de grand opéra.

D'autres projets, limités au seul choix de l'emplacement, ont été offerts par M. Brey, qui mettrait le nouveau théâtre sur les terrains bordant actuellement le passage Saudrié, et par M. Barnout, qui propose d'ouvrir une large voie du guichet Nord des Tuileries au boulevard des Italiens, entre les rues Sainte-Anne et Richelieu, et de construire le nouvel Opéra de l'autre côté du même boulevard, de manière à faire face au palais du souverain. Nous ne pouvons nous étendre ici sur un sujet d'intérêt purement municipal; nous dirons seulement que le premier de ces deux projets offre à nos yeux les mêmes inconvénients que nous avons signalés en parlant de celui de M. Rohault de Fleury, et que le second nécessiterait la démolition d'un quartier nouvellement construit autour de la rue Drouot et la destruction préalable du théâtre actuel de l'Opéra, sacrifices exorbitants que l'administration ne jugera pas convenable de s'imposer.

Invité à formuler nous-même une opinion sur le choix d'un emplacement pour le nouveau théâtre de l'Opéra, nous avons émis l'avis[1] qu'il serait mieux placé sur le parcours du boulevard Malesherbes, qui va être prolongé et qui nous paraît, quant à présent, préférable aux Champs-Élysées. L'isolement de l'édifice serait formé naturellement et sans de trop grands sacrifices par le nouveau boulevard et par les rues aboutissantes ou parallèles.

Quelles que soient les raisons qui militent en faveur de tous ces projets, il nous paraît présumable que l'autorité, avant de prendre une décision sur un sujet de cette importance, fera un appel à tous les talents au moyen d'un concours public, ou consultera l'opinion de la presse spéciale en publiant tous les plans qui lui ont été soumis. La discussion, quand elle n'amène pas une solution absolument satisfaisante, a du moins l'avantage de couvrir la responsabilité des dépositaires des pouvoirs publics. Au reste les amis du théâtre et de la belle architecture peuvent attendre avec confiance. L'administration qui a présidé à l'achèvement du Louvre, un des plus beaux monuments de la capitale, et à la reconstruction des Halles centrales, merveille de l'art moderne, ne saurait sanctionner qu'une œuvre parfaite, qu'un monument grandiose et digne de la métropole du monde civilisé.

Terminons par un vœu que nous avons déjà exprimé, mais que nous ne saurions assez recommander à l'autorité compétente : c'est que Paris, en acquérant un nouveau théâtre, ne soit pas privé de la salle actuelle de l'Opéra, qui est la plus vaste, la plus sonore et la plus belle que la France ait possédée jusqu'à ce jour.

[1] *Revue et Gazette des Théâtres*, de février 1858, et *Revue Municipale*, de mars et décembre de la même année.

EXPLICATION DES PLANCHES

PLANCHE 1

REZ-DE-CHAUSSÉE.

A. Premier vestibule d'entrée et d'attente pour les domestiques à la fin du spectacle.
B. Second vestibule et contrôle des billets.
C. Grand escalier conduisant au premier étage.
c. Escalier de dégagement desservant les loges d'avant-scène et de côté.
D. Escalier du parterre.
d. Escalier de service de la salle et sortie particulière dans la cour des passages ou galeries de l'Opéra.
E. Entrée du parterre.
e. Entrée de l'orchestre à stalles-fauteuils.
F. Parterre avec stalles mobiles.
f. Boisseaux ou raccords des tuyaux de pompes à incendie.
G. Amphithéâtre des premières loges avec stalles-fauteuils.
g. Loge du commissaire de police de service.
H. Orchestre avec stalles-fauteuils.
I. Loges dites baignoires du rez-de-chaussée.
I'. Baignoires d'avant-scène.
i. Conduits d'eau bouillante pour le chauffage de la scène.
J. Orchestre des musiciens.
j. Chaufferette des calorifères à air chaud, placés dans les dépôts des châssis, servant à la représentation du jour ou d'un usage habituel dans les pièces du répertoire.
K. Plancher de la scène.
K'. Loges de l'administration et des chefs de service de la scène.
L. Foyer des artistes de la danse.
l. Escalier du premier dessous de la scène.
M. Atelier des couturières.
N. Atelier des tailleurs.
O. Loge des comparses (militaires).
P. Foyer des choristes.
p. Cheminées des contre-poids.
Q. Magasin des étoffes, etc.
R. Foyer des répétitions du chant.
S. Escaliers de service de la scène.
T. Café-restaurant.
t. Laboratoire.
U. Passage de la rue Le Peletier.
V. Cour des Passagers.
X. Galeries vitrées ou passages de l'Opéra aboutissant au boulevard des Italiens.
Y. Passage couvert aboutissant rue Grange-Batelière.
Z. Passage couvert aboutissant rue Rossini.

PREMIER ÉTAGE.

A. Foyer public.
a. Terrasse.
B. Corridor des loges.
C. Grand escalier des loges et du foyer public.
D. Corridor et escalier du parterre.
d. Escalier de service de la salle.
E. Escalier principal des loges supérieures.
e. Escalier de dégagement des loges.
F. Parterre.
f. Boisseaux ou raccords des tuyaux des pompes à incendie.
G. Amphithéâtre des premières loges avec stalles-fauteuils.
g. Escalier de dégagement dudit amphithéâtre.
g'. Loge des médecins de service.
H. Orchestre avec stalles-fauteuils.
I. Loges de face et de côté.
I'. Loges d'avant-scène.
J. Loge impériale de l'avant-scène.
j'. Salon et salle des gardes.
K. Loge de l'administration et des chefs de service.
L. Escalier particulier de la loge impériale.
l. Loges des acteurs et actrices du chant.
l'. Loges des maîtres de chant.
ll. Loges des choristes.
M. m. Ancien salon et loge de face de la famille royale.
m. Loge du premier chanteur.
N. Magasins des décorations du répertoire courant.
n. Cours.
O. Foyer d'attente des artistes du chant.
O'. Petit magasin du tapissier.
o. Escalier de communication de la salle au théâtre.
P. Cabinet de travail du machiniste en chef.
pp. Corridors des loges d'acteurs et cheminées des contre-poids.

PLANCHE 2.

Coupe longitudinale.

PLANCHE 3.

Coupe transversale de la salle au droit du rideau d'avant-scène, représentant Louis XIV qui remet à Lulli le privilège de l'Académie royale de musique.

PLANCHE 4.

Façade principale sur la rue Le Peletier dans son état primitif.

THÉATRE IMPÉRIAL DE L'OPÉRA-COMIQUE

(SALLE FAVART)

L'Opéra-Comique, dont on peut faire remonter l'origine à l'*Anfiparnaso* d'Orazio Vecchi (1598), et qui n'occupe plus en Italie qu'une scène secondaire de Naples, a constamment trouvé faveur en France, où pourtant il a dû lutter longtemps contre les exigences jalouses des théâtres privilégiés. Réduit plusieurs fois au silence, et toujours parqué dans les enceintes des foires, ce genre de spectacle se développa lentement et n'eut que tard un théâtre convenable. Enfin, Jean Monet ayant obtenu le 20 décembre 1751 l'agrément du roi pour le rétablissement de l'opéra-comique, répara la vieille salle de la foire Saint-Germain et en fit l'ouverture le 3 février 1752. L'année suivante, enhardi par ses succès, il fit construire, à la foire Saint-Laurent, dans l'espace de trente-sept jours, une salle régulière que les Mémoires du temps ont qualifiée de magnifique. On en peut voir le plan et la coupe dans l'œuvre de Dumont.

Pendant que l'opéra-comique s'efforçait de vaincre sur les théâtres des foires les règlements qu'on lui opposait, les comédiens italiens, établis à l'Hôtel de Bourgogne et favorisés eux-mêmes par un privilège contre lequel la Comédie-Française et l'Opéra réclamaient en vain, laissaient de côté les farces italiennes et les pièces françaises de l'ancien répertoire pour s'adonner à la comédie à ariettes, qui était, sous un autre nom et avec une meilleure mise en scène, un spectacle semblable à celui de la foire. C'est ainsi qu'ils donnèrent, en 1746, la *Serva Padrona* de Pergolèse, qui eut un succès prodigieux, et dont la traduction faite par Baurans obtint plus tard cent quarante-une représentations non interrompues.

En 1762, les deux troupes rivales se réunirent sur le théâtre de l'Hôtel de Bourgogne. Elles parurent ensemble pour la première fois le 3 février dans une pièce de circonstance, de Favart. Déjà les comédies en langue italienne étaient tombées en désuétude; en 1779, un arrêt du conseil les supprima entièrement; il ne resta plus des anciens acteurs d'outre-mont que le fameux Arlequin Carlo Bertinazzi [1] et Camerani, semainier perpétuel. Mais le théâtre continua de s'appeler *Théâtre-Italien* jusqu'à la Révolution.

Cependant la vieille salle de l'Hôtel de Bourgogne, dont la dernière restauration datait d'assez loin, menaçait ruine et ne se trouvait plus en rapport avec l'accroissement du concours public; on résolut d'en construire une nouvelle dans un quartier plus convenable pour ce genre d'établissements, et le duc de Choiseul, qui venait de renoncer à son hôtel du boulevard pour acheter celui de M. Bouret, rue Grange-Batelière, offrit le terrain et en facilita l'appropriation en ouvrant une place et plusieurs rues parallèles au nouvel édifice.

Les plans présentés d'abord par Jacquin, architecte, n'ayant pas été agréés, ce fut Heurtier, inspecteur général des bâtiments de la couronne, qui fut chargé d'élever le nouveau Théâtre-Italien. On sait à quelle circonstance est due la singulière position de ce théâtre, qui tourne le dos à la plus belle avenue qui fût alors dans la ville; les acteurs en firent

[1] Mort le 6 septembre 1783.

une condition à l'architecte, afin de n'être pas confondus avec leurs confrères, dont les théâtres d'un ordre inférieur étaient situés sur les boulevards. L'ouverture de la nouvelle salle eut lieu le 28 avril 1783, par une pièce intitulée *Thalie au nouveau Théâtre*, prologue de Sedaine avec des airs de Grétry. La reine Marie-Antoinette assistait à la représentation.

L'œuvre d'Heurtier fut généralement applaudie. La façade surtout fut trouvée d'un style noble et caractérisé. Aussi a-t-elle survécu à plusieurs restaurations et à la reconstruction complète de l'édifice. Mais l'intérieur de la salle a été totalement modifié. Les plans primitifs que nous avons sous les yeux présentent une ellipse allongée dont la scène occupe un segment parallèle au petit axe. C'était un moyen terme entre la forme droite et allongée qu'avaient encore les vieux théâtres de cette époque, et la forme circulaire inaugurée à l'Odéon et à la Porte-Saint-Martin, et dont l'habile architecte avait probablement reconnu les inconvénients. La forme de la courbe, la hauteur modérée de la salle, la régularité de ses trois galeries, l'absence de ces profonds amphithéâtres usités de nos jours, la continuité de la voussure du plafond, ont dû rendre cette salle beaucoup plus sonore que celle d'aujourd'hui, et même préférable sous le rapport de l'optique. Mais l'esprit de spéculation, bien excusable chez des entrepreneurs de spectacle exposés à tant de chances diverses, exigea l'augmentation du nombre des places; et dès 1784, de Wailly, appelé à faire des changements dans ce sens, remplaça la corniche par un quatrième rang de loges et pratiqua un vaste amphithéâtre de dix rangs de banquettes qui subsista jusqu'en 1838. L'architecte Bienaimé, chargé d'une nouvelle restauration en 1797, se montra mieux inspiré en supprimant les loges d'avant-scène, à la place desquelles il pratiqua des escaliers de service. L'avant-scène reçut un revêtement en marbre jaune, dont la monotonie était corrigée par des figures et des médaillons peints représentant les deux Muses de la poésie et de la musique, et les bustes des maîtres qui avaient illustré ce théâtre : décoration convenable qui tend, comme nous l'avons dit, à favoriser en même temps l'illusion scénique et la sonorité. Nous n'avons pas besoin d'ajouter que cette disposition ne fut pas maintenue.

A la suite de la proclamation de la liberté des spectacles, une seconde troupe d'opéra-comique se forma au théâtre de la rue Feydeau, qui avait été ouvert le 26 janvier 1789 sous le titre de *Théâtre de Monsieur*, pour servir aux représentations des chanteurs venus d'Italie. La fusillade du 10 août 1792 ayant fait fuir ces derniers, le théâtre resta aux chanteurs français, dont la concurrence excita l'émulation de l'ancienne troupe de Favart. Ce fut la plus belle époque de ce genre de spectacle, et il prit alors un développement extraordinaire. Au retour des Bouffes, sous le Consulat, les deux troupes d'opéra-comique se réunirent au théâtre de la rue Feydeau, et laissèrent l'ancienne salle Favart à la disposition des nouveaux venus, qui en firent la réouverture le 17 janvier 1802 par il *Matrimonio Segreto*, de Cimarosa.

Nous ne ferons pas un récit détaillé des transmigrations des troupes italiennes qui, de ce théâtre, passèrent à l'Odéon, puis à Louvois, pour revenir à leur ancien asile. Il nous suffira de dire que l'édifice, en changeant d'occupants, ne subit pas de changements importants dans sa structure. Sa restauration la plus considérable fut entreprise en 1825 par MM. Hittorff et Lecointe : elle porta principalement sur la décoration intérieure, œuvre admirable pour l'époque et dont tous les détails ont été publiés en lithographie; les loges d'avant-scène furent rétablies à cette occasion et flanquées, comme d'habitude, de deux colonnes corinthiennes, cannelées et dorées, surmontées d'une frise qui eût été ailleurs du plus bel effet.

Les Italiens reprirent possession de la salle ainsi restaurée le 12 novembre 1825, et y restèrent jusqu'à l'incendie qui consuma la salle de fond en comble le 14 janvier 1838.

Cette catastrophe, qui dans les circonstances ordinaires n'eut pas été considérée comme un grand malheur, puisque chaque théâtre incendié est toujours sorti plus beau de ses cendres, se compliqua cette fois d'une perte douloureuse. Severini, intelligent directeur qui avait porté son entreprise à un si haut degré de prospérité, s'obstinant à vouloir sauver les papiers de l'administration, se vit forcé de sauter par une fenêtre et succomba à la suite de ses blessures. La belle bibliothèque de Klaproth, à laquelle le directeur avait offert un abri momentané, périt, comme tout le reste, dans les flammes.

Pendant que les Italiens s'établissaient à la salle Ventadour, une société se formait sous les auspices de MM. Crosnier et Cerfbeer, alors directeurs de l'Opéra-Comique, place de la Bourse, pour la reconstruction de la salle incendiée. Les travaux commencèrent en 1839 sur les plans tracés par M. Carpentier, architecte. Le 16 mai 1840, la nouvelle salle était inaugurée par une représentation du *Pré aux Clercs* d'Hérold, et depuis lors l'opéra-comique y a presque constamment prospéré. Il est dirigé aujourd'hui par M. Nestor Roqueplan, qui a conservé le secrétaire de la direction précédente, M. Achille Denis.

Les planches que nous donnons, et qui représentent l'état actuel de ce théâtre, nous dispensent d'en entreprendre la description. On remarquera que la façade et les bas-côtés ont été conservés suivant les dessins primitifs, tandis que l'intérieur a totalement changé de forme pour prendre celle qui, suivant nous, est le moins favorable à la sonorité et à la perspective. Telle qu'elle est, la salle est élégante, mais petite et sourde. Les places sont peu commodes, à l'exception des deux premiers rangs de loges de face, et la circulation y est plus difficile qu'aux Italiens et à l'Opéra. Une excellente disposition, appliquée ici plus largement qu'à la salle Ventadour, est celle des salons qui précèdent les loges privilégiées. Nous ne saurions assez louer ce système qui offre plusieurs avantages, ainsi que nous l'avons fait remarquer en parlant du projet d'un nouveau théâtre pour l'Opéra, présenté par M. Rohault de Fleury, où un salon précède chaque loge à tous les étages.

Le foyer est fort beau, sans être aussi vaste que celui de la salle Ventadour.

Du reste, absence presque complète de locaux de service et de dépendances utiles. C'est là un reproche qui a été adressé avec raison à l'architecte qui a posé les fondations.

La décoration actuelle de cette salle date de 1853; elle fait honneur au goût exquis de M. Perrin, alors directeur, aussi habile *Impresario* que peintre distingué.

L'immeuble est grevé pour un certain nombre d'années d'une redevance annuelle de cent dix mille francs, destinée à l'amortissement des frais de construction; il doit revenir ensuite à l'État. Le directeur reçoit une subvention de 240,000 francs.

EXPLICATION DES PLANCHES

PLANCHE 8.

REZ-DE-CHAUSSÉE.

A. Vestibule.
A'. Passage couvert aboutissant au coin du boulevard des Italiens.
A''. Salle d'attente.
a. Corps-de-garde et bureau de police du théâtre.
B. Escalier principal.
C. Escalier du parterre, etc.
D. Corridor.
d. Bureau des comptes.
E. Entrée du parterre.
E'e. Escaliers de service et dépendances de la scène.
F. Entrée du parquet.
F''. Escalier de dégagement aboutissant au passage couvert pour la sortie du spectacle.
f. Dépendance de la scène.
G. Loge-baignoire de côté.
G'. Loge-baignoire de face avec salon.
H. Loge d'avant-scène.
H''. Escalier de communication de la salle à la scène.
I. Parterre.
J. Parquet ou orchestre avec stalles-fauteuils.
K. Orchestre des musiciens.
L. Plancher de la scène.

PREMIER ÉTAGE.

A. Foyer public.
B. Escalier principal.
C. Escalier des loges supérieures.
D. Corridor et promenoir.
E. Entrée de la galerie avec stalles-fauteuils.
E'. Entrée des artistes.
e. Foyer des acteurs et direction.
F. Entrée du balcon avec stalles-fauteuils.
F'. Escalier de dégagement aboutissant à la rue Favart.
G. Loges du balcon.
G'. Loges avec salon y attenant.
H. Loge d'avant-scène et escalier particulier.
H'. Escalier de dégagement.
h. Salon dépendant de la loge d'avant-scène.
J. Corridor de service de la scène.

PLANCHE 9.

Coupe longitudinale.

PLANCHE 10.

Façade principale.

THÉATRE IMPÉRIAL DES ITALIENS

(SALLE VENTADOUR)

Voici la salle la plus solidement bâtie et la plus élégante que nous ayons à Paris. Abstraction faite de sa disposition intérieure, dont nous allons parler, elle pourra servir de modèle sous plus d'un aspect. Disons d'abord un mot de son origine et des transformations qu'elle a subies.

Lorsqu'il fut question de démolir l'ancien théâtre Feydeau, dans la rue de ce nom, afin d'ouvrir une voie perpendiculaire à la façade du palais de la Bourse, le Gouvernement se trouva dans la nécessité de donner un autre asile à l'Opéra-Comique. La salle Favart était alors occupée par les Italiens; celle qu'on appela des *Nouveautés*, aujourd'hui du *Vaudeville*, et dans laquelle l'Opéra-Comique vint se loger plus tard, n'était pas encore bâtie.

L'administration de la Liste civile de Charles X, soit qu'elle voulût éviter les lenteurs législatives d'une demande aux Chambres, soit qu'elle crût l'affaire profitable au Roi, se chargea de cette construction. Elle acquit de l'État l'ancien hôtel Ventadour, où avait été installée l'administration de la Loterie royale, le fit démolir, et traça sur son emplacement le plan du nouveau théâtre, des rues qui l'entourent et des maisons qui bordent ces rues.

Cette opération, déduction faite des terrains revendus, coûta à la Liste civile une somme ronde de cinq millions.

L'architecte Huvé, auquel échut la bonne fortune de bâtir un théâtre pour le compte d'un roi, s'est bien pénétré de son sujet et s'est proposé d'élever un monument digne d'orner une capitale comme Paris.

L'Odéon, la salle Favart et celle de l'Opéra étaient les seuls modèles entre lesquels il pût choisir. Mais le défaut d'espace lui interdisait les péristyles à colonnes isolées; il se rapprocha de l'ordonnance de la rue Le Pelletier, inspirée, comme nous l'avons dit, par une des plus belles œuvres de celui qu'on a appelé à bon droit le Raphaël des architectes; seulement la façade de la salle Ventadour a sur celle de l'Opéra l'avantage d'être à découvert et de conserver son portique inférieur à la libre circulation du public.

L'édifice forme un rectangle de 52 mètres de longueur sur 34 mètres 50 centimètres de largeur. Il offre, sur les deux faces, le développement de neuf entre-colonnements et treize sur chaque côté, en comprenant les avant-corps que forment les retours d'angle des deux façades principales. Une particularité de ce théâtre, qui a déjà tant de points de supériorité sur tous les autres de Paris, est la descente à couvert pour les voitures, ménagée au-dessous du parterre et traversant l'édifice dans toute sa largeur : idée originale abandonnée, nous ne savons pourquoi, depuis quelques années. Il serait aisé de le rétablir.

Le vestibule, les deux grands escaliers latéraux, les escaliers secondaires qui ont eux-mêmes une largeur fort convenable, les couloirs, les dépendances, le foyer public, le plus vaste qui soit à Paris, la scène enfin et les locaux de service qui l'entourent sont autant de parties incomparablement supérieures aux parties analogues des autres théâtres de la capitale, sans en exclure l'Opéra. Tous les gros murs, tous les escaliers sont en pierre de taille, tous les planchers en poteries creuses, toutes les fermes en fer. La solidité est parfaite.

L'intérieur de la salle reçut dès l'origine une décoration des plus brillantes, malgré la disposition défectueuse des galeries. Le plan offrait la figure d'une cloche renversée, c'est-à-dire qu'elle était terminée de part et d'autre par

16

deux courbes qui s'évasaient à mesure qu'elles approchaient de l'avant-scène, et qui étaient réunies par un demi-cercle formant le fond de la salle, forme vicieuse dont nous avons déjà relevé les inconvénients. Le pourtour était occupé par un rang de *baignoires* surmontées et masquées par un balcon en encorbellement, au-dessus duquel s'élevaient deux rangs de loges compris dans la hauteur de l'entre-colonnement d'un ordre d'architecture ; derrière l'entablement de cet ordre se trouvait une seconde galerie, puis en retraite un second petit ordre occupé par un rang de loges et par une troisième galerie : enfin, dans la hauteur de l'attique, on avait ménagé un cinquième rang de petites loges.

Chaque entre-colonnement renfermait trois loges séparées les unes des autres par une petite colonne en fonte et par des cloisons pleines. Enfin, l'avant-scène était garnie de quatre étages de loges resserrées entre deux grosses colonnes corinthiennes portant un entablement dont la corniche se continuait dans tout le pourtour au-dessous de la seconde galerie.

Les chapiteaux et les ornements étaient dorés sur fond blanc ; l'intérieur des loges était tendu en vert tendre d'une nuance très-favorable à l'effet des lumières et des toilettes.

Telle était cette salle qui fut trouvée magnifique, et qui semblait promettre les résultats les plus fructueux. L'Opéra-Comique, sous la direction de M. Ducis, en fit l'ouverture le 6 septembre 1828 par une représentation d'*Adolphe et Clara* et de *la Dame blanche*. Mais la fortune fut loin de sourire à cette administration qui, du reste, était entrée à la salle Ventadour avec un déficit énorme, nonobstant la libéralité de Charles X qui lui avait alloué un subside de 300,000 fr. pour rétablir l'équilibre : les causes de la passivité existant toujours, l'Opéra-Comique dut cesser le cours de ses représentations le 13 juin 1830.

La révolution de Juillet retarda la réouverture du théâtre sous une nouvelle direction (Ducis-Saint-Georges) jusqu'au 7 août de la même année. Mais ni cette combinaison ni celle qui suivit sous le titre de *Théâtre Nautique* ne purent prospérer.

L'Opéra-Comique se réfugia en 1832 dans la salle des *Nouveautés*, place de la Bourse, d'où il passa en 1840 à Favart. La salle Ventadour ferma ses portes.

Quelques années plus tard, une nouvelle entreprise dirigée par M. Anténor Joly tentait de nouveau d'utiliser cette enceinte sous le titre de *Théâtre de la Renaissance*. En vertu d'une louable concession ministérielle, tous les genres lui étaient loisibles, le drame, la comédie, l'opéra. Que de belles choses, refusées peut-être sur des scènes plus austères, ont pu paraître à la faveur d'un privilége si accommodant ! Que de talents encore inexperts ont pu s'essayer sur ces planches hospitalières ! Malheureusement le succès d'une entreprise ne dépend pas toujours du mérite des œuvres ni du talent des artistes. Le Théâtre de la Renaissance, ouvert le 8 novembre 1838, cessa ses représentations en avril 1840 ; il les reprit le 27 janvier 1841 et ferma définitivement le 16 mai suivant.

C'est à l'opéra italien, errant depuis l'incendie de la salle Favart, qu'il était réservé de changer les destinées de ce beau théâtre sur lequel semblait s'appesantir une sorte de *jettatura*. M. Dormoy, le nouveau directeur qui avait succédé à la société Robert-Severini, persuadé que la disposition de la salle était pour quelque chose dans l'insuccès de ses prédécesseurs, en entreprit la transformation et eut le courage de consacrer à cet objet une somme de trois cent mille francs. Son architecte, M. Navarre, fit preuve de talent en cette occasion, car ce fut lui qui établit, en peu de temps, la brillante décoration que nous admirons aujourd'hui. La courbe fut corrigée et élargie vers le fond. Les colonnes qui soutenaient les galeries et occupaient un espace précieux disparurent pour faire place à des cariatides d'un très-bon goût qui ne gênent personne et reposent suffisamment l'esprit ; on les a imitées dernièrement au théâtre royal de Turin. Les cinquièmes loges ont été supprimées. Le plafond a dû être légèrement baissé au moyen d'un *velarium*, peint par Ferri, artiste dont le talent robuste et fécond a doté ce théâtre de décorations admirables conservées en partie et en partie reproduites par la lithographie et par la gravure [1].

Mais quelle que soit l'élégance de la disposition intérieure et de l'ornementation de cette salle, elle offre des défauts contre lesquels nous ne saurions assez prémunir les architectes. La courbe un peu écrasée (la salle ayant dans œuvre 20 mètres 35 centimètres de large sur 15 mètres 50 centimètres de long) et la hauteur à laquelle se trouvent les deuxième et troisième galeries créent à ces étages des *places de souffrance* qui sont des non-valeurs pour l'administration. En outre, cette même forme du pourtour, jointe à la saillie des trois galeries, qui sont très-espacées entre elles et présentent des cercles excentriques, est tellement préjudiciable à l'expansion et à l'élasticité des sons, que la voix des chanteurs n'y est d'aucun effet. Le peu de distance qui sépare le spectateur de la scène, laquelle, comme on le voit (pl. 8), n'est pas des plus vastes, nuit plus qu'on ne le pense à l'effet des décorations, et rend ce théâtre peu favorable aux représentations des grandes pièces.

---

[1] Ferri nous a quittés, après la retraite de Ronconi, pour aller s'établir à Turin, où une position importante lui a été offerte. Heureusement il a laissé un successeur, M. Robecchi, qui continue ses traditions et vise à égaler son talent.

L'opéra italien, qui, à la vérité, a été à toutes les époques le spectacle le plus goûté du public parisien, ou du moins celui qui a offert le plus de bénéfices ou le moins de pertes, a eu à la salle Ventadour, de 1841 à 1848, une brillante période, tant au point de vue de l'art que de la spéculation, et un quatuor admirable de grands artistes (madame Grisi, MM. Tamburini, Mario, Lablache) a suffi presque seul, pendant plusieurs années, à attirer la société élégante et à faire la fortune du directeur, M. Vatel. Depuis 1848, les entreprises qui se sont succédé ont naturellement subi le contre-coup de la situation politique et financière du pays. Cependant l'administration Ronconi (1849-50) a donné de bons résultats, et depuis 1852, grâce au répertoire de Rossini, de Mozart, de Verdi, interprété par les meilleurs artistes de l'Europe (mademoiselle Cruvelli, mesdames Bosio, Alboni, Borghi-Mamo, Frezzolini, MM. Bettini, Gardoni, Tamburini, Calzolari, Belletti, Beaucardé, etc.); grâce aussi à deux grands tragédiens, madame Ristori et Salvini, la vogue est revenue à ce théâtre, dont la prospérité semble désormais assurée malgré l'insuffisance de sa subvention, qui égale à peine le loyer de la salle (100,000 francs).

Le directeur actuel est M. Torribio Calzado, secondé par son fils, par M. Berteché, secrétaire, et par M. Uranio Fontana, chef de la musique.

La propriété de ce théâtre est représentée par 299 actions restant aujourd'hui sur les 310 fondées dans l'origine, au prix nominal de 10,000 fr., par l'ancien conventionnel Boursault, qui avait acheté l'immeuble à la Liste civile moyennant 1.900.000 fr. Les actions, tombées à bas prix pendant la longue fermeture du théâtre, se sont relevées depuis, sous l'intelligente administration du gérant actuel de la Société, M. de Saint-Salvi, qui, depuis dix-huit ans, a su tenir le théâtre constamment occupé et dans un état d'entretien parfait.

EXPLICATION DES PLANCHES

PLANCHE 8.

REZ-DE-CHAUSSÉE.

A. Portique ouvert.
B. Vestibule et contrôle des billets.
C. Grand escalier conduisant aux premières loges et au foyer public.
D. Escalier desservant les loges de face, etc.
E. Escalier de dégagement aboutissant au passage des voitures.
F. Passage pratiqué sous le parterre pour l'entrée et la sortie des voitures.
G. Escalier de dégagement des loges de côté.
H. Escalier particulier de la loge d'avant-scène.
I. Entrée des artistes.
J. Magasins.
K. Vestiaire.
L. Corps-de-garde.
M. Dépôt des pompes à incendie.
N. Service de l'éclairage.

PREMIER ÉTAGE.

A. Foyer public.
B. Grand escalier conduisant au vestibule.
C. Promenoir et corridor des loges.
D. Loges particulières.

E. Galerie.
E'. Loge royale et salon.
F. Parterre.
G. Orchestre avec stalles-fauteuils.
H. Orchestre des musiciens.
I. Plancher de la scène.
i. Corridors de service.
J. J'. K. Loges d'acteurs.
L. Foyer des artistes.
M. Antichambre.
N. Cabinet médical.
O. Escalier de dégagement.
P. Escalier desservant les loges.
Q. Escalier des loges de côté.
R. Escalier particulier de la loge impériale.
S. Escalier des divers services de la scène.

PLANCHE 9.

Coupe longitudinale.
NOTA. Les lignes ponctuées indiquent la forme du plafond de l'ancienne salle Ventadour.

PLANCHE 10.

Façade principale.

SALLE DE L'OPÉRA

AU CHATEAU DE VERSAILLES

Depuis que Louis XIV eût conçu la pensée de transformer la maison de campagne de M. de Loménie, le rendez-vous de chasse de Henri IV et de Louis XIII, en un château royal aussi vaste que splendide, et d'y fixer sa résidence, de préférence à sa bonne ville de Paris, bien des fêtes ont été données dans le nouveau lieu de délices où se réunissait la fleur de la noblesse française et des beaux esprits de ce siècle fécond.

Les représentations théâtrales ont toujours occupé une place importante dans tous les amusements de la cour ; le disciple de Mazarin y avait pris goût dès son enfance. Son excessive vanité, qui devint plus tard un insupportable orgueil, lui fit aimer le théâtre, non-seulement comme une noble distraction de l'esprit, mais aussi comme un moyen de satisfaire sa passion dominante ; on sait que, comme Néron, il se donna souvent *en spectacle aux Romains ;* après avoir dansé sous un costume rien moins que royal, il débitait lui-même des vers dans lesquels on le comparait à Jupiter, à Apollon ! Plus tard , lorsque madame de Maintenon s'empara de ce qui pouvait lui rester de cœur et d'esprit, et introduisit à la cour ce système d'hypocrite austérité qui fit de la fin de ce règne « un long ennui », les pudiques tragédies de Racine trouvèrent encore grâce quelquefois, et servirent à conserver la tradition théâtrale qui menaçait de se perdre tout à fait à Versailles.

Cependant, aucun monument durable n'avait été élevé à la cour du grand Roi pour les représentations dramatiques. Le théâtre sur lequel montèrent Louis XIV, Molière et les plus célèbres acteurs de leur admirable pléiade, changea souvent de place et n'eut jamais des proportions en rapport avec la grandeur du nouveau palais. Lorsque, pour une fête extraordinaire, la salle particulière du château était jugée insuffisante, on élevait dans le manége une salle temporaire, qui ne survivait guère aux jours d'apparat. La plus vaste et la plus splendide, en ce genre, fut construite dans le manége couvert de la grande écurie, pour les représentations de la *Princesse de Navarre*, comédie-ballet de Voltaire et Rameau, donnée à l'occasion du mariage de Louis, dauphin de France, avec Marie-Thérèse, infante d'Espagne, le 23 février 1745, sous les ordres du duc de Richelieu et de M. de Bonneval, intendant général des menus plaisirs. Tout ce que nous pourrions dire de cette salle n'en donnerait pas une idée aussi complète que la grande et belle gravure de Cochin, le fils, à laquelle nous renvoyons nos lecteurs[1]. Remarquons seulement que cette luxuriante décoration, spécimen le plus tranché de ce qu'on appelle, en France, le style Louis XV, préférable à toute autre, selon le goût du jour, pour une salle particulière, ne saurait convenir à un théâtre public. Les architectes du temps en ont été eux-mêmes convaincus lorsque, peu d'années après, il fut question d'élever la salle actuelle, dite d'opéra, destinée au public ou, du moins, à un grand nombre d'invités.

Louis XV ayant approuvé les plans de l'architecte Gabriel, la construction de cette salle fut commencée en 1753.

---

[1] On peut se procurer cette pièce importante à la calcographie du Louvre, où l'on trouve également le plan de la salle que nous décrivons et des théâtres de Fontainebleau, de Choisy, de Marly, etc.

Suspendue plusieurs fois par suite du mauvais état des finances de la cour, elle fut reprise en 1767, sous la direction de M. Leroy, inspecteur des bâtiments, et achevée après trois ans de travaux non interrompus.

Son inauguration eut lieu le 16 mai 1770, à l'occasion du mariage de Louis XVI avec Marie-Antoinette d'Autriche.

Des fêtes bruyantes, des événements mémorables, ont fait retentir les murs de cette salle, qui paraissait destinée aux tranquilles passe-temps de l'esprit, aux calmes préoccupations de la musique.

En 1781, pour célébrer la naissance du Dauphin, qui semblait devoir perpétuer les traditions d'insouciant aveuglement de la monarchie, les gardes du corps donnèrent, dans la salle de spectacle, un grand bal d'une magnificence extraordinaire. Ce fut à cette occasion que M. Arnoult, qui avait dirigé la construction des machines du théâtre, transforma toute la scène en une suite de la salle de bal, en l'entourant d'une décoration qui en répétait tous les motifs : idée ingénieuse qui a toujours été suivie depuis, et qui a été appliquée, d'une manière plus parfaite, sur le théâtre des Tuileries. Briard et Pajou avaient orné la salle improvisée de peintures et de sculptures allusives à la circonstance. La Reine ouvrit le bal par un menuet qu'elle dansa avec un simple garde, auquel le roi accorda le bâton d'exempt : gracieuse dérogation à l'étiquette qui enchanta tout le monde, et ne fut peut-être pas étrangère à l'éclat d'enthousiasme qui se produisit quelques années plus tard, dans cette même salle, mais dans des circonstances bien différentes.

Ce fut le 1ᵉʳ octobre 1789 que les gardes du corps donnèrent le fameux repas aux officiers du régiment de Flandres, que la cour tremblante venait d'appeler à Versailles. La Reine y parut de nouveau avec son fils, cette fois, pour faire appel au dévouement de ses défenseurs naturels. La scène fut des plus pathétiques ; les protestations d'amour et de sacrifice s'élevèrent à des cris de délire !.... Quelques jours après, la famille royale était forcée de venir habiter Paris avec toute la cour, et, dès ce moment, elle ne s'appartint plus. Les chants et les joyeuses fanfares cessèrent de se faire entendre ; le château qui avait été témoin de tant de fêtes splendides, et, disons-le, d'un gaspillage si coupable de la fortune publique, n'assista plus qu'à des scènes de désordre et de dévastation, auxquelles succédèrent de longues années d'abandon et de silence.

C'est à Louis-Philippe que revient la gloire d'avoir ressuscité ce palais, en lui donnant une destination plus en rapport avec nos mœurs, en le consacrant à recueillir les monuments des fastes historiques de la France. La salle de spectacle ne fut pas oubliée dans la restauration générale de ce vaste et somptueux édifice. Les travaux, confiés à la direction de M. Nepveu, architecte, commencèrent en 1834, et le 10 juin 1837, la nouvelle salle était inaugurée par une fête mémorable à laquelle le Roi eut le bon esprit de convier, outre les personnages de la Cour et du corps diplomatique, tout ce que la France offrait de plus illustre dans les sciences, dans les lettres et dans les arts.

Les limites imposées à cet ouvrage nous font renoncer au désir de donner ici une description de cette brillante solennité ; nous nous bornerons à signaler les parties les plus remarquables de l'ancien et du nouveau théâtre au point de vue architectonique.

Pour constater les différences entre les deux salles, on n'a qu'à rapprocher de la coupe que nous en donnons (Pl. 12) celle qui se trouve dans l'ouvrage de Dumont, et qui représente l'état primitif. Ces différences sont toutes à l'avantage de l'œuvre la plus récente. L'architecte Gabriel, obéissant peut-être aux idées étroites de son temps, en fait de salles de spectacle, avait introduit, à moitié hauteur de cette belle rangée de colonnes ioniennes qui fait le tour de la salle, un rang de loges qui était le quatrième, en comptant celles du rez-de-chaussée. M. Nepveu l'a supprimé, pensant avec raison que, dans une salle de cette nature, c'est-à-dire destinée à la Cour et à ses invités, l'économie d'espace devait céder à l'élégance. Les glaces ont avantageusement remplacé, derrière les colonnes, les anciennes portes de loges, qu'on a dissimulées aussi dans les rangs inférieurs au moyen d'une tapisserie uniforme. Chaque entre-colonnement a été garni d'un lustre en cristal du plus bel effet. La voussure du plafond, qui présentait autrefois une file d'œils-de-bœuf dégarnis de tout ornement, a été décorée avec beaucoup de goût, de manière à continuer les motifs d'ornement présentés par les colonnes. La peinture du milieu, œuvre de Durameau, a été conservée. Celles des devantures des premières et secondes loges ont été refaites par Ciceri dans un style bien supérieur à l'ancien. Enfin toutes les parties ornementales ont été dorées à neuf, et ce luxe de dorure se combinant avec les glaces, les lustres et les girandoles, donne à cette salle un aspect vraiment royal qui ne se retrouve peut-être dans aucun autre théâtre de cette dimension.

Lors de la construction primitive, en 1769, on a beaucoup loué la charpente des combles, dont Dumont nous a conservé l'agencement, ainsi que la concavité pratiquée au-dessous de l'orchestre des musiciens pour en augmenter la sonorité, suivant un préjugé du temps que nous verrons appliqué pour la première fois au Théâtre royal de Turin. Quant à la machinerie de la scène, œuvre de M. Arnoult, elle est restée la même à la restauration de 1837 ; il n'y avait pas d'améliorations importantes à introduire dans cet admirable travail, qui fut dans son temps la dernière expression de l'art.

Indépendamment de la salle du château, la ville de Versailles a toujours eu, depuis la moitié du xvii° siècle, un théâtre public : il était situé au *Cul-de-sac des Gardes*, et présentait sur son plan à peu près la forme du théâtre de Metz, dont nous avons parlé dans l'Introduction : c'est-à-dire deux côtés droits très-allongés réunis au fond de la salle par une petite courbe, et s'ouvrant à mesure qu'ils s'approchaient de la scène. Mademoiselle Montansier, qui avait obtenu de la faveur de la reine le privilége des spectacles de Versailles, rebâtit le théâtre sous une meilleure forme. Elle y gagna une fortune qu'elle augmenta et perdit ensuite sur les deux théâtres qu'elle bâtit et dirigea à Paris. La salle actuelle, de construction toute moderne, située rue des Réservoirs, à côté de la Préfecture, est une des plus vastes et des plus élégantes de la province.

EXPLICATION DES PLANCHES

PLANCHE 11.

PLAN.

A. Vestibule.
a. Corridors des loges.
B. Galerie communiquant aux appartements, etc.
C. Entrée particulière.
D. Petit salon du Roi.
E. Grand escalier nouvellement construit.
F. Foyer et grand salon.
G. Antichambre.
H. Amphithéâtre des premières loges.
I. Estrade garnie de fauteuils pour la famille royale.
J. Parquet.
K. Orchestre des musiciens.
L. Loges du premier rang.
M. Loges du second rang.
N. Plancher de la scène.
O. Escaliers de la scène communiquant à tous les étages.
P. Petits escaliers conduisant dans les dessous du théâtre.
Q. Grand escalier de service.
R. Escaliers des loges supérieures.

PLANCHE 12.

Coupe longitudinale.

PLANCHE 13.

Coupe transversale.

GRAND THÉATRE DE MARSEILLE

L'antique cité phocéenne, la riche et industrieuse Marseille, dont le commerce n'a fait que s'accroître depuis la chute des républiques italiennes, a dû avoir des spectacles dès les premiers temps de la renaissance des lettres, qui fut aussi précoce en Provence qu'en Italie. Mais nous ne trouvons que fort tard la trace d'un théâtre régulier. Placée en dehors des routes que parcouraient les princes et les souverains, Marseille n'eut pas souvent l'occasion de monter de ces représentations extraordinaires qui introduisirent, dans d'autres villes, le goût des amusements scéniques, et hâtèrent peut-être l'établissement des théâtres permanents. L'Opéra y fait son apparition le 28 janvier 1682, sous la direction de Pierre Gaultier de la Ciotat ; mais ce spectacle ne semble pas avoir eu une longue durée. Toutefois il est certain qu'une salle de spectacle existait à Marseille en 1717, puisqu'il y a des pièces imprimées sous cette date qui se vendaient *à la porte de la Comédie*. A partir de 1758, ces sortes de publications se suivent même sans interruptions notables, et prouvent qu'à cette époque les théâtres de province étaient moins qu'aujourd'hui tributaires de ceux de la capitale. Du reste, aucun édifice remarquable ne s'éleva à Marseille, pour les représentations théâtrales, avant la construction de la salle actuelle qui date de 1787.

L'arsenal et les galères ayant été transférés de Marseille à Toulon en 1781, leur emplacement se trouva libre et fut vendu par l'État à la ville : elle en céda gratuitement une portion à une société de capitalistes qui s'engageait, moyennant la concession d'un privilége exclusif, à élever un théâtre digne de la grande cité. L'architecte Bernard se mit à l'œuvre, et le 30 octobre 1787 la nouvelle salle était inaugurée par un ballet dans le genre italien.

En 1801 une autre petite salle fut élevée sur les dessins de M. Paul Audibert, architecte. Elle s'appela d'abord *Théâtre français*, plus tard salle du *Gymnase*, nom qu'elle porte encore. On y joue le drame et le vaudeville, tandis que le grand opéra, le ballet et l'opéra-comique sont le partage exclusif du Grand-Théâtre.

Le funeste décret de 1807, qui limita à deux le nombre des salles de spectacle dans les grandes villes de France et régla la répartition des troupes dramatiques sur tout le territoire de l'Empire, a mis des bornes infranchissables à l'industrie théâtrale qui, sans cette circonstance, eût peut-être pris à Marseille un développement considérable. Au lieu de prospérer, le théâtre de Marseille, de même que tous ceux des provinces de France, n'a fait que languir et n'a eu qu'une existence intermittente, sans profit ni pour l'art qui n'a rien produit de durable, ni pour les nombreux directeurs de ces théâtres qui, presque tous, se sont retirés avec des pertes considérables. Il y a trente ans, cet état de choses avait tellement découragé les propriétaires du Grand-Théâtre, qu'il était sérieusement question de le convertir en magasin. L'intervention de l'autorité municipale empêcha l'exécution de ce projet.

Le gouvernement actuel a gratifié le Grand-Théâtre de Marseille d'une subvention annuelle de cent mille francs, qui met l'administration dans une position plus soutenable.

On verra, par les planches que nous donnons ci-après, que la façade de cet édifice, d'un style d'ailleurs convenable pour une grande ville, manque, comme toujours, de descente à couvert. Quant à l'intérieur, il tombe sous les critiques que nous avons déjà eu l'occasion de diriger contre les autres théâtres modernes de la France.

EXPLICATION DES PLANCHES

PLANCHE 14.

PLANS.

REZ-DE-CHAUSSÉE.

A. Péristyle.
B. Vestibule.
C. Escalier principal.
D. Corridor du parterre et du parquet.
E. Loge d'avant-scène et escalier particulier.
e. Loges-baignoires du parquet.
F. Parterre.
G. Parquet.
H. Orchestre des musiciens.
I. Plancher de la scène.
K. Dépôts des décorations et escalier de service de la scène.
L. Boutiques et Magasins particuliers.
   Nota.—L'escalier de dégagement entre les magasins et celui joignant l'escalier principal ne servent qu'à la sortie du spectacle.

PREMIER ÉTAGE.

A. Péristyle.
B. Foyer public.

C. Escalier principal.
D. Corridor des loges.
E. Loge d'avant-scène et escalier particulier.
F. Loges de face.
G. Loges de côté.
H. Amphithéâtre des premières loges.
I. Galerie.
J. Cabinet du directeur.
K. Dépôt des décorations.
L. Foyer des artistes.
M. Appartement du commissaire de police du quartier.

PLANCHE 15.

Coupe longitudinale.

PLANCHE 16.

Coupe transversale des vestibules et foyer.

PLANCHE 17.

Façade principale.

GRAND THÉATRE DE LYON

Lyon est peut-être la première ville de France qui ait eu un théâtre de luxe et qui ait vu représenter des pièces régulières. Paris n'avait encore que les mystères des confrères de la Passion et un chétif échafaudage à l'Hôtel de Bourgogne, lorsque Lyon voyait représenter, par des comédiens italiens, la *Calandra* du cardinal de Bibbiena, somptueusement montée avec intermèdes en musique, machines, décors, costumes splendides. Cette représentation, qui eut lieu en 1548 pour fêter le passage de Henri II et de Catherine de Médicis, son épouse, n'était probablement pas la première, puisque le rapporteur anonyme qui nous a transmis à ce sujet d'intéressants détails, ajoute que le peintre des décorations, Nannoccio, séjournait à Lyon depuis longues années, au service du cardinal de Ferrare, archevêque de cette ville et grand amateur de spectacles. Le théâtre sur lequel eut lieu la représentation dont nous parlons avait été dressé dans la salle Saint-Jean, qui existe encore ; il semble avoir été aussi bien ornementé et machiné que pourrait l'être de nos jours le théâtre particulier d'un prince. La salle n'avait que des rangs de siéges placés sur des estrades, mais point de loges, lesquelles du reste n'étaient pas encore usitées hors d'Italie et ne convenaient guère à un public peu nombreux et choisi.

Il est à présumer que ce théâtre fut conservé, même après la mort du cardinal, car d'autres comédiens italiens y jouèrent en 1600, à l'occasion du passage par Lyon de Henri IV et de Marie de Médicis. C'était sans doute la troupe des *Gelosi* qui suivit la cour à Paris et ne cessa de s'attirer la faveur des beaux esprits et des grands personnages, grâce à une femme d'un rare mérite, Isabella Andreini, première amoureuse dans cette troupe, poëte et écrivain des plus distingués. C'est peut-être aussi sur le théâtre de la salle Saint-Jean que cette inimitable actrice, la Histori de son temps, parut pour la dernière fois, en 1604. Lorsqu'une mort prématurée l'eût enlevée à ses admirateurs, les échevins et massiers de la ville accompagnèrent son corps à la sépulture, avec toutes les manifestations d'un véritable deuil public.

D'autres théâtres ont existé à Lyon pendant et après les splendeurs de la salle Saint-Jean. Sans nous arrêter aux tréteaux que Jean Noyron avait dressés dans la rue des Bouchers, nous mentionnerons le théâtre élevé dans le jeu de paume de Saint-Paul, qui a eu une assez longue existence, et sur lequel joua Molière pendant les deux séjours de sa troupe en cette ville, en 1653 et 1657.

Dès l'année 1706, l'édilité lyonnaise avait décidé la construction d'une salle de spectacle dans un autre quartier de la ville ; mais des difficultés relatives à l'emplacement firent retarder l'exécution de ce projet jusqu'en 1713. A cette époque une nouvelle salle fût bâtie sur la place du Gouvernement, par l'entrepreneur François Cotte : elle coûta quarante mille livres, sans compter le prix du terrain. Un incendie la consuma le 4 juin 1722. Les représentations continuaient dans un jeu de paume insuffisant et délabré, sans que l'on pût parvenir à s'entendre sur l'emplacement à choisir pour le théâtre définitif, ni sur les moyens de subvenir à la dépense, lorsqu'enfin le 5 mars 1754, le consulat[1] ordonna la vente du jeu de paume et la construction d'un grand théâtre d'opéra, au fond du jardin de l'hôtel de ville, dont

[1] Administration municipale.

le terrain lui appartenait. Soufflot en fournit les plans et en dirigea les travaux, qui furent terminés au bout de deux ans.

Le choix de l'emplacement ne fut pas goûté de tout le monde : on regretta la suppression d'un jardin qu'on eût, au contraire, désiré voir prolonger jusqu'au quai de Retz, pour offrir une promenade agréable aux habitants et procurer une décoration à l'hôtel de ville et à tout le quartier. Quelques-uns proposaient de bâtir le théâtre dans l'île formée par le port du Temple, la rue de la Monnaie, celle du Petit-David et le quai Saint-Antoine. La Révolution s'est chargée d'accomplir ce vœu, du moins en partie, en transformant le couvent des Célestins en un théâtre de second ordre qui existe encore.

Par contre, l'œuvre de Soufflot, dès qu'elle fut achevée, devint l'objet d'unanimes éloges : éloges bien mérités, si l'on tient compte de l'état de l'art à cette époque, où les autres villes de France et la capitale elle-même n'avaient encore que des salles étroites et défectueuses.

Le grand théâtre de Lyon était isolé de toutes parts entre la place de l'Hôtel de ville, les rues Lafont et Puitsgaillot. Ce fut peut-être le premier théâtre de France qui eut cet avantage. La façade, très-simple et plus appropriée à une maison particulière qu'à un théâtre, était cependant d'un bon style; elle se composait de deux étages, au premier desquels un long balcon reliait entre elles les sept ouvertures du foyer qu'on appelait le chauffoir et qui était également une innovation en France. La façade était couronnée par un attique portant sept groupes en marbre (un Apollon et des Génies) pour indiquer, au moins par cet ornement, la destination de l'édifice.

Le plan était plus recommandable et marquait un progrès sensible sur les autres théâtres de cette époque. La salle offrait la forme d'une ellipse coupée parallèlement au petit axe; elle mesurait, dans œuvre, sept toises du fond des loges à la rampe et presque autant dans sa plus grande largeur ; l'ouverture de l'avant-scène avait quatre toises quatre pieds six pouces; la scène, onze toises de long sur huit de large. L'auditoire était distribué sur trois rangs de vingt loges chacun, entourés de couloirs qui menaient à différents locaux de service ; les escaliers avaient quatre pieds et demi de large. Enfin l'édifice tout entier formait un rectangle de dix-huit toises sur vingt-sept. Sa construction coûta, en totalité, une somme de 623,841 livres, qui, rapportée à la valeur actuelle de l'argent, corresponderait à 1,035,577 francs[1].

Pendant la Révolution, qui amena la liberté de l'industrie théâtrale, le grand théâtre de Lyon fut vendu à des particuliers qui l'exploitèrent pour leur compte. Mais après le retour au système de privilège et de restriction imposé par le décret de 1807, la municipalité, voulant assurer le cours des représentations, songea à racheter son théâtre. La valeur en fut fixée à 480,000 francs par décision ministérielle du 14 août 1813, communiquée au maire au bout de onze ans, le 17 avril 1824. Un an après, le 10 avril 1825, l'acquisition définitive du théâtre par la ville était enfin conclue au prix de 1,200,000 francs. On assura à cette époque que quelques années plus tôt, en 1822, par exemple, la ville eût pu traiter pour 700,000 francs. Les lenteurs des bureaux, véritable plaie de la France, ont donc grevé le budget municipal, dans cette occasion, d'au moins cinq cent mille francs.

Cette acquisition, dit encore l'auteur auquel nous empruntons ces détails[2], entraînait virtuellement l'abandon du projet d'établir le grand théâtre sur le quai d'Orléans, proposé par le Commerce, le 25 mars 1825, projet bien préférable, selon nous, à celui qui fut adopté plus tard, en ce qu'il tendait à doter la seconde ville de France de deux grands théâtres au lieu d'un. Mais l'autorité municipale ne croyait pas à cette époque avoir à construire un théâtre neuf; il ne s'agissait que de restaurer la salle de Soufflot que l'on venait de racheter. Un concours public fut ouvert pour cet objet.

La polémique la plus vive s'engagea dans les journaux, au sujet du programme municipal. Vingt-un plans furent présentés, mais le jury n'en trouva pas un seul qui pût servir de base à la restauration du grand théâtre ; il conclut en proposant une indemnité de mille francs à chaque architecte, dont les plans seraient retenus par la ville. Enfin le 15 mars 1826, la *Gazette de Lyon* annonça que le maire, M. Lacroix Laval, avait chargé de la restauration, MM. Chenavard et Pollet, dont les plans avaient été distingués dans le dernier concours. Les travaux commencèrent ; mais soit qu'ils fussent mal dirigés, soit que l'édifice fût réellement hors d'état de se soutenir, au bout de quelques jours les murs menaçant de s'écrouler, le projet de restauration fut abandonné ; il fallut songer à élever un théâtre neuf de fond en comble.

Il serait aujourd'hui superflu de rapporter toutes les péripéties de cette reconstruction, tous les débats animés, toutes les récriminations virulentes auxquelles elle donna lieu. Nous nous bornerons à constater les faits principaux qui ont abouti à l'état de choses actuel.

[1] La livre tournois, sous le règne de Louis XV, 2ᵉ période, de 1726 à 1774, équivalait à 1 fr. 66 c. de notre monnaie actuelle. (*Hist. financière de la France*, par A. Bailly. Paris, 1830.)
[2] *Notice sur l'édification du grand théâtre et du palais de justice de Lyon*, par A. G. Bellin. 1855.

Les proportions que venait de prendre le travail entrepris par la ville faisant présumer un retard incalculable dans la livraison du nouveau théâtre, une salle provisoire fut décrétée et construite en bois dans l'enceinte du carré de la place des Terreaux. Elle coûta une somme totale de 299.432 francs et fut livrée au public le 23 mai 1827. Cette salle, élevée à la hâte et sans prétentions, réussit cependant à captiver les suffrages unanimes des amateurs de la belle architecture. Elle avait l'aspect d'un temple antique avec son péristyle à colonnes ioniques, en face du perron de l'hôtel de ville.

Les travaux de reconstruction du grand théâtre entrepris au mois d'août 1826, interrompus de temps en temps par la nécessité de demander de nouveaux crédits, et plus tard par des changements dans le personnel administratif, pressés à la fin par les remontrances réitérées de la mairie, suivies de mises en demeure avec sanction pénale pécuniaire contre les architectes, furent enfin terminés au bout de quatre ans, et la salle put recevoir le public le dimanche 3 juillet 1831. On donna *la Dame blanche*, précédée d'un prologue d'inauguration par Jules Servan de Sugny.

Voici le relevé fort instructif de la dépense totale que le diligent auteur, déjà cité, a extrait des comptes de la mairie :

Frais d'actes et d'enregistrement, fr.	22,422	50
Indemnités aux propriétaires	1,459,213	25
Indemnités aux locataires	136,855	»
Indemnité moratoire aux directeurs	408,315	40
Théâtre provisoire	299,432	52
Démolition et reconstruction du Grand-Théâtre	2,217,539	35
	4,543,778	02
Sommes provenant de la vente des matériaux retirés de la démolition des deux théâtres	132,241	22
	4,411,536	80

Total quatre millions quatre cent onze mille cinq cent trente-six francs quatre-vingts centimes. Beaucoup plus que le magnifique théâtre de Bordeaux, et presque autant que la salle Ventadour de Paris.

Mais les sacrifices de la ville de Lyon, en vue de la reconstruction de son principal théâtre, ne devaient pas s'arrêter là. Dès les premières représentations, on s'aperçut que la salle avait été manquée et qu'une retouche générale était nécessaire. Elle fut différée toutefois. On voulut laisser à l'opinion le temps de se prononcer bien clairement, afin de justifier devant elle les nouvelles dépenses qui allaient s'ajouter à l'interminable chapitre du Grand-Théâtre.

Le reproche principal que l'on crut devoir adresser aux architectes, à part les retards et les mécomptes, était basé sur l'insuffisance des places et sur la diminution de recette qu'elle entraînait, comparativement à l'ancien théâtre : la salle de Soufflot pouvait produire 4000 francs par soirée, la nouvelle salle n'en donnait que 3000. La mauvaise distribution des loges et des galeries, où beaucoup de spectateurs étaient privés de la vue de la scène, et l'insonorité résultant des dispositions vicieuses que les architectes, du reste, avaient copiées sur les théâtres de construction récente, ont été aussi des sujets de sévère critique de la part des journaux de l'opposition. Peu à peu d'autres imperfections vinrent s'ajouter à celles qui faisaient déjà tant crier contre l'ancienne administration et contre les architectes. Le plafond, par exemple, construit dans une forme convexe, n'avait pu se maintenir ; les poutres, trop faibles relativement à leur portée, avaient cédé. Il fallut aviser. Le 13 mars 1842 le maire, M. le docteur Terme, magistrat actif et intègre que la ville de Lyon regrettera longtemps, présenta un rapport remarquable, qui, après avoir relevé tous les défauts de la salle et indiqué les améliorations possibles, concluait à la demande d'un crédit de cent mille francs, pour procéder à une nouvelle restauration. Les travaux, approuvés par le conseil, furent confiés à M. Darbel, architecte de la ville, et conduits avec célérité ; la dépense dépassa, comme toujours, les devis primitifs et finit par atteindre la somme de 152,553 francs : mais enfin la salle se trouva prête au jour fixé, et l'ouverture s'en fit le 6 novembre 1842.

M. Darbel, dont nous sommes loin de contester le mérite, eut la satisfaction de voir son œuvre généralement approuvée ; le conseil général lui alloua six mille francs de gratification. Il y avait loin, remarque encore M. Bellin, de ce supplément gratuit d'honoraires à la retenue de 10,000 francs, provoquée par le conseil en 1831, au préjudice de MM. Chenavard et Pollet. Et cependant, l'œuvre de ces derniers renferme des parties d'une beauté incontestable, la façade surtout, qui est un modèle de pureté et d'élégance. Les défauts de la salle provenaient, comme nous l'avons dit, des idées alors dominantes au sujet de la courbe et de la disposition des galeries, et un peu aussi de ce penchant qu'ont toujours eu les meilleurs architectes pour les formes amphithéâtrales des monuments antiques, pour les colonnes et pour les pilastres qui ne conviennent pas à l'intérieur de nos salles de spectacle, dans lesquelles le public cherche ses aises, et le directeur son profit.

Le Grand-Théâtre de Lyon, consacré spécialement aux représentations lyriques et aux ballets, n'a pas eu depuis 1807 une existence plus brillante que les établissements analogues des autres villes de province. On cite l'administration de M. Singier qui exploitait l'ancienne salle, comme la plus heureuse de ce long laps de temps ; mais depuis la reconstruction, presque tous les directeurs se sont retirés avec pertes.

La ville de Lyon possède, comme nous avons dit, une seconde salle de spectacle appelée des Célestins, destinée au drame et au vaudeville, et beaucoup plus fréquentée que le théâtre principal, probablement à cause de la modicité de ses prix. Pour éviter la concurrence, on a réuni les deux scènes sous la même administration, et l'on assure que ce sont les bénéfices du petit qui viennent souvent compenser en partie les pertes du grand théâtre. Depuis trois ans cette administration reçoit une subvention de l'État.

EXPLICATION DES PLANCHES

PLANCHE 18.

PLANS.

REZ-DE-CHAUSSÉE.

A. Vestibule extérieur.
A'. Passage public.
a. Petites boutiques.
B. Vestibule intérieur.
C. Café.
D. Laboratoire
E. Corps-de-garde.
e. h. Escaliers de service de la scène.
F. Escaliers principaux des loges.
G. Cabinet du machiniste.
H. Dépôt du service de l'éclairage.

PREMIER ÉTAGE.

A. Foyer public.

B. Parterre.
C. Parquet.
D. Orchestre des musiciens.
E. Plancher de la scène.
F. Escalier des loges.
G. Bibliothèque de musique, etc.
g. Escalier des artistes.
H. Loges des acteurs et actrices.
I. Cabinet de la direction.
J. Entrée de la galerie.
K. Loges d'avant-scène.
L. Galerie des loges.

PLANCHE 19.

Coupe longitudinale.

PLANCHE 20.

Façade principale.

GRAND THÉATRE DE BORDEAUX

Le Grand Théâtre de Bordeaux a été pendant longtemps le plus beau du monde, et à certains égards il l'est encore. Après quatre-vingts ans d'existence, pendant lesquels on a élevé dans différentes capitales, en Russie surtout, des théâtres beaucoup plus parfaits et des salles plus vastes et plus sonores, le théâtre de Bordeaux est encore sans rival pour sa décoration extérieure et pour ses dépendances.

Nous ne saurions mieux raconter son origine et les phases de sa construction, qu'en rapportant quelques passages du magnifique volume publié par l'architecte lui-même [1], et qui renferme, outre une notice très-détaillée, vingt-deux belles planches gravées sur cuivre reproduisant toutes les parties du monument.

Victor Louis dédia son livre au duc de Richelieu ; c'est qu'en effet sans l'appui du premier maréchal de France, alors gouverneur de la Guyenne, esprit supérieur dont on connaît les goûts hardiment fastueux, jamais ce monument ne fût passé du rêve à la réalité, jamais conseil communal n'eût approuvé un projet si grandiose, qui devait effrayer les édiles de ce temps-là.

Le projet, commandé par le maréchal lui-même, fut signé par lui et par le corps de la ville en mai 1773. L'emplacement était tout trouvé ; il offrait même des ressources qui devaient amoindrir considérablement la charge imposée au budget municipal.

Il existait au milieu du port une citadelle bâtie dans le xviie siècle, et environnée de vastes glacis. C'était plutôt une forteresse de guerre civile, qu'une défense contre les ennemis du dehors. Sa démolition fut résolue. Le roi, en accordant à la ville quatre mille huit cents toises de ce terrain qui appartenait à l'État, l'autorisa à vendre toutes les parties qui ne seraient pas nécessaires à son plan pour en appliquer le produit à la construction du nouveau théâtre.

La mort de Louis XV vint suspendre un instant les travaux commencés. Une délibération du conseil municipal du 25 juillet 1774 les fait reprendre ; mais le nouveau ministère demande à examiner les devis, et Victor Louis ferme encore une fois ses ateliers pour se rendre à Paris auprès de Turgot. Ce fut une bonne fortune pour l'habile architecte, car ce ministre illustre, un des meilleurs économistes qui aient jamais gouverné un État, le plaça sous la dépendance directe de M. Esmengard, intendant de la province, afin d'épargner à son entreprise les lenteurs administratives, toujours fatales à la réussite des œuvres d'art.

Mais ici commencent les ennuis et les chagrins par lesquels notre grand artiste dut expier à l'avance la gloire qui l'attendait. Il s'en plaint sans ménagement dans son livre : « dès que le corps municipal, dit-il, qui, six mois avant, louait « à l'excès et mon ouvrage et ma personne, se vit privé de l'administration de la salle, il m'abandonna à tous les effets « d'une haine qui lui paraissait encore au-dessous de son mécontentement.» Pendant six ans que durèrent les travaux de cette création colossale, il n'est sorte de chicane qu'on n'ait cherchée à l'architecte: il n'est point d'entraves que l'on

---

[1] *Salle de spectacle de Bordeaux*, par M. Louis. Aux dépens de l'auteur. A Paris, chez Esprit, 1782, gr. in-fol.

n'ait tenté d'opposer à la continuation de son œuvre. Il faut lire à ce sujet les *Douze lettres de Victor Louis*, que M. Charles Marionneau a eu la bonne pensée de publier l'année dernière ; elles sont adressées, paraît-il, à M. Dupré-Saint-Maur, qui succéda comme intendant de la Guyenne à M. de Clugny, lequel avait succédé lui-même à M. Esmengard. On ne sait, en lisant ces pages empreintes d'une tristesse pénétrante en même temps que d'une noble fermeté, lequel admirer le plus du génie de l'architecte qui a conçu l'édifice ou de la force persévérante de l'homme qui l'a mené à bonne fin.

Les travaux, repris en mars 1775, se continuèrent, non sans obstacle ni sans interruption, jusqu'à leur achèvement. Pénétré de la supériorité de son œuvre sur les projets de ses détracteurs, Victor Louis méprisait les censures ridicules et les insinuations malveillantes ; mais ce qui lui rendit la tâche plus difficile, les déboires plus amers, ce furent les embarras d'argent, qui menacèrent plus d'une fois de faire échouer ses efforts, sans parvenir toutefois à le détourner de sa route. Il engagea tout ce qu'il avait de fortune, il contracta des emprunts en son propre nom, il puisa dans la bourse de tous ses amis, afin de ne pas faire attendre aux ouvriers le salaire sur lequel ils avaient compté.

Au milieu de toutes ces peines, de tous ces embarras, notre artiste ne fut pas sans rencontrer quelque marque de bienveillance, quelque témoignage d'admiration pour son génie, qui par instants le consolèrent de ses chagrins. Le vrai mérite finit toujours par trouver qui l'apprécie et le récompense. Nous avons vu le cas que firent de ses talents le duc de Richelieu et le ministre Turgot ; loin de mettre des bornes à ses conceptions, ils l'encouragèrent dans la voie brillante mais dispendieuse où il s'était engagé. Le duc et la duchesse de Chartres, enchantés du goût et de l'activité de l'artiste, qui avait improvisé, pour fêter leur séjour à Bordeaux, un magnifique pavillon de bal sur les jardins de l'Intendance, acceptèrent la proposition de poser la première pierre de la *Nouvelle comédie*, comme on disait alors, ce qui eut lieu en grande pompe le 13 avril 1776. Cette circonstance fit plus tard la fortune de Louis : car le prince l'attacha à sa personne et le chargea, comme on sait, de rebâtir le Palais-Royal.

En juin 1777, les travaux étant assez avancés pour qu'on en pût saisir l'ensemble, l'architecte eut une autre satisfaction, non moins flatteuse pour son amour-propre. L'empereur Joseph II, qui voyageait alors en France sous un nom d'emprunt, de passage à Bordeaux, voulut voir les travaux de la nouvelle salle : non content d'une première inspection, il y revint une seconde fois pour examiner de près, avec une attention soutenue, toutes les parties de ce bel édifice. Victor Louis rend compte de cette visite dans une des lettres que nous avons citées, et se montre fort sensible aux éloges de l'auguste visiteur qui fut, à la vérité, le monarque le plus éclairé et le plus bienfaisant des temps modernes.

Le nouveau théâtre ouvrit ses portes au public en avril 1780. Il avait coûté une somme de 2,436,523 livres, 19 sols.

Peu de modifications ont été apportées au plan primitif de la salle et de ses dépendances ; la plus importante est celle qui eut lieu en 1832, lors de la restauration générale de l'édifice, et qui consista dans la suppression de la salle de bal et de concert, de forme elliptique, qui occupait trois étages de la façade au-dessus du vestibule. On l'a convertie en un grand salon rectangulaire qui sert, à l'occasion, aux mêmes usages.

L'ancienne coupole de la salle de spectacle, peinte par Robin, a été magnifiquement gravée par Le Mire. Les peintures modernes, exécutées en 1832, sont l'œuvre de MM. Ciceri et Lebe-Gigun.

Que dire de cette salle célèbre qui ne soit déjà connu de tous les amateurs de la bonne architecture ? Nous avons nous-même, dans l'Introduction, appelé l'attention de nos lecteurs sur l'influence que sa construction exerça sur l'architecture théâtrale, tant en France qu'en Allemagne et en Angleterre. Elle marqua l'inauguration de la nouvelle courbe qui domine depuis trois quarts de siècle, sur les théâtres de ces divers pays ; mais aussi elle fut la condamnation la plus éclatante de cette même forme circulaire, dont toutes les ressources de l'architecte et du décorateur ne purent masquer les défauts. Son auteur lui-même le reconnut, et il s'amenda plus tard en construisant le Théâtre des Arts, où l'ouverture de l'avant-scène fut élargie au point de rendre presque droits les deux côtés de la courbe. Quant aux colonnes intérieures, aux quatre grands arcs et à la coupole qui les couronne, nous avons déjà dit que ces éléments, fort beaux en eux-mêmes, ne peuvent convenir à la destination toute spéciale de l'édifice.

L'histoire théâtrale de l'ancienne capitale de la Guyenne marche de pair avec celle des autres grandes villes de province, c'est-à-dire qu'elle cache dans l'ombre du xviie siècle l'établissement primitif de l'art, et ne brille d'un certain éclat qu'à la fin du siècle suivant. La salle de comédie, qui a précédé l'érection du grand théâtre, était située sur les fossés de l'hôtel de ville. À l'époque de la Révolution, et tant que dura le régime de la liberté, Bordeaux eut d'autres salles de spectacle, mais aucune d'elles ne s'éleva au rang de monument public. Brongniart traça les plans d'un théâtre dit des *Sans-Culottes* sur des proportions assez vastes ; nous en possédons les dessins originaux qui montrent l'influence des institutions et des mœurs sur l'architecture théâtrale : au lieu des élégantes tribunes de la salle de Louis, on voulait alors de larges amphithéâtres pour le peuple ; et comme les conditions pécuniaires de l'époque ne permettaient pas de prendre l'espace nécessaire, on sacrifiait l'élégance et l'harmonie des proportions aux intérêts de l'entreprise ou aux vues politiques des hommes de parti.

Bordeaux possédait, comme Lyon et Marseille, un second théâtre, dit des Variétés, et destiné aux représentations de drame et de comédie ; c'était un beau monument, habilement ménagé à l'angle des rues Condillac et Montesquieu ; dans les derniers temps il avait pris le titre de Théâtre-Français ; un incendie l'a détruit en septembre 1853.

Au point de vue administratif, nous n'aurions qu'à répéter pour Bordeaux ce que nous avons dit des théâtres de Lyon et de Marseille. La beauté de l'édifice n'a pu pallier le vice organique des décrets et règlements qui régissent les théâtres. Malgré la gratuité de la salle et une assez forte subvention en argent payée par la ville (environ 90,000 francs), les entreprises se sont succédé à de courts intervalles, et de nombreuses faillites ont contristé les amis de l'art et de l'humanité.

EXPLICATION DES PLANCHES

PLANCHE 21.

PLAN GÉNÉRAL DU GRAND THÉÂTRE DE BORDEAUX RESTAURÉ.

REZ-DE-CHAUSSÉE.

A. Péristyle d'entrée.
B. Galerie couverte.
C. Grand vestibule.
c. Passage conduisant à l'escalier qui dessert les loges.
D. Grand escalier d'honneur : sous le palier de repos est situé le corps de garde pour la police intérieure du théâtre.
d. Escaliers principaux des loges.
E. Corridors des loges.
F. Corridors des baignoires et du parquet.
f. Baignoires.
G. Parterre.
H. Orchestre ou parquet avec stalles.
I. Orchestre des musiciens.
J. Plancher de la scène.
K. Escalier de dégagement du foyer public.
k. Escaliers des appartements extérieurs.
L. Logement du concierge, contigu au bureau où l'on distribue les billets.
M. Cour.
m. Garde-robe.
N. Escalier des artistes.
O. Corps de garde.
P. Boutiques extérieures.

PREMIER ÉTAGE.

A. B. Galeries.
C. Foyer public.
c. Passage du foyer.
D. Grand escalier d'honneur.
E. Corridor des loges.
F. Salon de la loge d'avant-scène.
G. Balcon des loges.
H. Loges particulières.
I. Escaliers principaux des loges.
i. Escaliers des appartements intérieurs.
J. Entre-sol du café.
K. Escalier de dégagement du foyer public.
L. Bureau du contrôleur.
M. Foyer des artistes.
N. Escalier des loges d'acteurs et actrices.
O. Garde-robe pour les dames.
P. Entre-sols des boutiques.

PLANCHE 22.

Coupe longitudinale.

PLANCHE 23.

Façade principale.

PLANCHE 24.

Façade postérieure.

THÉATRE DE STRASBOURG

Le théâtre de Strasbourg est un des plus beaux de la province. Il occupe, au bout de la promenade de Broglie, l'emplacement où exista probablement la première salle de spectacle régulière qu'a eue cette ville et qui a duré précisément un siècle, de 1701 à 1801. Elle fut démolie et remplacée par un second théâtre qui brûla en 1820. La salle actuelle, inaugurée au mois de septembre 1821, a été bâtie par M. Winger, entrepreneur général, sur les dessins de M. Villot, architecte de la ville. MM. Ciceri, Gosse, Cambon et Philastre, dont les noms se passent de tout éloge, ont orné cette salle et peint les décorations de la scène.

On verra dans les planches ci-jointes que, si l'ordonnance extérieure et la disposition intérieure de la salle se ressentent des erreurs générales que nous avons signalées sur les théâtres de ce genre, elles en accusent moins fortement les inconvénients. Du reste, l'exploitation de cette belle salle n'a pas donné, il s'en faut, de meilleurs résultats que celles des autres villes de France. M. Carmouche, qui en a été un instant directeur, a consigné dans un petit livre fort intéressant[1] des détails administratifs qui concernent en partie ce théâtre et démontrent les tristes conditions de l'art dramatique en province.

[1] *Le Théâtre en province.* Paris, Michel Lévy, 1859.

EXPLICATION DES PLANCHES

PLANCHE 25.

PLAN DU THÉATRE DE STRASBOURG.

REZ-DE-CHAUSSÉE.

A. Péristyle.
A'. Perron à double rampe.
B. Premier vestibule.
C. Bureau de distribution des billets.
D. Second vestibule.
E. Vestiaire des bals.
F. Corridor de service.
G. Escalier principal des loges.
H. Café sous le parterre.
H'. Escalier de service du limonadier.
I. Dépôt des planchers mobiles des bals.
J. Emplacement des pompes à incendie alimentées par un puits.
K. Escalier des loges d'avant-scène.
L.M. Dépôt et magasin du luminaire.
N. Passage communiquant à la scène et à la salle.
O. Soubassement du proscénium.
P. Plancher de la scène.
Q. Foyer des figurants et comparses.
R. Loges des acteurs et actrices.
S. Escaliers de service de la scène.
T. Logement du concierge.
U. Entrée des artistes.

PREMIER ÉTAGE.

A. Péristyle.
B. Foyer public.
C. Bouches de chaleur.
D. Salon particulier.
E. Escalier de dégagement du foyer.
F. Corridor des loges.
G. Escalier principal des loges.
H. Loges particulières.
I. Amphithéâtre.
J. Galerie des loges et entrées.
K. Escalier des loges d'avant-scène.
L.M. Loge d'avant-scène et salon en dépendant.
N. Parterre.
O. Orchestre des musiciens.
Q. Plancher de la scène.
P. Loges des artistes avec cloison mobile pour prolonger la scène au besoin.
R. Loges des acteurs et actrices.
S. Escalier de service de la scène.
T. Escalier des ouvriers du théâtre.
U. Poteaux montant de fond en comble.
V. Cheminées des contre-poids.
X. Bouches de chaleur.

PLANCHE 26.

Coupe longitudinale.

PLANCHE 27.

Façade principale.

THÉATRE D'ANVERS

Depuis que la Belgique a secoué le joug d'un gouvernement étranger, toutes les institutions se sont développées chez elle, toutes les industries se sont accrues, tous les arts améliorés. Le théâtre n'est pas resté en arrière, et des monuments dignes d'un peuple libre se sont élevés à Bruxelles, à Gand, à Liége, à Anvers. Nous donnons ici le plan de ce dernier théâtre, parce qu'il offre quelques particularités remarquables, tandis que les autres se rapprochent davantage de la configuration des théâtres de France. La façade en demi-cercle est assez originale et d'une belle ordonnance, à pilastres doriques au rez-de-chaussée et à colonnes corinthiennes au premier; mais nous ne croyons pas qu'il fût bon d'en imiter le plan, par le motif que cette disposition ne comporte pas une descente à couvert convenable, objet de première nécessité pour un théâtre. Le vestibule et les escaliers sont grandioses, et pourraient convenir à une salle plus vaste. Quant à la forme de celle-ci, elle appartient au style français d'il y a vingt ans. Les améliorations que l'on prépare à ce sujet en France (témoin le projet de M. Rohault de Fleury) auront sans doute une influence sur les théâtres futurs de la Belgique et de l'Allemagne. La scène, assez large et assez profonde, est limitée au fond par des chambres de service d'une grande utilité.

On donne au théâtre d'Anvers la comédie et l'opéra français, et même de temps en temps l'opéra italien. Les entreprises théâtrales, moins gênées dans leur liberté d'action, moins écrasées par l'impôt, n'offrent pas en Belgique le spectacle désolant des administrations théâtrales françaises.

EXPLICATION DES PLANCHES

PLANCHE 28.

REZ-DE-CHAUSSÉE.

A. Premier vestibule à portes vitrées.
B. Second vestibule menant aux escaliers.
C. Escalier conduisant au parterre et aux baignoires.
D. Second escalier pour le premier étage.
E. Escalier de dégagement des galeries supérieures.
F. Couloir.
G. Baignoires.
H. Parterre.
I. Orchestre des musiciens.
J. Scène.
K. Foyer des artistes.
L. Escalier de service.

M. Loges d'artistes.
N. Bureaux de l'administration.

PREMIER ÉTAGE.

A. Foyer public.
B. Buvette.
C. Palier de communication.
D. Escalier des premières loges.
E. Autre escalier pour les galeries.
F. Couloir.
G. Premières loges.
g. Salon de la loge d'avant-scène.
K. Magasin d'accessoires.
L. Couloir.
M. Loges d'artistes.
N. Salon de la direction.

THÉATRE DE SA MAJESTÉ

DANS HAYMARKET, A LONDRES

L'opéra n'a pas attendu d'avoir un théâtre spécial convenable pour faire son apparition en Angleterre. Peu de temps après que d'Avenant eût produit au *Duke's Theatre* les premiers et informes essais de représentations lyriques, des chanteurs italiens survinrent, et donnèrent au *Great Room* (grande chambre), dans les *York Buildings* (Strand), des concerts qui avaient toute l'importance de représentations d'opéra. Cela donna l'idée d'introduire en Angleterre ce genre de spectacle tel qu'il était en Italie, en appliquant à la musique italienne des paroles anglaises. Le premier essai de ce genre fut *Arsinoe,* représenté à Drury-Lane en 1705.

Le théâtre actuel, spécialement consacré aujourd'hui à l'opéra italien, ne fut pas construit dans l'origine pour cet objet. Il servit autrefois de concurrence à Drury-Lane, en vertu d'une patente accordée par Guillaume III à des comédiens dissidents; ceux-ci s'étaient établis d'abord (1695) dans un jeu de paume, derrière Portugal Row, sur le même théâtre où avait joué la troupe de d'Avenant avant de passer à Dorset-Gardens. Lorsqu'ils s'aperçurent que, pour égaler le succès de leurs rivaux, il était nécessaire de convier le public dans un local plus convenable et surtout dans un quartier plus abordable, ils résolurent de construire à l'angle de Haymarket et de Pallmall un théâtre plus grand et plus beau que celui de Drury-Lane, et ils chargèrent de ce travail sir John Vanburgh, architecte et dramaturge, qui jouissait d'une grande réputation à ce double titre. La somme nécessaire, estimée à trois mille livres, fut réunie au moyen d'une souscription de trente actions de cent livres (2,600 francs) chacune, donnant droit à l'entrée perpétuelle dans la nouvelle salle. L'inauguration se fit le 9 avril 1705.

La réputation de l'architecte ne le défendit pas des plus sévères censures: on trouva d'abord l'emplacement mal choisi et trop éloigné des quartiers populeux (aujourd'hui on se plaindrait précisément du contraire); la salle fut jugée trop vaste et trop haute; la voix de l'acteur retentissait, dit Cibber dans son *Apology,* comme dans une cathédrale, et la confusion des sons empêchait de comprendre les paroles : remarque importante, qui prouve la nécessité de bâtir pour la comédie autrement que pour l'opéra. Le nouveau théâtre s'appela tantôt Théâtre de la Reine (*Queen's Theatre*), tantôt Théâtre du Roi (*King's Theatre*), suivant que le monarque appartenait à l'un ou à l'autre sexe. Il fut d'abord placé sous la direction de Vanburgh même et de Congrève. Ce dernier, s'étant retiré bientôt après, laissa son associé seul aux prises avec des difficultés toujours croissantes. A la fin de la seconde saison (1707), Vanburgh dut résigner son sceptre directorial entre les mains de Swiney qui était auparavant régisseur de Drury-Lane. Celui-ci ramena quelques bons auteurs, et son théâtre prospéra, pendant que Drury-Lane déclinait sous la mauvaise administration de Rich. Mais le colonel Brett, qui acheta de ce dernier une part considérable de son entreprise, obtint par l'autorité de la cour une nouvelle réunion des deux troupes, qui formèrent alors à Drury-Lane la *seule compagnie de comédiens,* suivant le titre qu'elle se donna, sans égard pour les petits théâtres. Swiney, en compensation de la perte de ses acteurs, reçut la direction de l'opéra italien, pour lequel les hautes classes de la société anglaise manifestaient dès lors un goût décidé. Telle fut l'origine de l'opéra dans ce théâtre, qui en est devenu le siége principal et permanent. Le premier ouvrage fut *Pirro*, représenté par Nicolini, Valentini et madame Tutti; succès immense et prolongé. A partir de cette époque, les annales de ce théâtre deviennent des plus intéressantes pour l'histoire de l'art musical en Angleterre. On les trouve disséminées dans différents écrits, et elles finiront sans doute par rencontrer une plume plus exercée que la nôtre pour les rédiger avec soin et leur donner une étendue convenable. Nous nous contenterons d'en indiquer les points principaux, en nous occupant plus spécialement de la salle et de ses transformations.

Le succès pécuniaire est toujours suivi au théâtre d'un retour à l'équilibre entre la recette et la dépense, quelquefois même d'une réaction en sens contraire. C'est ce qui arriva à Londres. Les dépenses excessives ne tardèrent pas à dépasser les recettes. Après bien des combinaisons, Swiney ruiné dut s'expatrier et resta vingt ans dehors. Collier, Aaron Hill, ne furent pas plus heureux; et, jusqu'à l'arrivée de Hændel, l'opéra traîna une existence pleine d'embarras. En 1720, les choses changèrent de face. Une souscription de 50,000 livres sterlings (Fetis dit 5,000) fut couverte par l'aristocratie de Londres pour assurer le sort de l'opéra. L'Académie royale de musique fut fondée, et les directeurs eurent sous leur dépendance la scène lyrique de Haymarket; mais celle-ci était dirigée en réalité par le célèbre compositeur de Halle, que les Anglais avaient déjà adopté, et dont ils s'attribuèrent plus tard la gloire. On lui adjoignit pour la composition des opéras Attilio Ariosti et Bononcini, ses rivaux, qui avaient été auparavant ses maîtres.

La lutte qui s'éleva quelques années après entre Hændel et le plus aimé de ses chanteurs, Senesino, décida ce dernier à se séparer de la troupe royale pour ouvrir lui-même un théâtre dans l'ancienne salle de *Lincoln's Inn fields* qui subsistait encore; et tel était l'attrait de la voix du virtuose que toute l'aristocratie l'y suivit malgré la pauvreté et l'insuffisance du local. Hændel, qui avait éloigné ses artistes par sa tyrannie et, dit-on, mécontenté la noblesse par son insolence, s'efforça en vain, en s'associant avec Heidegger, de soutenir cette redoutable concurrence. Au bout de quatre ans, il dut céder le théâtre de Haymarket à son heureux rival. L'Académie royale de musique fut dissoute en 1734.

Hændel passa ensuite à Covent-Garden, où il fonda l'opéra anglais, qui se continua depuis au Lyceum. Sur la fin de sa carrière, il se voua entièrement à la composition et à l'exécution de ses *oratorios*, qui le dédommagèrent amplement des chagrins et des pertes pécuniaires que lui avait valus le théâtre.

La salle de Vanburgh avait subi bien des altérations depuis son origine. En 1709, on en avait réduit les proportions à l'intérieur dans le but de rapprocher la scène de l'auditoire. Plus tard, lorsque l'Opéra y fut installé, l'architecte Robert Adam changea de nouveau la disposition de la salle en l'agrandissant autant que les gros murs le permettaient, et lui donna cette forme singulière, et non sans mérite, dont Dumont nous a conservé le plan et la coupe dans l'ouvrage déjà cité. Un projet de reconstruction totale fut présenté en 1779 par l'architecte Lewes, et gravé sur trois feuilles par Roberts. Enfin, en 1782, un architecte polonais, Michel Novosielski, entreprit une dernière restauration, qui fut jugée de beaucoup supérieure aux précédentes.

Mais le 14 juin 1789, à dix heures du soir, pendant la répétition d'un ouvrage qui devait être donné le lendemain au bénéfice de Ravelli, régisseur, et de sa femme, cantatrice, un incendie violent éclata tout à coup et embrasa le théâtre en quelques heures. Rien ne fut sauvé du matériel ni du bâtiment. On sut plus tard, par la confession du coupable, que le feu avait été mis par un nommé Pietro Carnevali, chef des chœurs et mari d'une chanteuse de la troupe, pour se venger de Ravelli dont il avait eu à se plaindre.

L'aristocratie anglaise, toujours passionnée pour l'opéra italien, ne pouvait rester longtemps privée de son principal théâtre. Sa reconstruction fut immédiatement décidée, et confiée au même architecte qui avait exécuté la dernière restauration de la vieille salle. La première pierre du nouvel édifice fut posée par le comte de Buckinghamshire, le 3 avril 1790.

Novosielski, profitant des ravages mêmes de l'incendie, abandonna les bornes étroites de l'ancien bâtiment pour s'étendre de chaque côté autant que le permettait le terrain. Les temps étaient changés : ce qui avait paru trop vaste en 1709 était jugé trop mesquin en 1790. La nouvelle salle fut donc beaucoup plus grande que l'ancienne, et qu'aucune autre du Royaume-Uni; son plan était à peu près circulaire; l'avant-scène ornée de colonnes et la voûte élevée en coupole lui donnaient une certaine ressemblance avec la salle de Bordeaux; mais les loges, égales et continues, la rapprochaient davantage des théâtres d'Italie. Une gravure du *Lady's Pocket Magazine* d'avril 1795 reproduit l'intérieur de cette salle, et dément l'assertion de Brayley[1] qui attribue à Novosielski la courbe en forme de lyre que ce théâtre reçut plus tard. Ce fut en effet sous la direction de MM. Taylor et James, en 1801, que le plan de la salle ayant été

---

[1] *Historical and descriptive account of the theatres of London*, by Ed. Wedlake Brayley. London, Yates, 1833, in-4°.

trouvé peu avantageux, fut entièrement remanié par Marinari, architecte et peintre de décorations. Cet artiste, exagérant le bon principe de la forme allongée, porta les loges sur l'estrade plus loin qu'elles n'ont jamais été sur aucun autre théâtre, et, en arrondissant les deux extrémités de la courbe qui se rétrécissait à l'avant-scène, il donna effectivement au plan de la salle la forme d'une lyre ; cela est prouvé par une gravure à l'aqua-tinta de Rowlandson et Pugin, datée de 1809. Plus tard les deux extrémités de la courbe ont été redressées en ligne droite, afin d'appuyer davantage la voix du chanteur; mais les loges sur la scène ont été maintenues. Malgré cette vicieuse disposition, qui a survécu à toutes les restaurations postérieures, cette dernière reconstruction fut un grand progrès dans l'architecture théâtrale anglaise; le système italien des loges égales et superposées y fut appliqué sans réserve; cette circonstance, jointe à la profondeur de la courbe et à la voussure aplatie du plafond, a fait du Théâtre de la Reine la salle la plus sonore de l'Angleterre, en même temps qu'elle en est la plus grande, sans être toutefois sous ce rapport, comme l'avancent les ouvrages anglais, l'égale des théâtres d'Italie.

L'étendue donnée à la salle a amené nécessairement le sacrifice des dépendances, réduites aux escaliers strictement nécessaires, aux bureaux de location et à une buvette qui n'a certes pas les proportions d'un foyer public.

L'extérieur de l'édifice était resté inachevé pendant très-longtemps ; il ne fut terminé et décoré qu'en 1818, par le propriétaire de l'immeuble, M. Holloway, sur les dessins de MM. Nash et Repton, architectes. A cette occasion l'ancien édifice fut accru de quelques maisons contiguës, afin de constituer un rectangle isolé, limité par Pall-Mall, Charle's Street, Market-Lane et Haymarket. Ainsi agrandi et décoré uniformément, le monument prit un aspect plus architectural, et l'on put ajouter au théâtre une salle de concert qui, s'étendant sur toute la longueur de la salle de spectacle au-dessus du passage public (Western Arcade), forme le quatrième côté du parallélogramme.

Ce beau théâtre, restauré par M. Lumley, dernier directeur, a été souvent fermé depuis que Persiani lui a suscité en 1847 une formidable concurrence à Covent-Garden. Rouvert il y trois ans avec une troupe excellente, il est resté fermé l'année dernière, on ne sait pourquoi ; aujourd'hui, on annonce sa prochaine réouverture sous la direction de M. Smith.

EXPLICATION DES PLANCHES

PLANCHE 29.

PLAN DE L'OPÉRA ITALIEN (THÉÂTRE DE SA MAJESTÉ)
A LONDRES.

A. Colonnades en fonte et galeries couvertes
B. Corridor des loges.
C. Escalier de la salle des concerts.
D. Salle des concerts.
E. Foyer public.
F. Escaliers principaux.
G. Escalier de la galerie.
H. Escalier des loges supérieures.
I. Foyer des musiciens.
J. Loges particulières.

K. Boutiques éclairées par un vitrage et propriétés contiguës au théâtre.
L. Entrée du parterre à l'étage inférieur.
M. Parterre.
N. Orchestre des musiciens.
O. Plancher de la scène.
P. Salon vert ou foyer des artistes.
Q. Loges d'acteurs et actrices.

PLANCHE 30.

Coupe transversale.

PLANCHE 31.

Façade principale.

THÉATRE ROYAL DE COVENT-GARDEN

A LONDRES

Trois théâtres ont existé successivement sur ce terrain, qui appartint jadis à l'abbé du couvent de Westminster. Le premier avait été élevé par John Rich, arlequin célèbre, qui en fut pendant vingt-neuf ans le principal acteur et le directeur. Le second datait de 1809, et fut à cette époque le plus beau théâtre de Londres. Nous allons exposer brièvement quelle a été la constitution de ces deux édifices, avant de nous occuper de celui qui montre aujourd'hui à la même place son fronton majestueux.

Grâce à Dumont, dont nous avons souvent cité l'ouvrage si intéressant et si utile, nous avons le plan et la coupe de la salle primitive, fort remarquable pour l'époque où elle fut élevée. Sa forme intérieure était des plus curieuses et répondait parfaitement aux exigences de la perspective : elle présentait dans son plan la figure d'un éventail; la scène, occupant la partie rétrécie, ne se développait pas au delà des rayons visuels des extrémités de la salle. Les murs latéraux, pour ne pas rester entièrement nus, portaient à chaque étage six petites loges, s'élargissant à mesure qu'elles se rapprochaient de la scène, de manière à former un carré parfait avec l'amphithéâtre en éventail. Les loges d'avant-scène, qui étaient les plus profondes, se trouvaient entre deux colonnes corinthiennes, flanquées, à la distance d'un entre-colonnement, de deux petites cariatides supportant les loges étagées au-dessus. Les murs assez solides, qualité rare à cette époque dans les théâtres, séparaient la salle des locaux de service qui l'entouraient en nombre suffisant. Il y avait quatre étages de loges et trois grands amphithéâtres, en comprenant celui du rez-de-chaussée; la scène était tournée vers Hart Street, de sorte que le théâtre avait son entrée principale par Bow Street sur l'un des côtés : défaut capital que la disposition du terrain ne permit pas d'éviter, même à la seconde et à la troisième reconstruction.

Telle était cette salle célèbre la plus belle de Londres à l'époque où elle fut bâtie : nous croyons qu'elle subsista sans changements jusqu'en 1782, où elle fut l'objet d'une première restauration. Dix ans plus tard, on se décida pour une reconstruction totale sur les dessins de l'architecte Henry Holland. Les nouvelles idées, qui déjà se faisaient jour dans le domaine de l'art, firent abandonner à cette occasion la forme carrée pour adopter l'ellipse recommandée par les architectes de France ; quatre galeries façonnées en balcons faisaient le tour de la salle et se terminaient à l'avant-scène, au bord de laquelle s'ouvrait de chaque côté l'inévitable porte à deux battants qui se retrouve toujours sur les théâtres anglais du dernier siècle.

L'ouverture de la scène n'était pas cintrée mais droite, ornée de deux pilastres corinthiens supportant un entablement avec cette devise : *Veluti in speculum*. On trouvera la gravure de cette salle suivant sa dernière forme de 1792, dans l'ouvrage de Thomas Gilliland intitulé *The Dramatic Mirror*[1], qui contient aussi les vues de King's Theatre, Drury-Lane et Haymarket. L'incendie de ce théâtre, survenu le 20 septembre 1808, prit les proportions d'un deuil public. Vingt personnes y périrent, écrasées en partie par les pans de murs. Le feu, comme toujours, n'arrêta ses ravages qu'aux fondations, et consuma, outre les effets particuliers des artistes, l'orgue qui avait servi à Haendel,

[1] Londres, 1808, 2 vol. in-8.

les oratorios et les partitions originales que ce grand maître avait laissés au théâtre témoin de ses derniers succès ! La cause de ce sinistre paraît avoir été accidentelle. On avait joué *Pizzarro*, pièce à mousqueterie qui eut en son temps un succès immense ; la bourre enflammée de quelque fusil, s'accrochant à des pans de ciel, fut probablement l'origine du feu qui éclata avec violence à la fin de la pièce.

On s'occupa immédiatement de la reconstruction de cet édifice qui était devenu si nécessaire aux arts, et il fut décidé que le nouveau théâtre dépasserait l'ancien en magnificence et en étendue. Les plans de l'architecte Robert Smirk ayant été approuvés, le prince de Galles, qui était alors grand-maître des francs-maçons, accompagné d'une nombreuse députation de cette société, posa la première pierre le 31 décembre de la même année. On rapporte à ce sujet une anecdote qui montre une fois de plus le noble usage que la noblesse anglaise a toujours fait de ses richesses. Kemble était le directeur de Covent-Garden au moment de la catastrophe. Le duc de Northumberland, allant en personne exprimer ses regrets au grand artiste, lui dit que, si la somme de dix mille livres sterlings pouvait lui être de quelque utilité, il la mettait à sa disposition. Kemble accepta l'offre qui venait si à propos, et signa à l'agent du duc un billet à terme suivant l'usage ; mais, le jour où la première pierre du nouveau théâtre fut posée, le duc de Northumberland renvoya à Kemble son billet acquitté.

La reconstruction de ce théâtre qui fut, comme nous l'avons dit, le premier monument architectural élevé à l'art dramatique en Angleterre, dura neuf mois : le 18 septembre 1809, c'est-à-dire un an après l'incendie de l'ancienne salle, la nouvelle ouvrait ses portes par une représentation de *Macbeth*. N'est-il pas digne de remarque qu'à toutes les inaugurations de nouveaux théâtres on invoque le patronage du grand poëte national ?

Ici se place une des plus célèbres émeutes dont les annales du théâtre fassent mention. Déjà, à l'époque de sa première reconstruction en 1792, une vive opposition du public s'était manifestée dès la première soirée au sujet de l'élévation générale des prix et de la suppression de la galerie à un shilling. Le régisseur était venu faire appel aux sentiments de justice du public, en déclarant que les directeurs seraient ruinés si après tant de dépenses ils ne pouvaient élever leurs prix en proportion, et il avait promis le rétablissement de la galerie réclamée. Le trouble n'alla pas plus loin. Mais cette fois, l'élévation des prix étant plus sensible, sans être relativement plus forte, l'opposition fut plus violente : les émeutiers attribuaient le renchérissement des loges et du parterre aux coûteux engagements d'artistes étrangers, de mademoiselle Catalani entre autres, et au grand nombre de loges d'abonnés ; de là les cris de : *à bas la Catalani, plus de loges particulières, plus d'augmentation*, dominés par le cri plus général de : *old prices!* (les anciens prix) ; ces deux mots, placés aussi en tête de tous les placards, de tous les libelles, valurent à cette émeute célèbre le nom qu'elle conserve dans l'histoire de *O-P Riot* : elle dura cinquante soirées. Kemble lui-même ne put dominer le tumulte, il fallut céder ; les directeurs, par une sorte de transaction avec les principaux meneurs du désordre, s'engagèrent à réduire le prix du parterre à trois shillings et six pence et à rouvrir au public un certain nombre de loges particulières. Déplorable exemple, qui devait exercer une influence désastreuse, en d'autres occasions, et qui condamne une fois de plus, s'il en était besoin, l'absurde système de restreindre l'industrie théâtrale.

La salle de 1809 a duré jusqu'au 5 mars 1856. C'est une belle durée pour un théâtre. Elle avait coûté une somme totale de 150,000 livres sterlings (3,750,000 francs). Nous renvoyons nos lecteurs aux plans ci-joints (Pl. 32, 33, 34,) pour en admirer les belles dispositions. Plus petite que la salle théâtrale de Sa Majesté, la salle de Covent-Garden, n'ayant que 20 mètres de large sur une longueur de 23 mètres, 50 centimètres du fond des loges à la rampe, était cependant mieux coupée et plus élégante ; la disposition intérieure, à loges égales et superposées, n'avait d'autres défauts que ceux inhérents à tous les théâtres modernes (excepté celui de Sa Majesté) ; nous voulons parler notamment des colonnes sur la scène et des profondes galeries de face, erreurs communes à tous les théâtres anglais. Du reste, on trouvait une parfaite entente des besoins du service dans la répartition des escaliers et des différentes pièces qui entouraient la salle. La façade principale, sur Bow Street, offrait au milieu un beau péristyle dorique, flanqué de deux bas-reliefs couronnant dignement trois grandes fenêtres de chaque côté, et se terminait par deux petits avant-corps, formés de deux colonnes du même ordre, avec une statue de Flaxman au milieu de chaque entre-colonnement. Cette décoration peut paraître un peu pauvre aujourd'hui : mais à l'époque dont nous parlons on la trouva fort belle ; surtout elle constituait une innovation importante, qui s'imposa successivement aux autres théâtres de l'Angleterre.

A partir de cette époque, les frais de loyer et d'exploitation, à Covent-Garden, furent si considérables que ce théâtre dut renoncer aux représentations dramatiques et resta souvent fermé. M. Julien y donna ses concerts-promenades dans lesquels l'art cédait le pas à la spéculation. De 1843 à 1845, la salle fut louée à la société fondée par Cobden et ses amis pour la liberté du commerce des grains (*anti-corn-law's ligue*) ; et c'est le cas de dire que jamais salle de spectacle n'aura servi à une œuvre plus progressive et plus humanitaire. En 1847, sur l'initiative du maestro Persiani, une seconde troupe italienne s'installa à Covent-Garden sous la direction de M. Albano en concurrence avec l'opéra italien de Haymarket. Elle ouvrit le 6 avril avec les meilleurs artistes de l'Europe, mesdames Grisi, Persiani, Alboni, Viardot, Steffenone; MM. Mario, Tamburini, Ronconi, Roger, Salvi, Marini, etc. Mais telle fut la dépense, motivée en partie par une complète restauration de la salle, que la première direction ne put tenir, et la seconde (M. Delafield) fit faillite, laissant en 1849 un déficit total de 60,000 livres sterlings. Voici un aperçu des frais d'exploitation :

Engagements d'artistes.	26,000 livres sterlings.	
Loyer de la salle	6,000	—
Orchestre	7,000	—
Chœur, gaz, frais hebdomadaires.	13,800	—
Frais généraux d'administration .	5,200	—
	58,000 livres sterlings pour 66 représentations.	

Depuis que le théâtre est passé sous l'intelligente administration de MM. Gye, directeur, et Harris, régisseur ou pour mieux dire *factotum*, cet état de choses a totalement changé en faveur de l'entreprise; Covent-Garden a fini par triompher de son concurrent qui a dû tenir son théâtre fermé pendant plusieurs années.

Une nouvelle catastrophe vint arrêter un instant ce courant de prospérité. Le 6 mars 1856, à cinq heures du matin, pendant un bal masqué, peu brillant du reste, comme si on avait pressenti ce qui allait arriver, le feu prit dans les cintres. Avant qu'on eût le temps de reconnaître l'étendue du danger, des poutres embrasées tombèrent sur la scène et rebondirent dans la salle. C'est en vain que de courageux pompiers escaladèrent les parties supérieures pour lâcher les robinets et faire jouer les appareils ; ils furent repoussés par les flammes. Tout était perdu. C'est alors que l'on put admirer le calme, le sang-froid, l'esprit d'ordre de la police anglaise, qui fait tous les jours un service si pénible et si dangereux. Au milieu de la confusion et de la désolation générale, les *policemen*, s'emparant de toutes les issues, résistant à toute tentative d'irruption du dehors, bravant le danger, parvinrent, non sans d'incroyables efforts, à enrégimenter toute cette cohue et à faire évacuer la salle. Personne ne perdit la vie. La fréquence de semblables sinistres en Angleterre, d'une part, et de l'autre l'énormité de la perte qui retombait tant sur le nu-propriétaire foncier, le duc de Bedford, que sur les propriétaires de l'édifice, parmi lesquels figure la famille Kemble, et sur l'entrepreneur du spectacle, firent naître le bruit que la salle ne serait pas reconstruite sur ce terrain; bien des intérêts s'unissaient pour faire croire que les théâtres existants suffisaient à tous les besoins. « Covent-Garden, disait le rédacteur de l'*Illustrated London News*, ne sera plus qu'une réminiscence. » Mais les amis de l'art théâtral regrettaient de voir disparaître une scène sur laquelle avaient paru avec tant d'éclat Garrick, Incledon, Charles Kemble, Cooke, Macready, Farren, madame Glover, miss Stephens, miss O'Neille, Fanny Kemble et tant d'autres artistes incomparables. D'ailleurs M. Gye ne semblait pas disposé à se séparer de ses artistes de prédilection, à renoncer à une position toujours enviée malgré ses périls, ni à subir les conditions imposées par un rival. Sans se laisser abattre un instant, il transporta sa troupe dans la petite salle du Lyceum, qu'il remit à neuf, et prit ses mesures pour que l'édification du nouveau théâtre ne souffrît aucun retard.

M. Barry eut la bonne fortune d'être chargé des plans et de la direction des travaux, et il en profita pour élever un monument qui fera passer son nom à la postérité. Nous ne croyons pas exagérer l'éloge en soutenant que Covent-Garden est aujourd'hui le plus beau théâtre de l'Angleterre, et que sa façade notamment mériterait d'être imitée à Paris, où tout est à faire sous ce rapport. Le comble, qui a toujours effrayé les architectes par sa masse et par sa forme, n'a pas embarrassé M. Barry : ne pouvant l'isoler et préparer l'œil par des masses secondaires placées autour et à distance, il a brisé son toit et l'a réduit, pour ainsi dire, à une plate-forme recouvrant un parallélogramme facile à décorer. L'expédient n'est pas nouveau, mais il n'avait jamais été appliqué au théâtre où cependant il semble le plus nécessaire.

Les planches 35, 36, 37, et la légende qui les accompagne, fourniront sur le nouveau théâtre plus d'éclaircissements que nous ne saurions en donner dans ces pages. Ajoutons seulement, avant de quitter ce chapitre, que depuis la réouverture solennelle, qui eut lieu le 15 mai 1858, la fortune n'a pas cessé de récompenser le courageux directeur de sa persévérance et de ses sacrifices.

EXPLICATION DES PLANCHES

PLANCHE 32.

PLAN DU THÉÂTRE DE COVENT-GARDEN
AVANT L'INCENDIE DE 1856.

A. Péristyle.
A.* Vestibule principal du rez-de-chaussée.
B. Grand escalier décoré de colonnes en porphyre de l'ordre ionique.
C. Vestibule du premier étage dans lequel est placée une belle
   statue de Shakspeare en marbre jaune, exécutée par Rosel.
D. Corridor des loges.
E. Escaliers des loges.
F. Second vestibule et escalier des premières loges.
G. Escalier particulier de la loge royale.
HH*. Loge royale et salon.
I. Porte de communication.
J. Loge parallèle à celle de la reine.
K. Chambre du directeur de la scène.
L. Loges des actrices.
M. Chambre du comité.
N. Passage et magasin des décorations.
O. Loges des acteurs.
P. Salon du directeur général
Q. Salon vert ou foyer des artistes.
R. Dépôt des décorations servant à la représentation.
S. Entrée des artistes.
T.U. Escalier du service de la scène.
V. Escalier de communication de la salle à la scène.
a. Planche de la scène.
b. Orchestre des musiciens.
c. Parterre.
d. Loges de famille.
e. Foyer public.
e*. f. Escaliers des galeries.
f*. Terrasse.

PLANCHE 33.

Coupe longitudinale du même théâtre.

A.B. Magasins des décorations.
C. Atelier de peinture.
D. Plancher de la scène.
E. Plancher du premier dessous.
F. Deuxième dessous.
G. Orchestre des musiciens.
H. Voûte renversée, pour faciliter la vibration du son des instru-
   ments.
J. Caves sous le parterre, etc.
K. Passages voûtés.
L. Dépôt souterrain.
M. Vestibule.
N. Corridor souterrain de la salle.
O. Corridor des premières loges.
P. 1. 2. Foyers publics.
5. Atelier des menuisiers et emplacement des machines du cintre.

PLANCHE 34.

Façade principale du même théâtre.

PLANCHE 35.

PLAN DU NOUVEAU THÉÂTRE DE COVENT-GARDEN
REBATI EN 1857-58.

PLANCHE 36.

Coupe longitudinale du même théâtre.

PLANCHE 37.

Façade principale.

THÉÂTRE ROYAL DE DRURY-LANE

A LONDRES

Drury-Lane, *Old Drury*, comme on l'appelle en langage de coulisses, est le plus ancien des théâtres actuels de Londres. Il date, nous l'avons déjà dit, de 1812, et marqua pour l'Angleterre un immense progrès dans l'art de bâtir les théâtres. Les trois salles qui ont précédé sur le même emplacement la salle actuelle étaient peu régulières, au point de vue de l'architecture. Nous avons déjà fait mention de ces constructions primitives. L'avant-dernière, qui avait été bâtie par Christophe Wren, en 1674, dura plus longtemps qu'aucune autre salle de spectacle du Royaume-Uni. L'incendie l'ayant constamment épargnée, on dut la démolir en 1791, parce qu'elle menaçait ruine et ne répondait plus, du reste, au progrès que le *comfort* et l'élégance avaient fait sur d'autres théâtres.

C'est à Drury-Lane que parurent presque tous les acteurs célèbres de l'Angleterre pendant cette longue et brillante période qui comprend les règnes de Charles II, de Jacques II, de Guillaume d'Orange, de la reine Anne et des trois Georges. C'est là que Garrick accomplit une grande partie de sa longue et fructueuse carrière théâtrale, qui commence en 1736 à *Goodman's fields*, et ne finit qu'en 1776 à Drury-Lane.

Garrick entre à Drury-Lane sous la direction de Fleetwood. Une de ces coalitions d'artistes, habituelles sur les anciens théâtres d'Angleterre, l'en éloigne momentanément. Il y revient avec toute la troupe, moins Macklin, qui tient bon et s'efforce, mais en vain, de mettre obstacle aux représentations. Après la retraite de Fleetwood (1744), qui céda sa patente pour 3,200 livres sterlings à Green et Amber, Garrick refuse de rester avec les cessionnaires et passe à Dublin. Il revient pour la troisième fois à Drury-Lane lorsque la faillite de Green et Amber et le renouvellement de la patente en faveur de Lacy lui ouvrent les portes, non plus comme acteur seulement, mais comme maître : Lacy venait de lui céder la moitié de ses droits de patente moyennant la somme de 8,000 livres sterlings (200,000 fr.).

La nouvelle direction ouvrit son théâtre le 20 septembre 1747, inaugurant une nouvelle ère, et la plus brillante dans l'histoire littéraire du vieux théâtre.

Parmi les fréquentes scènes de désordre qui se passèrent dans cette salle célèbre, nous rappellerons l'émeute de 1755, à l'occasion du ballet de Noverre : *Une Fête chinoise*, monté en grande partie avec des artistes français que le peuple de Londres ne voulut pas souffrir ; on était alors en guerre avec la France. Ni la magnificence du spectacle, ni la présence du roi Georges II ne purent calmer les esprits. A la troisième représentation, les émeutiers brisèrent les banquettes, les lustres, et jusqu'aux parapets des loges; la Direction n'insista plus, et les artistes impopulaires furent congédiés.

Une autre émeute célèbre est celle de 1763 : elle eut pour cause la suppression du demi-prix *(half price)*. Le public eut encore cette fois gain de cause. Mais ces luttes continuelles et une diminution sensible dans les recettes décidèrent Garrick à chercher du repos en France et en Italie, pendant que son frère et Lacy dirigeaient le théâtre. A son retour, en 1765, le grand acteur retrouva toute sa popularité. Après avoir fondé l'institution de secours pour les artistes de son théâtre (*Drury-Lane Theatrical fund*), reconnue par acte du Parlement, Garrick céda sa part de privilége à Sheridan pour la somme de 35,000 livres sterlings, et, le 10 juin 1776, quitta la scène pour n'y plus reparaître[1].

Rappelons encore, parmi les grands artistes qui ont illustré le vieux théâtre, la célèbre Siddons qui, après un premier début en 1775, revint à Drury-Lane en octobre 1782, pour y trôner en reine jusqu'à sa retraite. Aucune actrice anglaise n'a excité autant d'enthousiasme et n'a laissé autant de monuments de l'admiration publique.

Par suite de la démolition du vieux théâtre, en juin 1791, et pendant que la troupe donnait ses représentations au théâtre de l'Opéra (Haymarket), l'architecte Holland fut chargé d'élever une nouvelle salle sur l'emplacement de l'ancienne. On poussa les travaux avec une grande activité, relativement aux habitudes de cette époque; et le 12 mars 1793, la salle, à peine terminée à l'intérieur, était livrée au public pour un Concert de musique sacrée. Le 21 avril suivant, les représentations commencèrent par *Macbeth*, monté par Kemble, avec de grandes améliorations dans les décors et dans les costumes ; ce fut le premier pas fait en Angleterre vers la réforme de la mise en scène, qui avait commencé en France depuis quelques années.

L'édifice construit par Holland était moins original, si l'on veut, que l'ancien, mais plus conforme aux nouvelles habitudes. Il couvrait une superficie de 320 pieds anglais sur 155, et atteignait 118 pieds de hauteur. On assure qu'il contenait 3,600 personnes, ce qui est vraisemblable, malgré la petitesse du local, si l'on tient compte de l'excessive parcimonie qui présidait alors à la distribution des places. Le maximum de recettes s'élevait à 771 livres sterlings. La salle entière enfin représentait une somme de 200,000 livres (5,000,000 de francs).

L'ancien théâtre avait été illustré par Garrick et par madame Siddons ; le nouveau le fut par Sheridan, par Kemble et par Kean. Kemble, se retirant en 1801, eut pour successeur, comme directeur de la scène, M. Bannister, qui jouissait aussi d'une certaine célébrité comme acteur.

Le sort réservé à presque tous les théâtres, en Angleterre surtout, l'incendie, surprit le nouvel édifice le 24 février 1809, à 11 heures de la nuit; on n'a jamais su si le feu avait pris par accident, ou s'il avait été mis par une main criminelle. Aucune représentation n'avait eu lieu le soir qui précéda la catastrophe. La salle, bâtie tout en bois pour être plus sonore, suivant un préjugé qui est encore en pleine vigueur, offrit une prise facile à l'élément destructeur. Ce n'est pas que l'architecte eût totalement négligé les mesures de précaution : deux immenses réservoirs avaient été ménagés sous les combles, et un rideau de fer (dont l'idée vint, croyons-nous, de France) semblait devoir assurer la séparation de la scène et de la salle. Mais au moment suprême le mécanisme destiné à faire descendre le rideau ne put jouer; les réservoirs étaient vides depuis longtemps; tout fut détruit. Le dommage s'éleva à la somme de 300,000 livres sterlings.

Cette catastrophe découragea les entrepreneurs, et plus d'un an s'écoula sans que l'on songeât à relever le théâtre de ses ruines. Enfin M. Whitbread obtint pour cet objet un acte du Parlement qui l'autorisait à former une société par actions (de 500 et de 100 livres); en quelques mois, le capital fut souscrit. Les travaux commencèrent le 19 octobre 1811 ; le 10 octobre 1812, la nouvelle salle était inaugurée par une représentation de *Hamlet*, de Shakspeare, précédée d'un prologue de lord Byron.

L'architecte du nouveau théâtre, M. Benjamin Wyatt, était le fils de James Wyatt, également architecte et célèbre par plusieurs belles constructions, parmi lesquelles nous mentionnerons le *Panthéon* ; cet édifice, bâti, comme l'indique son nom, à l'imitation de l'antique rotonde de Rome, après avoir servi aux oratorios de Haendel, aux bals, aux concerts et à toutes sortes de réunions, fut lui-même converti en salle de spectacle.

M. Wyatt, le fils, émule de son père, avait fait des études spéciales sur la construction des théâtres, et s'était proposé d'élever à Drury-Lane un édifice parfait en son genre, et d'une solidité à toute épreuve. On ne peut disconvenir que la seconde partie de son programme n'ait été remplie, car le théâtre de Drury-Lane est encore debout. Nous allons voir jusqu'à quel point on a atteint la première.

A l'époque où ce théâtre a été bâti, les plus remarquables édifices de ce genre offraient l'exemple d'une réaction contre les anciennes formes, que tout le monde s'accordait à condamner. La forme circulaire, appliquée à Bordeaux et à l'Odéon, était alors en grande estime auprès des architectes ; M. Wyatt dut subir l'influence de l'engouement général. Son plan s'en ressent; seulement, par un reste d'attachement aux formes antiques, il tint ses galeries circulaires à une certaine distance de l'ouverture de la scène, et il arrondit les deux extrémités de la courbe au lieu de les engager dans un entre-colonnement placé sur l'estrade. Mais peu de temps après l'inauguration du théâtre, le directeur exigea un

[1] Garrick, né en février 1716, est mort le 20 janvier 1779. Comme à Shakspeare, un monument lui a été élevé dans l'abbaye de Westminster.

remaniement de cette partie de la salle, et le retour à la forme commune des galeries soudées à l'avant-scène avec quatre étages de loges sur l'estrade, flanquées de deux colonnes, comme sur les théâtres de France.

Sous la direction d'Elliston (1819-1826), l'intérieur de la salle fut encore une fois reconstruit et altéré : le mur de pourtour resta le même, mais le cercle des galeries fut restreint, ce qui augmenta le nombre des places aux dépens de la sonorité et de l'élégance. C'est M. Beazely, architecte en renom, qui se chargea de cette besogne, dans laquelle il enfouit, dit-on, plus de cinq cent mille francs.

A part la courbe vicieuse de la salle, il faut reconnaître de précieuses particularités à ce théâtre : le vestibule, dans lequel on a placé une statue de Kean, sculptée par Carew, dans le rôle de Hamlet, la belle rotonde au premier étage, le foyer public, les escaliers à double rampe, les loges et foyers d'artistes qui entourent la scène, toutes choses qui datent du plan primitif de 1812, ont valu à ce théâtre et à son auteur une juste célébrité. Un reproche pourtant était fondé : le défaut de descente à couvert. On y a pourvu depuis plusieurs années au moyen d'un portique, tant du côté de Little Russell-street, que sur la façade de Bridges-street. On ne trouvera pas cet accessoire sur notre plan, qui a été calqué sur le dessin original; d'ailleurs cette disposition est provisoire.

Au point de vue littéraire, Drury-Lane n'occupe plus le rang d'autrefois. Depuis la retraite de Macready (juin 1843), la fortune lui a toujours été contraire; elle semble aujourd'hui lui revenir sous l'habile direction de M. Smith, qui en a fait depuis quelques années un troisième théâtre d'opéra italien.

EXPLICATION DES PLANCHES

PLANCHE 38.

PLAN DU THÉATRE DE DRURY-LANE.

REZ-DE-CHAUSSÉE

a. Vestibule principal.
b. Vestibules latéraux et d'attente.
c. Rotonde et second vestibule où est érigée une statue de Shak-speare.
d. Escaliers principaux à double rampe conduisant aux loges.
e. Passage du parterre.
e'. Vestibule du parterre.
f. Vestibule des loges particulières.
g. Parterre.
h. Entrée actuelle de la galerie supérieure.
i. Escalier de la deuxième galerie.
J'. Escalier des loges supérieures.
K. Salle d'entrée de Woburn Court.
K'. Ancien escalier de la galerie supérieure, fermé actuellement.
l'. Premier étage particulier.
m. Entrée salon et loge.
n. Loges particulières ou de famille.
n'. Loge du duc d'York.

PREMIER ÉTAGE.

I. Escalier de communication des premières loges à la première galerie.
j. Escalier de la loge royale.
l. Vestibule de la reine.
l'. Escalier particulier de la loge royale.
O. Salon de la reine.
O'. Loges particulières d'avant-scène.
l'. Loge royale.
q. Corridor de la première galerie.

r. Orchestre des musiciens.
s. Avant-scène ou proscénium.
t. Salon du directeur. (La caisse est au-dessus.)
u. Escalier des loges.
V. Loge particulière sur la scène.
W. Petite pièce communiquant au foyer principal des artistes et dans laquelle les acteurs changent promptement de costume.
X. Cabinet des ustensiles servant à la représentation.
Y. Loge du souffleur.
Z. Foyer des artistes.

DÉPENDANCES DU THÉATRE.

C'D. Ligne de coupe transversale.
a. Foyer inférieur.
b. Loge de M. Elliston.
c. Escalier des loges d'acteurs et d'actrices.
c'. Escalier de service du théâtre.
d. Garde-robes.
e. Foyer des musiciens.
ff. Magasin de décorations servant accidentellement à prolonger la scène; l'atelier des peintures est au-dessus.
g. Vestibule et entrée des artistes.
h. Entrée accidentelle.
i. Escalier mettant en communication les dessous du théâtre avec les cintres.
j. Salle du comité.
k. Dépôts des décorations servant à la représentation.

PLANCHE 39.

Coupe longitudinale.

PLANCHE 40.

Coupe transversale.

PLANCHE 41.

Façade principale.

THÉATRE ROYAL DE L'OPÉRA

A BERLIN

S tous les théâtres représentés dans ce recueil avaient été l'objet de publications aussi complètes et aussi intéressantes que celles que nous allons signaler au sujet de l'opéra de Berlin, notre tâche en serait devenue aussi aisée qu'agréable. Deux ouvrages nous viendront surtout en aide pour déterminer la structure primitive de l'édifice qui nous occupe et les faits saillants de son histoire : nous voulons parler de la *Maison de l'Opéra* ou plans, coupes, élévations et détails de l'Opéra de Berlin, édités par Füncke en 1743, in-folio, et de l'histoire du même théâtre publiée en 1852 par M. L. Schneider. Appuyé sur ces documents, nous allons essayer de résumer brièvement les annales de ce théâtre qui occupe une place si importante dans les gloires artistiques de l'Allemagne.

M. Schneider ne peut lui-même fixer au juste le commencement des représentations théâtrales à Berlin. Il constate que, dès 1616, des chanteurs italiens fort en renom étaient appelés à la cour de Brandebourg pour faire partie de la chapelle et de la musique de chambre du prince Électeur : c'étaient Bernardino Pasquino Grassi, de Mantoue, et Giovanni Alberto Maglio, de Florence. Pendant quatre-vingt-quatre ans, on ne trouve aucune trace d'autres artistes lyriques, ou de musique dramatique, dans la capitale de la Prusse.

L'histoire de ce théâtre ne commence véritablement que le 1er juin de l'an 1700 par la première représentation d'un ballet italien la *Festa del Himeneo*[1], donnée à l'occasion du mariage du prince héréditaire de Hesse-Cassel avec la princesse Louise-Dorothée-Sophie de Brandebourg. Ce fut pour cette circonstance que le premier théâtre proprement dit s'éleva à Berlin dans une galerie située au-dessus du manége royal de la *Breiten-Strasse*.

Ce théâtre, qui a dû être construit suivant le mode adopté alors dans les autres capitales de l'Europe, c'est-à-dire avec un riche encadrement de la scène et une rangée ou deux de loges carrées autour de la salle, servit aux représentations lyriques de la cour jusqu'en 1708, et subsista, dit-on, à l'état de ruine jusqu'en 1780. Aujourd'hui, on en chercherait vainement les vestiges.

Ce n'est pas seulement par la conformation de la salle que la cour de Berlin imita celles de Vienne et de Paris ; la mode de danser sur le théâtre que les maîtres de ballet italiens avaient introduite à la cour de France, et que Louis XIII et Louis XIV avaient adoptée, avait passé aux cours de Munich et de Vienne, et ne tarda pas à être acceptée à Berlin. Nous voyons notamment, par le programme de la *Festa del Himeneo*, qu'à côté des artistes de profession : Sofia Gutiahr, Paola Fridlin, Valentino Urbani, Francesco Ballarini, dansaient les seigneurs et les dames de la cour, dont on peut lire la longue nomenclature dans l'ouvrage de M. L. Schneider que nous venons de citer. Cette représentation n'était pas, du reste, le premier essai de ce genre : dès 1696, un ballet intitulé *la Fête du printemps de Florence* avait été dansé dans un salon du château royal, mais non publiquement, et sans l'intervention d'aucun artiste. Le prince Électeur, qui fut

---

[1] Paroles de l'abbé Mauro, musique d'Attilio Ariosti.

plus tard le roi Frédéric-Guillaume Ier, montrait déjà alors peu de goût pour de semblables divertissements, et les remontrances de sa mère avaient pu seules le décider à accepter un rôle dans un ballet. Mais son antipathie pour ce genre d'amusement en devint plus profonde. Une autre fois, à l'occasion d'un autre ballet dans le genre de *Wirthschaffen* que l'on devait donner à la cour pour célébrer son propre anniversaire, ni l'empire des usages et de l'étiquette, ni les prières de sa femme et de sa mère ne purent triompher de sa répugnance : le prince déchira les habits de théâtre qu'on lui présentait, et s'enfuit à Berlin, où il resta caché jusqu'à ce que les fêtes fussent terminées. Ceci explique l'aversion que ce monarque montra toute sa vie pour les ballets et les opéras, et le peu de développement que reçut le théâtre sous son règne.

Les ballets et les *feste teatrali*, alors en usage dans toutes les cours, n'étaient donnés, à Berlin comme ailleurs, que de loin en loin, pour célébrer des fêtes princières. Un théâtre public et à peu près permanent s'ouvrit dans la capitale de la Prusse à la fin du xviie siècle ou au commencement du xviiie, quoique dans des conditions bien mesquines. On n'est même pas d'accord sur l'emplacement qu'occupait ce théâtre, ou plutôt sur la maison dans laquelle il était établi. On croit généralement que ce premier asile de l'art dramatique était situé au n° 5 de la rue des Postes, dans la maison Douillhac, qui devint plus tard la propriété de M. de Hessig, maire de Berlin. C'est là que parurent successivement la troupe italienne de Scio (1690), la troupe française de Du Rocher (1706), les troupes allemandes de Veltheim (1707), de Moller (1708), et d'Eckenberg (1732). Jusqu'ici il n'est pas question d'architecture théâtrale.

A la mort de Frédéric-Guillaume, le théâtre renaît à Berlin. Frédéric II qui avait éprouvé, comme le peuple, le rigorisme paternel, manifesta dès son avénement au trône des tendances plus libérales. Son premier soin, en devenant maître à son tour, avait été de faire appel aux lettres et aux arts pour ramener un peu de gaieté dans son royaume, et pour faire régner dans sa capitale le luxe et le faste, qui sont les apparences de la puissance à laquelle il aspirait. Dans cet ordre d'idées, le théâtre ne pouvait être négligé par ce souverain. Déjà, lors d'un premier voyage qu'il avait fait avec son père à la cour d'Auguste II, en 1728, il avait eu l'occasion d'admirer à Dresde l'éclat des représentations lyriques de la troupe italienne que dirigeait alors le célèbre Hasse. La pensée d'en introduire de semblables à Berlin dut germer dès ce moment dans la tête du jeune prince ; il est certain du moins qu'il remporta de ces représentations une impression profonde, car vingt-six ans plus tard, lorsque Joseph Galli Bibbiena reçut l'invitation de se rendre à Berlin pour peindre les décorations de l'Opéra nouvellement créé dans cette capitale, Frédéric lui demanda la reproduction exacte du grand salon que le même artiste avait peint à Dresde en 1728 pour la *Cleofide* de Hasse : décoration remarquable, en effet, à plus d'un titre, comme nous le dirons plus loin en parlant des machines théâtrales.

Le théâtre de l'Opéra de Berlin, comme monument et comme organisation, fut l'œuvre du célèbre monarque qui a tant fait pour la grandeur, si ce n'est pour le bonheur de son peuple. Porté par nature et par état aux mesures impérieuses et promptes, Frédéric voulut improviser les spectacles que les autres souverains n'avaient créés qu'à grand' peine, et dès le commencement de 1740 il ordonnait à son architecte Knobelsdorff de procéder à la construction du Grand-Théâtre, dont les plans avaient été approuvés (et, dit-on, inventés par le roi lui-même), et qui devait être terminé dans l'espace de deux mois. Graun, qui était alors en Italie, reçut la mission de choisir et d'engager les chanteurs.

La difficulté de réunir les pièces de charpente de qualité et de dimensions convenables retarda beaucoup le commencement des travaux. Ni les chantiers de l'État, ni les forêts de la Couronne n'offraient les 110 chênes de 40 pieds, les 160 pièces de 24 pieds de longueur sur 2 pieds 3 pouces d'épaisseur, les 248 pièces de sapin de 60 pieds, les 220 de 43 pieds, ni enfin les 700 pièces d'autre nature que demandait l'architecte. Il fallut mettre à contribution forcée les forêts de la noblesse et charrier les charpentes à grands frais des frontières de la Pologne. Les matériaux les plus nécessaires ne purent ainsi être sur place qu'au mois de mai de l'année suivante.

Cependant les artistes italiens étaient arrivés à Berlin dès le mois d'avril 1741. On référa au roi, qui se trouvait alors en Silésie, pour savoir s'il fallait les renvoyer, faute d'un théâtre pour utiliser leurs talents. La réponse fut un ordre d'élever une scène provisoire dans une aile du château, afin qu'elle fût prête et l'opéra entièrement monté pour le retour du roi au mois de décembre. L'architecte, pris au dépourvu (car les plans déjà arrêtés n'étaient pas applicables), et forcé de se plier à la volonté royale, ne perdit pas son temps à la recherche de nouvelles combinaisons, et adopta simplement le plan du théâtre des petits appartements de Versailles. C'était, à cette époque, le meilleur modèle qu'il pût choisir.

Frédéric était si impatient de posséder enfin des chanteurs et un opéra comme en avaient les autres souverains de l'Europe, qu'arrivé le 11 novembre à midi, il commandait pour le soir même un concert dans lequel il pût entendre ses artistes italiens. Tel fut le régime despotique auquel Frédéric ne dérogea pas plus dans ses rapports avec les artistes qu'avec tous ceux qui dépendaient de sa volonté.

Le 13 décembre suivant, la salle provisoire étant terminée, on l'inaugura par la première représentation de *Rodelinda*, *regina de Longobardi*, paroles de Botarelli, musique de Graun. Les rôles étaient tenus par Maria Camal, surnommée la Farinella, Giovanna Gasparina, qui avait succédé par ordre du roi à Anna Lorio Campolungo, Giuseppe Santarelli, Giovanni Trivulzi, Maria Mariotti, Gaetano Pinetti et Ferdinando Mazzanti, tous recrutés par Graun en Italie. Ce fut le premier opéra régulier représenté à Berlin.

Nous renvoyons pour la description de la salle elle-même au livre déjà cité de M. Schneider, qui en a reproduit le plan d'après un document authentique. Nous avons hâte d'arriver à la construction de la célèbre *Maison de l'Opéra*, dont nous donnons les plans anciens et nouveaux à raison de l'importance de cet édifice, au point de vue de l'architecture et de l'histoire du théâtre. Ajoutons seulement qu'après l'inauguration de ce grand établissement, la salle provisoire du château servit, sous le nom de *Salle de Comédie*, aux représentations des troupes françaises que la cour de Prusse a presque constamment entretenues à son service, et qu'elle ne fut démolie qu'en 1805.

Nous avons dit que Frédéric n'avait donné d'abord que deux mois à Knobelsdorff pour élever le grand théâtre de l'Opéra, et que la recherche des matériaux avait considérablement retardé le commencement des travaux; sans attendre l'arrivée des trains de charpente, l'architecte avait dû se mettre à l'œuvre pour contenter son maître. Le 5 septembre 1741, les fondations se trouvèrent en état de recevoir la première pierre, qui fut posée solennellement, en l'absence du roi, par le margraf de Schwedt. Voici l'inscription commémorative gravée sur une plaque de métal et placée sous les fondations du grand salon :

FRIDERICUS II

REX BORUSSORUM

LUDIS

THALIAE ET MELPOMENES

SORORUM

SACRA HAEC FUNDAMINA

PONIT

ANNO MDCCXLI DIE QUINTO

SEPTEMBRIS

Que devenaient les Muses de la musique et de la danse, auxquelles pourtant l'édifice était consacré dès l'origine?

D'après ce que l'on connaît du caractère peu indulgent de Frédéric II, on concevra facilement qu'il s'impatientait des lenteurs inévitables dans une construction aussi importante que celle d'un grand théâtre, alors sans exemple dans toute la Prusse. Sans en attendre la fin et dès que l'intérieur fut couvert et en état de supporter le public, il fallut procéder à l'inauguration. Elle eut lieu avec une pompe extraordinaire, le 7 décembre 1742, par la première représentation de *Cesare e Cleopatra*, opéra expressément écrit pour la circonstance par le maître de chapelle Graun, qui fut pour Frédéric ce qu'était Hasse pour Auguste II, ce que Lulli avait été pour Louis XIV.

Il faut lire dans l'ouvrage de M. Schneider l'intéressante description de cette mémorable solennité artistique, à laquelle le roi avait convié toute sa cour, tout son état-major, tous les étrangers de distinction qu'il avait fait chercher par ses courriers dans les hôtels de Berlin. Quoique la salle fût loin d'être terminée, même intérieurement, et que le sapin et le plâtre se montrassent à nu, le public admira l'œuvre relativement grandiose de l'architecte, et applaudit avec enthousiasme au roi qui venait de doter son pays d'une institution civilisatrice, et d'embellir sa capitale par un monument remarquable.

La salle primitive offrait quelques différences avec le premier plan que nous en donnons, et qui représente l'état de ce théâtre avant l'incendie de 1843 ; la plus notable de ces différences est celle de l'avant-scène qui ne portait pas de loges en 1742 : des colonnes appuyées à des pilastres d'ordre corinthien séparaient la salle de la scène et isolaient l'action scénique, condition essentielle pour conserver l'illusion du spectacle. Seulement la séparation était ici trop sensible; outre les colonnes en question, espacées suivant les règles, l'avant-scène présentait au dehors deux courbes concaves en guise de cadre, décorées elles-mêmes de colonnes corinthiennes et formant les deux extrémités de l'orchestre des musiciens. L'aspect du théâtre ainsi encadré dans un bel ordre d'architecture devait être imposant; mais on le trouva peu commode pour les spectateurs placés dans les loges qui avoisinaient l'avant-scène. La colonnade corinthienne se continuait jusqu'au fond du théâtre, de chaque côté de la ligne des coulisses, et elle supportait une corniche et une voûte en maçonnerie, formant à l'occasion une salle de bal bien fermée. Le jeu des machines devait être notablement gêné par cette disposition, d'autant plus que, comme dans tous les théâtres de cette époque, il n'y avait, et il n'y a encore, qu'un seul dessous.

La salle de spectacle présentait alors quatre rangs de grandes loges égales et verticalement superposées à l'italienne. La grande loge royale n'existait pas ; celle du milieu, au premier rang, était carrée comme les autres et aussi simplement ornée ; Frédéric préférait se placer avec toute sa maison au milieu de ce que l'on appellerait aujourd'hui les stalles d'orchestre, n'ayant, bien entendu, des spectateurs que derrière lui ou à ses côtés. Le magnifique foyer ou *salon d'Apollon*, orné de cariatides supportant une galerie qui règne sur les quatre côtés de la salle, est resté le même depuis l'origine.

L'admiration des contemporains était encore plus générale et plus légitime pour les dehors que pour l'intérieur de ce bâtiment. Ses proportions, la régularité de son plan, sa décoration architecturale, son isolement complet étaient alors choses toutes nouvelles, et faisaient de ce théâtre le plus beau de l'Europe, sans excepter celui de Naples, malgré ses proportions gigantesques. Les architectes qui ont eu à restaurer et même à refaire entièrement l'œuvre primitive de Frédéric et de Knobelsdorff se gardèrent de rien changer aux quatre faces externes de ce bel édifice, qui avaient reçu l'approbation générale ; elles sont restées ce qu'elles étaient primitivement, et aujourd'hui, après cent vingt ans d'existence elles ne laissent encore rien à désirer au point de vue de l'ornement de la ville.

La première restauration considérable de la salle et du théâtre eut lieu en 1788, et fut l'œuvre de Langhans, qui a laissé dans l'art un nom justement respecté. La partie antérieure de la salle reçut alors une modification tendant à faciliter la vue du spectacle aux personnes placées dans les loges latérales ; les galeries furent avancées des deux côtés et rapprochées du théâtre, mais l'avant-scène resta garnie de colonnes sans loges : ce n'est que plus tard que le mauvais goût et l'esprit de spéculation introduisirent dans l'entre-colonnement de l'avant-scène les grandes loges que l'on voit sur coupe (Pl. 43).

Ce beau théâtre, commencé au mois d'août 1741, inauguré comme nous l'avons dit le 7 décembre 1742, ne fut réellement terminé que vers la fin de 1743. Le royal amateur était satisfait. A l'Opéra, comme sur le champ de bataille, il n'avait plus rien à envier à la cour de Dresde.

Frédéric II ne se borna pas à introduire les représentations lyriques et à fonder à Berlin le Théâtre National ; il les dirigea tou e sa vie, et jamais directeur ne fut, il faut le dire, ni plus adroit ni plus économe. Disons aussi à sa gloire que jamais prince n'eut pour son seul service, et à ses frais, un spectacle plus magnifique. Les comptes des théâtres de la cour et de l'Opéra de Berlin en font foi. Galliari, venu après Bibbiena, reçut environ 40,000 francs pour peindre six décorations. Les artistes de chant recevaient de 4.000 à 6.000 thalers d'honoraires, sommes considérables pour le temps : la danseuse Barbarina reçut jusqu'à 7,000 thalers ; l'éclairage de l'Opéra coûtait à lui seul plus de mille francs par soirée : il se composait en grande partie de grosses torches de cire portées par des candélabres ou des girandoles. Toutes les dépenses enfin, malgré les tendances parcimonieuses du Roi, étaient montées sur un pied qui semblerait exorbitant aujourd'hui.

On n'est pas moins étonné de voir un monarque de la trempe de Frédéric, aussi bon guerrier qu'habile homme d'État, consacrer à la direction de ses spectacles une notable partie de son temps ; tout se faisait sur son ordre, et bien qu'il déclarât à tout moment, et parfois assez brusquement, qu'il ne voulait pas être dérangé pour des détails, on ne pouvait rien faire au théâtre sans en référer au roi et attendre ses ordres, de sorte que la position d'intendant de ses spectacles fut toujours des plus difficiles à tenir.

Rien n'est plus curieux que la correspondance de Frédéric avec ses patients subordonnés, au sujet des affaires de théâtre : elle est écrite la plupart du temps en français, mais en un français de Berlin, que l'orthographe fantaisiste du roi-poète rend encore plus piquant. Le 13 juin 1771, il écrit au comte Zierotin, qui avait succédé à Schwertz dans l'intendance des spectacles :

« Les balets sont Trop Tristes, il faut quelque chose qui réjouisse et qui ne Coute pas, je ne Depense rien qu'un habit
« pour La Nouvelle Acctrisse, rien pour Les ballets, je ne Saï qui est La bournonvile elle peut Danssér, mais Comme
« Elle n'a aucune Cellebrité Certes je ne La garderai pas. »   F.

Toujours les mêmes préoccupations d'économie dans le faste. La lettre suivante, adressée au même personnage, prouve qu'à cette époque le vrai directeur des spectacles était encore le Roi :

« Je vous Montrerai apres Le Depart de ma Soeur Tout l'Etat de Depensse de Spectacles, et allors nous arangerons

« Le Tout Definitivement Pour les Opera, quant il s'en joue de tout Nouveaux allors, j'accorde pour Les Decorations, ce
« qui Va apeupres a 3000 Ecus [1] ensuite pour Les habits des acteurs ce qui fait apeupres 2500.

« Un Nouveau Corps de ballet 1200 ecus, chaque repressentation D'opera est Evaluée à 500 ecus, mais on me volle
« sur L'Illumination et Le Tailleur volle ce quil peut, chaque representation de Comedie me conte 100 ecus, L'Intermetzo
« de meme, et pour la Comedie ou il faut avoir un Nouvel Entrepreneur ou bien je tacherai de me Contentér d'une
« Troupe à Moy qui poura jouér devans Le public pourvû qu'on peye ases pour Defrayér ces gens des frais de
« repressentation. Potsdam ce 26 Juillet 1771. »   F.

Le roi qui se montrait disposé à affermer la Comédie et à la faire défrayer par le public, le roi, qui trouvait toujours
qu'on le volait et que tout coûtait trop cher, ne voulut cependant jamais faire payer son spectacle favori, l'Opéra, et
pendant tout son règne les places furent distribuées par invitation gratuite, suivant un réglement fixé dès l'origine par
le roi lui-même. Une fois, en 1770, cet état de choses fut sur le point de cesser. Un amateur italien, le comte Coltellini,
étant à Potsdam, proposait à Frédéric de se charger de l'entreprise des théâtres, se faisant fort de donner non-seulement
un meilleur spectacle, mais de verser à la caisse royale un notable excédant des bénéfices sur les frais.

Frédéric auquel toute économie était fort agréable allait accepter la proposition ; il ne demandait plus qu'à se réserver
la direction exclusive de la chapelle : l'alarme était dans le camp des musiciens aussi bien que des courtisans. On s'adressa
à Quantz, qui possédait toute la confiance de son royal élève ; on l'entoura, on le supplia de conjurer le danger. Le
soir, au concert, l'habile flûtiste trouva le moyen d'amener la conversation sur ce sujet. Frédéric lui parla du projet
de Coltellini et de l'intention qu'il avait de l'accepter. « Votre Majesté est le maitre de faire ce qu'elle désire, lui dit
Quantz ; seulement il faudra alors supprimer l'inscription du fronton de l'Opéra [2], car elle ne conviendrait plus au
nouvel état de choses. Le roi se tut et le projet n'eut pas d'autres suites.

L'opéra italien continua seul à occuper le principal théâtre de Berlin pendant tout le XVIIIe siècle et le commencement
du suivant. Frédéric II ne concevait pas que l'on pût chanter autre chose, ni que la nation allemande pût fournir des
chanteurs. Lorsqu'on lui parla de mademoiselle Schmeling, qui devint depuis si célèbre sous le nom de madame Mara,
Frédéric opposa d'abord un refus formel de l'entendre. « Une Allemande ! autant vaudrait, dit-il, faire chanter mon
cheval. » Il fallut ruser et presque le surprendre. Mais lorsqu'il eut entendu cette femme extraordinaire, une des plus
séduisantes cantatrices qui aient paru au théâtre, le royal dilettante se convertit ; on ajoute même qu'il se laissa totalement
subjuguer par la beauté de la femme autant que par le mérite de l'artiste. Toujours est-il que madame Mara fut la seule
actrice, après la Barbarina, qui osa résister à des ordres du roi, et qui imposa même ses volontés au despote de
Sans-Souci.

La passion de Frédéric pour le théâtre qu'il avait créé se ralentit vers la fin de son règne, à partir de la guerre pour
la succession d'Autriche. Ses successeurs maintinrent toujours l'opéra italien au Grand-Théâtre, tout en favorisant les
tentatives souvent répétées pour créer un opéra allemand. Mais, en 1806, soit que le public fût rassasié du répertoire
bouffe, soit que les bons artistes italiens, engagés à l'envi par d'autres cours de l'Europe, fissent défaut au Théâtre de
Berlin, soit enfin que l'esprit national supportât à contre-cœur les artistes d'une nation qui avait embrassé la cause de
la France, alors en guerre avec la Prusse, les chanteurs italiens furent congédiés, et le Théâtre de l'Opéra ferma ses
portes.

L'ombre de Frédéric dut frissonner d'horreur en voyant le bel édifice qu'il avait élevé et entretenu avec amour,
converti, après l'entrée des Français, en magasin de pain. Il fut même question d'en faire un hôpital, mais le projet ne
fut pas mis en exécution.

Lorsque la Prusse eut pris sa juste revanche et que la paix vint restaurer les arts abandonnés pendant la guerre, la
salle de l'Opéra fut mise à la disposition des chanteurs allemands, qui depuis cette époque l'ont toujours gardée. Les
Italiens n'ont plus fait que de courtes apparitions à l'Opéra de Berlin, jusqu'à ce que le Théâtre de la Königstadt leur
offrit un asile plus stable.

Aujourd'hui, les chanteurs italiens donnent leurs représentations sur le beau Théâtre Victoria, construit l'année
dernière dans un nouveau quartier de Berlin et dirigé en ce moment par MM. Cornet et Lorini.

La salle de l'Opéra de Berlin a eu le rare avantage de voir célébrer le centième anniversaire de son inauguration, le
7 décembre 1842. Sauf les restaurations intérieures et partielles dont nous avons parlé, l'édifice était bien encore le

---

[1] Ce que Frédéric appelle écus étaient les thalers de Prusse qui vaudraient aujourd'hui plus de 6 fr.

[2] *Fridericus Rex Apollini et Musis.*

même que Knobelsdorf avait bâti cent ans auparavant; toutes ses parties offraient encore assez de solidité pour faire espérer qu'il serait conservé longtemps à la gloire du fondateur, lorsque le 18 août 1843, à l'issue d'une représentation, un violent incendie embrasa le théâtre et ne laissa subsister que les murs extérieurs du monument.

L'intensité du feu, la quantité de brandons enflammés qui s'échappaient comme du centre d'un volcan et retombaient dans toutes les directions, firent craindre un instant pour les édifices voisins, notamment le Palais du Prince de Prusse et la Bibliothèque. Le concours actif de la population écarta le danger. Mais ce sinistre constata une fois de plus de quelle importance est pour une ville l'isolement complet des théâtres.

Dès le lendemain de l'incendie, le roi, s'étant rendu sur le lieu du sinistre, annonça que la reconstruction du théâtre serait entreprise immédiatement. Le 7 décembre 1844, la nouvelle salle était inaugurée par la première représentation d'un opéra de Meyerbeer, *le Camp de Silésie*, composé exprès pour cette solennité.

C'est M. Langhans, architecte du gouvernement qui eut l'honneur de cette reconstruction. Ainsi qu'on peut le voir par les planches que nous donnons (Pl. 44, 45), le nouvel état de choses ne diffère pas essentiellement de l'ancien. Les quatre murs extérieurs, et, par conséquent, les proportions générales de l'œuvre de Knobelsdorf ont été maintenus. Les changements ont porté principalement sur la disposition intérieure de la salle, dont la courbe a été modifiée par l'élargissement de l'avant-scène. Les trois loges les plus rapprochées du théâtre forment de chaque côté un large et majestueux encadrement, complété par l'arc surbaissé d'une largeur égale à celle de ces trois loges. La tribune royale, placée en face du théâtre, est une des plus vastes qui soient en Europe. Entre cette saillie et celle de l'avant-scène, les galeries uniformes n'ont pas assez de longueur pour créer cette monotonie que l'on reproche aux théâtres bâtis à l'italienne.

La décoration de la salle est splendide; elle offre un éclatant spécimen de l'état de l'art dans la capitale de la Prusse.

La dépense totale de cette reconstruction s'est élevée à 500,000 thalers.

EXPLICATION DES PLANCHES

PLANCHE 42.

PLAN DU THÉÂTRE DE L'OPÉRA DE BERLIN AVANT L'INCENDIE DE 1843.

A. Péristyle avec escalier à double rampe sous lequel est l'entrée principale du théâtre.

B. Vestibule et grande salle dite des Cariatides et des concerts. (Les jours de gala, cette pièce est occupée par la famille royale et les principaux personnages de la cour; mais, dans ces jours solennels, le public est admis au balcon supérieur.)

CC'. Petit salon et loge royale. Entrée du parterre.

D. Parterre.

E. Parquet.

F. Orchestre des musiciens.

G. Plancher de la scène et étage souterrain.

H. Foyer des artistes en vestibule d'entrée.

h. Magasin et corridor de service des loges d'acteurs.

I. Escalier de service de la scène.

J. Loges d'avant-scène.

K. Passage et corps de garde.

L. Salle d'attente à la sortie du spectacle.

M. Entrées latérales.

N. Loges particulières.

O. Corridor des loges.

P. Escaliers desservant les loges supérieures.

PLANCHE 43.

Coupe longitudinale.

PLANCHE 44.

Façade principale.

PLANCHE 45.

PLAN DU MÊME THÉÂTRE APRÈS SA RECONSTRUCTION EN 1844.

NOUVEAU THÉATRE (SALLE DE COMÉDIE)

A BERLIN

Dès l'année 1742, c'est-à-dire pendant que Knobelsdorff construisait la salle de l'opéra de Berlin, Frédéric II pensait à doter sa capitale d'un grand théâtre pour la comédie allemande; le maître charpentier Schrenemann avait reçu l'ordre de préparer les plans de cette construction, et le 22 novembre, il écrivait au roi pour lui demander de fixer l'emplacement; mais des motifs restés inconnus empêchèrent la réalisation de ce projet.

Ce n'est qu'en 1774 que le second grand théâtre de Berlin s'éleva sur ses fondations, au milieu de la place dite des *Gendarmes*. La salle avait deux rangs de loges, plus une galerie supérieure et contenait douze cents spectateurs. Elle fut d'abord consacrée aux représentations de la troupe française, qui avait occupé auparavant divers petits théâtres, entre autres celui de Bergé rue d'Oranienbaum.

Lors de son avénement au trône (1786), Frédéric-Guillaume II, qui protégeait l'art dramatique autant par goût que par raison d'État, ordonna que cette salle, abandonnée par les acteurs français dès 1778, fut reconstruite et mise à la disposition de Dœbbelin, directeur de la troupe allemande qui jouait depuis 1775 dans la petite salle de Schuch, *Behrenstresse* (rue aux Ours). A partir de cette époque, l'édifice prit le nom de *Théâtre national allemand* : son exploitation se fit pour le compte du roi.

Iffland dirigea ce théâtre de 1796 jusqu'à sa mort, survenue en 1814. L'impulsion que le grand artiste donna aux représentations dramatiques nationales fit bientôt trouver cette salle insuffisante. Sa démolition fut décidée en 1800: moins de deux ans après, le nouvel édifice était inauguré (le 1er janvier 1802) par la première représentation des *Croisés* de Kotzebue, précédés d'un discours de circonstance. La foule qui se pressa à cette occasion dans la nouvelle salle fut si grande qu'un nombre considérable de personnes furent étouffées et foulées aux pieds. La gravure a conservé le souvenir de cette scène de désordre et de désolation.

C'est cette même salle, dont l'aspect extérieur avait quelque ressemblance avec le théâtre de l'Opéra, qui brûla en 1817, et fit place au théâtre actuel, commencé en 1819 et inauguré à la fin de 1820.

Disons en peu de mots notre pensée au sujet de cette construction due au talent d'un architecte justement renommé, M. Schinkel, qui en a publié tous les détails dans son recueil intitulé *Collection de Projets d'ouvrages d'architecture*, édité en 1820. La façade est admirable : elle offre un élégant péristyle de six colonnes, appliqué de la seule manière qui convienne à un théâtre, dans un climat rigoureux, c'est-à-dire posé au faîte d'un large perron sous lequel on a ménagé le passage à couvert des voitures. Le plan de l'édifice se divise en trois corps à côtés parallèles; celui du milieu, le plus élevé parce qu'il contient la salle et le théâtre est soutenu par les deux pavillons contigus, qui renferment des dépendances et qui, à l'extérieur, ont le précieux avantage de couper en deux l'élévation totale de l'édifice et d'en rendre ainsi les proportions plus harmonieuses, le coup d'œil plus agréable. Mais le plan de la salle, bien qu'il présente la forme semi-circulaire que nous avons trouvée convenable pour les représentations parlées, a le grave désavantage, si commun sur tons les théâtres actuels, de resserrer l'avant-scène et d'entraver ainsi les rayons visuels des places latérales. Il serait facile d'obvier à cet inconvénient en séparant plus complétement la salle et la scène.

En 1853, le *Nouveau Théâtre* a été l'objet d'une restauration importante. Elle coûta 65,000 thalers et amena un remaniement complet dans la disposition de la salle; il s'en est suivi une réduction du nombre des places de 1,350 à 1,200 et conséquemment une diminution de la recette *maxima* de 700 à 600 thalers (environ 2,300 fr.). Réforme peu usitée comme on le pense, et qui ne pouvait convenir qu'à un entrepreneur-roi.

A part le défaut que nous avons signalé, le Nouveau Théâtre de Berlin est un des plus beaux qui existent : il peut être cité comme un modèle aux architectes qui auront à bâtir les nouveaux théâtres de Paris.

Berlin possède aujourd'hui plusieurs autres salles de spectacle construites avec élégance et solidité; nous avons cité celle de la *Kœnigstadt*, consacrée aujourd'hui au drame et à la comédie, et le nouveau théâtre Victoria, récemment inauguré par une nouvelle troupe de chanteurs italiens.

EXPLICATION DES PLANCHES

PLANCHE 46.

PLAN DU REZ-DE-CHAUSSÉE ET DU PREMIER ÉTAGE.

A. Péristyle au-dessous duquel passent les voitures.
a. Corridor des loges.
a*. Escaliers des loges supérieures.
B. Parterre, parquet et orchestre des musiciens.
b. Escalier aboutissant au vestibule, sous le péristyle.
C. Plancher de la scène.
c. Foyer public.
d. Escalier principal des loges.
e. Foyers des acteurs et des musiciens séparés par une cloison mobile.
f. Cour éclairée par des vitrages.
g. Corridor de service.
h. Dépôt des accessoires et ustensiles de la scène.
i. Escalier des acteurs.
j. Escalier des magasins de costumes, etc.
k. Passage.
l. Salle vitrée.
m. Escalier de l'orchestre.
n. Loges de l'avant-scène.
o. Loges du rez-de-chaussée et entrée du parterre.
p. Entrée du parquet.
q. Escalier du service de la scène.
r. Escaliers du service de dessous le théâtre.
s. Loges des acteurs et actrices

PREMIER ÉTAGE.

A. Péristyle.
B. Parterre, parquet et orchestre des musiciens.
C. Plancher de la scène.
D. Salle des fêtes et concerts.
E. Grande tribune.
F. Salle d'attente.
G. Grand escalier des fêtes.
H. Salon de plain-pied avec le balcon occupé par la famille royale.
I. Cour éclairée par des vitrages.
J. Passage.
K. Escalier des tribunes.
L. Petite tribune et balcon communiquant à la grande tribune.
M. Galerie reliant ensemble les deux ailes du théâtre.
N. Escalier des loges.
O. Entrée de la petite loge royale à l'avant-scène.
P. Entrée de la galerie et corridor des loges.
Q. Escalier particulier de la loge d'avant-scène.
R. Grande loge royale.

PLANCHE 47.
Coupe longitudinale.

PLANCHE 48.
Coupe transversale.

PLANCHE 49.
Façade principale.

THÉATRE DE HAMBOURG

Si nous pouvions entreprendre à cette place l'histoire littéraire du théâtre de Hambourg, nous écririons l'histoire à peu près complète de l'art dramatique en Allemagne. Non-seulement Hambourg a été une des premières villes de ce pays en possession d'un théâtre régulier et permanent, mais on peut dire que tout ce que l'Allemagne a produit de grands artistes et d'œuvres remarquables a passé devant le public hambourgeois.

On pourrait faire remonter bien haut le commencement des représentations dramatiques dans l'opulente ville libre qui, au commencement du xviie siècle, donnait des troupes et un répertoire à des capitales plus considérables. *Irenaromachia*, tragi-comédie d'Ernest Stapel, y a été représentée en 1630. En 1692, maître Jean Veltheim y parut avec sa troupe saxonne, dans laquelle figurait le *Hanswurst*, l'Arlequin des Allemands. Depuis cette époque les troupes dramatiques se sont succédé presque sans interruption. Les comédiens italiens semblent avoir précédé les Français sur le théâtre de Hambourg, mais ces derniers s'y sont maintenus plus longtemps et n'ont pas peu contribué à faire l'éducation dramatique des Allemands et des Hollandais.

Une femme de génie, qui fut aussi habile directrice que bonne actrice et même auteur, la célèbre Neuberin entreprit, vers 1728, la réforme de la scène germanique, en brûlant solennellement sur la place de Leipzig le mannequin du Hanswurst.

Cependant la construction des théâtres, ainsi que nous l'avons fait remarquer dans l'Introduction, n'a pas suivi de près en Allemagne comme en France le développement de l'art dramatique. Au xviie siècle et au commencement du xviiie, les représentations de ce genre avaient lieu, à Hambourg, dans des baraques élevées provisoirement sur la place du Marché, ou à la *Fuhlentwiete*, ou à l'*Hôtellerie de Hollande*, situées dans la même rue.

Dès 1677, Gerhard Schott, amateur éclairé et généreux, était parvenu, à l'aide de quelques amis, à fonder l'opéra allemand[1] bien avant que ce genre de représentation fût adopté dans les autres grandes villes de l'empire, où l'opéra italien trôna seul pendant longtemps.

L'introduction des représentations en musique amena la construction d'une salle régulière pour l'opéra, derrière le Marché aux Oies (*Gænsemarkt*). Cette salle, bâtie en 1668, servit successivement à des troupes dramatiques, qui n'y prospérèrent pas toujours: le prix élevé du loyer décida quelques directeurs, madame Schroeder entre autres, à préférer l'ancienne baraque de la place du Marché.

A l'arrivée des chanteurs italiens en 1740, la salle d'opéras fut entièrement remise à neuf. Mais un autre directeur, Bigottini, ne pouvant s'arranger avec les propriétaires de cette salle, en fit construire une au manége des Dragons; c'est là que jouèrent ensuite les troupes comiques de Schoneman et d'Ackerman, jusqu'à ce que ce dernier trouvât les moyens de bâtir un nouveau théâtre sur l'emplacement de la vieille salle d'opéras qui tombait en ruines.

Cette nouvelle construction, terminée en 1765, ne réussit pas non plus comme modèle du genre; plus tard Schroeder en corrigea les imperfections les plus sensibles. Lessing exerça près de ce théâtre les fonctions de directeur de la scène, et y puisa les éléments de sa célèbre dramaturgie, qui est encore en Allemagne en grande considération. L'opéra enfin y reparut en 1787, par une œuvre de Mozart, *Costanza et Belmonte*, et s'y maintint de longues années, en alternant souvent avec des troupes dramatiques.

[1] Le premier opéra donné à Hambourg en langue allemande est intitulé : *La Création, la Chute et le Rachat de l'homme.*

D'autres salles de spectacle se sont élevées à Hambourg pendant le xviii⁰ siècle ; nous mentionnerons, comme la meilleure et la plus élégante, le *Théâtre d'Apollon*, bâti par les Français à la *Drehbahn*. Mais l'établissement d'une taxe sur le produit brut de la recette fit tomber l'une après l'autre toutes les entreprises théâtrales. Ce n'est qu'à force de sacrifices de toutes sortes que l'acteur le plus aimé du public, Schroeder, parvint à se maintenir au théâtre principal, qui reçut en 1809 le titre de *Stadttheater*.

Cet édifice, qui datait comme nous l'avons vu de 1765, n'étant plus en rapport avec les besoins du temps, la construction d'une nouvelle salle fut décidée (1822). Deux cents actionnaires, réunis sans difficulté, constituèrent le capital demandé. Mais il ne fut pas aussi aisé de trouver dans l'intérieur de la ville, resserrée par des fortifications, un emplacement convenable. Il fallut traiter avec la famille Schroeder, propriétaire du vieux théâtre. Ce n'est qu'en 1826 que les parties contractantes parvinrent à se mettre d'accord. L'architecte de la ville, M. Weimel, commença les travaux au mois de mai, sur les plans fournis par M. Schinkel ; le 2 mai 1827, le nouveau théâtre était inauguré par un prologue de Praetzel et l'*Egmont* de Gœthe. Le premier opéra fut *Jessonda*, de Spohr.

On aurait peine à comprendre comment le même architecte qui a élevé le magnifique Théâtre National de Berlin a pu donner à celui de Hambourg un aspect aussi peu monumental, si l'on ne savait que les plans de M. Schinkel ont été profondément modifiés par cet esprit d'étroite parcimonie qui domine trop souvent dans les conseils communaux. On a réduit la décoration extérieure de l'édifice à une simplicité qui ne convient guère au premier théâtre d'une grande et opulente cité ; on a voulu des boutiques au dehors, et une augmentation de places dans la salle, qui peut contenir aujourd'hui 2,500 personnes. Néanmoins l'entrée et la sortie sont habilement ménagées, et les dispositions prises contre l'incendie, ainsi que les appareils de chauffage, peuvent servir de modèle aux principaux théâtres de l'Europe.

Les peintures de la salle ont été exécutées par M. Gropoins, sur les dessins de Schinkel. Les décorations de la scène sont l'œuvre de M. Cocchi.

Le théâtre, mis en vente par les actionnaires en avril 1855, a été acheté par M. Homann, qui a passé location à M. Sachse, directeur actuel, moyennant une somme de 14,000 marcs cour. Le bail expire le 1ᵉʳ août 1866.

Hambourg possède, depuis 1843, une seconde salle de spectacle, dite *Thalia-Theater*, destinée spécialement au drame et à la comédie. Les restrictions administratives ne lui ont guère permis de prospérer.

EXPLICATION DES PLANCHES

PLANCHE 50.

PLAN

REZ-DE-CHAUSSÉE.

A. Vestibule.
a. Contrôle des billets.
B. Café.
b. Bureau de distribution des billets.
C. Escalier des premières loges.
c. Trappes diverses.
D. Escalier des secondes loges.
d. Trappisons des décorations équipées dans les dessous du théâtre.
E. Escalier de la galerie ou paradis, desservant également l'atelier des peintres.

> NOTA.—L'escalier parallèle dessert aussi les troisièmes loges.

F. Entrée particulière.
G. Entrée du parterre.
H. Parterre.
I. Parquet.
J. Orchestre des musiciens.
K. Plancher de la scène.
L. Loge d'avant-scène.
M. Escalier de communication de la salle à la scène.
N. Prolongement de la scène.

> NOTA.—Les lignes ponctuées indiquent l'emplacement des calorifères.

O. Dépôt des décorations.
p. Escalier de service de la scène.

Q. Bibliothèque.
R. Chambre de la direction.
S. Bureau de location des loges, etc.
T. Logement du gardien du théâtre.
U. Dépendance du café

PREMIER ÉTAGE.

A. Corridor des loges.
B. Garde-robe pour les dames.
C. Loges de face et de côté.
D. Loges d'avant-scène.
E. Escalier des loges d'artistes.
F. Corridor de service.
G. Loges des choristes.
H. Loges des actrices.

> NOTA.—Les loges des acteurs et actrices étant situées à droite et à gauche de la scène, l'emplacement de A en B qui règne au-dessus, au niveau du paradis, sert de dépôt pour les divers accessoires des décorations.

PLANCHE 51.
COUPE LONGITUDINALE.

B. Atelier des peintres.
A. Salle des répétitions, avec chambres à la suite.
C. Atelier des menuisiers.
D. Pont de service des corridors du théâtre.
E. Tablettes sur lesquelles on dépose les toiles de fond et plafonds.

PLANCHE 52.

Façade principale.

THÉATRE ROYAL DE MUNICH

La cour de Munich a été de bonne heure une des plus brillantes de l'Allemagne. Les ballets-opéras, par lesquels on fêtait, dans la maison de Bavière, les naissances, les mariages des princes et des princesses, et leurs anniversaires, ont précédé les représentations du même genre, que donnèrent plus tard, avec plus d'éclat, les cours de Vienne, de Dresde et de Berlin. Le théâtre était alors dressé dans le palais même, à l'extrémité d'un grand salon dit des Hercules. Nous avons sous les yeux plusieurs de ces ballets imprimés, la plupart en italien, quelques-uns en français, enrichis de gravures qui reproduisent les décorations et l'encadrement de la scène; nous ne trouvons à la même date (de 1656 à 1674) que les représentations d'Italie ou de Paris qui puissent leur être comparées. Les rôles étaient tenus par les princes et les princesses de la maison ducale, par les gentilshommes et les dames de la cour, par des membres du corps diplomatique; à côté des noms allemands des Volkenstein, des Lamberg, des Tattemback, des Spaur, figurent quelques noms français, de La Pérouse, de Beauvau, de Lodron, de Marimont, et quelques italiens, les Scaravella, les Crivelli, etc. Toute cette noblesse chantante et dansante était guidée et animée par la duchesse Adélaïde de Savoie, qui avait probablement importé la première ces sortes de divertissements, fort en vogue alors à la cour de son père.

L'électeur Ferdinand, mari de cette princesse, non moins passionné qu'elle pour le drame lyrique, fit construire en 1658, dans le manége situé derrière l'église Saint-Sauveur, un théâtre provisoire d'Opéra, qui subsista pendant un siècle et demi. Une troupe italienne, qui devint célèbre dans toute l'Allemagne et se maintint sous plusieurs règnes, en fit l'inauguration par une pièce de musique intitulée *Fedra incoronata*. Enfin Maximilien III, continuant les traditions artistiques de ses devanciers, éleva dans son propre palais, en 1752, une vaste salle d'Opéra d'une grande magnificence, et dans laquelle des représentations d'apparat étaient encore données en 1825. Nous croyons même que ce curieux échantillon d'un genre disparu dans les autres capitales n'a pas été détruit jusqu'ici.

Le théâtre populaire commence à Munich, comme en d'autres pays, par les Mystères. En 1597, les Jésuites, voulant fêter dignement l'inauguration de leur église de Saint-Michel, font représenter en plein air, par leurs élèves, un drame en règle, le *Combat de l'archange Michel avec Lucifer*. Neuf cents personnes, dit-on, agissaient dans cette pièce qui dépassait tout ce qui s'était fait jusqu'alors, tant par ses proportions colossales que par le prestige des décorations, des machines et de la musique.

Des représentations moins grandioses, mais peut-être plus littéraires et presque toujours en latin, furent encore données par les Jésuites, notamment à l'occasion des examens annuels. Nous avons déjà dit que le clergé n'était pas à cette époque aussi hostile au théâtre qu'il l'est devenu depuis: Molière n'avait pas encore écrit son *Tartufe*.

La comédie profane et régulière se développa aussi tard en Bavière que dans le reste de l'Allemagne; entre le théâtre des Jésuites et l'Opéra italien de la cour, Munich ne connaissait encore que la farce grossière des temps primitifs, lorsque, à l'instigation de l'Académie des sciences, une société se forma en 1771 pour la création d'un théâtre national. Le répertoire moderne, interprété par de bons artistes, ne tarda pas à trouver faveur dans la société élégante de Munich, si bien que Maximilien III permit aux comédiens de jouer alternativement avec les chanteurs italiens sur le théâtre de l'Opéra. Un édifice spécial pour la comédie et le drame populaire ne fut élevé qu'en 1811 : c'est le théâtre de la Porte d'Isar, qui existe encore.

C'est aussi en 1811 que la construction d'un grand théâtre royal fut décidée. L'architecte Fischer, chargé d'en tracer les plans, s'inspira de l'Odéon de Paris ; mais il compléta son œuvre par un système de vastes dépendances qui reliaient le théâtre au palais du Roi, et offraient des dégagements et des locaux de service inusités jusqu'alors.

Le nouveau théâtre, terminé en 1818, fut spécialement consacré à l'opéra italien. Mais, en 1823, l'incendie vint mettre un terme aux succès des chanteurs d'outre-monts, et détruire en quelques heures un des plus beaux théâtres de l'Allemagne. C'était le 14 janvier. On jouait un ballet intitulé *Le Braconnier ;* un rideau de gaze, agité par un courant d'air, prit feu à une lampe et communiqua à l'instant la flamme à la feuille de décoration qui le portait ; le feu, gagnant en quelques secondes les toiles placées dans les cintres, coupa les conduits avant que l'on eût le temps d'en faire usage, et mit ainsi les réservoirs hors de service. Dès ce moment le théâtre était perdu ; tous les efforts n'eurent plus pour objet que de concentrer les ravages du feu à l'intérieur de l'édifice.

Ce désastre fut vivement senti. La florissante capitale du nouveau royaume de Bavière n'avait pas trop de deux théâtres ; d'un autre côté, l'œuvre de Fischer, malgré les défauts que nous allons signaler, était réputée fort belle et décorait admirablement la place de Maximilien-Joseph. Il fut donc décidé que le théâtre serait immédiatement reconstruit sur les mêmes plans, dans tous leurs détails, afin que le nouvel édifice fût la reproduction exacte de l'ancien.

Les travaux furent dirigés par une commission d'architectes sous la direction de M. de Klenze, aux talents duquel Munich doit plusieurs de ses beaux monuments. La nouvelle salle ouvrit ses portes en janvier 1855.

Nous n'avons pas à nous étendre pour faire remarquer les parties qui distinguent cet édifice et les défauts qui nous empêchent de le trouver parfait. La façade est admirable, sans contredit ; une colonnade précédée d'un vaste perron fera toujours bon effet, et pour un théâtre, nous l'avons dit, cette décoration a de grands avantages ; mais ici elle a, comme à l'Odéon, le grave inconvénient de ne pas admettre la descente à couvert, qui est encore plus nécessaire que la colonnade. Le plan de l'édifice (Pl. 53) est un parallélogramme largement développé, et offrant toutes facilités pour entourer la salle et le théâtre de tous les locaux dont ils ont besoin. On y remarquera un vaste foyer derrière la scène, disposition d'une grande importance et trop souvent négligée. Si l'on examine la coupe longitudinale (Pl. 54), on voit que la hauteur des cintres permet d'enlever les rideaux de fond des décorations, sans les plier, ce qui offre le triple avantage de simplifier les manœuvres, de doubler les masses de toile suspendues dans cette partie, et surtout de conserver la fraîcheur des peintures si promptement détruites par les frottements. Nous avons dit que, par une suite de salons et de galeries, on passe du théâtre au palais du roi, sans que ce voisinage présente un danger sérieux en cas d'incendie, ainsi que l'expérience l'a prouvé en 1823.

Mais toutes les beautés, tous les avantages de cette construction ne rachètent pas le vice fondamental de la courbe de la salle de spectacle, qui est circulaire, du rétrécissement de l'avant-scène et de sa décoration à colonnes saillantes. Nous nous sommes déjà assez longuement expliqué à ce sujet dans l'Introduction, pour n'avoir pas besoin d'y revenir. Les personnes qui assistent aux représentations du Théâtre royal de Munich, dans des loges de côté, doivent être de notre avis.

EXPLICATION DES PLANCHES

PLANCHE 53.

A. Péristyle et entrée du parterre sous la loge royale.
B. Vestibule principal du premier étage.
C. Vestibules latéraux pour les piétons et premier étage.
D. Parterre ou parquet.
E. Orchestre des musiciens.
F. Plancher de la scène.
G. Magasin des décorations et salle des rafraîchissements pendant les bals.
H. Dépôts des décorations du répertoire courant.
I. Régie du théâtre et loges des artistes, etc.
J. Grands escaliers d'honneur et des loges.
K. Escaliers de service de la scène.

K*. Escaliers particuliers des loges royales.
L. Loges du premier étage.
M. Galerie des premières loges.
N. Loges d'avant-scène du Roi et du duc de Leuchtenberg.

PLANCHE 54.

Coupe longitudinale.

PLANCHE 55.

Coupe transversale.

PLANCHE 56.

Façade principale.

THÉATRE DE L'OPÉRA

PRÈS LA PORTE DE CARINTHIE, A VIENNE

Ceux qui ne connaissent pas la topographie de la ville de Vienne doivent s'étonner de voir l'architecture théâtrale si peu en honneur dans la capitale d'un grand empire, dans une ville de 500,000 âmes, où l'abus de la centralisation attire sans cesse un grand nombre de voyageurs, et concentre les moyens d'action de différents peuples. L'étonnement cesse quand on considère que la ville proprement dite, d'une étendue fort restreinte, est entourée, aujourd'hui encore, d'une haute et épaisse muraille au delà de laquelle s'étendent les glacis qui séparent la cité de ses faubourgs. L'Opéra se trouvant, ainsi que le théâtre de la Cour, à l'intérieur de la ville où l'espace est si limité, tous les projets de sa reconstruction se sont constamment heurtés contre la question d'emplacement, question insoluble tant que la démolition des remparts ne sera pas décidée.

Un mot d'abord sur l'origine de ce théâtre.

L'Opéra italien a précédé à Vienne l'établissement du théâtre dramatique en langue allemande. Nous avons déjà mentionné dans l'Introduction la grande salle de spectacle que la cour avait fait élever dans une dépendance du Palais vers 1667. Burnacini et Kusel nous en ont conservé une vue perspective intérieure, gravée sur une grande feuille et annexée à la magnifique édition de *Il Pomo d'oro*, qui fut, croyons-nous, la pièce d'inauguration.

Le goût croissant de la population viennoise pour l'opéra italien décida la municipalité à élever un théâtre public. François Galli de Bibbiena en donna les plans et dirigea les travaux. Mais il y a incertitude quant à la date de cette construction. Les biographes de Bibbiena la font commencer en 1704, tandis que, suivant les diligents auteurs du *Theater-Lexikon*, le théâtre de la Porte Carinthie n'aurait été élevé qu'en 1709; ils ne nomment pas le célèbre architecte. Nous croyons la première date plus certaine, puisqu'il est avéré qu'une troupe de chanteurs italiens donnait des représentations à Vienne en 1705. Quant à la paternité de l'œuvre, elle n'est pas douteuse : il suffit de jeter un coup d'œil sur le plan pour reconnaître, même dans la reconstruction, la trace du style caractérisé des Bibbiena. En effet, cette reconstruction, qui eut lieu de 1761 à 1763, à la suite d'un incendie, a dû reproduire, à peu de chose près, l'ancien plan de la salle, puisqu'on a conservé tous les anciens murs qui l'enserrent dans des bornes infranchissables.

Le théâtre de la Porte Carinthie avait été inauguré primitivement par la troupe italienne de Ristori. Mais il servit également, avant et après l'incendie, à des troupes ambulantes françaises, qui alternaient avec l'opéra italien, au grand déplaisir des artistes nationaux.

L'empereur Joseph II, qui fut pourtant si éclairé et si libéral, ne se montra guère partisan des artistes étrangers; il renvoya Italiens et Français afin de favoriser les troupes indigènes. C'est de cette époque que date pour Vienne l'introduction de l'opéra allemand, lequel, soutenu par esprit national, remplaça peu à peu l'opéra italien sur tous les théâtres de la Confédération germanique. Mais la politique de la maison d'Autriche ne tarda pas à le rappeler à Vienne où, depuis Léopold II, il est resté en permanence. Aujourd'hui, les chanteurs des deux nations se partagent l'année au même théâtre : les Italiens l'hiver, les Allemands l'été; ils reçoivent une subvention fort considérable.

Au point de vue de l'architecture, nous n'avons rien à ajouter à ce que nous avons dit dans l'Introduction sur les théâtres allemands et sur le style des Bibbiena. Nous ne donnons le plan et la coupe de cette salle qu'à cause de l'importance de la scène, qui est de premier ordre au point de vue artistique ; mais nous ne saurions trouver dans les deux dessins la moindre partie digne d'être signalée, si ce n'est comme un mauvais modèle qu'il ne faut pas imiter. On parle toujours de reconstruction ; nous avons même sous les yeux un très-beau projet, signé Carli, applicable à un emplacement moins restreint, et digne par son architecture d'orner une grande capitale. Mais il est douteux qu'un projet grandiose se réalise à Vienne : le budget de la guerre absorbe toutes les ressources de l'empire d'Autriche.

EXPLICATION DES PLANCHES

PLANCHE 57.

PLAN

L'extrême simplicité de cette construction, qui se compose de la scène et de la salle, sans accessoires, rend une légende superflue.

PLANCHE 58.

Coupe longitudinale.

THÉATRE DE CARLSRUHE

Comme dans la plupart des villes de l'Allemagne, le théâtre apparaît tard à Carlsruhe, et ne commence que par des représentations données pour la cour dans le château ducal. *Celinda*, petit opéra italien, y a été joué en 1713; mais à partir de cette date, on ne retrouve aucune mention de représentations théâtrales jusqu'à 1784. A cette époque, Jean Appelt, directeur d'une troupe allemande, obtint de la cour la jouissance d'une petite salle que l'on avait disposée dans le bâtiment de l'orangerie, et il inaugura par un opéra-comique allemand (*die Eingebildeten Philosophen*) une série de représentations qui dura six mois. Après Appelt et François Bulla qui lui succéda, vint de Strasbourg, en 1803, la troupe de Vogel, qui ouvrit, on peut dire, une nouvelle ère pour le théâtre de Carlsruhe, en établissant d'une manière presque permanente la comédie, la tragédie et l'opéra.

Le succès qu'obtinrent ces représentations décida la cour à faire élever un théâtre plus vaste et plus conforme aux nouveaux besoins. La construction, confiée à l'architecte Frédéric Weinbrenner, commença en 1807. La nouvelle salle ouvrit pour la première fois ses portes le 10 octobre 1808, en donnant un opéra de Spindler intitulé *das Waisenhaus*.

Depuis lors, le public de cette charmante capitale n'a plus été privé de représentations théâtrales, et pour en assurer la durée, le grand-duc a alloué une subvention qui s'élève aujourd'hui à cent mille florins.

Weinbrenner a publié lui-même en 1809, à Tübingen, les plans et les détails de son théâtre, en les faisant précéder de considérations générales sur ces sortes de constructions. C'est d'après son ouvrage que nous donnons le plan et l'explication qui l'accompagne.

Le Théâtre occupe une aile du château, et se trouve admirablement situé au bord d'une belle allée de platanes et en face d'une des larges avenues qui conduisent à la résidence grand-ducale. Abstraction faite de la forme circulaire de la salle, qui marque bien l'époque de sa construction, les autres dispositions de l'édifice sont fort belles et ont toujours été appréciées. Nous recommandons surtout le système d'escaliers, qui est ici plus largement conçu que dans bien des théâtres plus considérables et plus modernes.

EXPLICATION DES PLANCHES

PLANCHE 59.

REZ-DE-CHAUSSÉE.

A. Grand vestibule.
A'. Second vestibule ou salon d'entrée.
B. Escaliers conduisant séparément à chaque rang de loges.
C. Escalier du parterre.
D. Parterre.
E. Stalles fermées.
F. Orchestre des musiciens.
G. Scène.
H. Magasin de costumes.
I. Escalier de service.
K. Loges de pourtour.
L. Avant-scène.
M. Café-restaurant et habitation du limonadier.
N. Caisse et distribution des billets.

O. Buvette.
P. Couloir de communication.

PREMIER ÉTAGE.

A. Grand foyer et salle de concert.
B. Second foyer.
B'. Escaliers séparés pour chaque étage
C. Loge grand-ducale.
C'—K. Premières loges.
H. Loges d'artistes.
I. Petit salon de l'avant-scène.
J. Conloir.
L. Avant-scène.
M. Première galerie.
N. Restaurant.
O. Buvette.
P. Cabinets du restaurant.

THÉATRE DE MAYENCE

La vallée du Rhin a toujours fourni à l'Allemagne le plus grand nombre de ses artistes et de ses musiciens. Cependant ce n'est pas seulement à sa position géographique et à son importance stratégique et commerciale que Mayence doit d'avoir été une des premières villes de l'Allemagne gratifiées de spectacles scéniques. Les Jésuites ont pris, en ce genre, l'initiative dès 1580, et ont fourni pendant longtemps au public mayençais de véritables représentations théâtrales tirées de l'Écriture, à l'instar de celles d'Italie et d'Espagne. Le premier théâtre profane que des séculiers établirent à Mayence, en 1618, sous la direction de Sartorius, sortait également de l'école des Jésuites. Le *Hanswurst*, qui fut en quelque sorte l'Arlequin de l'ancien théâtre allemand, ne manquait jamais d'ouvrir la représentation en entonnant le *Veni, creator spiritus*. En 1658, un autre élève des Jésuites, Kosterholz, hasarda les premières pièces à intrigue galante, mais *sans femmes*, comme il avait soin d'annoncer. A cette époque, le matériel du théâtre n'était pas encore sorti de son état primitif. La salle n'était qu'une grande loge en planches, comparable à celles de nos anciennes foires, et la décoration ne consistait qu'en un certain nombre de rideaux suspendus au fond et aux deux côtés de la scène pour les besoins de l'action. Le nombre considérable de théâtres qui se sont succédé ou qui ont existé en même temps à Mayence, dans la seconde moitié du xvii° siècle et la première du xviii°, prouverait leur peu d'importance, quand même elle ne serait pas constatée par les auteurs qui ont recueilli soigneusement l'histoire de la scène mayençaise.

En 1766, Joseph Kurz obtint du prince électeur et de la noblesse de la ville les fonds nécessaires pour l'érection d'un théâtre régulier et stable qui ouvrit ses portes en janvier 1767. Il était situé sur la place dite de la Grande-Buanderie, et pouvait contenir, dit-on, trois mille spectateurs, assertion que nous sommes loin d'admettre. On ajoute que cette construction, modelée sur les autres grands théâtres de l'époque, ne coûta, en totalité, que 30,000 florins. Quoi qu'il en soit du mérite de cette salle, elle ne servit pas moins à des spectacles de premier ordre, comprenant l'opéra et le ballet, pour lesquels le prince électeur prêtait l'orchestre et les chanteurs de sa chapelle. Depuis cette époque, qui marque du reste la formation de la bonne littérature dramatique dans toute l'Allemagne, le théâtre n'a plus fait défaut aux amateurs de Mayence. A Kurz, succéda Sébastiani, puis Marchand, et enfin, en 1777, Seiler, dont la direction est considérée, par les auteurs allemands, comme la plus brillante et la plus féconde. Le personnel du théâtre, s'élevant alors à 230 individus, peut donner une idée de l'importance des représentations. Les plus grands artistes de l'Allemagne ont paru, tour à tour, sur ce théâtre. Nous citerons Schrœder, Brandes, Eckhof, Iffland, Beil, Beck, etc.

Nous ne nous occupons pas ici des nombreux théâtres particuliers qu'ouvrirent à Mayence, à diverses époques, les nobles et les étudiants. En 1788, le prince électeur Frédéric-Charles-Joseph restaura magnifiquement le Grand-Théâtre et le plaça sous la surveillance du baron de Dalberg et sous la direction artistique de Kotzebue, de Stegeman et de Koch.

L'entrée des Français, en 1792, dispersa la brillante compagnie d'artistes d'élite qu'on avait réunie à grands frais. L'année suivante, le théâtre lui-même fut entièrement détruit par le bombardement.

Lorsque les circonstances politiques permirent de reprendre les amusements de la scène, ce fut dans le manége de la cour et sur un théâtre provisoire que jouèrent les artistes allemands, et, après 1797, les troupes françaises venues à la suite de l'armée. C'est dans ce même local, arrangé aussi bien que possible par l'architecte Henriot, qu'eurent lieu les représentations de Talma et de ses collègues parisiens devant Napoléon et un *parterre de rois*, comme on disait alors.

On voit que le vieux théâtre du manége ne pouvait plus convenir dans ces conditions. Les plans d'un édifice plus grandiose à élever sur la place Gutenberg furent proposés dès 1809 par l'architecte Saint-Gar. On entreprit même la construction. mais des événements bien connus firent suspendre les travaux lorsque les fondations s'élevaient à peine à fleur de terre. Il fallut rouvrir le vieux théâtre, lequel, restauré encore une fois en 1818, servit aux nombreuses directions qui se succédèrent jusqu'à l'ouverture du théâtre actuel.

C'est en 1829 que la construction de la nouvelle salle fut décidée. On revint à l'emplacement choisi en 1809, mais les plans de Saint-Gar furent abandonnés ; on préféra ceux de M. Moller, architecte de Darmstadt, beaucoup plus séduisants par les proportions et par la façade qui rappelle les ouvrages analogues de l'antiquité[1]. L'exécution des travaux, confiée à MM. Pierre et Gustave Vetter, et à M. Dorn pour les machines, marcha assez régulièrement si l'on tient compte des habitudes et des procédés des constructeurs allemands. On posa les nouvelles fondations en septembre 1829. Deux ans après, l'édifice était couvert. Enfin, au mois de septembre 1832, la direction Meder-Wolf ouvrait la nouvelle salle aux applaudissements d'un public d'élite. Elle avait coûté une somme totale de 293,000 florins, décors compris.

Quel que soit l'aspect monumental de ce théâtre, tant à l'intérieur qu'au dehors, on n'attendra pas, après tout ce que nous avons dit précédemment, que nous en fassions l'éloge. La façade, qui méritait par ses proportions et par sa destination l'ordre corinthien ou ionien, a le grand désavantage d'exclure, par la forme de son plan, la descente à couvert, objet de première nécessité pour un théâtre. La courbe de la salle est aussi vicieuse que celle de nos théâtres de France, et le profil de la coupe ne nous laisse rien espérer sous le rapport de l'acoustique. Nous ne répéterons pas ce que nous avons déjà dit des colonnes qui masquent les dernières galeries ; elles sont un non-sens à cette place ; toutes nos salles parisiennes s'en sont débarrassées l'une après l'autre ; les grands théâtres de Lyon et de Pétersbourg ont suivi l'exemple ; et les architectes de Mayence ont peut-être reconnu eux-mêmes l'inopportunité de ce genre de décoration, dans l'intérieur des théâtres modernes.

A part cette critique, applicable du reste à la plupart des théâtres d'Allemagne et de France, on trouvera ici bien des parties à imiter : nous signalons, entre autres, les escaliers qui desservent la salle sur ses deux côtés, l'ampleur des dépendances et leur position si convenable par rapport au théâtre, et surtout l'absence de loges à l'avant-scène, concession que l'intérêt a cru faire à l'art, mais qui, étant favorable à l'illusion scénique, l'est par conséquent au succès des représentations.

---

[1] M. Moller s'est inspiré d'un projet qui avait paru en 1821, à Rome, sous le titre de *Idea di un teatro adattato ad iscole delle Concertie*, par Pietro Sassonni ; on peut même dire qu'il en a copié le plan et la façade dans leurs dispositions essentielles ; seulement il a substitué l'ordre dorique à l'ordre ionien ; il a raccourci les deux côtés de la courbe de la salle, la rendant ainsi presque circulaire ; enfin il a supprimé les deux descentes à couvert que l'architecte romain avait sagement ménagées à droite et à gauche du corps principal. M. Semper, qui a puisé dans le même ouvrage le plan du théâtre de Dresde, a conservé les deux portiques latéraux. Il est assez curieux d'observer qu'un projet repoussé dans le lieu qui l'a vu naître ait servi de base à deux des plus grands théâtres de l'Allemagne, sans compter bien d'autres imitations moins importantes.

EXPLICATION DES PLANCHES

PLANCHE 60.

PLAN.

REZ-DE-CHAUSSÉE.

A. Vestibule formé par des portes vitrées.
B. Entrée.
C. Escalier du parterre et corridor du parquet.
D. Parterre.
E. Parquet.
F. Orchestre des musiciens.
G. Plancher de la scène et dépôt des décorations.
H. Prolongement de la scène.
I. Magasin des costumes et escalier de dégagement.
J. Grand escalier des loges.
K. Escalier de communication.
L. Escalier de la deuxième galerie.
M. Ateliers.

PREMIER ÉTAGE.

A. Foyer public.

B. Corridor des loges.
C. Loges particulières.
D. Parterre.
E. Parquet.
F. Orchestre des musiciens.
G. Plancher de la scène et dépôt des décorations.
H. Prolongement de la scène.
I. Magasin et escalier de service praticable pour les chevaux.
J. Grand escalier des loges.
K. Escalier de communication.
L. Escalier de la dernière galerie ou paradis.
M. Café.

PLANCHE 61.

Coupe longitudinale.

PLANCHE 62.

Coupe transversale.

PLANCHE 63.

Façade principale.

THÉÂTRE DE DARMSTADT

La petite capitale du grand-duché de Hesse possède un des plus beaux théâtres de l'Europe. Il est l'œuvre de M. Georges Moller, l'architecte qui a bâti le théâtre de Mayence; mais il nous paraît supérieur à ce dernier dans ses principales dispositions. Disons un mot de son origine.

Bien que la cour de Darmstadt ait possédé dans le château une salle de spectacle aux temps où la Hesse avait encore le titre de landgraviat, la ville n'a eu que fort tard un théâtre populaire. C'est seulement en 1806 qu'un amateur, sellier de son état, mit sur pied une petite scène qui, toute mesquine qu'elle fût, servit à réveiller le goût du public et de la cour pour les spectacles. Un an après, un chef de troupe nommé Krebs se ruina en construisant dans un local dépendant de la poste un théâtre stable, à trois rangs de loges, et pouvant contenir mille spectateurs. Mais en 1809, le prince, forcé d'intervenir en faveur du public et des créanciers de l'entreprise, renonça à ce théâtre, qui fut fermé, et transporta le spectacle dans la salle du château, qui fut remise à neuf. L'opéra était alors la principale préoccupation du prince régnant, qui surveillait lui-même les répétitions de chaque pièce. On rapporte qu'en 1823, le grand-duc étant tombé malade, le théâtre dut suspendre pendant longtemps toute représentation lyrique pour ne s'adonner qu'au drame et à la comédie. C'est à cette circonstance que l'on doit le rang élevé auquel est parvenu l'art dramatique sur cette scène de fraîche date.

Cependant, la salle du château ne répondant plus aux idées fastueuses du royal amateur, la construction d'un théâtre public, indépendant du château, fut décidée et entreprise en 1818; telle est l'origine de la salle actuelle, ouverte le 7 novembre 1819 par la représentation de *Fernand Cortez*, de Spontini.

La mort du grand-duc et de la grande-duchesse amena en 1830 la fermeture du théâtre pendant plusieurs mois. A la réouverture, on voulut introduire des réformes et des économies, qui amoindrirent de beaucoup les magnificences de la scène. Le budget annuel fut réduit de 250,000 florins à 150,000. Néanmoins le drame et la comédie ont toujours été fort en honneur sur ce théâtre, et l'opéra même y a souvent reparu avec éclat.

La dernière décoration de cette salle est de 1856. Elle reçut à cette occasion l'éclairage au gaz, devenu désormais indispensable dans tout édifice de ce genre.

L'inspection du plan et de la façade fera suffisamment apprécier les parties recommandables de ce beau théâtre; notons surtout le péristyle à colonnes corinthiennes, les dépendances convenablement ménagées autour de la salle, l'absence de loges à l'avant-scène, et enfin une courbe moins vicieuse que celles des théâtres de Mayence et de Munich.

EXPLICATION DES PLANCHES

PLANCHE 64.

PLAN.

REZ-DE-CHAUSSÉE.

A. Péristyle, sous lequel passent les voitures.
B. Grand vestibule.
C. Escalier principal.
D. Caisse.
E. Escalier de la galerie et des loges.
F. Entrée du corps de garde situé sous le parterre.
G. Escalier du parterre.
H. Corridor.
I. Entrée du parterre.
K. Prolongement du parterre.
L. Loges du rez-de-chaussée ou baignoires.
M. Parterre.
N. Orchestre des musiciens.
O. Plancher de la scène.
P. Magasin des décorations.
Q. Escalier de service de la scène.
R. Entrée des comparses, etc.
S. Loges des acteurs et actrices.
T. Petites cours.
U. Passage ou galerie de service.
V. Vestibule et escalier particulier de la loge du grand-duc régnant.
X. Magasin des costumes.
Y. Entrée des piétons.
Z. Antichambre.

PREMIER ÉTAGE.

a. Péristyle.
b. Grand salon fermé par des portes vitrées.
c. Escalier principal.
d. Petit salon.
e. Loge de S. A. le grand-duc.
f. Passage conduisant aux loges.
g. Antichambre.
h. Loge de S. A. le grand-duc héréditaire.
i. Dégagement.
k. Cabinets.
l. Loges particulières.
m. Loge de côté de S. A. le grand-duc.
n. Salon de ladite loge.
o. Escalier de la galerie et des troisièmes loges.
p. Escaliers de communication.
q. Foyer public.
r. Escalier de service de la scène.
s. Loges des acteurs et actrices.
t. Magasin des décorations.
u. Galerie de service ou passage.
v. Petites cours.

PLANCHE 65.

Coupe longitudinale.

PLANCHE 66.

Façade principale.

GRAND THÉATRE DE SAINT-PÉTERSBOURG

Alexandre Soumarokoff, le premier auteur dramatique russe qui ait écrit dans le genre des littératures occidentales modernes, avait fait construire en 1756, à son usage, la première salle de spectacle qui fût dans la nouvelle capitale de l'Empire. Deux ans après, Catherine II, voulant récompenser le zèle et le talent de son conseiller d'État, acheta son théâtre, qui devint ainsi le théâtre impérial, tout en restant sous la direction de son premier fondateur. En 1780, la cour de Russie, qui avait accru son faste avec sa puissance, ne pouvait plus se contenter de la salle de spectacle primitive, et l'architecte Quarenghi en élevait une nouvelle près du palais d'hiver, dans le style italien. C'est aujourd'hui le théâtre de l'Hermitage, le plus petit de Saint-Pétersbourg. Le Grand-Théâtre, qui s'appela d'abord Théâtre de pierre, probablement parce qu'il fut le premier qui s'éleva sur ses propres fondations, a été bâti en 1783; restauré en 1803 par M. Thomas de Thomon, architecte français, il brûla en partie, puis fut reconstruit en 1817 d'après les plans de M. Mauduit (pl. 67, 68, 69). Enfin, en 1836, M. Albert Cavos, architecte vénitien, le rebâtit entièrement à l'intérieur sur un plan tout nouveau que nous reproduisons (pl. 70, 71) d'après l'ouvrage publié à Paris en 1847 par l'architecte lui-même. L'inauguration eut lieu le 9 décembre par un opéra russe de Glinka, intitulé *La Vie pour le Czar*.

C'est le plus grand et le plus beau théâtre de Pétersbourg, et nous dirions de tout l'Empire, si le même architecte n'avait créé à Moscou un dangereux rival des plus beaux théâtres de l'Europe.

L'avantage le plus frappant des édifices publics de Saint-Pétersbourg est d'être largement isolés sur de vastes places, et de s'annoncer tout d'abord par un aspect majestueux. La façade du Grand-Théâtre, sans valoir, à nos yeux, celle d'*Alexandra*, est cependant une des plus belles qui existent. L'intérieur était déjà fort remarquable avant sa reconstruction en 1836. Il est bien plus parfait aujourd'hui. On peut voir, en rapprochant les deux plans et les deux coupes, que l'habile architecte chargé de cette reconstruction a appliqué deux principes que nous ne cessons de recommander dans le cours de cet ouvrage, à savoir : la suppression des colonnes à l'intérieur des salles et l'allongement du plan de la courbe dans les théâtres destinés à l'opéra. Il faut considérer encore ici les vastes dépendances qui entourent la salle, les nombreux et larges escaliers qui la dégagent en un instant des trois mille spectateurs qu'elle peut contenir. Ce monument et celui dont nous allons parler dans le prochain chapitre doivent être un sujet de méditation pour les futurs architectes de nos théâtres parisiens.

EXPLICATION DES PLANCHES

PLANCHE 67.

PLAN.

A. Péristyle.
B. Salon impérial, dit salon d'Apollon.
C. Grands escaliers d'honneur.
D. Salon dit de Melpomène.
E. Salon dit de Thalie.
F. G. Foyers publics.
H. Salle des rafraîchissements.
I. Corridors de service de la salle.
J. Escaliers desservant les divers étages des loges.
K. Petit salon de la loge impériale.
L. Loge impériale.
M. Corridors des loges.
N. Loges particulières.
O. P. Loges des personnages de la cour.
Q. Parterre.
R. Parquet avec fauteuils.
S. Orchestre des musiciens.
T. Plancher de la scène.
U. Salle des répétitions.
V. Loges des premiers sujets.

X. Loges des acteurs et actrices.
Y. Bibliothèques des partitions.
Z. Bureaux de l'administration et logement de l'inspecteur du théâtre.
  N° 1. Dépôt des costumes.
  2. Loges des figurants.
  3. Garde-robes.
  4. Escaliers de dégagement.
  5. Corridors des loges d'acteurs.

PLANCHE 68.

Coupe longitudinale.

PLANCHE 69.

Élévation géométrique de la façade.

PLANCHE 70.

PLAN DU GRAND-THÉATRE DE SAINT-PÉTERSBOURG APRÈS SA RECONSTRUCTION EN 1836.

PLANCHE 71.

Coupe longitudinale du Grand-Théâtre de Saint-Pétersbourg après sa reconstruction en 1836.

THÉATRE ALEXANDRA

A SAINT-PÉTERSBOURG

Après ce que nous avons dit des théâtres russes dans l'Introduction et dans le chapitre qui précède, il nous reste peu de chose à ajouter quant à celui dont nous donnons ici les plans. Le Théâtre Alexandra a été élevé en 1830, par l'architecte Rossi, sur l'emplacement d'un petit théâtre de bois qui servait surtout aux troupes françaises. La partie la plus remarquable est sans contredit la façade, la plus belle que nous ayons vue, tant par la décoration tout à fait conforme à la destination de l'édifice, que par ses dispositions si convenables aux nécessités du service. Si l'architecte avait eu soin de répéter sur l'avant et l'arrière du bâtiment les deux corps avancés qu'il a placés aux deux côtés pour abriter les voitures, nous trouverions ce théâtre, quant au dehors, la dernière perfection de l'art. Nous n'en dirons pas autant de l'intérieur, et un coup d'œil donné à la coupe longitudinale (pl. 73) suffira pour ranger le lecteur à notre avis. L'inclinaison des galeries, dans le sens du parterre, est une idée insoutenable. Elle rappelle les malheureuses tentatives faites en ce genre dans quelques théâtres de Venise, de Padoue et de Vérone, au siècle dernier. Cette disposition n'a pas été reproduite depuis, que nous sachions. L'avant-scène est ici encore plus écrasée qu'ailleurs par sa lourde décoration et par un arc fortement cintré. Enfin, la séparation du parterre en deux parties est également à éviter; elle nuit à l'aspect général de la salle sans favoriser les intérêts de l'administration.

Saint-Pétersbourg possède plusieurs autres théâtres, parmi lesquels il faut citer ceux de Kaménoi-Ostrow, bâti par Cavos, et le Théâtre Michel, consacré spécialement aux comédiens français.

EXPLICATION DES PLANCHES

PLANCHE 72.
PLAN.
REZ-DE-CHAUSSÉE.

A. Portiques voûtés.
B. Vestibule principal.
C. Grand escalier d'honneur.
D. Escalier desservant les divers étages des loges.
E. Corridors de communication.
F. Loges du rez-de-chaussée.
G. Entrée du parquet.
H. Parquet.
I. Orchestre des musiciens.
J. Loges d'avant-scène du ministre de la maison de l'Empereur.
K. Soubassement de l'amphithéâtre des premières loges.
L. Planches de la scène.
M. Galeries de service.
N. Entrée des artistes et dépendances de la scène.

PREMIER ÉTAGE.

A. Terrasses des péristyles.
B. Salon de la loge impériale.
C. Grand escalier d'honneur.
D. Escalier desservant les divers étages des loges.
E. Corridors des premières loges.
F. Loges particulières.
G. Loges impériales de face et d'avant-scène.
H. Escalier particulier de la loge impériale d'avant-scène.
I. Escalier de service du théâtre et des loges d'acteurs et actrices.
J. Foyer des artistes.
K. Foyer public.
L. Plancher de la scène.
M. Galerie de service.
N. Escalier des artistes.

PLANCHE 73.
Coupe longitudinale.

PLANCHE 74.
Coupe transversale.

PLANCHE 75.
Façade principale.

THÉATRE ROYAL DE COPENHAGUE

Nous ne comprenons ce théâtre dans notre recueil que pour constater l'état de l'art dans la capitale du Danemark, comme nous l'avons fait pour celle de l'Autriche, bien que ces deux théâtres ne puissent offrir aucune partie digne d'arrêter les regards d'un architecte de nos jours.

Les auteurs du *Theater-Lexikon*, que nous avons déjà eu l'occasion de citer avec éloges, fixent à 1792 la date de la construction de ce théâtre. Mais sa forme intérieure et la pauvreté de ses accessoires nous font présumer que cette construction remonte à une époque plus éloignée. Du reste, les défauts originaires de la salle ont été en partie compensés par l'élégance de la décoration intérieure, surtout depuis la restauration totale du monument, entreprise en 1837 et terminée l'année suivante. On a ajouté à cette occasion quelques nouveaux escaliers pour faciliter l'évacuation de la salle, objet fort important en tout théâtre, mais plus encore dans celui-ci, où l'immense quantité de matériaux de bois rendrait un incendie plus désastreux qu'ailleurs.

Il n'est pas nécessaire que nous fassions remarquer la coupe défectueuse de la salle, l'insuffisance des couloirs, la disposition barbare des entrées et de toutes les parties qui l'entourent.

Il faut espérer que cette belle et riche cité, qui possède deux autres théâtres à peine dignes d'attention, ne tardera pas à se doter, comme les autres capitales de l'Europe, d'un grand théâtre construit d'après le goût de l'art moderne et les données de l'expérience.

Le théâtre actuel, consacré spécialement à l'opéra, reçoit une subvention annuelle de 50,000 thalers.

EXPLICATION DES PLANCHES

PLANCHE 76.

PLAN.
REZ-DE-CHAUSSÉE

A. Portique sous lequel passent les voitures.
B. Vestibule.
C. Escalier des loges.
C'. Nouveaux escaliers de sortie.
D. Corridor des loges, etc.
E. Entrée du parterre.
E'. Entrée du parquet.
F. Loges-baignoires.
G. Parterre.
H. Parquet.
I. Orchestre à stalles.
J. Orchestre des musiciens.
K. Entrée des stalles.
L. Loge d'avant-scène.
M. Plancher de la scène.
N. Foyer des artistes.
O. Cour vitrée par le haut.
P. Loges des artistes.

Q. Magasin des décorations.
R. Escaliers de service de la scène.

PREMIER ÉTAGE.

A. Salle des rafraîchissements.
B. Foyer public.
C. Escalier des loges.
C'. Escalier de dégagement.
D. Corridor des loges.
E. Amphithéâtre du premier rang.
F. Loges particulières.
G. Parterre.
H. Parquet.
I. Orchestre à stalles.
J. Orchestre des musiciens.
K. Loges des princes.
L. Loge du Roi.
L'. Salon royal.
L. Escalier particulier de la loge du Roi.
    NOTA. — La loge des dames de la cour est vis-à-vis celle du Roi.

PLANCHE 77.

Coupe longitudinale.

GRAND THÉATRE DE LA SCALA

A MILAN

Milan, capitale de l'ancien duché de ce nom qui étendit pour un instant sa domination sur un tiers de l'Italie, Milan, devenu de fait le centre d'un royaume considérable, était déjà célèbre par ses théâtres au temps de la grandeur de Rome, comme l'atteste l'épigramme bien connue d'Ausone. Depuis la renaissance des lettres et des arts en Italie, Milan a été encore une des premières villes qui aient ouvert des théâtres et offert au public des productions littéraires modelées sur l'antiquité. A défaut de rapports et de documents spéciaux, qui manquent, du reste, pour les origines de presque tous les théâtres d'Europe, on peut trouver une preuve de l'importance qu'avaient en Lombardie, et surtout à Milan au xvie siècle, les représentations scéniques, dans les Mémoires du temps, dans les décisions de saint Charles Borromée, dans le Traité qu'il laissa sur la comédie et sur les danses au point de vue théologique, enfin, dans les écrits de quelques auteurs ou acteurs, tels que Pier Maria Cecchini et Nicolo Barbieri, tous les deux chefs de troupe au commencement du xviie siècle.

Cette précocité dans la culture d'un art, pour ainsi dire national, puisque les troupes de la Lombardie desservaient les théâtres de toutes les cours de l'Europe, a dû faire surgir de bonne heure des salles de spectacle proportionnées à l'importance de la ville et à l'état général des arts à cette époque. On n'a pas conservé le souvenir des premières salles populaires qui ont existé à Milan au xvie siècle; mais nous avons des notions certaines de celle qui fut élevée par les soins de la municipalité, en 1598, à l'occasion du passage par Milan de l'archiduchesse Marguerite d'Autriche, fiancée à Philippe III, roi d'Espagne. Le théâtre, d'après ce que rapportent les historiens, était d'une richesse extraordinaire; il occupait, dans le palais ducal même, une vaste salle quadrilatère garnie d'estrades et de tribunes; l'ornementation portait principalement sur l'encadrement de l'avant-scène, usage que nous retrouverons un siècle plus tard aux théâtres princiers de Vienne, de Munich, de Paris, de Versailles. Duchino avait peint sur la voûte une composition inspirée par la circonstance. Cette salle, probablement trop vaste pour le public ordinaire de cette époque, fut transformée bientôt après en une école d'équitation.

Le prince de Vaudemont, gouverneur de Milan, qui laissa en cette ville une double réputation de magnificence et de mauvaises mœurs, rétablit ce théâtre, ou plutôt en édifia un nouveau dans le même local sur les dessins de l'architecte Pietrasanta; mais cette seconde création, non moins admirable que la première, n'eut qu'une courte existence; le feu la consuma entièrement le 5 janvier 1708.

Jusqu'ici, on le voit, l'architecture lombarde, quoique de beaucoup en avance sur les autres capitales de l'Europe, n'avait pas encore produit à Milan un édifice spécial et stable qui pût se comparer aux théâtres de notre temps. Mais en 1717, les nobles se réunirent en société de propriétaires et firent élever à frais communs, en partageant la dépense au prorata de la valeur relative de chaque loge, le plus grand théâtre qui fût alors en Europe[1].

---

[1] Le théâtre de Parme, construit à l'antique, ne saurait être pris pour point de comparaison avec les théâtres modernes.

Lattuada, dans son excellente description de Milan, Dumont, dans son œuvre d'architecture, nous ont conservé le plan et la coupe de cette salle remarquable ; elle occupait, comme les précédentes, une aile du palais ducal, qui devint par la suite la résidence des archiducs, et qui est aujourd'hui celle du Roi élu.

L'architecte Jean-Dominique Barbieri, élève des Bibbiena, chargé de la construction de ce théâtre, avait adopté la forme droite et allongée généralement en usage dans toute l'Europe pendant la première moitié du xviiie siècle ; cinq rangs de trente-huit loges chacun, un vaste parterre de 21 mètres de long sur 15 mètres de large, une avant-scène ornée de colonnes, mais sans loges, et d'une largeur de 15 mètres 50 centimètres offraient un coup d'œil nouveau et des proportions tout à fait inusitées jusqu'alors.

Mais tout l'intérieur de l'édifice était en bois, et finit par subir le sort réservé autrefois à toutes les constructions de ce genre : le 25 février 1776, l'incendie le réduisit en cendres.

Ce fut alors que les amateurs milanais, toujours magnifiques dans leurs conceptions quand il s'agit d'art ou d'utilité publique, chargèrent le meilleur architecte du temps, Joseph Piermarini, de construire deux théâtres à la fois, tous les deux de grandes dimensions, et d'après les meilleures données de l'expérience et de l'état de l'art à cette époque, au double point de vue de l'élégance et de la solidité. Ces deux théâtres existent encore, et, quoiqu'ils ne soient pas sans défauts, ils font toujours l'admiration des connaisseurs. Leur construction dura deux années, pendant lesquelles les représentations eurent lieu dans une salle provisoire élevée à la hâte à côté de l'église San Giovanni alla Conca.

Le premier et le plus célèbre des deux théâtres de Piermarini fut érigé sur l'emplacement de l'église Santa Maria à la Scala, d'où lui vient son nom ; il a été dès l'origine isolé de trois côtés ; plus tard, vers 1814, la suppression d'un couvent contigu permit de compléter l'isolement du parallélogramme et de prolonger la scène, qui devint ainsi la plus vaste de l'Europe. La longueur totale de l'édifice fut alors portée à 100 mètres, sa largeur étant de 40 mètres, proportions qu'aucun théâtre, que nous sachions, n'a dépassées jusqu'ici[1].

La façade, qui a été trouvée un peu basse pour un édifice de cette étendue, est cependant assez élevée relativement à la petite place qui est devant elle ; une élévation plus considérable eût semblé écrasante. Le style de cette façade est noble et bien approprié à la destination de l'édifice. Un portique, trop court à la vérité, qui s'élève jusqu'au premier étage, offre une descente à couvert pour deux voitures à la fois, pendant que la partie supérieure forme une terrasse de plain-pied avec le foyer public. Ce fut à notre connaissance le premier exemple d'une descente à couvert convenablement ménagée à l'entrée d'un théâtre, exemple trop peu suivi encore aujourd'hui, même sous les climats où il serait le plus nécessaire.

Nous avons déjà démontré que la courbe adoptée par Piermarini est préférable à toute autre pour les théâtres lyriques, sous le double rapport de l'acoustique et de la perspective. Les proportions de la Scala en longueur, largeur et hauteur, sont aussi, à notre avis, les meilleures que nous connaissions pour sauvegarder dans un grand théâtre la condition essentielle de la sonorité que tant d'éléments divers tendent à détruire. La forme de la voûte, ou plutôt du plafond très-peu voûté, contribue puissamment, comme le remarque Landriani, à donner à ce grand théâtre cet avantage précieux sur les salles de France qui sont pourtant beaucoup moins vastes et dégarnies de rideaux.

Nous nous prononçons tout aussi favorablement quant aux loges, qui sont à la Scala de dimensions bien calculées. Celles de Saint-Charles à Naples sont trop grandes et, par conséquent, moins favorables à la sonorité de la salle. Il y en a ici trente-huit à chacun des six étages (abstraction faite de la grande loge royale), ce qui donne à la baie de chaque loge une largeur de 1 mètre 75 centimètres sur 1 mètre 35 centimètres de hauteur.

Une autre particularité de ce théâtre est d'avoir à chaque étage une rangée de cabinets de service en face de chaque file de loges, ce qui met le public plus à son aise qu'il ne l'est en France avec le système des ouvreuses ; on évite en même temps l'encombrement dans l'intérieur des loges et la confusion qui règne ordinairement dans les couloirs à la fin du spectacle. Nous préférerions que ces cabinets fussent immédiatement derrière les loges au lieu d'en être séparés par le couloir. Cependant l'épaisseur du mur de pourtour permet à ce théâtre de munir chaque loge de deux portes, dont l'une s'ouvrant à l'intérieur, est bordée de drap pour amortir le bruit : encore une bonne disposition à imiter dans les théâtres où les loges sont dépourvues de cabinet d'entrée.

Ceux qui repoussent le système italien des loges superposées et uniformes, à cause de la monotonie de décoration qui en résulte, ne réfléchissent pas que la sonorité de la salle est à ce prix ; l'obliquité ou l'inégalité du profil des parois est infiniment plus contraire à cette condition essentielle des salles lyriques que ne le seraient les saillies les plus prononcées des ornements en ronde-bosse. Les salles de France en fournissent la preuve et nos artistes en font foi. Cela explique

[1] L'Opéra de Paris occupe environ 6,200 mètres carrés, mais il comprend dans cet espace des cours et des dépendances entièrement détachées de l'édifice théâtral, lequel ne couvre que 2,380 mètres de superficie.

pourquoi beaucoup de chanteurs, qui ont eu du succès devant le public si difficile et si indépendant de *la Scala*, n'en ont point obtenu sur la scène du théâtre italien de Paris; l'effet de la voix n'était plus le même. Du reste, la décoration intérieure de la Scala, avec ses rideaux de soie rouge à franges d'or, avec ses parapets fraîchement peints à fond doré, avec une brillante illumination au gaz, n'a rien à envier aux salles les plus capricieusement élégantes de France et d'Allemagne.

Au point de vue administratif, le système italien offre en outre le grand avantage de pouvoir, d'un côté, se passer du remplissage artificiel pratiqué en France au moyen des billets de faveur, et, d'un autre côté, d'admettre un nombre considérable de spectateurs quand les circonstances le comportent. Les deux cent quarante loges de la Scala[1] se trouvent suffisamment garnies par la présence dans la salle de cinq cents personnes, tandis qu'à certains jours elles en contiennent près de trois mille. Le parterre offre ici huit cents places assises sans compter le couloir de pourtour, assez large pour contenir au besoin un nombre égal de spectateurs.

Après avoir fait l'éloge des parties recommandables, nous devons signaler ce qui nous paraît mériter la censure des hommes de l'art.

Deux vices organiques, communs à tous les théâtres de cette époque, se retrouvent à *la Scala* et l'empêchent de prétendre à la perfection du genre. Le premier consiste dans l'application des colonnes à l'avant-scène, où elles font une saillie égale aux deux tiers de leur diamètre et portent de chaque côté cinq étages de loges superposées. Le second est déterminé par l'insuffisance des dessous, qui devraient être ici au nombre de quatre, afin de descendre à une profondeur égale à la hauteur de la scène, mesurée entre le plancher et les frises.

Du reste, nous nous sommes déjà suffisamment expliqué sur ces objets pour nous dispenser de redire les inconvénients qu'ils entraînent.

La réputation européenne et presque séculaire de *la Scala* n'est point usurpée. Comme construction, ce théâtre, malgré ses défauts, n'a pas encore été surpassé. Au point de vue de l'art lyrique auquel il a été spécialement consacré, il a toujours soutenu jusqu'en 1847 le premier rang, et cela, dans des conditions pécuniaires de beaucoup inférieures à celles des autres grands théâtres de l'Europe. Depuis son inauguration, qui eut lieu le 3 août 1778 par *Europa riconosciuta*, (opéra expressément composé par Salieri, sur un libretto de Verazi), le théâtre de *la Scala* a constamment occupé les compositeurs les plus célèbres et les chanteurs les plus recherchés. Ses annales artistiques ont été soigneusement recueillies dans un ouvrage[2] qui, on peut le dire, résume l'histoire générale du théâtre musical italien pendant un demi-siècle.

La peinture décorative n'a brillé nulle part d'un plus grand éclat qu'à ce théâtre.

Après Levati et Reinini, qui exécutèrent la décoration primitive de la voûte et des parapets, et Riccardi, qui peignit d'après les indications de Parini le fameux rideau conservé jusqu'à ce jour, Perego, Vaccani, Monticelli et Lavelli, continuèrent sur la scène les traditions des Galliari et des Medici, qui avaient peint les décors du vieux théâtre. Gonzaga se signala en ce genre par un progrès important dans l'application des couleurs; et après lui Landriani, célèbre par ses compositions d'architecture, prépara l'avénement de Sanquirico qui parut atteindre l'apogée de l'art. Soixante toiles de ce maître nous ont été conservées par la gravure à l'aqua-tinta; mais combien de chefs-d'œuvre ont dû être détruits par la nécessité de donner de nouveaux décors à chaque nouvel ouvrage. La fécondité d'invention et la rapidité d'exécution de Sanquirico tenaient du prodige. On aura peine à nous croire si nous disons qu'en une seule année ce peintre a livré au théâtre cent vingt décorations, toutes dessinées et retouchées de sa main!

La réputation de l'école milanaise a été vaillamment continuée par Ferrari, Cavalotti, Menozzi, Robecchi et une nombreuse suite de leurs élèves. Aujourd'hui, sans être déchue, elle n'a plus le monopole de l'art. Depuis vingt ans, les théâtres de Paris et de Londres ont tenu à honneur de surpasser en ce genre les succès de l'Italie, et ont révélé des talents qui ne craignent plus de rivalités.

Le budget du Théâtre de la Scala est de moitié inférieur à celui de l'Opéra de Paris. La subvention n'est que de 250,000 francs; encore est-elle compensée par l'obligation imposée au directeur-entrepreneur de tenir le prix d'entrée à 2 francs 50 centimes, sauf des occasions extraordinaires, et de faire remise aux employés de l'État et aux militaires de la moitié du prix d'abonnement, qui est de 100 francs, pour la saison du carnaval (du 26 décembre au 20 mars). Malgré ces limites rigoureuses, la salle, grâce à la mobilité du prix des loges, est toujours suffisamment garnie et l'entreprise fait ordinairement ses frais.

[1] Nous comptons celles du sixième rang, bien que leurs séparations aient été enlevées pour former une galerie continue. L'espace est le même.

[2] *Série cronologica delle rappresentazioni*, etc. Milano, Silvestri, 1818—1825. 4 vol. in-12.

Outre la Scala, Milan possède quatre théâtres destinés à la comédie et à l'opéra : la *Canobbiana*, dont nous avons indiqué l'origine, bâtie d'après les mêmes données que la Scala, mais sur des proportions un peu moindres et avec cinq rangs de loges au lieu de six; le théâtre *Carcano*, remarquable par sa sonorité ; les théâtres *Re* et *Santa-Radegonda*, plus petits, mais non moins fréquentés ; plusieurs salles populaires, deux théâtres diurnes, et enfin le magnifique amphithéâtre de l'*Arena*, qui n'a pas son égal au monde parmi les œuvres des temps modernes.

EXPLICATION DES PLANCHES

PLANCHE 78.

PLAN.

A. Parterre.

B. Plancher de la scène.

C. Prolongement de la scène.

D. Galeries latérales.

E. Bureaux de la direction et loges d'acteurs.

F. Grand escalier avec marches taillées en pente douce pour le service des chevaux employés sur la scène.

G. Dépôt des décorations du répertoire courant.

H. Salles voûtées du service de l'éclairage.

I. Escaliers de service de la scène.

a. Portiques voûtés sous lesquels passent les voitures.

b. Galeries des piétons.

c. Entrées.

d, e. Bureaux de distribution des billets.

f, g. Bureaux d'abonnement et d'administration.

h. Logement du concierge.

i. Chambre des huissiers de service.

j. Vestibule d'attente pour les domestiques.

k. Dépôt et magasin de lorgnettes.

l. Café.

m. Bureau de vente des billets.

n. Corps de garde.

o. Cabinet de l'officier de service.

p. Salon d'attente pour les dames après le spectacle.

q. Contrôle des billets.

r, s. Entrée du parterre.

t. Orchestre des musiciens.

u. Escaliers accédant aux corridors des loges.

v. Escaliers particuliers de la loge royale.

x. Loges particulières.

y. Petits salons dépendant des loges particulières.

y'. Garde-robes.

z. Escaliers principaux des loges d'avant-scène.

z' Escaliers particuliers du paradis.

z'' Portes qui ne s'ouvrent qu'à la sortie du spectacle.

PLANCHE 79.

Coupe longitudinale.

PLANCHE 80.

Élévation géométrique de la façade.

THÉATRE DE SAINT-CHARLES

A NAPLES

Laissons parler un grand historien [1] dans toute l'originalité de son style :

« Charles [2] voulut qu'on édifiât un théâtre, parce que la ville n'en avait alors qu'un petit nombre, mal bâtis et délabrés : et, pour ajouter le merveilleux à la magnificence, il ordonna que ce théâtre fût le plus grand de l'Europe et qu'on l'élevât dans le plus court espace de temps nécessaire à l'art. Il s'en fit remettre les plans par Medrano, et chargea de l'exécution un nommé Ange Carasale, plébéien monté en renom par son talent dans l'architecture et par des œuvres hardies et étonnantes. Il choisit l'emplacement dans le voisinage du palais royal, démolit un grand nombre de maisons, et ajouta un vaste terrain, afin que, le fond de la scène étant ouvert, on pût voir à distance les merveilleuses représentations de batailles et de courses de chars et de chevaux. L'édifice, commencé au mois de mars, fut terminé en octobre 1737 : et le 4 novembre, jour du nom de Charles, eut lieu la première représentation scénique. L'intérieur du théâtre était couvert de cristaux, de miroirs ; et d'innombrables flambeaux inondaient la vaste enceinte d'autant de clarté que la fable en a feint dans l'Olympe. Une loge des plus vastes et chargée d'ornements était réservée à la cour. Le Roi, en entrant dans la salle, émerveillé de cette œuvre si grande et si belle, battit des mains en l'honneur de l'architecte, pendant que les applaudissements populaires honoraient le Roi, cause première de cette magnificence.

« Au milieu de l'allégresse universelle, le Roi fit appeler Carasale, et, lui adressant publiquement l'éloge de son œuvre, il appuya la main sur son épaule en signe de protection et de bienveillance ; l'architecte, non par modestie naturelle mais par révérence, remerciait le Roi, par ses paroles et par toute son attitude, des remerciements dont il l'honorait. Après quoi le Roi lui dit que, les murs du Théâtre touchant aux murs du Palais du souverain, il eût été plus aisé à la famille royale de passer de l'un à l'autre édifice par une communication intérieure. L'architecte baissa les yeux ; Charles ajouta : « Nous y penserons ; » et il le congédia. Lorsque la représentation fut terminée, le Roi, en sortant de sa loge, trouva Carasale qui venait le prier de se rendre au palais par le passage intérieur qu'il avait désiré. Dans l'espace de trois heures, en abattant de très-gros murs, en formant des ponts et des escaliers avec des poutres et des planches, en recouvrant de tapis et de draperies les rudesses de l'ouvrage, ajoutant des tentures, des cristaux et des lumières, l'architecte avait rendu ce passage aussi aisé que splendide : surprise plus agréable et plus magique pour le Roi que ne l'avait été peut-être l'aspect de la salle même.

« Le Théâtre s'appela de *Saint-Charles* ; le passage intérieur, le mérite et le bonheur de Carasale furent pendant plusieurs jours le sujet des conversations de la cour et de la ville. Éloges funestes ! car l'architecte si envié, sommé de présenter ses comptes et ne pouvant parvenir à satisfaire les comptables, fut menacé de la prison. Il alla à la cour, il parla au roi, il rappela les faveurs souveraines, les applaudissements du peuple, la beauté de l'œuvre ; il fit valoir sa pauvreté même comme une preuve d'une vie honnête, et il partit rassuré en voyant dans le regard du Roi quelque indice de bienveillance. Mais il n'en était pas ainsi. Les exigences du magistrat redoublèrent ; et peu après, Carasale, conduit dans le fort Saint-Elmo, fut renfermé dans une prison où il subsista pendant les premiers mois au moyen de pénibles

[1] Pietro Colletta, *Storia del reame di Napoli*, I, 49.
[2] Charles III de Bourbon.

secours de la famille et ensuite par le pain amer du fisc. Il resta en prison plusieurs années et y mourut ; ses enfants se perdirent dans la pauvreté, et de nos jours rien ne resterait du nom de Carasale, si l'excellence et les merveilles de son œuvre ne ravivaient le souvenir du malheureux artiste. »

Telle est la poétique origine de ce théâtre célèbre; elle ne dément pas les tristes traditions de la maison d'Espagne.

Nous examinerons tout à l'heure, selon les idées de nos jours, l'œuvre de l'architecte de 1737, sur laquelle Colletta s'extasie à juste titre. Disons d'abord que dès l'origine le Théâtre Saint-Charles se plaça au premier rang en Europe, tant par le choix du répertoire que par l'excellence de l'exécution. Plus tard, la Scala lui fit concurrence en tous points, mais sans le dépasser. La longue et féconde direction Barbaia restera à jamais mémorable dans les fastes de la musique ; il est vrai que l'heureux impresario pouvait compter sur des ressources bien autrement profitables que le concours limité de la liste civile : il était en même temps fermier des jeux.

Ce fut pendant la direction de Barbaia qu'en 1816 le feu prit au théâtre et le détruisit entièrement en peu d'instants. Mais ici encore nous laissons la parole au général Colletta, qui fut témoin de l'événement et le raconte dans son langage à la fois pittoresque et précis, au livre VIII, 20, de son histoire :

« Une nuit, le feu prit au magnifique théâtre de Saint-Charles, et ce fut par accident. Les quelques personnes qui étaient réunies pour les premières répétitions d'un opéra s'enfuirent épouvantées. Les cris et les tourbillons de fumée divulgant le danger, on accourut de toutes les parties de la ville ; mais il était trop tard.

« L'incendie s'étendait. Le Roi et sa famille quittent le palais contigu ; la masse énorme de la toiture, dépassée par le feu, jette des flammes véhémentes et lumineuses, si bien qu'elles sont réflétées à la fois par le Mont Saint-Elme et par la mer. Le peuple, étonné et triste, regardait ce spectacle. Le ciel qui était pur devint orageux ; le vent soufflait si fort que les flammes léchaient les murailles nues de Castelnuovo ; la courte durée du danger fut même une heureuse circonstance, parce que la pâture du feu était très-aride et huileuse. En moins de deux heures, ce noble palais des arts fut réduit en cendres, et alors on reconnut la faute (qu'on n'a pas corrigée depuis) d'avoir dissous par avarice les compagnies des pompiers préposés à la garde du feu.

« Le lendemain nous entrâmes dans l'édifice consumé, dont l'aspect rappelait les ruines de Rome ou de Pœstum; mais celles-là, par le souvenir récent des superbes peintures de Nicolini et des harmonies de Rossini, nous paraissaient plus graves et plus tristes. On trouva les marbres et les granits calcinés, les métaux et les verres fondus. Le Roi Ferdinand ordonna qu'il fût aussitôt reconstruit, et, lorsque ce nouveau théâtre surgit, au bout de quatre mois, plus beau que l'ancien, on se demanda lequel des deux rois, du père ou du fils, avait le plus de droit aux éloges publics. »

Ainsi qu'il est arrivé plus d'une fois en semblable occurrence, l'architecte chargé de la reconstruction de Saint-Charles s'est attaché particulièrement à reproduire dans toute son intégrité l'œuvre incendiée : même plan, même courbe de la salle, mêmes proportions, même nombre de loges. Deux seules modifications essentielles ont été introduites dans la nouvelle construction. La première consiste dans la surélévation de la façade, qui s'arrêtait autrefois à la hauteur du bel étage et formait une large terrasse à l'usage exclusif de la cour. Aujourd'hui, la façade est non-seulement complétée dans son plan en prenant toute la largeur de l'édifice, où elle forme un vaste portique pour la descente à couvert, mais encore elle s'élève à la hauteur totale du bâtiment, et nous montre, au-dessus des arcades, un foyer public composé de plusieurs salons qui manquaient autrefois. La seconde innovation, que nous sommes loin d'approuver comme la précédente, est l'introduction des loges à l'avant-scène et des inévitables colonnes qui les enserrent. L'ancien théâtre n'avait pas ce loges au delà du mur de refend ; la scène était séparée de la salle par un encadrement richement orné, mais de peu d'épaisseur qui favorisait, loin de la contrarier, l'illusion du spectateur. En comparant ce théâtre avec son formidable rival de la Scala, on remarquera d'abord, quant au plan, que la salle de Saint-Charles, moins arrondie à ses deux côtés, est plus large et plus courte que celle de la Scala ; et quant à la coupe, que les loges, beaucoup plus larges, sont aussi plus élevées, de sorte que la hauteur totale de la salle en est augmentée de beaucoup, tandis que le nombre des loges à chaque étage n'est que de vingt-huit au lieu de trente-huit. Du reste, le bâtiment est solide, et l'aspect de la salle, décorée dans un style arabesque, est splendide et imposant.

Naples, de même que toutes les grandes villes de l'Italie, possède plusieurs autres théâtres d'importance, l'un desquels était naguère encore consacré à l'opéra-comique, genre tombé en désuétude sur les autres scènes de la Péninsule.

EXPLICATION DES PLANCHES

PLANCHE 81.

PLAN.

A. Portiques voûtés pour descendre de voiture.
a. Entrées des piétons et bureaux de distribution des billets.
B. Vestibules communs.
C. Galerie et contrôle des billets.
D. Loge royale précédée d'un salon et sous laquelle est l'entrée de face du parterre.
E. Escaliers conduisant aux divers étages des loges.
F. Corridors des loges.
K Loges particulières.
H. Entrées de côté du parterre.
I. Parterre.

J. Orchestre des musiciens.
K. Loges d'avant-scène.
L. Plancher de la scène.
L'. Salle servant accidentellement à prolonger la scène.
M. Magasin des décorations.
N. Escalier de service du théâtre.
O. Entrée particulière de la loge d'avant-scène du côté droit.

PLANCHE 82.

Coupe longitudinale.

PLANCHE 83.

Façade principale.

THÉATRE ROYAL DE TURIN

La cour de Savoie a toujours montré une grande propension pour les spectacles lyriques; ils faisaient par tradition le principal ornement de ses fêtes de famille. Le Père Ménestrier, dans son rare et curieux petit volume des *Représentations en musique anciennes et modernes*, donne à ce sujet d'intéressants détails, que nous ne pouvons reproduire ici. Cette heureuse disposition, qui a été si utile à l'art musical, a amené de bonne heure un progrès important dans un autre ordre d'idées. Pendant que les autres capitales voyaient s'élever des théâtres bâtis un peu au hasard, quand elles n'en restaient pas aux tréteaux et aux jeux de paume, Charles-Emmanuel III pensait à élever aux arts un monument aussi grandiose que parfait dans toutes ses parties. L'architecte qu'il choisit, le marquis Benedetto Alfieri, semble avoir longuement étudié son sujet sous toutes ses faces et s'être proposé de résoudre tous les problèmes que fait naître encore aujourd'hui l'idée de la construction d'un théâtre.

En 1740, les meilleurs modèles qui pouvaient s'offrir à ses méditations étaient les deux anciens théâtres de Naples et de Milan; mais l'un et l'autre avaient leurs défauts, surtout quant à la courbe du plan de la salle qui ne satisfaisait ni le public ni les artistes. Alfieri, ne prenant conseil que de lui-même, imagina la théorie de l'ellipse, que Soufflot pratiqua plus tard à Lyon, et que Patte développa ensuite dans un ouvrage bien connu. On peut voir dans cet auteur, et mieux encore dans les planches de la grande *Encyclopédie* de d'Alembert et Diderot, le procédé géométrique employé par le noble architecte pour tracer sa courbe. Nous avons déjà dit pourquoi nous préférons, dans l'intérêt de la sonorité, la forme d'un *fer à cheval*, que nous venons de voir à la Scala et que nous allons retrouver au Théâtre Charles-Félix de Gênes.

Outre la courbe de la salle et ses belles dimensions, le théâtre de Turin offrait à son origine le premier exemple en Europe d'une magnificence royale dans l'étendue et la distribution des dépendances. Il était et il est encore à cet égard bien supérieur au théâtre de Naples et à plusieurs autres d'égale importance. On peut s'en convaincre en examinant les deux parties du plan (pl. 84) qui n'ont guère été modifiées depuis l'origine. Quant à la coupe (pl. 85), elle constate quelques-unes des défectuosités du temps, entre autres l'insuffisance des dessous dont il n'y a ici qu'un seul étage, les colonnes de l'avant-scène, la hauteur excessive des trois loges qu'elles portent et qui ne peut que nuire à l'effet du chant et de l'orchestre.

On remarquera que, contrairement à d'autres grands théâtres d'Italie, le parterre est ici surélevé d'un étage, ce qui a donné à l'architecte la facilité de ménager au-dessous un grand vestibule, des salles d'attente et des locaux de service de toutes sortes, qui n'eussent pas trouvé place sur la longueur ou la largeur du bâtiment. On sait que le Théâtre de Turin est construit dans une aile du palais royal, entre la place du Château et la cour de l'Académie militaire.

Un bon système de ventilation a, dès l'origine, été pratiqué dans ce théâtre; il consiste en une série de conduits qui viennent du dehors et que l'on ouvre ou ferme à volonté. Mais le chauffage de la salle laisse à désirer.

Depuis cent vingt ans que ce théâtre existe, il n'a jamais été incendié ni transformé. Seulement, dans ces dernières années, la hauteur de l'avant-scène a été répartie en quatre étages au lieu de trois, et, à l'intérieur de la salle, les séparations des loges ont été décorées, aux quatre premiers rangs, de cariatides assez semblables à celles de la salle Ventadour, et formant par leur saillie une suite de candélabres dont l'effet est magnifique. Mais nous doutons que la sonorité ait gagné à cette magnificence.

Le Théâtre Royal de Turin doit en partie sa longue conservation à ce que, conformément aux usages de la cour, on n'y joue qu'en carnaval. Mais Turin possède plusieurs autres salles de spectacle qui suffisent largement aux besoins de la population. Dans ces dernières années surtout, le nombre et l'importance des théâtres se sont accrus à Turin plus qu'en aucune autre ville de l'Europe. L'administration éclairée de Victor-Emmanuel pense avec raison que les amusements de la scène sont de nos jours un puissant instrument de civilisation et d'ordre public, et que la liberté de l'industrie théâtrale est le plus sûr garant des progrès de l'art, au nom duquel on fait, dans d'autres États, les règlements les plus absurdes.

EXPLICATION DES PLANCHES

PLANCHE 84.

PLAN.

REZ-DE-CHAUSSÉE.

A. Grand vestibule pratiqué sous le parterre.
B. Passage réservé pour les piétons.
C. Passage pour les voitures amenant le public au spectacle.
D. Passage des voitures à la sortie de la représentation.
E. Escalier principal.
F. Librairie, programmes, etc.
G. Galerie de sortie du public et entrée de l'escalier de service des chevaux employés sur la scène.
H. Palier d'arrivée.
I. Galerie et dépendances de l'académie royale.
J. Imprimerie royale et archives.
K. Magasin.
1. Escalier de service de la scène.
2. Escaliers de dégagement ouverts à la fin de la représentation.
3. Escalier du paradis pour les domestiques, etc.
4. Puits alimentant les pompes à incendie.
5. Cheminées ou conduits d'air extérieur pour ventiler la salle.

PREMIER ÉTAGE.

A. Galerie communiquant au palais du roi.
b. Escalier du paradis.

B. Salle des gardes.
C. Salle des pages.
D. Salon du roi.
E. Loge royale.
e. Corridor des loges.
F. Loges des dignitaires de la couronne
F*. Loges particulières.
G. Parterre.
H. Orchestre des musiciens.
I. Plancher de la scène.
J. Prolongement de la scène.
K. Loges d'avant-scène.
L. Salle des répétitions.
M. Atelier où l'on répare les décorations.
N. Loges des acteurs et actrices.
O. Dépôt du matériel de l'éclairage.
1. Escalier de service de la scène.
2. Escalier de dégagement ouvert à la fin de la représentation.
3. Escalier des loges supérieures.
4. Puits alimentant les pompes à incendie.
5. Cheminées ou conduits d'air extérieur pour ventiler la salle.

PLANCHE 85.

Coupe longitudinale.

THÉATRE DE CHARLES-FÉLIX

A GÊNES

Tant que Gênes a été une république marchande, les arts ont suivi la richesse dans les demeures jalouses des particuliers, mais ils n'ont guère été appelés à fournir leurs pompes à la vie publique. Les guerres au dehors, parfois l'occupation étrangère au dedans ne laissaient pas non plus beaucoup de latitude aux finances de l'État pour élever des monuments. Enfin la conformation topographique de la ville a dû contribuer à éloigner l'idée d'une vaste construction consacrée aux jeux scéniques. Le théâtre Saint-Augustin, qui fut jusqu'au commencement du siècle le plus considérable de Gênes, et qui existe peut-être encore, n'égalait pas, quant à ses dimensions, les théâtres de second ordre des autres villes d'Italie, et ne se recommandait ni par l'élégance de sa construction ni par la perfection de ses spectacles.

Aujourd'hui, la ville de Gênes possède plusieurs grands théâtres, parmi lesquels nous signalerons le Théâtre Doria, le plus récent, et Charles-Félix, le plus considérable de la ville et un des plus beaux de l'Italie.

Ce n'est qu'en 1825 que celui-ci a été élevé par ordre du roi de Sardaigne dont il a pris le nom. Les plans, qui portent la trace visible de l'école de Piermarini, ont été dessinés par l'architecte Louis Canonica de Milan, qui avait déjà doté sa patrie de plusieurs théâtres remarquables. L'exécution a été confiée à M. Charles Barabino, architecte de la ville et directeur de l'Académie d'architecture. La salle a été inaugurée en 1827.

Ce théâtre se distingue surtout par sa double entrée monumentale et par la hauteur de ses combles qui permet de loger les rideaux de fond sans les plier, avantage dont nous avons déjà signalé l'importance.

Quant aux dispositions de son plan et à la forme de sa courbe, nous ne pourrions que répéter ce que nous en avons dit dans l'Introduction et dans la Notice consacrée à *la Scala,* dont le théâtre de Gênes est une belle imitation.

Au lieu de redites fatigantes, nous transcrivons ici une page d'un charmant poëte [1] dont le jugement en matière d'art et de goût ne sera récusé par personne.

« Le Carlo Felice est le plus beau théâtre de l'Italie après le San Carlo de Naples et la Scala de Milan. Six colonnes cannelées de marbre blanc parent son péristyle ; il est entouré de galeries à arcades de granit d'un style sévère ; les murs n'ont d'autre ornement que des bas-reliefs isolés sur la frise et représentant des jeux antiques, des courses de chars. L'ensemble du monument est si grandiose que des yeux exercés peuvent seuls en saisir les fautes assez nombreuses de détail. L'intérieur est admirable de majestueuse simplicité, c'est bien là une salle de drame lyrique : point de colonnes, point d'angles, point de frises, point de corniches : rien de heurté, de saillant, de contourné : rien de ce qui peut briser, égarer, fausser les sons de l'orchestre et de la voix. La musique court dans l'immense ellipse sans trouver en route une feuille d'acanthe qui la gêne. Six rangs superposés de loges s'arrondissent gracieusement avec les contours les plus purs et les plus déliés. La scène est aussi vaste que celle de notre Opéra. On la dirait pavée, tant elle est travaillée avec le génie de la solidité. Les décors peuvent remonter sans se replier, tout d'une pièce, aux voûtes supérieures. Les escaliers de communication, les corridors, les vomitoires, sont dans les larges et belles proportions antiques ; le foyer est délicieux,

---

[1] Méry, *les Nuits italiennes.*

il sert souvent de salle d'harmonie et de bal. Toutes les loges ont, du côté opposé du corridor, leurs cabinets de toilette ou de conversation : ce sont les antichambres des loges. »

Le Théâtre Charles-Félix est aujourd'hui dirigé par Achille Montuoro, qui s'est fait connaître à Paris comme pianiste compositeur et en Sicile comme soldat.

EXPLICATION DES PLANCHES

PLANCHE 86.

PLAN.

A. Péristyle sous lequel passent les voitures.
A'. Portiques couverts en terrasses.
B. Grand vestibule.
C. Salle d'attente à la sortie du spectacle.
D. Café.
E. Corps de garde.
F. Restaurant.
G. Petit vestibule pour le service des chaises à porteurs.
I. Escalier de la galerie intermédiaire.
I'. Salle d'attente des domestiques.
J. Galerie intermédiaire donnant accès au parterre et aux escaliers principaux des loges.
J'. Bureaux de contrôle des billets.
K. Grand escalier de la loge royale de face et escalier de dégagement à la sortie du spectacle.
L. Vestibule d'entrée du parterre et des escaliers principaux desservant les loges.
M. Palier dont la communication avec la galerie intermédiaire n'est établie qu'à la fin de la représentation.

N. Escaliers principaux des loges.
N'. Escaliers des loges d'avant-scène et communiquant au théâtre.
n. Escalier particulier de la loge royale d'avant-scène
n'. Escalier de dégagement.
O. Entrée du parterre.
P. Parterre.
Q. Orchestre des musiciens.
R. Plancher de la scène.
R'. Prolongement de la scène.
S. Loges des comparses, soldats, etc.
S*. Dépôt du matériel d'éclairage.
T. Loges des acteurs et actrices.
U. Escaliers de service de la scène.
V. Corridors des loges.
X. Loges particulières.
Y. Loge royale d'avant-scène.
Z. Salons dépendant des loges particulières.
Z'. Entrée pour les chevaux, chars, etc., du service de la scène.

PLANCHE 87.
Coupe longitudinale.

PLANCHE 88.
Coupe transversale.

NOUVEAU THÉATRE DE PARME

Les plus petites villes de l'Italie ont des théâtres considérables. Plaisance, Modène, Reggio, Bergame, Brescia, Padoue, Ferrare, enfin tous les chefs-lieux de province ou d'arrondissement sont à cet égard mieux partagés que bien des grandes villes de France, d'Allemagne et d'Angleterre. Les capitales des petits États de la Péninsule se sont surtout distinguées, en tout temps, par la magnificence de leurs spectacles. Pour ne parler que de Parme, on connaît le théâtre gigantesque élevé par un Farnèse dans une aile du Vieux Palais. Lorsque ce théâtre fut abandonné comme impropre aux représentations des œuvres modernes, Parme vit s'élever une autre salle de spectacle dans le genre des autres théâtres de l'Italie ; mais cette salle, qui dura un siècle et demi, ne nous est connue que par les représentations qu'on y a données, représentations de premier ordre, dans lesquelles nous voyons figurer les plus grands artistes du temps : c'est, en 1729, *Lucio Papirio*, opéra de Giacomelli chanté par la Faustina Bordoni, par Farinelli, par Bernacchi, leur maître, et par Borosini ; ce sont, en 1769, les célèbres *Feste d'Apollo*, données pour le mariage de l'Infant et dans lesquelles Lucrezia Agujari, Millico, Otani. Caselli chantèrent trois fragments de trois opéras de Gluck, qui étaient alors dans toute leur primeur, *Aristie*, *Philémon et Baucis*, *Orphée* ; c'est enfin, en 1782, l'*Alessandro Timoteo*, de Sarti, interprété par Giacomo Davide, Neri, Anna Pezzi et Adriana Garioni. Les frères Galliari et Francesco Grassi avaient doté la scène de décorations grandioses, qui ont mérité les honneurs de la gravure.

Les guerres et les changements politiques qui eurent lieu vers le commencement de ce siècle ont dû nuire aux théâtres de toutes les villes de second ordre et Parme s'en est ressentie ; mais lorsque la paix se fut établie, grâce aux promesses décevantes des anciens souverains, le théâtre de Parme reprit son ancien lustre et attira l'attention du gouvernement. Ce fut alors que la construction d'une nouvelle salle fut décidée.

L'architecte, Nicola Bettoli, a donné à ce monument des proportions aussi vastes et un aspect aussi somptueux que les ressources de la ville le comportaient. Il a suivi, en général, les dispositions préconisées par les maîtres italiens ; mais en modifiant légèrement la courbe de Piermarini, qu'il a élargie sur les côtés. L'espace lui a permis de compléter son parallélogramme et d'y ménager tous les locaux nécessaires ; seulement, ne pouvant embarrasser la voie publique par l'élévation d'un portique, il a établi les descentes à couvert des deux côtés de la façade. Nous signalerons aussi les cabinets derrière les loges, comme à *la Scala* et au *Carlo Felice*.

Du reste, les détails de ce bel édifice et surtout la partie décorative méritaient d'être l'objet non d'un article, mais d'un livre spécial, et ce livre a été magnifiquement exécuté, le texte dans la typographie de Bodoni et les planches dans l'atelier de Toschi, l'année même de l'inauguration de la salle, laquelle eut lieu le 15 mai 1829.

EXPLICATION DE LA PLANCHE 89

PLANCHE 89.

A. Portique extérieur.
B. Grand vestibule.
C. Escalier du foyer public.
D. Escalier des premières loges (rez-de-chaussée).
E. Couloirs qui se répètent à tous les étages.
F. Loges.
G. Entrée du parterre au-dessous de la loge du souverain.
H. Cabinets pour le service de chaque loge.
I. Parterre ou parquet.
J. Orchestre des musiciens.
K. Scène.
L. Prolongement de la scène.
M. Côtés de la scène au-dessous desquels se trouvent des loges d'artistes.
N. Escaliers de service
O. Escalier du paradis.
P. Couloirs.

THÉATRE DE REGGIO

Reggio, dit de Lombardie, pour le distinguer d'une ville du même nom située à l'autre extrémité de la Péninsule, a eu un grand et beau théâtre au commencement du siècle dernier ; son titre officiel était *Teatro dell' illustrissimo pubblico*, appellation qui n'étonne pas en Italie, où les directeurs de théâtres sont habitués au plus grand respect envers le public.

Sans être célèbre, comme la plupart des précédents, le théâtre de Reggio a toujours tenu dans l'art un rang élevé. En 1785, par exemple, nous y voyons figurer la Brigida Banti, le sopraniste Porri et Giovanni Anzani, trois artistes alors en grand renom. De nos jours, Reggio, comme la plupart des villes de province, ne donne un spectacle de premier ordre (opéra et ballet) que pendant la saison de la foire. Le reste de l'année, le théâtre est habituellement occupé par de bonnes troupes dramatiques.

L'ancienne salle était construite d'après le système de Vegezzi, dont nous avons parlé dans l'Introduction, et qui consistait à avancer chaque loge de quelques pouces et à la surélever à mesure qu'elle s'éloignait de l'embouchure du théâtre. Il n'y avait pas de colonnes à l'avant-scène, mais deux loges montaient sur l'estrade. Un vaste foyer et de commodes dépendances complétaient ce bel édifice. Mais il n'y avait qu'un seul dessous.

EXPLICATION DE LA PLANCHE 90

PLANCHE 90.

A. Portique extérieur.
A'. Grand foyer public.
B. et B'. Salons de rafraichissements.
C. Buvette.
D. Loge du prince.
E. Loges particulières reproduites à chaque étage.

F. Loges situées sur l'estrade.
G. Parquet.
H. Orchestre des musiciens.
I. Scène.
J. Chambre de service.
K, L, M. Escaliers intérieurs de service.
N, O, P, Q. Appartement de la Direction.

THÉATRE ROYAL DE MADRID

PLACE D'ORIENTE.

Ce que nous avons dit, dans l'Introduction, du développement tardif et restreint de l'architecture théâtrale en Espagne, trouve spécialement son application à la capitale, qui est restée en arrière des grandes villes de province, et n'a pu les rejoindre que dans ces dernières années. Les deux *corrales* de la Cruz et del Principe, devenus vers la fin du dernier siècle des salles supportables, é aient restés jusqu'à ces derniers temps les deux principaux théâtres de Madrid et les seuls qui eussent quelque apparence architectonique. Le *Coliseo de los caños del Peral*, où nous avons vu débuter, en 1704, l'opéra italien, qui passa plus tard au *Principe*, « était blessé à mort, » dit M. Diana dans le beau livre que nous avons déjà cité. Sa démolition fut décidée le 1er janvier 1817. Notons en passant qu'elle dura quinze mois, le temps qu'il aurait fallu ailleurs pour bâtir un nouveau théâtre. Nous allons voir combien dura la construction de celui qui nous occupe.

Le Roi ayant agréé les plans proposés par Don Antonio Lopez Aguado, cet architecte commença les fondations au mois d'avril 1818. Don Isidro Velasquez entreprenait en même temps la formation de la Place d'*Oriente*, qui avait été décrétée pour isoler le théâtre et décorer ses abords. Les deux architectes étaient soumis à la direction d'une junte présidée par le comte de Montezuma. Mais le mauvais état des finances amenait, en 1820, une première suspension des travaux; repris quelque temps après, ils étaient de nouveau suspendus en 1823 par les événements politiques. En 1830, on se remit à l'œuvre; et depuis cette époque, il n'y eut plus de notable interruption, malgré la mort de l'architecte Aguado, qui fut remplacé en 1831 par D. Custodio Moreno. En 1837, le bâtiment était couvert. Il avait coûté à cette époque une somme totale de trente-deux millions de réaux (environ huit millions de francs).

Restait la partie décorative, les aménagements des machines et des objets de toute sorte que réclame l'exploitation d'un théâtre : de nouveaux fonds étaient nécessaires; et, en attendant que les chambres se décidassent à les voter, le théâtre resta vide. On chercha à tirer parti du local pour des bals masqués, pour des séances préparatoires de députés, pour des réunions de gardes nationaux; on en fit même, pendant quelque temps, un magasin à poudre. Les choses restèrent en cet état jusqu'en 1850.

C'est à M. Sartorius, comte de San Luis, alors ministre de la maison de la Reine, que revient tout le mérite de l'achèvement de ce beau théâtre, sans que cette bonne résolution ait pu le sauver de l'impopularité que lui a valu sa politique. Les travaux marchèrent cette fois plus rapidement que sous l'ancienne junte : commencés le 7 mai, ils étaient complétement terminés le 31 octobre. L'inauguration se fit le 1er novembre 1850, par une brillante représentation de la troupe italienne [1] que D. Carlos Bentabole et D. Francisco Salas avaient recrutée pour cette solennité.

[1] Jamais troupe d'opéra n'a été plus riche en sujets de premier ordre. On y voyait figurer à la fois mesdames Alboni, Frezzolini, Grisi et Castellan; messieurs Mario, Gardoni, Fraschini, Masset, Ronconi, Colletti, Baroilhet, Varesi, Lablache, Bouchet, Formes. La danse était représentée par mesdames Cerrito, Carlotta Grisi, Fanny Esler et M. Saint-Léon. Peut-on espérer que pareil ensemble se retrouve jamais sur aucun théâtre ?

Depuis son ouverture, le Théâtre Royal de Madrid a toujours tenu dans l'art un rang élevé, malgré les difficultés de ses conditions pécuniaires.

Les limites que toute publication doit se poser, sous peine de ne jamais aboutir, ne nous ont pas permis de donner de ce grand et beau théâtre autre chose que les plans du rez-de-chaussée et du premier étage : mais ces plans suffisent pour indiquer toutes les dispositions essentielles, toutes les améliorations importantes adoptées par les architectes espagnols. Le portique extérieur sous lequel passent les voitures, les vestibules, les escaliers, la coupe de la salle, et l'angle bien pris des cloisons des loges, les services abondamment ménagés autour de la scène, déjà large par elle-même, le foyer des artistes et celui de la danse sont autant de parties remarquables que nous recommandons à la méditation des architectes. Notre éloge ne comprend point la forme hexagonale donnée au plan général de l'édifice ; elle offre, nous l'avons dit, plus d'un inconvénient par les biais qu'elle commande à l'intérieur et par les pertes de terrain qu'elle cause au dehors, sans favoriser aucunement la décoration extérieure.

EXPLICATION DE LA PLANCHE 91

REZ-DE-CHAUSSÉE.

A. Portique pour la descente de voiture.
B. Vestibule.
C. Escalier de la Reine.
D. Couloir conduisant aux loges.
E. Loges.
F. Loges d'avant-scène.
G. Parterre.
H. Orchestre des musiciens.
I. Plancher de la scène.
J. Escaliers publics.
K. Salon de dégagement.
L. Escalier pour les machinistes.
M. Foyer des artistes.

N. Vestibule du côté de la place Isabelle II.
O. Locaux de la Direction.

PREMIER ÉTAGE.

A. Terrasse au-dessus du portique.
B. Salles de foyer pour la Reine.
C. Escalier de la Reine.
D. Couloir conduisant à la loge royale.
E. Loges.
F. Escaliers publics.
G. Foyer public.
H. Escaliers des machinistes.
I, J. Salons de dégagement.
K. Autre salon.
L. Salon de bal.

TABLE DES MATIÈRES

DE LA PREMIÈRE PARTIE

ERRATA

Page 37 ligne 33, au lieu de 15 mètres, lisez 10 mètres
«   41   »   67   »   62

DEUXIÈME PARTIE

MACHINES THÉATRALES

L'ÉCHELLE D'UN CENTIMÈTRE PAR MÈTRE.

MACHINES THÉATRALES

I

SYSTÈME FRANÇAIS

PLANCHE 1re.

PLAN OU NIVEAU DU DERNIER DESSOUS D'UN THEATRE

A. Dés en pierre ou parpaings scellés dans les fondations, arrasés au niveau du sol et reliés aux murs de fond et d'avant-scène au moyen de

B. Sablières ou plates-formes encastrées de trois centimètres dans les dés.

C. Poteaux des rues ou fermes assemblés à tenons et mortaises dans les sablières.

D. Jumelles recevant les tourillons des arbres des tambours.

E. Collets ou supports intermédiaires des arbres des tambours.

F. Tambour des changements à vue.

G. Tambours des fermes ou châssis pleins et à jour des décorations et des praticables venant du dessous.

H. Fermes fixes de l'avant-scène et du fond du théâtre.

J. Fermes fixes du lointain.

K. Cheminées des contre-poids.

L. Fourneaux des calorifères de la scène et des loges des acteurs.

M. Escaliers de service en pierre aboutissant au plancher de la scène.

N. Passage conduisant aux galeries voûtées pour les divers services.

N* Passage conduisant aux magasins d'accessoires et de décorations.

N** Passage conduisant au foyer du chant.

O. Cheminées des trémies à lames de sapin recouvertes ou tôle.

PLANCHE 2 (fig. 2).

PLAN DU DEUXIÈME DESSOUS.

A. Sablières des fermes fixes de l'avant-scène, intermédiaires et du lointain.

B. Sablières des rues ou plans mobiles.

C. Rues dans lesquelles on équipe les objets qui se manœuvrent dans les dessous.

D. Entre-toises d'écartement des fermes fixes assemblées à queue.

E. Entre-toises des fermes mobiles fixées à chaque bout au moyen d'un crochet en fer qui entre dans les gâches fixées aux sablières.

F. Sablières des fermes fixes latérales.

G. Tambours des trappes, des praticables et

H. Jumelles desdits tambours assemblées dans la même sablière.

I. Jumelles simples.

J. Baies de communication de la face au lointain.

K. Trémies.

L. Escaliers en pierre.

M. Portes des galeries voûtées.

Même planche (fig. 1re).

PLAN AU NIVEAU DU PREMIER DESSOUS.

A. Sablières des fermes fixes (avant-scène, intermédiaires et lointain).

B, C. Sablières des lames sur lesquelles roulent les chariots portant les feuilles de décoration.

D. Moufles d'appel et de recul desdits chariots.

E. Rouleaux mobiles sur lesquels passent les fils du tambour des changements à vue.

F. Billots d'arrêt des chariots.

G. Rouleaux fixes autour desquels s'enroulent les retraites à la main et au tambour.

H Sablières des fermes fixes latérales.

I. Entre-toises d'écartement des fermes fixes assemblées à queue.

J. Entre-toises des rues ou plans mobiles avec un crochet en fer chaque bout, comme à la figure 2.

K. Traverses des chevilles sur lesquelles on attache les retraites à la main et au tambour.

L. Escaliers en pierre.

M. Passages conduisant aux galeries voûtées.

N. Cheminées des contre-poids.

O. Trémies.

PLANCHE 3 (fig. 2).

PLAN AU NIVEAU DE LA SCÈNE SANS LE PLANCHER.

A. Sablières et entre-toises des fermes fixes de l'avant-scène, intermédiaires et lointaines.

A* Chevêtre de la rampe des lumières, à la droite du trou du souffleur.

a. Sablière encastrée sur le mur d'avant-scène.

a* Sablières recevant le trappillon mobile du rideau de fer.

B. Chapeau de fermes ou sablières supportant le plancher de la scène.

C. Sablières latérales, dans lesquelles sont encastrées et boulonnées toutes les sablières ci-dessus.

D. Rouleaux mobiles ouvrant ou fermant les rues des trappes.

E. Leviers mobiles pour abaisser ou relever les trappes de levée dans la feuillure des chapeaux de fermes, avant ou après leur manœuvre.

F. Ligne des grands et des petits crochets en fer plat qui enchaînent toutes les rues et les fermes mobiles du premier dessous, depuis la face d'avant-scène jusqu'au mur de fond.

G. Escaliers de service en pierre.

H. Cases ou compartiments recevant les décorations du répertoire courant et accessoires nécessaires à la représentation.

J. Portes du magasin des décorations.

J'. Portes des galeries voûtées pour les cortéges, chars, chevaux, etc.

J. Entrée du foyer de la danse.

K. Cheminée des contre-poids.

L. Trémies.

Même planche (fig. 1re).

PLAN AU NIVEAU DE LA SCÈNE AVEC PLANCHER.

A. Trappes de levée

B. Trappes ordinaires des rues joignant celles de levée.

b. Trappes de service.

c. Trappillons mobiles pour livrer passage aux décorations des dessous du théâtre.

c'. Trappillon fermant l'ouverture ménagée dans le plancher du théâtre pour que le rideau de fer repose sur le mur d'avant-scène.

D. Trappillon des côtières.

E. Planchers fixes, posés avec vis à têtes fraisées.

F. Chaufferettes ou bouches d'air chaud.

G. Escaliers en fer conduisant aux corridors et aux combles.

H. Cases dans lesquelles on range les décorations du répertoire courant.

I. Porte de la galerie des cortéges communiquant également aux loges des acteurs et aux magasins des décorations.

J. Entrée du foyer de la danse.

K. Cheminées des contre-poids.

L. Trémies.

PLANCHE 4.

PLAN DES CORRIDORS DE SERVICE OU GALERIES LATÉRALES DU CINTRE.

Fig. 1re.

PLAN DU PREMIER CORRIDOR.

A. Plancher en sapin brut de 33 millimètres d'épaisseur, assemblé à rainures et languettes.

B. Parties sans plancher pour indiquer la disposition des solives moisées et boulonnées aux aiguilles pendantes.

C. Rouleaux fixes ou modérateurs du service des retraites à la main et au tambour.

D. Rouleaux fixes des retraites aux contre-poids.

E. Escaliers en fonte conduisant aux cintres.

Même planche (fig. 2).

PLAN DU DEUXIÈME CORRIDOR.

A. Plancher à claire-voie dont les planches arrondies sur les rives sont espacées d'environ trois à quatre centimètres pour donner passage aux fils, retraites, etc, du corridor inférieur.

B. Treuils pour la manœuvre des contre-poids.

C. Palettes ou leviers des treuils.

D. Moufles à 3 poulies pour les contre-poids.

E. Escaliers de service.

F. Aiguilles pendantes sur lesquelles sont assemblées et boulonnées les solives des corridors.

G. Ponts volants suspendus aux solives du grand gril entre les corridors.

PLANCHE 5.

PLAN AU NIVEAU DU GRAND GRIL.

A. Tambour du rideau d'avant-scène. A droite et à gauche, deux autres tambours plus petits sont destinés aux rideaux de manœuvre dits d'entr'actes.

B. Lignes des tambours à palettes des divers rideaux de décoration.

C. Tambour des plafonds, etc., du corridor inférieur.

D. Moufles de renvoi à deux poulies des tambours de la figure 2, ceux de la fig. 1re n'étant pas encore posés.

E. Moufles des fils des tambours de la partie du gril planchéiée à claire-voie.

F. Moufles du tambour d'avant-scène.

G. Moufles pendantes des fils du plafond fixés aux solives du gril.

H. Cassettes couchées ou chemins des vols de travers.

I. Moufles des planchers de gloires.

J. Escaliers de service du cintre.

PLANCHE 6.

PLANTATION D'UN SALON FERMÉ.

ET D'UNE GRANDE DÉCORATION EN PANORAMA, AVEC PRATICABLE, ESCALIERS, ETC., SUCCÉDANT A CE SALON.

Fig. 1re.

SALON FERMÉ ET ÉQUIPÉ POUR ÊTRE CHANGÉ A VUE.

A. Ferme du fond avec brisures et développements formant des pans coupés.

B. Châssis obliques avec pilastres qui en masquent la jonction.

b. Position des châssis avant le changement à vue. Les lignes ponctuées désignent l'arrivée des châssis au repère où ils sont ensuite développés au moyen de gonds fixés aux faux châssis.

C. Châssis mobile du cadre d'avant-scène.

D. Loges du directeur et des chefs de service.

E. Fond de porte dit passe-partout ; les lignes ponctuées indiquent la découverte.

F. Passage recouvert d'un trappillon.

f. Trappillons ferrés pour le changement à vue.

Fig. 2.

G. Châssis géométraux.

H. Châssis obliques avec retour isolé.

I. Grands châssis avec voussures obliques formant panorama et régnant à la même hauteur que le rideau du fond.

J. Rideau.

K. Escalier circulaire avec palier de repos.

L. Bâtis ou praticables en écoinçons.

M. Bâtis ordinaires, de hauteurs différentes et recevant les planchers intermédiaires, les escaliers, etc.

N. Planchers s'agrafant sur les bâtis principaux.

O. Fermes à cassettes dont la tête des âmes est mobile et d'un emploi habituel pour diminuer la portée des planchers entre les bâtis principaux des grands praticables, de rochers, de montagnes, etc.

P. Escalier oblique.

Q. Escaliers droits.

R. Lignes ponctuées indiquant la découverte des décorations.

PLANCHE 7.

COUPE TRANSVERSALE DU THÉATRE

AVEC ÉQUIPE D'UN SALON FERMÉ POUR CHANGER A VUE.

A. Ferme de fond et châssis oblique formant les parois du salon.

a. Lignes ponctuées indiquant la même ferme dans le dessous.

B. Plafond plat manœuvré du cintre.

C. Châssis d'ailes engondés sur les faux châssis pour pivoter à l'arrivée des chariots aux repères marqués.

H. Retraite au tambour et au contre-poids.

I et J. Moufles de renvoi des retraites du tambour et du treuil, dans les cheminées des contre-poids.

K. Moufles des contre-poids.

L. Tige du contre-poids qui a fait monter la ferme.

M. Fils des âmes des cassettes sur le petit diamètre du tambour.

N. Cassettes dans lesquelles glissent les âmes.

O. Âmes en sapin avec cannelures et navettes au milieu, sur lesquelles la ferme est boulonnée.

P. Treuil des contre-poids du plafond.

Q. Retraite du dit treuil.

R. Tambour du plafond.

r. Fil de suspension.

S. Retraite à la main et au tambour

T. Moufle de renvoi de ladite retraite.

u. Rouleau fixe ou modérateur.

V. Cheville de retraite.

X. Retraite au tambour et contre-poids du plafond.

Y. Moufle de renvoi.

Z. Contre-poids pour enlever le plafond.

PLANCHE 8.

COUPE LONGITUDINALE DU THÉÂTRE.

SALON FERMÉ.

A,B,C. Châssis obliques et fermes de fond.

D. Plafond plat tendu sur châssis.

E. Fil de suspension ou poignée passant dans

F. Anneaux mobiles et fixés à

G. Pattes à œil.

H. Poignée de derrière manœuvrée à la main pour basculer le plafond et le redresser à volonté quand il descend ou remonte au cintre.

I. Moufles pendantes des grils.

J. Tambour du plafond plat.

DÉCORATION EN PANORAMA.

j*. Tambour du rideau de fond.

K. Châssis obliques ordinaires.

L. Châssis obliques, coiffés d'autres châssis L' dits voussures, et régnant à la hauteur du rideau de fond; on dissimule la jonction de ces châssis superposés au moyen d'une plate-bande en tôle mince rivée en tête du châssis inférieur, excédant la traverse de 8 ou 10 centimètres et formant feuillure ; le châssis supérieur qui est manœuvré du cintre est maintenu en joint par des taquets ou peignes en bois de hêtre fixés en sens contraires aux traverses des châssis, et enfin par des fils ou guindes.

M. Bâtis ou praticables mobiles en sapin.

N. Fermes à cassettes.

O. Âmes desdites cassettes percées de trous contrariés afin de les régler à la hauteur nécessaire au moyen de chevilles en fer.

P. Plancher mobile boulonné sur la tête desdites âmes.

Q. Escaliers mobiles agrafés sur les bâtis.

R. Rideaux de fond.

CINTRE.

S. Chevilles de retraite du premier corridor.

T. Rouleaux fixes ou modérateurs.

U. Draperie mobile du cadre d'avant-scène.

V. Cassettes couchées ou chemins des vols.

X. Tambour du rideau d'avant-scène.

PLANCHE 9.

COUPE TRANSVERSALE DU THÉÂTRE

AVEC ÉQUIPE DES GLOIRES, VOLS, TRAPPES, CHANGEMENTS A VUE, ETC.

CINTRE.

ÉQUIPE DES GLOIRES.

A. Tambour avec diamètres dégradés.

B, b. Fils de suspension des planchers.

C. Moufles dans lesquelles passent les fils.

D, d. Planchers des gloires.

E, e. Devantures et bavettes chantournées.

F f. Dossiers.

G. Gâteaux ou groupes de nuages chantournés, masquant les fils de suspension des planchers des gloires.

H. Fils de suspension desdits gâteaux.

D. Tambour de la ferme.

K. Treuil dudit tambour.

E'. Retraite au cordeau du dit treuil.

F. Retraite à la main et au tambour.

G. Rouleau fixe ou modérateur sur lequel ladite retraite fait un tour, afin que l'ouvrier qui la file sur la cheville puisse au besoin ralentir le mouvement imprimé au tambour.

g. Cheville de retraite.

I. Moufles de ces fils.

J. Retraite à la main et au tambour.

K. Retraite au tambour et au contre-poids.

L. Retraite à la main et au contre-poids.

M. Tige du contre-poids.

N. Treuil et moufle du contre-poids.

O, o. Moufle de renvoi du cintre.

ÉQUIPE DES VOLS.

A'. Tambours parallèles destinés à supprimer les contre-poids dans les divers mouvements.

B'. Grosse moufle à laquelle on substitue, au besoin, un tambour portatif monté sur chevalets mobiles et garni de deux manivelles.

C'. Fil sans fin transmettant le mouvement au gros diamètre des tambours parallèles.

D'. Fils du porteur passant d'abord dans les chapes des poulies du char, ensuite dans celles du renvoi et arrêtés sur le petit diamètre des tambours parallèles.

E'. Cassette couchée garnie de chars.

F'. Porteurs garnis des fils de fer nécessaires à l'enlèvement de deux personnes.

G'. Olives ou pains en plomb pesant environ cinquante kilogrammes et servant : 1° aux répétitions des vols; 2° à conserver aux cinq fils de fer une tension égale jusqu'au moment où le vol de la personne a lieu.

H'. Fils d'appel du char.

h. Moufles de renvoi.

ÉQUIPE DU CHANGEMENT A VUE DANS LES DESSOUS.

A'. Tambour du changement occupant cinq plans du théâtre, c'est-à-dire faisant avancer ou reculer en même temps vingt châssis ou coulisses de décoration aux repères indiqués.

B'. Treuil du contre-poids.

C'. Retraite dudit treuil.

D'. Retraite à la main et au gros diamètre du tambour.

E'. Rouleaux fixes ou modérateurs.

F'. Cheville de retraite.

G'. Fils d'appel des chariots arrêtés sur le petit diamètre du tambour.

H'. Rouleau de renvoi des fils d'appel.

I'. Fil de recul des chariots.

J'. Moufle à deux poulies à plat dans lesquelles passent ces fils.

K'. Chariots garnis de châssis, de décorations, arrivés au repère marqué par les billots d'arrêt.

L'. Chariots garnis comme dessus qui ont reculé aux ailes par suite du mouvement qui a amené ceux de K en vue du spectateur.

M'. Sablières où sont encastrées les lames de fer sur lesquelles roulent les chariots.

N'. Billots d'arrêt des chariots.

O'. Retraite au gros diamètre du tambour et du contre-poids.

P'. Moufles de renvoi des retraites au contre-poids.

Q'. Tige de contre-poids réglé à terre par suite du changement de décoration.

DANS LE CINTRE.

DANS LE CINTRE.

P. Tambour du rideau de fond X.
Q. Retraite à la main et au tambour.
R. Retraite au tambour et au contre-poids.
S. Treuil du contre-poids.
T. Retraite à la main et au contre-poids
U. Tige du contre-poids.
V. Tambours des plafonds.
V*. Tambour de manœuvre des grands plafonds plats destinés aux salles de concert ou de bal. Trois tambours semblables, agissant en même temps au moyen de contre-poids, suffiront pour enlever d'une seule pièce le plafond tendu sur châssis d'une décoration occupant les douze plans du théâtre.
X. Fils de poignées des plafonds fixées en sens inverse pour le changement sur le petit diamètre du tambour.
Y. Retraite au tambour et au contre-poids.
Z. Conduits du gaz.

ÉQUIPE D'UN GRAND BATI DE TRAPPE.

R. Tambour de manœuvres des bâtis du dessous.
S. Retraite à la main et au tambour.
T. Fils d'appel de bâtis fixés, d'un bout à la traverse, en coupe, et de l'autre sur le petit diamètre du tambour.
U. Bâti de trappes garni de son plancher.

PLANCHE 10.

COUPE LONGITUDINALE DU THÉATRE.

DESSOUS.

A. Tambour du changement à vue.
B. Tambour des fermes.
C. Treuil des contre-poids.
D. Tambour des trappes, bâtis, praticables, terrains, etc.

CINTRE.

E. Tambour des vols de travers.
F. Treuils des contre-poids.
G. Tambours des plafonds.
H. Cassettes couchées ou chemins des vols de travers.
I. Moufles des fils ou poignées des plafonds.
J. Tambour du rideau d'avant-scène.
K. Tambours des rideaux de fond.
L. l, Tambour avec diamètre dégradé faisant manœuvrer ensemble cinq plans de gâteaux ou groupes de nuages chantournés.
M, m. Tambours de retraite et des fils de suspension des planchers de gloires avec diamètres dégradés pour les gâteaux, etc., masquant lesdits fils de suspension.
M'. Planchers des gloires.
N. Rideau de sûreté en fil de fer, séparant la scène de la salle.
n. Moufles des fils de suspension dudit rideau de fer.
O. Draperie fixe ou manteau d'arlequin en tôle rivée sur des bâtis en fer scellés dans le mur de l'avant-scène, ainsi que les pentes des côtés.
P. Bâti et porteur mobile d'un vol tournoyant dit valse aérienne.
Q. Olive en plomb accrochée au porte-mousqueton des fils de fer.
R. Cheminées des contre-poids fermées à claire-voie jusqu'à hauteur des premiers corridors du cintre.
S. Loges sur la scène, occupées par l'administration et les chefs de service.
T. Entonnoir ou porte-voix de l'encadrement de l'avant-scène.

PLANCHE 11.

COUPE TRANSVERSALE DU CINTRE, ÉQUIPE D'UN VOL TOURNANT, RAMPE DE GAZ, ETC.

ÉQUIPE DU VOL TOURNANT.

A. Cassettes couchées.
B. Char auquel sont fixées les cordes mortes du bâti en charpente.

C. Bâti en chêne avec essieu tourné à tête carrée entaillée dans le porteur et fixé sur la traverse du bâti au moyen de deux écrous contrariés.
D. Tambour horizontal, avec deux gorges séparées pour le fil sans fin, et boulonné sur le porteur mobile des fils de fer.
E E. Tambours parallèles des vols de travers.
G,H,I. Moufles et fils sans fin desdits tambours.
J. Fil agissant simultanément sur le char.
K. Fil sans fin, manœuvré à la main et renvoyé par des poulies fixées aux extrémités du bâti sur le tambour horizontal et en sens inverse dans chacune des gorges de son épaisseur.

SERVICE DES RAMPES OU HERSES.

M. Rampe d'éclairage des rideaux et des plafonds construite en bâtis de sapin et garnie intérieurement d'un réflecteur en tôle.
m. Tuyaux en cuir garnis d'un ressort à boudin qui le maintient à l'état cylindrique pour le passage du gaz.
m". Raccords des tuyaux avec le conduit principal du gaz.
N. Tambour des fils de suspension de la rampe.
n. Tuyau principal de conduite du gaz.
O. Retraite au tambour et au contre-poids.
P. Moufle du renvoi.
Q. Moufle de contre-poids.
R. Treuil du contre-poids.
S. Cordage du treuil.
T. Retraite à la main et au contre-poids.
U. Tige du contre-poids.
V. Boîte conique projetant la lumière sur un point déterminé.

PLANCHE 12.

ÉQUIPE D'UNE FERME ISOLÉE OU A JOUR AVEC SON PLAFOND.

A. Cassettes verticales dans lesquelles glissent les âmes qui font monter ou descendre la ferme dont le bâti est boulonné sur ces âmes.
B. Retraite au treuil et au contre-poids.
B*. Retraite au tambour et au contre-poids.
C. Retraite à la main et au tambour.
C*. Moufle de renvoi.
D. Rouleau fixe ou modérateur de retraite.
E. Cheville de retraite.
F. Fils des âmes des cassettes.
G. Ferme isolée en état, et couronnée de son plafond.
H. Contre-poids réglé à terre, et qui a fait monter ladite ferme du dessous.

PLANCHE 13.

FERRURES DIVERSES DES CINTRES.

Fig. 1". Porte-mousqueton à platine et à goupilles, pour les vols de travers, ancien système (aux 3/5 de l'exécution).
2". Porte-mousqueton à crochet avec paillettes en acier nouveau système (même proportion).
3". Crochet à paillettes en acier pour les faux cordages ou cordes mortes des plafonds et des rideaux de fond (à moitié de l'exécution).
4" Agrafes avec écrou à queue servant à fixer les bancs, gradins, etc, sur les planchers des gloires (même proportion).
5". Anneaux à boulons, avec écrous ronds et fendus, des plafonds plats ou à bâtis (même proportion).
6". Pattes à œil et à talon desdits plafonds (même proportion).
7". Ferrures des herses volantes, etc. (même proportion).
8". Gros porte-mousqueton double ou à S, avec paillettes en acier (au tiers de l'exécution).
9". Gros porte-mousqueton simple à paillettes et à œil (même proportion).
10". Menotte et tige de contre-poids (aux 2/3 de l'exécution).

PLANCHE 14.

DÉTAILS DES MOUFLES, DES CONTRE-POIDS, ETC.

Fig. 1er. Moufle à trois poulies en cuivre avec tige garnie de contre-poids.
1er bis. Plan et coupe des pains de plomb ou de fonte formant les contre-poids.
2e. Moufles d'appel et de renvoi, boulonnées sur les solives du gril.
3e. Moufles à plat du rideau, boulonnées sur le plancher du gril.
4e. Moufles pendantes des plafonds, boulonnées et vissées aux solives du gril.
5e et 6e. Treuil à engrenage avec frein, etc., pour manœuvrer le lustre d'une grande salle de spectacle.
7e et 8e. Treuil pour un lustre ordinaire.

PLANCHE 15.

RAMPES D'ÉCLAIRAGE AU GAZ.

Fig. 1er. Dessus et dossier en bâti de sapin d'une rampe garnie de becs à éventail au gaz libre (au douzième de l'exécution).
2e. Profil de la même rampe (au sixième de l'exécution).
3e Rampe avec becs en fer et en fonte (au douzième de l'exécution).
4e. Profil de ladite rampe (au sixième de l'exécution).
5e. Boîte conique et mobile garnie d'un bec de gaz ordinaire, avec son réflecteur en plaqué.

PLANCHE 16.

PORTANTS ET HERSES, OU RAMPES VOLANTES AU GAZ.

Fig. 1re et 2e. Portant vu de face et de profil (au sixième de l'exécution).
A. Raccords en cuivre des tuyaux de cuir conduisant le gaz.
B. Robinets servant à intercepter le gaz entre les diverses branches.
B'. Robinet d'alimentation de la herse volante.
C. Tuyau mobile de la conduite principale du gaz venant du premier dessous du théâtre.
C'. Tuyau de raccord du portant avec la herse volante.
D. Tuyau en cuivre sur lequel sont embranchés les huit becs du portant.
E. Robinet servant à régler chaque bec de gaz.
E'. Galerie ou porte-verre du bec.
F. et G. Platines contre-coudées servant à fixer par des vis l'appareil des becs sur le battant.
H. Battants en sapin avec crochet en tête.
I. Mât de perroquet sur lequel se trouve l'agrafe qui reçoit le portant.
J. Broches en fer rond servant à monter un mât.
Fig. 3e. Face et coupe d'une herse ou rampe volante avec des jets de gaz libre pour éclairer des terrains, des bandes d'eau, etc. (au sixième de l'exécution).

PLANCHE 17.

FERRURES DIVERSES EMPLOYÉES SUR LE THÉATRE
(A MOITIÉ DE L'EXÉCUTION.)

Fig. 1er. Agrafe de portants et des châssis d'applique.
2e Agrafe d'entre-toises des bâtis et des praticables, recevant le bout des planchers intermédiaires fixés par un boulon ou par une cheville en fer.
3e. Gond et paumelle de portants de lampes à huile.
4e. Platine en tôle entaillée d'épaisseur sur la navette qui porte la lampe et forme feuillure, dans laquelle se loge le chaînette qui règle la distance des lampes.
5e. Platine contre-coudée, haut et bas de chaque navette.
6e. Crochet de guindage pour les fils d'appel des navettes du portant des lampes.

7e. Agrafe double pour les joints de châssis, d'angles irréguliers.
8e. Couplet à broche ou à goupille pour les joints mobiles des châssis.
9e. Couplet rivé ou à demeure pour les joints fixes des châssis.
10e. Goupille remplaçant la broche du couplet.
11e. Gond et paumelle pour les joints mobiles des châssis.
12. Gond de faux châssis et paumelle des châssis qui doivent se développer obliquement au repère de la décoration.
13e. Crochet de charge sur lequel repose le châssis de décoration.

PLANCHE 18.

FERRURES DIVERSES POUR LE THÉATRE ET LES DESSOUS (SUITES DES).

Fig 1er. Crochet de guindage des châssis fermes passant dans les côtières du théâtre et retenu sous les sablières ou chapeaux de ferme du plancher de la scène (à moitié de l'exécution).
2e. Goujon-agrafe des chariots de barque (aux deux tiers de l'exécution).
3e. Potence mobile, à gonds et à pattes pour les châssis obliques, se développant sur des mâts de perroquet avec agrafes à boulons et écrous à queue à moitié de l'exécution).
4e. Crochet de guindage de châssis dans les cases ou des décorations (au tiers de l'exécution).
5e. Brides chantournées servant à fixer les cassettes des fermes, des dessous au premier plancher (à moitié de l'exécution).
6e. Patte à goujon pour divers accessoires de décoration (à moitié de l'exécution).
7e. Boulon à pointe (moitié de l'exécution).
8e. Disposition des sablières qui supportent le plancher de la scène avec costières de faux châssis et trappillon ferré de briquet à queue pour livrer passage aux fermes de décoration (au tiers de l'exécution).

PLANCHE 19.

DÉTAILS DE CONSTRUCTION DES FERRURES, ETC.
A L'USAGE DU PREMIER DESSOUS DU THÉATRE.

Fig. 1er. Face et coupe d'un cylindre ou poulie en cuivre pour les chariots des faux châssis et des mâts de perroquet (au tiers de l'exécution).
2e. Coupe et profil d'une entre-toise des fermes du dessous, garnie de ses étriers et crochets en fer (à moitié de l'exécution).
3e. Coupe et profil d'un cylindre ou poulie en cuivre sur lequel passe le fil d'âme de la cassette (au tiers de l'exécution).
4e. Coussinet ou palier en cuivre de ladite poulie (au tiers de l'exécution).
5e. Porte-mousqueton à œil et paillettes en acier pour le fil d'appel et de recul des chariots des faux châssis (à moitié de l'exécution).
6e. Crochets à paillettes en acier fixées à chaque extrémité des patins desdits chariots pour accrocher les porte-mousquetons (à moitié de l'exécution).
7e. Platines en fer de 7 à 8 millimètres d'épaisseur, entaillées dans les solives ou chapeaux de fermes du plancher de la scène et recevant les essieux ou goujons des leviers et rouleaux des trappes (à moitié de l'exécution).
8e. Boulon d'âme de cassette avec tête carrée qui s'entaille par derrière l'âme, et écrou à queue en parement (à moitié de l'exécution).
9e. Boulon à tête ronde et écrous à queue servant à barrer les joints des fermes et à les dresser, au moyen de barres en fer plat ou en bois chaufriné (à moitié de l'exécution).
10e. Rouleau de renvoi des fils du changement au tambour (au tiers de l'exécution).
11e. Ferrures des deux extrémités d'un levier de trappes (à moitié de l'exécution).

PLANCHE 20.

DÉTAILS DE CONSTRUCTION DES TAMBOURS, TREUILS, CASSETTES ET MOUVEMENTS DES TRAPPES.

Fig 1re. Treuil de contre-poids.

2e. Tambour à double rang de palettes.

3e. Coupe d'un tambour ordinaire.

4e. Bourrelets du gros diamètre du tambour.

5e. Tourtes intérieures sur lesquelles sont cloués ces bourrelets et les douves du gros diamètre.

6e. Bourrelet du petit diamètre.

7e. Tourtes intérieures du même.

8e. Cassette et âme garnies de toutes leurs ferrures et de deux cylindres ou poulies en cuivre.

9e. Plan du haut de la cassette et de l'âme cannelées sur les deux rives pour loger le fil qui la fait mouvoir.

10e. Plan du bas de la cassette.

11e. Équipe d'une rue de trappes, à savoir :

A. Levier mobile en état ou prêt à manœuvrer au signal du machiniste.

B. Feuillure ou tiroir recevant les trappes qui glissent sous le plancher fixe de la scène.

C. Barres en chêne fixées sous la première trappe dite de levée.

D. Crochets à paillettes en acier.

12e. Équipe pour ouvrir et fermer une rue de trappes :

A. Levier abattu et livrant passage aux trappes mobiles sous le plancher fixe de la scène.

B. Tiroir ou feuillure en pente, seulement dans la longueur de la trappe de levée.

C. Trappe de levée.

D. Crochet à paillettes ou ressorts en acier recevant les boucles du fil sans fin.

E. Rouleau mobile autour duquel est passé le fil d'appel des trappes.

F. Fil sans fin manœuvré à la main pour ouvrir ou fermer la rue de trappes.

PLANCHE 21.

DÉTAILS DE CONSTRUCTION, MACHINES, ETC.

DANS LE CINTRE.

Fig. 1re. Cassette couchée ou chemin d'un vol de travers et chars garnis de leurs ferrures, moufles, des fils de porteur, etc.

2e. Coupe de la cassette et du char.

SUR LE THÉÂTRE.

3e. Chariot ordinaire et faux châssis à échelle.

4e. Chariot à cases et poteaux à chevilles en fer dits aussi mâts de perroquet.

5e. Chariot accessoire dit petit chariot et poteaux à chevilles pour colonnes, arbres isolés, etc.

6e. Coupes de chariots et faux châssis.

DANS LE DESSOUS.

Fig. 7e. Plan d'un bâti de trappe ordinaire à savoir :

A. Coulisseaux dans lesquels glisse le bâti.

B. et C. Bâtis ou fermes d'écartement recevant le plancher.

D. Moufles dans lesquels passent les fils des bâtis.

B. Moufle de ces mêmes fils.

Fig. 8e. Équipe du même bâti de trappe, à savoir :

A. Traverse boulonnée aux solives du plancher de la scène où sont arrêtés solidement les deux fils qui font monter et descendre le bâti.

C. Moufles de renvoi de ces fils au tambour.

Fig. 9e. A. Levier mobile.

B. Entre-toises et planchers mobiles des rues des trappes.

C. Trappillons mobiles avec plates-bandes en fer contre-coudées et rivées, espacées d'un mètre environ.

II

SYSTÈME ALLEMAND

PLANCHE 22.

Fig. 1re. Plan de la moitié de la scène couverte de planchers, de trappes, etc., à savoir :
  A. Trappes mobiles dont l'emplacement ne varie pas.
  B. Trappes mobiles pouvant agir dans toute la largeur de la scène.
  C. D. Trappillon pour le passage des fermes et montant des dessous du théâtre.
  E. Planchers fixes de la scène.
  F. Chaufferettes des conduits de chaleur.
Fig. 2e. Plan de la moitié de la scène indiquant la disposition et l'assemblage de la charpente recevant les planchers fixes, les trappes mobiles, etc.

PLANCHE 23.

COUPE TRANSVERSALE

INDIQUANT L'ENSEMBLE DE LA CONSTRUCTION ET L'EMPLACEMENT DES MACHINES, ETC.

DANS LES DESSOUS, SUR LE THÉÂTRE ET DANS LE CINTRE.

PLANCHE 24.

COUPE LONGITUDINALE INDIQUANT LE DÉVELOPPEMENT DES MACHINES, ETC.,

DE LA PLANCHE PRÉCÉDENTE.

PLANCHE 25.

COUPE TRANSVERSALE AVEC ÉQUIPES DES DIVERSES MACHINES.

DANS LE DESSOUS.

A. Tambour du changement à vue.
a. Petit tambour des retraites à la main et au contre-poids.
B. Treuil vertical ou cabestan des retraites au tambour et au contre-poids.
b. Contre-poids et allége du tambour.
C. Tambours des fermes, des trappes, etc.
D. Tambours verticaux des bâtis de trappes dont les fils sont renvoyés sur les tambours à palettes.
d. Bâtis de trappes dont l'un est en état, c'est-à-dire au niveau du second plancher, l'autre dans le troisième dessous.
E. Tambours à palettes des fils servant à ouvrir et fermer les rues des trappes.

SUR LE THÉÂTRE.

F. Faux châssis et chariots ordinaires des décorations.

DANS LE CINTRE.

G. Tambours parallèles des vols de travers, etc., équipés pour être manœuvrés de la scène.
g. Moufle de renvoi des retraites à la main, au tambour et au char du vol de travers.
H. Char porteur, garni de galets ou poulies sans gorge, traversant la scène sur deux solives parallèles suspendues au gril par des armatures en fer.
I. Petit plancher ou vinaigrette, avec devanture et dossier en bâti, chantournés, et bavettes flottantes.
J. Bâtis mobiles du chef machiniste, destinés à le transporter instantanément aux divers étages pour les besoins du service.
K. Tambour de manœuvre dudit bâti.
k. Petit tambour de renvoi de la retraite du même bâti au contre-poids ou allége mise en équilibre, ce contre-poids devant remonter au cintre en même temps que le bâti en descend. Les cordages suspendus aux solives du gril et de la scène serviront ainsi non-seulement de conducteurs, mais encore à donner l'impulsion au bâti.
L. Treuils verticaux ou cabestans pour la manœuvre des contre-poids.
M. Leviers garnis d'une armature en fer servant à accrocher ou à décrocher du porte-mousqueton les anneaux des poignées des plafonds et des rideaux.
N. Anneaux en fer dans lesquels sont arrêtés tous les fils de suspension d'un rideau ou d'un plafond.
O. Tambours des plafonds.
P. Moufles de renvoi.
Q. Moufles des fils des rideaux et des plafonds.
R. Rideau de fond en état.
S. Plafond remonté au cintre.

PLANCHE 26.

COUPE LONGITUDINALE DU THÉÂTRE

AVEC INDICATION DES RIDEAUX ENLEVÉS AU CINTRE OU EN ÉTAT; ÉQUIPES DU CHANGEMENT, ETC.,

MÊMES DÉTAILS QUE DANS LA PLANCHE PRÉCÉDENTE.

III

SYSTÈME ANGLAIS

PLANCHE 27.

COUPE TRANSVERSALE, ÉQUIPE D'UN VOL TOURNANT, DES TRAPPILLONS ET DES CHASSIS EN FERMES.

A. Coulisseau mobile guidant la tête des châssis et demi-fermes du fond, mis en état pour le changement.

A'. Position du même coulisseau avant sa mise en état.

a. Tasseaux en saillie sur le plancher de la scène, entre lesquels glissent les patins des châssis et des demi-fermes.

B. Ferme de fond en deux parties réunies au milieu et maintenues jointes par des taquets contrariés hors parement.

C. Coulisses ordinaires ou châssis d'aile.

D. Chemins des vols de travers, etc.

D'. Tambour à roue avec broches en fer entre lesquelles passe le fil sans fin.

E. Char mobile.

E'. Fil sans fin du tambour.

F. Fils d'appel du char au petit diamètre du tambour.

G. Treuil à pignon et manivelle avec double cylindre à engrenages servant à élever ou à baisser à volonté l'appareil du vol.

H. Fils du treuil au char.

I. Traverse horizontale ou porteur d'un nouveau système de vol tournant.

I'. Retraite tendue à ses deux extrémités par des contre-poids après avoir été passée dans des œillets tournés, fixés sur la traverse afin de l'empêcher d'osciller pendant la rotation de la roue qui y est suspendue. (Voir pour les détails la pl. 36, fig. 12 et 13 de ce système.)

J. Fil sans fin de la roue horizontale.

K. Roue en bois avec gorge horizontale sous laquelle est fixée une roue à engrenage.

L. Petit tambour des fils du porteur avec roues en fer s'engrenant avec la roue du dessus et imprimant au vol un mouvement de va-et-vient.

M. Armature en fer à laquelle sont arrêtés les fils de fer ou de laiton.

N. Tambours parallèles, à deux diamètres, manœuvrés à la main. C'est sur le petit diamètre de ces tambours que les trappillons à lames brisées s'enroulent pour livrer passage aux décorations du dessous.

O. Conduits en bois dans lesquels glissent les trappillons en s'ouvrant ou en se refermant.

P. Fils sans fin des tambours parallèles.

Q. Moufle et fils servant à rappeler et à joindre les trappillons.

R. Petits tambours à manivelles transmettant les mouvements au gros tambour S au moyen du fil sans fin T.

PLANCHE 28.

DÉTAILS DE LA CONSTRUCTION DES CONDUCTEURS
OU COULISSEAUX MOBILES, CHASSIS ET FERMES DU CINTRE.

A. Plancher du gril.

B. Plancher du premier corridor.

C. Chevalet ou bâti de prolongement des coulisseaux mobiles sous les corridors latéraux du cintre.

D. Partie mobile du coulisseau mis en état pour le mouvement d'une ferme. Les lignes ponctuées indiquent la position du coulisseau lorsqu'il ne sert qu'à manœuvrer le châssis d'aile.

E. Cheville de retraite en échelle pour pratiquer sur le coulisseau.

F. Fil à la main pour baisser ou lever le coulisseau.

G. Chaine en fer ou support fixe.

G'. Chaine mobile pour maintenir de niveau l'extrémité du coulisseau.

Fig. 2ᵉ. Coupe des planchers et assemblages de chevalets sous les corridors.

Fig. 3ᵉ. Plan général du coulisseau.

Fig. 4ᵉ, 5ᵉ, 6ᵉ. Détails d'exécution ou profils, plan et coupe d'un coulisseau.

PLANCHE 29.

DÉTAILS DE CONSTRUCTION DES TAMBOURS OU CYLINDRES.

Fig. 1ʳᵉ et 2ᵉ. Coupe et élévation du gros diamètre des tambours ordinaires pour rideaux et plafonds, montrant le moyen d'arrêter les retraites à la main et au contre-poids.

Fig. 3ᵉ et 4ᵉ. Coupe des assemblages à coins et bourrelets dudit tambour.

Fig. 5ᵉ. Roues à chevilles en fer recourbées entre lesquelles passe le fil sans fin des mêmes tambours manœuvrés sans contre-poids.

Fig. 6ᵉ. Coupe du bord extérieur de la roue garni de chevilles.

Fig. 7ᵉ. Grande poulie avec chape en fer, manivelle et boulon à tige et écrou à oreilles pour tendre à volonté le fil sans fin.

Fig. 8ᵉ. Profil de ladite poulie.

Fig. 9e. Coupe d'un petit cylindre sur lequel les rideaux s'enroulent de bas en haut. Ces cylindres ont ordinairement 20 à 25 centim. de diamètre sur 13 à 14 mètres de longueur. Ils sont recouverts sur toute leur circonférence d'une toile collée et clouée, afin qu'ils soient plus légers que s'ils étaient en bois plein; la partie inférieure du rideau est fixée sur le cylindre, la partie supérieure est réglée de niveau aux solives du gril au moyen de cordes mortes ou faux cordages.

Fig. 10e. Coupe du même cylindre terminé à chaque extrémité par un diamètre à douves pleines entre les bourrelets, recevant les fils sans fin qui servent à la manœuvre et qui sont renvoyés sur un tambour à spirale. (*Voy.* Pl. 30, fig. 1 et 2.)

Fig. 11e à 16e. Coupes transversales et longitudinales des divers systèmes de construction des arbres des tambours et treuils.

PLANCHE 30.

CONSTRUCTION DES TAMBOURS.

Fig. 1re et 2e. Tambour à spirale avec volant, ou roue en fonte et manivelle servant à la manœuvre du rideau d'avant-scène et de celui du fond, qui est également enroulé horizontalement sur un cylindre. La retraite du contre-poids occupant le petit diamètre du tambour, les fils sans fin du cylindre parcourant de haut en bas la gorge de la spirale, constituent une manœuvre des plus faciles.

Fig. 3e et 4e. Coupe et élévation d'un tambour ordinaire.

Fig. 5e et 6e. Bâti portatif avec deux petits tambours à manivelle et œillets tournés, dans lesquels passent les fils des divers transparents des rampes à gaz.

Fig. 7e et 8e. Petit tambour mobile servant dans les corridors ou dans le cintre.

Fig. 9e, 10e et 11e. Treuil ou moteur portatif avec deux diamètres à gorge et dont l'axe est mobile, afin de pouvoir tendre convenablement les fils sans fin des tambours ordinaires ou à chevilles en fer auxquels il doit transmettre le mouvement.

PLANCHE 31.

CONSTRUCTION ET ÉQUIPE DES TRAPPES.

Fig. 1re et 2e. Coupe d'un bâti de trappes ordinaires.

A. Plancher mobile de la scène.

B, C. Châssis d'assemblage avec contre-poids plat fixé à ce plancher.

D. Arrêts sur lesquels repose le bâti.

E. Tasseaux ou échantignolle formant feuillure.

F. Levier au moyen duquel se fait le mouvement ascensionnel.

Dès que ce levier est dans la position verticale (indiquée par les lignes ponctuées), le bâti monte. L'acteur soulève le plancher mobile qui est entraîné par le châssis à contre-poids plat dans un coulisseau vertical, et le bâti achève sa course sans secousse, puisque les boulets de fer qui l'entraînent, touchant la terre les uns après les autres, évitent le choc.

Fig. 3e. Coupe d'un autre bâti de trappe, à savoir :

A. Fils agissant sur les leviers qui font ouvrir intérieurement le plancher de la scène en deux parties.

B. Levier à charnière.

C. Contre-poids des fils qui maintiennent les planchers ouverts.

Fig. 4e. Détails indiquant la position du levier et du plancher ouvert pour livrer passage au bâti.

D. Panneton ou arrêt qui tient en joint les planchers lorsqu'ils sont ouverts ou fermés.

Fig. 5e. Bâtis doubles ou trappes à transformation.

A. Bâti de disparition.

B. Bâti d'apparition.

L'acteur qui doit disparaître étant placé sur la trappe A, et celui qui doit le remplacer étant sur la trappe B, on ôte, au signal, le pied-debout 1 (marqué par les lignes ponctuées). La trappe en

descendant vivement fait monter l'autre avec l'acteur, lequel par une secousse imprimée au plancher à pivot G lui fait recouvrir l'espace laissé vide par la trappe qui descend.

D, E, F, G. Contre-poids sphériques accélérant la disparition et espacés de manière à ce que ceux en F, G soient à terre quand le bâti A est à un mètre au-dessous du plancher, et les contre-poids D, E également à terre lorsque le mouvement de ces trappes sera accompli.

H. Fil au bout duquel on peut suspendre un contre-poids qui n'agit qu'au moment où le bâti B est à environ 15 centimètres du plancher de la scène; il empêche que dans un mouvement si rapide il ne dépasse le niveau de ce plancher.

Fig. 6e. Plan du bâti fixe.

Fig. 7e. Plan du plancher mobile de la scène.

PLANCHE 32.

ÉQUIPE DES TRAPPES.

Fig. 1re. Plan d'un bâti de trappes avec contre-poids aux angles.

Fig. 2e et 3e. Coupe dans les deux sens du bâti des trappes, tambours, etc.

Fig. 4e. Plan du dessous du plancher mobile à lames brisées.

Fig. 5e. Plan du dessous du même plancher garni de ses ferrures.

Fig. 6e. Coupe indiquant par des lignes ponctuées la position du plancher à lames brisées pour le passage du bâti de trappes.

A. Poignée mobile pour ouvrir et fermer le plancher de la scène.

B. Traverse servant à fixer ladite poignée.

C. Bouton d'arrêt au verrou.

Les mouvements de ce bâti s'exécutent au moyen du petit tambour à manivelle fixé par deux montants boulonnés aux solives du plancher de la scène.

PLANCHE 33.

ÉQUIPE DES TRAPPES

Fig. 1re et 2e. Coupe dans les deux sens d'un bâti de trappe circulaire.

Fig. 3e. Plan du plancher fixe de la scène.

Fig. 4e. Plan du bâti circulaire.

Fig. 5e. Plan de la moitié du plancher circulaire glissant sous celui de la scène au moyen du pied-debout qui le tient en joint. (*Voir* fig. 2.)

Fig. 6e et 7e. Coupe dans les deux sens d'un grand bâti de trappes.

A. Poignée du châssis mobile au moyen duquel l'on ouvre et l'on ferme à volonté les deux parties du plancher de la scène.

B. Coulisseaux du bâti fixe recevant ce plancher. (*V*. fig. 8.)

C. Coupes de planchers, l'un ouvert, l'autre fermé.

Fig. 8e. Plan du bâti fixe et des coulisseaux.

Fig. 9e. Détail de la coupe D. (*Voir* fig. 2.)

E. Tasseau en chêne sur lequel repose le plancher lorsqu'il est ouvert.

F. Arrêt mobile formant feuillure avec le tasseau.

G. Traverse fixe dans laquelle glissent les tenons de l'arrêt.

H. Traverse en sapin boulonnée en contre-bas du plancher du bâti servant à faire monter au niveau du plancher de la scène le tasseau et l'arrêt en chêne, lesquels redescendent à leur repère en même temps que le bâti disparait.

Fig. 10e. Moitié du plancher mobile de la scène garni de ses ferrures.

PLANCHE 34.

IMITATION DES ÉCLATS DE TONNERRE.

Fig. 1re et 2e. Coupe et élévation d'un treuil portatif à éclats.

Fig. 3ᵉ et 4ᵉ. Coupe et plan d'une machine à double mouvant dont l'effet est d'une grande puissance lorsqu'il est mêlé au roulement du tonnerre.

A. Clapets fixes.

B. Clapets mobiles et pivotant

C. Courbes décrites par les clapets.

Le diamètre de cette machine est subordonné à l'importance du théâtre. On l'établit le plus près possible de l'ouverture de la scène, soit au niveau de celle-ci, soit sur le plancher du premier corridor ; on la met en mouvement au moyen d'un fil sans fin passé sur la roue ou volant (*Voir* fig. 4).

Fig. 5ᵉ et 6ᵉ. Plan et coupe d'une machine à deux tambours dentelés montés sur des roues en fonte mises en mouvement par un pignon avec manivelle.

Fig 7ᵉ. Éclats à lames d'un mètre de long sur onze centimètres de large et deux centimètres d'épaisseur, en bois de chêne bien sec et sonore.

On lâche cette machine de haut en bas sur la scène ; il en faut au moins deux pour produire un effet suffisant. Quelquefois on entre-mêle des feuilles de tôle aux tablettes de bois. Cette machine est en usage à cause de sa simplicité, mais nous croyons les deux autres préférables.

PLANCHE 35.

IMITATION DU VENT, PARALLÈLES EN FER.

Fig. 1ʳᵉ. Coupe transversale d'un treuil ou roue dentelée en bois servant à imiter les rafales du vent.

Fig. 2ᵉ. Élévation latérale de cette machine, suspendue sous le premier corridor du cintre et mise en mouvement par un fil sans fin passant dans la gorge extérieure du volant et dans une poulie de renvoi fixée sur le plancher de la scène.

A. Pièce de soie écrue enveloppant la roue dentelée. La ligne ponctuée indique la position de cette étoffe avant sa tension sur la partie inférieure de ladite roue.

B. Fil de tension de la soie passant dans des œillets tournés, en bois dur.

C. Fil sans fin.

Fig 3ᵉ et 4ᵉ. Coupe et élévation d'un treuil portatif avec roue à manivelle pour imiter le sifflement du vent.

A. Pièce de soie écrue couvrant la partie supérieure de la roue dentelée en bois.

B. Écrous à oreille double pour tendre la soie.

Fig. 5ᵉ. Coupe d'une gloire à bascule ou parallèle en fer, équipée pour enlever un acteur à trois mètres du plancher de la scène, au moyen d'un treuil à engrenage en fer avec manivelle. Les lignes ponctuées indiquent le chemin parcouru par le plancher qui porte l'acteur.

Fig. 6ᵉ. Plan d'aspect de la parallèle prête à manœuvrer.

Fig. 7ᵉ. Élévation de la même parallèle.

Fig. 8ᵉ. Coupe et détails d'assemblage de la plate-forme ou du plancher vu de face.

Fig. 9ᵉ. Coupe et détails du même plancher vu de profil.

Fig. 10ᵉ. Plan et détails de l'armature principale supportant ce même plancher.

A. Gâches en fer dans lesquelles passent les leviers recourbés en bois de hêtre servant à fixer les machines sur la scène.

B. Plate-forme ou coulisseau portant l'appareil.

PLANCHE 36.

CASSETTES ET TREUILS POUR VOLS.

Fig. 1ʳᵉ et 2ᵉ. Cassettes pour les fermes du fond montant du dessous, vues par derrière et de face, à savoir :

A. Ferrures servant à fixer la cassette aux solives des planchers de la scène et du premier dessous. Ces ferrures contre-coudées sont percées d'un trou de boulon de quinze millimètres correspondant à ceux des plates-bandes en fer, entaillées de chaque côté des solives dans toute leur longueur et espacées de cinq centimètres, de sorte que la mise en place ou le déplacement d'une cassette s'exécute avec une très-grande facilité.

Fig. 3ᵉ. Coupe de la cassette et de la poulie de renvoi du fil de l'âme au tambour.

Fig. 4ᵉ. Ame de la cassette équipée de son fil et sur laquelle est boulonnée la ferme.

B. Échantignolle ou tasseau sur lequel repose le patin de la ferme.

C. Cheville pour mettre en retraite le fil de l'âme.

D. Œillet tourné, en bois dur, dans lequel passe ledit fil.

Fig. 5ᵉ. Plan de la cassette et de l'âme garnies de leurs boulons.

Fig. 6ᵉ. Coupe des sablières et boulons à clavettes E, au moyen desquels on fixe les cassettes dans les dessous du théâtre.

Fig. 7ᵉ. Grande cassette assemblée à claire-voie garnie de brides et de boulons en fer pour enlever jusqu'aux frises plusieurs acteurs, comme par exemple dans le ballet de *Faust*.

Fig. 8ᵉ. Plan de la cassette et de l'âme garnies de leurs ferrures.

Fig. 9ᵉ. Coupe du plancher en saillie supporté par une potence en fer boulonnée sur l'âme de la cassette.

Fig. 10ᵉ. 11ᵉ, 12ᵉ, 13ᵉ. Détails d'exécution du travail à double cylindre, mouvement et équipe des contre-poids et du vol tournant. (*Voir* Pl. 27.)

PLANCHE 37.

RAMPES DE GAZ ET D'ARTIFICE.

Fig. 1ʳᵉ. Coupe d'une rampe à gaz hydrogène, construite en bâtis de sapin, à savoir :

A. Tuyau de conduite du gaz et bec à éventail.

B. Tringles en fer fixées dans toute la longueur de la rampe aux cercles saillants pour éviter que les toiles et les cordages du cintre n'approchent trop près des becs de gaz.

Fig. 2ᵉ. Élévation et équipe de suspension d'une rampe garnie d'un tuyau en cuir, retenu cylindrique par un ressort à boudin C, alimentant la conduite en cuivre ou en plomb sur laquelle sont branchés les becs de gaz.

Fig. 3ᵉ. Plan du dessus de la même rampe garni de ses ferrures.

D. Traverses espacées d'environ 40 centimètres pour recevoir le bâti sur lequel est fixé le réflecteur en tôle.

Fig. 4ᵉ et 5ᵉ. Élévation de profil et de face d'un treuil à engrenage, rochet et manivelle pour manœuvrer les rampes.

Fig. 6ᵉ et 7ᵉ. Coupe et élévation d'une rampe d'artifice pour les pluies de feu, etc.

A. Couronnement mobile, maintenu au moyen de crochets en fer servant à empêcher la projection des fusées dans le cintre.

Fig. 8ᵉ et 9ᵉ. Coupe et élévation d'une herse volante pour éclairer les frises et les rideaux.

Fig. 10ᵉ et 11ᵉ. Perche des rideaux et des plafonds assemblés en siflet, cloués et revêtus de lanières de toile trempées dans la colle-forte.

PLANCHE 38.

GLOIRES.

Fig. 1ʳᵉ. Grand plancher de gloire avec plate-forme et gradins de chaque côté pour grouper, par exemple, les divinités de l'Olympe, etc.

A. Bâtis d'assemblage recevant les planchers des stations.

Fig. 2ᵉ. Profil et armature de suspension dudit plancher de gloire.

B. Boutons à écrous pour maintenir l'écartement des fermes du bâti.

Fig. 3ᵉ et 4ᵉ. Coupe et élévation d'un plancher de gloires ordinaire.
Fig. 5ᵉ et 6ᵉ. Élévation et profil d'un autre plancher de gloires avec gradins latéraux.
Fig. 7ᵉ. Plan d'ensemble dudit plancher.
Fig. 8ᵉ. Coupe indiquant l'assemblage des bâtis avec le plancher.

PLANCHE 39.

ÉQUIPE DES VOLS.

Fig. 1ʳᵉ. Plan du chemin et du char servant à enlever une ou plusieurs personnes.
Fig. 2ᵉ. Élévation du chemin du char et du porteur des fils de fer, à savoir :
   A. Entrait du plancher du gril.
   B. Étriers ou aiguilles pendantes boulonnées sur l'entrait.
   C. Montant d'arrêt du porteur.
   D. Montant du char garni de poulies de renvoi.
   D'. Poulies de renvoi du porteur à celle du char.
   E. Porteur du fil de fer.
   F. Fil de manœuvre du char.
   G. Fil d'appel du char et du porteur.
   H. Ligne ponctuée indiquant le char.
   I. Galets roulant sur le coulisseau encastré dans les aiguilles pendantes du chemin horizontal.
Fig. 3ᵉ. Coupe générale de l'appareil du vol de travers.
Fig. 4ᵉ. Brigandins roulant sur une retraite tendue entre les deux corridors du cintre pour un vol de travers exécuté par un enfant ou une femme de petite taille.
   A. Brigandin garni de ses fils d'appel.
   B. Retraite servant de chemin audit brigandin.
   C. Fil de manœuvre.
   D. Porteurs des fils de fer.

Fig. 5ᵉ. Coupe générale de l'équipe du brigandin.
Fig. 6ᵉ. Brigandin dont on se sert habituellement pour faire traverser la scène à des mannequins (diables, dragons ailés, oiseaux, etc.).

PLANCHE 40.

CONSTRUCTION DES FERMES.

Fig. 1ʳᵉ. Fermes d'arbres isolés traversant la scène dans une décoration de forêts, jardins, etc.
Fig. 2ᵉ. Ferme pleine ou de fond, pour une décoration d'intérieur, de site pittoresque, etc.
Fig. 3ᵉ. Terrain traversant la scène, bordant une rivière ou une vallée et servant également à dissimuler l'ouverture du plancher et à éclairer les décorations.

PLANCHE 41.

SUITE DE LA CONSTRUCTION DES FERMES.

Fig. 1ʳᵉ. Paire de châssis ouverts.
Fig. 2ᵉ. Châssis portant des feuilles de décoration chantournées, pour praticables, etc.
Fig. 3ᵉ. Paire de châssis fermés avec portes et fenêtres.

PLANCHE 42.

DÉTAILS DE TRAPPES.

Fig. 1ʳᵉ et 2ᵉ. Trappes à gradins avec leurs contre-poids latéraux.
Fig. 3ᵉ. Coupe de ladite trappe sur la largeur.
Fig. 4ᵉ. Coupe sur la largeur d'une trappe à trébuchet, avec ses matelas.
Fig. 6ᵉ et 7ᵉ. Contre-poids pour les grandes toiles.

EXPLICATION

DES

PRINCIPAUX TERMES TECHNIQUES

USITÉS

DANS LA MÉCANIQUE THÉATRALE

A

ACCESSOIRES. Tous les objets portatifs qui servent à la mise en scène, tels que tables, chaises, encriers, flacons, etc.

ÂME. Les supports du châssis d'une ferme contenus dans des *cassettes* (voir ce mot), et glissant verticalement au moyen d'un fil placé entre l'âme et la cassette, et mû par un contre-poids. Pl. 7 et suiv.

APPEL (Tambour d'). Le cylindre qui reçoit le fil de l'objet à mouvoir (Voir *Retraite*).

ARBRE. L'âme ou l'axe d'un tambour, ou le pivot d'un cabestan.

B

BALLOT. Divers objets portent ce nom. Voir à la 2e planche le billot d'arrêt des chariots.

BOURRELETS. Disques ronds fixés à l'arbre, aux deux extrémités d'un tambour, et sur lesquels sont clouées les lattes qui forment le cylindre.

C

CASSETTES. Enveloppe ou gaîne des *âmes* (Voir ce mot). Pl. 7 et suiv.

CHANGEMENT A VUE. L'action de retirer d'un seul coup, et avec ensemble, les diverses décorations d'une scène pour en substituer immédiatement d'autres au vu du spectateur.

CHAR. Il y a les chars réels qui portent les personnages à travers la scène ou en l'air : le char de Phaéton, celui de Médée, etc. En mécanique théâtrale le mot *char* est donné à un coulisseau garni de roulettes, soutenu par une cassette couchée, pour diriger les vols de travers. Pl. 9.

CHARIOT. Support ou base des faux châssis qui portent les feuilles de décorations latérales. Le chariot est garni de roulettes ou poulies en cuivre ou en fonte, roulant sur les lames de fer encastrées dans les sablières. Pl. 9, 21, et suiv.

CHARGER. Descendre les décorations des frises sur le théâtre (Voir *Guinder*).

CHASSIS DE DÉCORATION. Quoique ce mot puisse s'appliquer à la généralité des parties de décoration montées sur des châssis, il sert ordinairement à désigner les décorations latérales accrochées ou boutonnées aux faux châssis ou aux mâts du perroquet.

CHEMINÉES DES CONTRE-POIDS. Sortes de cages lattées en planches de sapin et à claire-voie le long des murs latéraux de la scène et dans toute la hauteur de l'édifice, afin de garantir les personnes et d'assurer le libre parcours de la course du contre-poids. Dans les théâtres bien construits, ces cheminées règnent sans interruption à côté l'une de l'autre sur toute la longueur des murs latéraux. Lorsqu'une décoration n'a pas de contre-poids vis-à-vis du plan où elle se trouve, on est obligé de se servir du contre-poids le plus rapproché, et cela en faisant décrire aux fils des retraites un angle droit au moyen d'une moufle couchée sur le plancher du premier corridor, expédient qui rend la course pénible et gêne les autres manœuvres. Pl. 1er et suiv.

CHEVILLES DE RETRAITE. Pièces de bois fixées au-dessus des rouleaux, le long des corridors, aux divers étages, et servant à arrêter les cordages ou fils de retraite par deux tours en croix et un nœud coulant. Les chevilles se placent ordinairement inclinées de 25°. Pl. 13 et suiv.

CIELS. *Bandes de ciel, bandes d'air*, remplissages de toile peinte en bleu de ciel ou en nuages légers, et servant surtout à masquer le bord supérieur des décorations.

CINTRE. Ce mot, qui ne devrait indiquer que l'arcade ou voûte de l'ouverture de la scène, est donné par extension à toute la partie supérieure du théâtre entre les frises et la toiture. Il y a, dans le haut de certaines salles, des loges cintrées auxquelles on donne aussi le nom de *cintres*. Pl. 8 et suiv.

COLLET. Ce nom, usité dans plusieurs métiers et sous différentes acceptions, indique au théâtre une pièce de bois couchée horizontalement et servant de support intermédiaires aux arbres des tambours. Les jumelles supportent les tourillons placés aux bouts de l'arbre. Pl. 1er et suiv.

COMBLE. La toiture. Boullet dit avec raison que le comble d'un théâtre doit faire pignon sur le mur du fond. S'il était construit en croupe, il serait impossible d'agir dans cette partie.

CONTRE-POIDS. Masse pesante, ordinairement composée de *pains* de plomb ou de fer empilés sur une tige de fer et formant un cylindre. Le contre-poids, ainsi que son nom l'indique, sert à contre-balancer le poids des décorations pour les monter ou les descendre à l'aide des cordages, des treuils et des tambours. Pl. 14.

CORDES MORTES ou faux cordages. Les cordes qui ne sont jamais détachées des décorations auxquelles elles sont fixées. Elles ne sont pas en communication avec les contre-poids, et leur seul service est de régler une fois pour toutes la juste hauteur des toiles qu'elles portent.

CORRIDORS. Sortes de balcons placés à plusieurs étages des deux côtés de la scène et sur toute sa longueur. Dans les petits théâtres, les corridors sont suspendus au grand gril au moyen d'étriers en fer. Dans les grands théâtres modernes, ils posent sur des poteaux ou sur des colonnes en fonte venant des dessous, et formant sur la scène (comme à l'Opéra) des cases pour les décorations du répertoire. C'est sur ces corridors qu'ont lieu les principales manœuvres. Dans les théâtres bien bâtis, il y en a ordinairement quatre de chaque côté; deux corridors suffisent dans les petits théâtres de comédie. On place aussi des corridors sur le mur du fond, mais comme les ponts volants suffisent au passage des machinistes d'un côté à l'autre, il sera préférable d'utiliser le mur du fond par la pose de deux ou trois tablettes.

COULISSES. Ce mot, qui est souvent employé pour désigner toute la partie postérieure du théâtre au rideau d'avant-scène, ne s'applique, en réalité, qu'à l'espace limité par deux châssis de décoration. En mécanique, *coulisse* signifie une rainure dans laquelle glisse une pièce de bois ou de métal.

COUR (*Côté cour*). Indique le côté gauche de la scène (en regardant la salle). Voir *Jardin*.

Sous l'ancienne monarchie, le roi avait sa loge près de l'avant-scène, à la droite du spectateur, et la reine avait la sienne à gauche; de là les noms de *côté du roi* et *côté de la reine*, par lesquels les machinistes indiquaient les deux côtés du théâtre. En 1792, on leur substitua celles de *côté cour* et *côté jardin*, d'après la position du théâtre des Tuileries. Cet usage est resté tant en France qu'en Italie.

D

DESSOUS DU THÉÂTRE. Tout l'espace qui se trouve au-dessous de l'estrade ou plancher des représentations. Il est communément partagé en trois étages. Pl. 7 et suiv.

E

ENTRAITS. On donne ce nom, dans l'art de la charpente, aux solives qui portent les fermes et servent pour ainsi dire de lien entre les deux arbalétriers qui forment les deux côtés du comble. C'est sur les grands entraits que pose le premier gril; le second gril porte sur le second entrait, et le troisième sur le dernier entrait du comble.

ENTRE-TOISES. Pièces de bois couchées horizontalement, dans les dessous, et servant à tenir, à l'écartement voulu, les sablières et les poteaux qui portent le plancher; elles sont fixées par des crochets en fer, afin de pouvoir être enlevées pour donner passage à des trappes ou à des fermes.

ÉQUIPE. Arrangement des diverses parties d'une décoration avant de la mettre en place. Ce mot indique aussi une brigade d'hommes suffisante pour faire le service. Ordinairement trois hommes et un chef d'équipe.

ÉQUIPER. Préparer les décorations. On dit *machiner* et *équiper* un théâtre, pour indiquer la construction des machines et leur mise en état pour la représentation.

ÉTRIER. Bande de fer ou pièce de bois coudée à angle droit, descendant d'un appui supérieur et supportant une construction légère, telle que les corridors, les ponts fixes ou volants, etc.

F

FACE. Opposé du *lointain*, c'est-à-dire la partie antérieure de la scène dans les dessous et dans le cintre.

FAUX CHASSIS. Les échelles portées par des chariots, et sur lesquelles sont accrochées ou boutonnées les feuilles de décoration. Aujourd'hui, on préfère généralement de simples mâts garnis de chevilles pour permettre à un homme de monter au sommet. Pl. 12.

FERME. Dans l'art de la charpente, une ferme est l'agencement de plusieurs pièces soutenant une partie d'a toiture. Sur le théâtre, ce mot désigne deux choses distinctes : 1° les divers assemblages de poteaux et de sablières qui portent le plancher de la scène; 2° les décorations ou parties de décorations établies sur châssis, et sortant de l'alignement des coulisses.

FEUILLE DE DÉCORATION. On appelle ainsi chaque pièce (coulisse ou ferme) établie sur châssis ou construite en carton ou en volige.

FIL. On donne ce nom à tous les cordages de diverses grosseurs qui traversent le théâtre pour les manœuvres des décorations.

FILER. Lâcher avec mesure un fil retenu par la main de l'ouvrier, et passé autour d'un tambour ou d'un rouleau.

FRISES. Bandes de toile peinte situées derrière le manteau d'arlequin, et servant à masquer le bord supérieur des décorations. On les descend ou on les élève, suivant le degré d'élévation que l'on veut donner à la scène.

G

GALETS. Petites poulies sans gorge, appliquées surtout aux chariots des faux châssis et aux chars des vols de travers.

GÂTEAUX. Les groupes de nuages, chantournés qui entourent le plancher d'une gloire et masquent les fils.

GLOIRE. Char ou plancher portant une ou plusieurs personnes, et descendant du cintre, ou traversant le théâtre en l'air. Des feuilles de décoration simulant des nuages entourent le plancher et s'élèvent jusqu'aux frises, afin de masquer les fils qui le soutiennent. Pl. 9.

GRIL. Plancher à claire-voie, comme l'indique son nom, établi dans le cintre du théâtre, et supportant les tambours et les mouffles pour les changements de décoration. Pl. 7 et suiv. Le premier gril pose sur les grands entraits porte des cylindres, tambours, mouffles, treuils, destinés au service actif de chaque soir. Le second et le troisième gril portent des machines d'un service moins fréquent.

GUINDER. Signifie en général enlever un fardeau au moyen d'une machine. Au théâtre, on dit *guinder* les décorations quand, au lieu de les descendre du cintre (voir *Charger*), on les fait monter des dessous par les trappillons.

H

HERSES. Nom donné aux rampes de gaz placées dans les frises sur des portants mobiles (Voir *Rampes*). Pl. 11, 37 et suiv.

J

JOUR. Toute ouverture donnant passage à la lumière.

JUMELLES. Les jumelles sont pour ainsi dire des collets doubles. Deux pièces de bois retenues horizontalement l'une sur l'autre, et recevant dans une cavité pratiquée à leur jointure, les tourillons des arbres des tambours. Pl. 1re et suiv.

L

LOINTAIN. Le fond du théâtre, soit sur la scène, soit dans les dessous ou dans le cintre.

M

MANTEAU D'ARLEQUIN. Les draperies qui encadrent la scène afin de restreindre le champ de la décoration scénique changeante; elles sont peintes ordinairement en rouge ou en bleu.

MOUFLE. Ajustement de plusieurs poulies mobiles réagissant les unes sur les autres au moyen des engrenages, afin d'augmenter l'effort des puissances, ou simplement assemblées les unes à côté des autres pour recevoir les différents fils venant des contre-poids ou des décors et passant au tambour. Les poulies ont été faites tantôt en bois, tantôt en cuivre, suivant la richesse du théâtre; aujourd'hui, on les préfère en fonte.

O

OUIES ou PAINS. Pièces de plomb ou de fonte accrochées aux fils de laiton d'une gloire, pour les tenir étendus en l'absence du plancher qu'ils doivent porter. Pl. 9.

ORCHESTRE. Ce nom, qui ne devrait indiquer que le corps des musiciens exécutants, est donné, non-seulement à l'espace qu'ils occupent, mais aussi à plusieurs rangs de sièges publics au-devant du parterre. Dans certains théâtres, le mot *orchestre* désigne une seconde catégorie de sièges situés en arrière des premiers rangs, auxquels on donne alors le nom de *fauteuils d'orchestre*, etc.

P

PARADIS. Ce mot, qui indiquait autrefois le dernier rang de loges, n'est plus guère usité au théâtre.

PARPAINGS. Dés en pierre scellés au niveau du sol dans le dernier dessous, et supportant les poteaux des rues. Pl. 1re.

PARTERRE. Dans les théâtres d'Italie, ce mot indique tout le plancher de la salle depuis le fond de la courbe jusqu'à l'orchestre des musiciens. En France, le parterre n'est qu'une petite portion du parquet entre l'orchestre et l'amphithéâtre, ou au fond de la salle au-dessous du balcon des premières.

PLAFOND. Grande pièce de décoration montée sur châssis, et servant à couvrir les fermes qui forment appartement. Pl. 7 et suiv.

PLAN. Section du plancher de la scène comprise entre deux rainures ou coulisses. On compte les premier, deuxième, troisième plans, etc., à partir de la rampe et en allant vers le fond de la scène. Pl. 3 et suiv.

PLANCHER. Au théâtre, ce mot générique désigne particulièrement la scène proprement dite. Le plancher commence à la rampe et finit au mur du fond. Il est en pente, sur ce sens, de trois pouces par toise (40 millim. par mètre), suivant Boullet, et de $\frac{1}{24}$ de la longueur totale, suivant Landriani. Mais il est évident que l'architecte milanais, en donnant cette proportion, a voulu parler d'un plancher aussi long que celui de la *Scala*. Du reste, ce n'est pas seulement la longueur de la scène qui doit déterminer le degré d'inclinaison du plancher, mais bien plutôt la pente du parterre et l'élévation du bord de l'estrade scénique. Nous admettons les proportions de Landriani pour un grand théâtre lyrique, bâti dans les dimensions que nous avons indiquées (chap. VII de l'Introduction) ; mais nous rabattrons même de la proportion donnée par Boullet, s'il s'agit d'un théâtre de drame construit dans notre système, c'est-à-dire avec le parterre en amphithéâtre. En général, l'inclinaison du plancher de la scène doit être en raison inverse de l'inclinaison du plancher du parterre.

PLANTER UNE DÉCORATION. Établir les positions des châssis, la hauteur des praticables, la distance des toiles, etc., pour chaque changement. C'est, pour ainsi dire, la mise en scène d'un ouvrage pour ce qui concerne le machiniste. Pl. 6.

PONTS FIXES OU A DEMEURE. Les étroites galeries en planches portées par des étriers en fer et fixes. Pl. 8, 9 et suiv.

PONTS VOLANTS. Passages en planches de la largeur de 40 à 50 centim., soutenues par des étriers en cordes et traversant la scène dans sa largeur, et permettant aux machinistes de passer d'un corridor à l'autre sans descendre sur le théâtre. Pl. 8, 9 et suiv. Ils servent aussi à régler et à enlever toutes les toiles.

POUCE. Rainure de la largeur de 2 centim. (un pouce), pratiquée au milieu du gril depuis le mur de refend jusqu'au mur du fond et répondant à l'axe du théâtre.

PRATICABLE. Bâti composé de planchers et de feuilles de décorations qui les masquent.

R

RAMPE. Rangée de lumières bordant le devant de la scène, ou élevée dans les frises au moyen de portants mobiles (Voyez *Herses*). Pl. 11, 37 et suiv.

RETRAITE. Cordage qui règle la manœuvre d'une décoration. On dit *retraite à la main*, lorsque la corde est tirée par la main de l'homme sans le secours d'un treuil ; *retraite au tambour*, lorsque la corde est passée autour d'un tambour, afin de modérer le mouvement d'ascension ou de descente ; *retraite au contre-poids*, lorsque la corde est fixée par un bout à un contre-poids. La *retraite* se place toujours sur le tambour en sens inverse de la corde du poids à lâcher. Pl. 7 et suiv.

RIDEAU. Toile peinte qui ferme l'ouverture de la scène pendant les entr'actes. Nous ne trouvons pas, comme M. Kaufman, qu'une belle peinture offerte aux yeux des spectateurs soit déplacée; mais nous n'admettons pas, dans un théâtre d'un rang élevé, une toile peinte pour représenter une simple draperie. C'est une mesquinerie choquante dans un lieu où le luxe est de rigueur. Mieux vaudrait établir un rideau effectif en velours ou en soie, dont les plis abondants s'écarteraient par le milieu, et se retireraient pendant l'action, derrière l'encadrement de l'avant-scène.

ROULEAU DE RETRAITE. Cylindre en bois dur sur lequel passent les retraites au tambour ou au contre-poids. Ces rouleaux ont ordinairement de 20 à 25 centim. de diamètre, et de 50 à 75 centim. de longueur. On les place à 10 centim. au-dessus du plancher des corridors, afin que l'ouvrier qui file la retraite puisse en modérer le roulement en appuyant son pied sur le cylindre. Pl. 4, 8 et suiv.

RUE. L'espace compris entre deux châssis de décoration, ou plutôt entre les mâts ou faux châssis qui les supportent. Pl. 3 et suiv.

S

SABLIÈRE. Pièce de bois couchée horizontalement et coiffant les poteaux ou les solives d'un plancher. Il y a, dans les dessous du théâtre, des sablières fixes et des sablières mobiles.

SAUTER DES PLANS. Supprimer momentanément quelques-unes des coulisses ordinaires, pour créer des espaces libres et favoriser certains effets pittoresques.

T

TABLETTES. Petit plancher supporté par des consoles en fer scellées dans le mur de fond, et servant à déposer les décorations des pièces qui peuvent être reprises d'un moment à l'autre. Cette disposition, peu suivie jusqu'ici, a pourtant son avantage en ce qu'elle évite des dépenses, des pertes de temps et des dégâts. Au lieu de planches, on peut former les tablettes par des lattes en fer fixées à claire-voie. Les toiles, étant roulées n'offrent pas de prise au feu, à moins d'un incendie général.

TAMBOURS. Cylindres formés de lattes de bois clouées sur deux disques ou bourrelets, à leurs extrémités et sur un ou deux au milieu, suivant la longueur de l'axe. Il y a des tambours d'un seul et même diamètre, d'autres partagés en deux sections de diamètres différents, mais sur le même axe. Pl. 20. D'autres, enfin, dits *tambours dégradés*, usités surtout en Angleterre, présentant comme un assemblage de bourrelets ou de poulies de diamètres graduellement amoindris. Pl. 29 et 30. Par rapport à leur rôle dans la manœuvre, les tambours sont de deux espèces : le *tambour des retraites* est celui qui communique le mouvement; le *tambour des fils* reçoit les cordages venant de l'objet à mouvoir, et placés en sens inverse. Suivant l'expression de Boullet, le tambour des fils est chargé de la *résistance*, celui des retraites de la *puissance*.

TIROIR. Feuillure du plancher glissant sous le plancher fixe, pour livrer passage à une trappe.

TOILE. Nom que l'on donne au rideau d'avant-scène, et aux décorations qui ne sont pas montées sur châssis.

TRAPPES. Parties mobiles du plancher de la scène, avec appareil pour monter ou descendre des personnages ou des accessoires. Pl. 3, 9, 18, 31 à 33.

TRAPILLONS. Trappes étroites et tenant toute la largeur de la scène, pour donner passage aux fermes qui montent du dessous ou qui redescendent.

TRAVERS (Machine de). On nomme ainsi une *gloire* qui, au lieu de descendre verticalement du cintre, parcourt en descendant ou en remontant la diagonale de la scène, ou la traverse horizontalement. Pl. 9.

TRÉMIE. Encore un mot qui désigne des objets bien divers. Au théâtre, une trémie est une cheminée en planches de sapin, ordinairement doublée de tôle et de forme carrée, montant du premier dessous au dernier corridor; elle sert à produire les effets du tonnerre au moyen de boulets ou de pierres qui, tombant du haut, et sautant sur des plans inclinés établis à l'intérieur, dans toute la hauteur de la trémie, produisent un grondement assez vigoureux. On préfère ce moyen à beaucoup d'autres, à cause du peu d'espace dont on peut disposer dans les coulisses de nos plus grands théâtres. Il ne faudra placer les trémies que dans les angles du théâtre qui avoisinent l'avant-scène. Placée à l'arrière des décorations, comme à l'Opéra-Comique, une trémie produit peu d'effet.

TREUIL. Cylindre mû par une manivelle, et souvent muni d'engrenages pour en régler le mouvement. Le treuil sert à enlever les décorations, les contre-poids, les lustres, etc.

C

D

Duponchel, archit., 53, 54.
Dupré-Saint-Maur. 66.
Durameau, peintre, 66.
Du Rocher, 66.

E

Eckenberg, direct., 96.
Eckhof. 111.
Éclairage, 32.
Écosse, 24.
Édimbourg (Théâtre d'), 24.
Eingebildeten (Die) Philosophen, 109.
Électeur palatin, 25, 26.
Élisabeth . d'Angleterre, 20, 21.
Elkanna Settle, 21.
Elliston. 93.
Elsler (Fanny), 137.
Émeutes, 88.
Empereur d'Allemagne, 25.
Empereur (Loge de l'), 35.
Empire, 11.
Empress (The) of Marocco, 21.
Enciña (Juan de la). 18,
Encyclopédie, 15, 26, 129.
Enfer. 5.
Eschyle, 1.
Esmengard (M.), 75, 76.
Espagne, 13, 17, 18, 19, 20, 22, 111, 121, 126, 137.
Espagne (Reine d'), 137, 138.
Espagnols, 17, 18.
Euripide, 1.
Europa riconosciuta, 123.
Europe, 3, 4, 18, 23, 28, 29, 38, 30, 44, 33, 95, 96, 98, 100, 104, 113, 119, 121, 122, 123, 125, 129, 130.

F

Facies externa hippodromi monacensis, 25.
Farinella (Voir Maria Canal).
Farinelli (Carlo Broschi, dit), 133.
Farnese (Ranuce), 4, 133.
Farren, 89.
Favart, 57, 58.
Favart (Salle), 17, 30, 35, 57, 58, 61, 62.
Faucon (Théâtre du), à Londres, 23.
Fedra incoronata, 105.
Fenice (Théâtre de la), 12, 13.
Ferdinand (Électeur). 105.
Ferdinand Ier, de Naples, 126.
Ferdinand VI, d'Espagne, 18.
Fernand Cortez, 113.
Ferrare (Cardinal de), 71.
Ferrare, 2, 133.
Ferrari, peintre, 123.
Ferri, peintre, 62.
Festa (La) del Himeneo, 25, 95.
Feste (Le) d'Apollo, 133.
Feste teatrali, 25, 96.
Fête (la), du Printemps de Florence, 95.
Fête (Une) chinoise, 91.
Fêtes (Les) de l'Amour et de Bacchus, 20.
Fétis (Fr.-J.), 84.
Feuillants, 52.
Feydeau (Théâtre), 17, 61.
Feydeau (Rue), 58.
Finta (La) pazza, 7
Fischer, archit., 26, 105, 106.
Flandres (Hôtel de), 5.
Flandres (Régiment de), 66.
Flaxman, 88.
Fleetwood, 91.
Fletcher, 21.

Florence, 2, 34, 95.
Fontaine (Jeu de Paume de la), 7.
Fontaine, archit., 11.
Fontainebleau, 10, 38, 65.
Fontana (Carlo), archit., 12.
Fontana (Uranio), 63.
Foote, 24.
Formagliari (Théâtre), 11,
Formes, 133.
Fortune (Théâtre de la), à Londres, 21, 23.
Fossés-de-Nesle (Rue des), 7.
Fossés-Saint-Germain-des-Prés (Rue des), 11.
Fouquet, jun., édit., 27.
Français, 99, 107, 111.
Françaises (Troupes), 97, 101, 111, 117.
France, 2, 4, 5, 10, 11, 13, 14, 15, 16, 17, 18, 19, 20, 21, 22, 23, 24, 25, 26, 27, 28, 30, 34, 38, 39, 41, 42, 43, 44, 45, 46, 49, 50, 51, 52, 54, 57, 65, 66, 69, 71, 72, 76, 79, 81, 87, 91, 93, 99, 103, 112, 122, 123, 133.
France (Anciens théâtres de), 4, 9.
France (Cour de), 95.
France (Roi de), 3, 34.
France (Reine de), 34.
François Ier, 20.
Francs-maçons, 88.
Fraschini, 137.
Frédéric II, 96, 97, 98, 101.
Frédéric-Charles-Joseph (Électeur), 111.
Frédéric-Guillaume Ier, 95.
Frédéric-Guillaume II, 101.
Frezzolini (Erminia), 63, 137.
Friedlin (Paola), 95.
Fuhlenwiete, à Hambourg, 103.
Fünke, 95.
Fuoco (Il) eterno custodito dalle vestali, 25.

G

Gabriel, archit., 10, 65, 66.
Gaensemarkt, à Hambourg, 103.
Gagarine (Prince), 28.
Galles (Prince de), 88.
Galliari frères, peintres, 98, 123, 233.
Galli de Bibiena (Alexandre), 26.
Galli de Bibiena (Antoine), 12.
Galli de Bibiena (Ferdinand), 10, 12, 98, 122.
Galli de Bibiena (François), 11, 25, 107.
Galli de Bibiena (Joseph), 98.
Gallicie, archit., 28.
Galluni, archit., 19.
Gamassa (Albert), direct. 17.
Gand, 26, 27, 81.
Gardoni (Italo), 63, 137.
Garioni (Adriana), 133.
Garrick, 89, 91, 92.
Gasparini Giovanni, 97.
Gaucher, grav., 10.
Gaulthier (Pierre) de la Ciotat, 69.
Gaulthier Garguille. 5.
Gazette de Lyon, 72.
Gelosi (Troupe des), 71.
Gendarmes (Place des), à Berlin, 101.
Gênes, 13, 129, 131.
Gentlemen's magazine, 20.
Georges Ier, II, III, 91.
Giacomelli, 133.
Gilliland (Thomas), 87.
Glinka, 115.
Globe (Théâtre du), 20, 21, 22, 23.
Glower (Miss), 89.
Glück, 131.
Goëthe, 26.
Gonzaga, peintre, 123.
Gonzagues, 2.

Gonzague (Marie-Louise de), 27.
Goodman's fields (Théâtre), 91.
Gosse, peintre, 79.
Gouvernement (Place du), à Lyon, 71.
Gracechurch-Street, à Londres, 20.
Grammont (Maréchal de), 17.
Grange-Batelière (Rue de la), 51, 55, 57.
Grassi (Bernardino-Pasquino), 95.
Grassi (Francesco), peintre, 133.
Graun, 96, 97.
Great-Room, à Londres, 83.
Grèce, 1,
Green, direct., 91.
Grétry, 58.
Grisi (Carlotta), 137.
Grisi (Giulia), 63, 89, 137.
Gropuins, peintre, 104.
Gros Guillaume, 5.
Guénégaud (Rue), 7, 49.
Guerre de la succession d'Autriche, 99.
Guichard, archit., 49.
Guillaume III, 83.
Guillaume d'Orange, 91.
Gutenberg (Place), à Mayence, 112.
Gutisler (Sophie), 95.
Guyenne (Province de), 75, 76.
Gye, direct., 89.
Gymnase (Théâtre du), 35.
Gymnase (Théâtre du), à Marseille, 69.
Gysbrecht van Aemstel, 27.

H

Hændel, 84, 87, 92.
Halle, 84.
Halle aux blés, 52.
Halle aux cuirs, 6.
Halles centrales, 54.
Hambourg (Théâtre de), 26, 103, 104.
Hamlet, 20, 92, 93.
Hanswurst, 103, 111.
Harris, direct., 89.
Hart-street, à Londres, 87.
Hasse, 18, 96, 97.
Hatton-House, à Londres, 21.
Havre (Rue du), 53.
Hawkins street, à Dublin, 24.
Haymarket, 23, 24, 37, 83, 84, 85, 87, 89, 92.
Heidegger, direct., 84,
Heideloff, archit., 26.
Hennin (Collection), 6, 8.
Henri II, 2, 71.
Henri III, 6.
Henri IV, 65, 71.
Henri VIII, 20.
Henriot, archit., 111.
Herbert, 20.
Hercule Ier, 2.
Hercules (Salon des), à Munich, 105.
Hermitage (Théâtre de l'), 115.
Hérold, 58.
Hesse-Cassel (Prince de), 25, 95.
Hesse (Grand-duché de), 112.
Hessig (M. de), 96.
Heurtier, archit., 17, 57, 58.
Histoire des antiquités de Paris, 8.
Histoire du Théâtre national (Polonais), 28.
Histoire financière de la France, 72.
Historical and descriptive account of the theatres of London, 84.
Historique (Théâtre), 14, 33.
Hittorff, archit., 58.
Holland (Henry), archit., 87, 92.
Hollandais, 103.
Hollande, 27.

Holloway, 85.
Homann, direct., 104.
Hôpital général, à Madrid, 17.
Hôtel de ville, à Paris, 36.
Hôtel-de-Ville (Place de l'), à Lyon, 72.
Hôtel-de-Ville (Place de l'), à Varsovie, 28.
Hôtellerie de Hollande, à Hambourg, 103.
Hôtels des ministres et d'ambassadours, 36.
Hübsch, archit., 26.
Hugnes (Miss), 22.
Hové, archit., 61.
Hygiène, 33.

I

Idea di un teatro adattato al locale delle convertite, 112.
Iffland, 26, 101, 111.
Illustrated London news, 89.
Illustre (L') Théâtre, 7.
Imola (Théâtre d'), 12, 14.
Incendie de Londres, 21.
Incledon, 89.
Inigo Jones, arch., 22, 23.
Intermezzo, 99.
Irenaromachia, 103.
Issy, 49.
Italie, 3, 4, 5, 6, 8, 9, 11, 12, 13, 15, 17, 18, 19, 20, 23, 25, 26, 28, 29, 31, 45, 49, 50, 57, 58, 69, 71, 85, 91, 96, 97, 105, 111, 121, 120, 131, 133.
Italienne (Troupe), 49, 58, 105, 137.
Italiens, 7, 8, 10, 18, 22, 23, 27, 107.
Italiens (Chanteurs), 11, 58, 83, 95, 96, 99, 102, 103.
Italiens (Comédiens), 57, 71, 103.
Italiens (Boulevard des), 54, 55.
Italiens (Théâtre des), 52, 54, 59, 61.

J

Jacques II, 91.
Jacquin, archit., 57.
James, direct., 84.
Jésuites, 105, 111.
July (Auténor), 62.
Joseph II, 76, 107.
Joukin, grav., 9.
Jullien, 88.
Jupiter, 65.

K

Kalisk, 28.
Kamenoï-Ostrow (Théâtre de), 117.
Kamienski (Mathias), 28.
Kean, 92, 93.
Kemble, 88, 89, 92.
Kemble (Charles), 89.
Kemble (Fanny), 89.
Killigrew (Thomas), 21, 22, 23.
King's company, 23.
King's servants, 21.
King's theatre, 83, 87.
Kirkman, 22.
Klaproth, 58.
Klenze, archit., 106.
Knobelsdorff, archit., 26, 96, 97, 98, 100, 101.
Koch, 111.
Königstadt (Théâtre de la), 99, 102.
Kosterholz, 111.
Kotzebue, 26, 101, 111.
Krebs, direct., 113.
Kurz (Joseph), direct., 111.
Küsel, grav., 25, 107.

L

Lablache, 63.
Lacroix-Laval, 72.
Lacy, direct., 91.
Lady's pocket magazine, 84.
Lafayette (Rue), 53.
Lafont (Rue), à Lyon, 72.
Laguepierre, archit., 14, 26.
Lamberg, 105.
Landriani (Paolo), archit., 122, 123.
Langhaus, archit., 26, 98, 100.
La Pérouse, 105.
Lattuada, 122.
Lavelli, peintre, 123.
Lebe-Gigon, 76.
Lohrun, peintre, 9.
Lecointe, archit., 58.
Legrand, archit., 17.
Leipzig, 103.
Le Maire, 8.
Lemberg, 28.
Le Mercier, archit., 7, 9, 11, 49.
Le Miro, grav., 76.
Le Noir, archit., 16, 50.
Léon X, 2.
Léopol (*Voir* Lemberg).
Léopold Ier, empereur, 25.
Léopold II, 107.
Le Peletier (Rue), 51, 55, 61.
Leroy, archit., 66.
Lessing, 103.
Loli (Pomponio), 2.
Leuchtemberg (Duc de), 106.
Levati, peintre, 123.
Lowes, archit., 84.
Liberté des théâtres, 10.
Liceo (Théâtre du), à Barcelone, 19.
Liège, 26, 81.
Limerick (Théâtre de), 24.
Lincoln's Inn fields (Théâtre de), 21, 22, 23, 84.
Lisbonne, 19, 34.
Little-Russel street, 93.
Liverpool (Théâtre de), 24.
Lodron (De), 105.
Loge du Souverain, 31.
Loges des Maîtres, 6.
Lombardie, 121.
Loménie (De), 65.
Londres, 20, 21, 23, 24, 28, 37, 83, 84, 87, 91, 123.
Long-Parlement, 21.
Lope de Rueda, 17.
Lope de Vega, 20.
Lopez-Aguado (Don Ant.), archit., 137.
Lord Chamberlain, 21.
Lorini, 99.
Lorraine (Cour de), 26.
Lorrin, 33.
Loterie royale, 61.
Louis XIII, 8, 65, 95.
Louis XIV, 9, 10, 23, 38, 49, 55, 65, 95, 97.
Louis, Dauphin, 65.
Louis XV, 38, 65, 72, 75.
Louis XVI, 66.
Louis-Philippe, 66.
Louis (Victor), archit., 13, 46, 50, 53, 75, 76, 77.
Louvois (Théâtre de), 50, 58.
Louvre, 7, 9, 54.
Louvre (Calcographie du), 65.
Louvre (Quai du), 6.
Lucas, grav., 9.
Lucio Papirio, 133.
Ludlow (Château de), 21.
Lulli, 9, 10, 11, 39, 40, 53, 97.
Lumley, direct., 85.

Luxembourg, 49.
Lyceum (Théâtre du), 23, 84, 80.
Lyon (Théâtres de), 2, 8, 9, 14, 15, 50, 71, 72, 73, 74, 77, 112, 129.
Lyrique (Théâtre), 35.
Macbeth, 88, 92.

M

Machiavel, 2, 20.
Macklin, 91.
Macready, 89, 93.
Madeleine (Église de la), 52.
Mademoiselle (de Montpensier), 7.
Madrid, 17, 19, 34.
Madrid (Théâtre royal de), 19, 137, 138.
Maffei (Scipion), 12.
Magasin pittoresque, 6.
Maglio (Giovanni-Alberto), 95.
Maintenon (Madame de), 65.
Mairet, 8.
Maison de l'Opéra, à Berlin, 26, 97.
Malone, 20.
Malesherbes (Boulevard), 54.
Manchester (Théâtre de), 24.
Manège de la Cour, à Mayence, 111.
Manheim (Théâtre de), 26.
Mantoue, 2, 12, 95.
Mara (Madame), 99.
Marais (Théâtre du), 5, 7.
Marais (Troupe du), 23.
Marchand, direct., 111.
Marché (Place du), à Hambourg, 103.
Maret, 40.
Margate (Théâtre de), 24.
Marguerite d'Autriche, 121.
Marie-Antoinette, 58, 66.
Marie d'Angleterre, 20.
Marie de Médicis, 71.
Marie-Thérèse, infante, 17, 65.
Mariette, 5.
Marimont (De), 105.
Marinari, archit., 85.
Marini, 89.
Mario, 63, 89, 137.
Marionneau (Charles), 76.
Mariotti (Maria), 97.
Market-Lane, 85.
Marly (Théâtre de), 10, 65.
Marolles (Abbé de), 8.
Marsan (Pavillon de), 40.
Marseille (Grand Théâtre), 69, 77.
Masset, 137.
Mathurius (Rue Neuve-des-), 53.
Matrimonio (Il) segreto, 58.
Mauconseil (Rue), 5, 6.
Mauro (Abbé), 95.
Maximilien-Joseph (Place), 106.
Maximilien III, 105.
Maximilien de Hongrie, 18.
Maximum (Loi du), 44.
Mayence, 26, 111, 112, 113.
Mazarin (Cardinal), 7, 49, 65.
Mazarine (Rue), 49.
Moder, direct., 112.
Medici, peintre, 123.
Medrano, archit., 26.
Meiser, archit., 26.
Melpomène, 27, 97, 116.
Mémoires (d'Adam Zarzenski), 27.
Ménechmes (Les), 2.
Menestrier (Le Père), 120.
Menozzi, peintre, 123.
Mercier, archit. (*Voir* Le Mercier).
Mérope, 12.

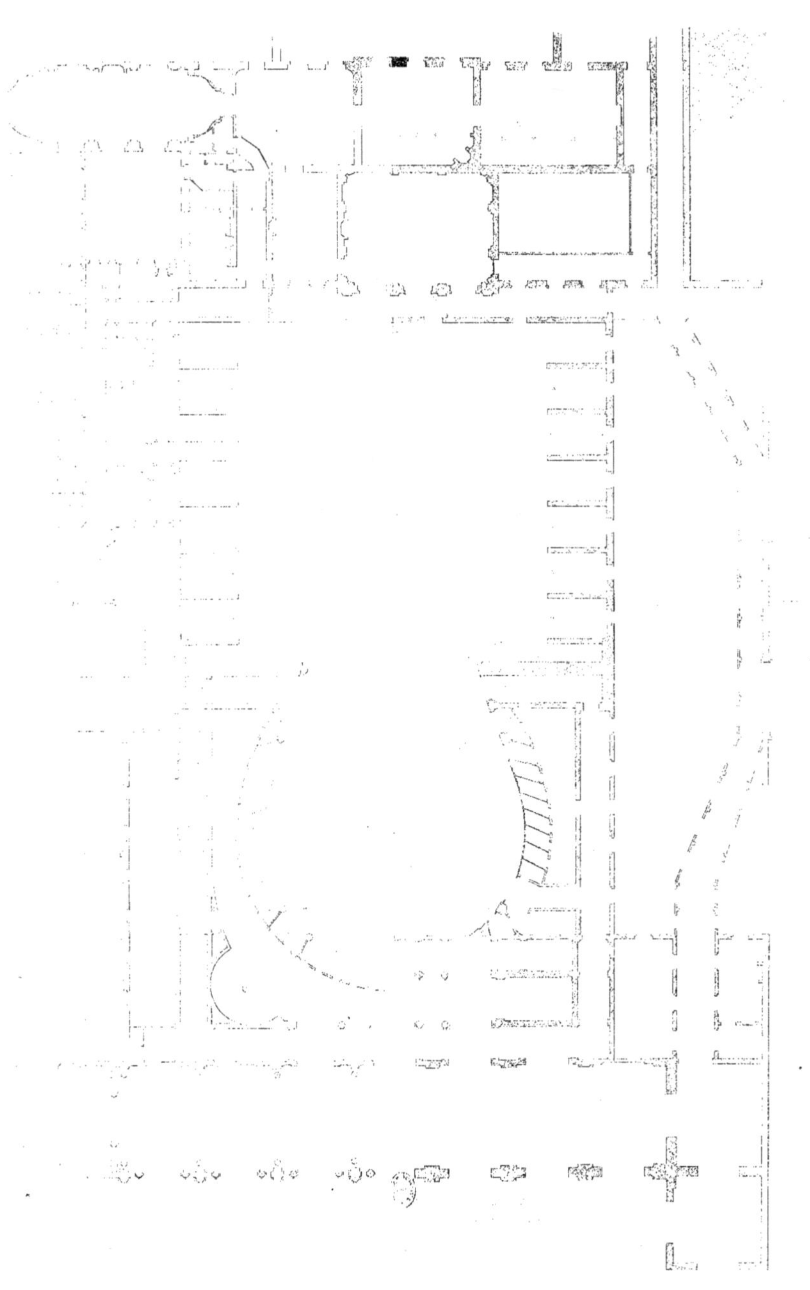

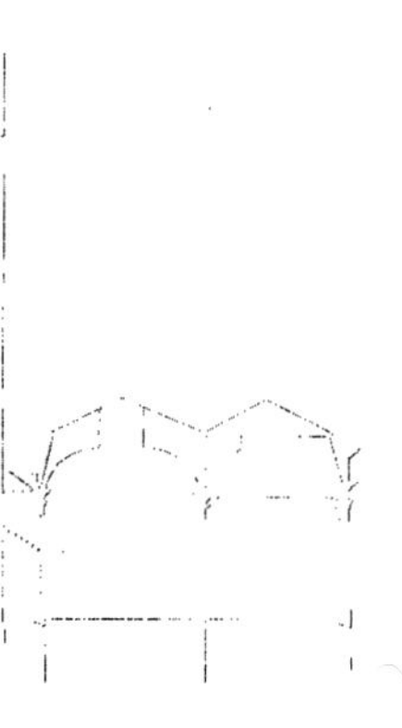

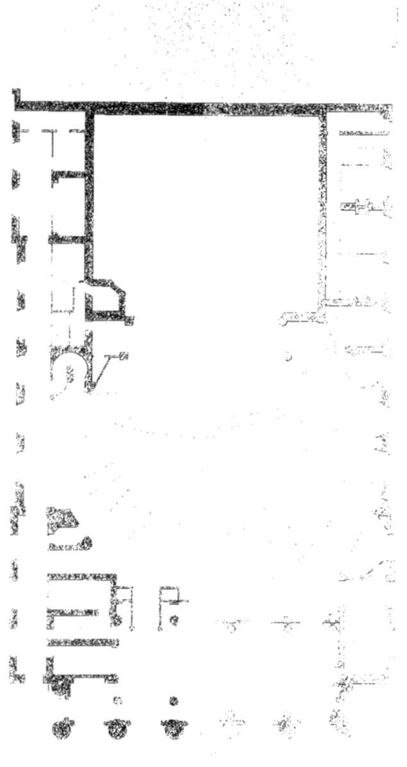

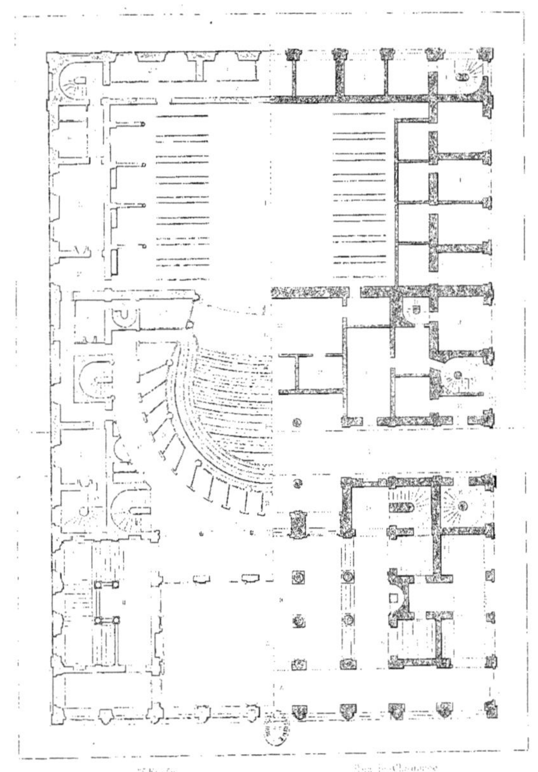

PLAN DU THÉÂTRE IMPÉRIAL ITALIEN
(SALLE VENTADOUR A PARIS.)

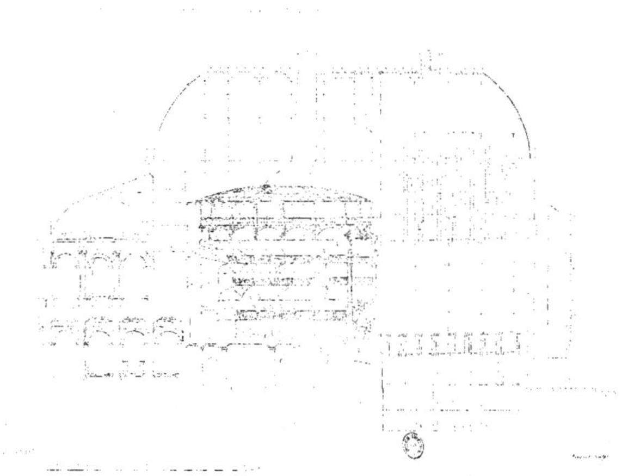

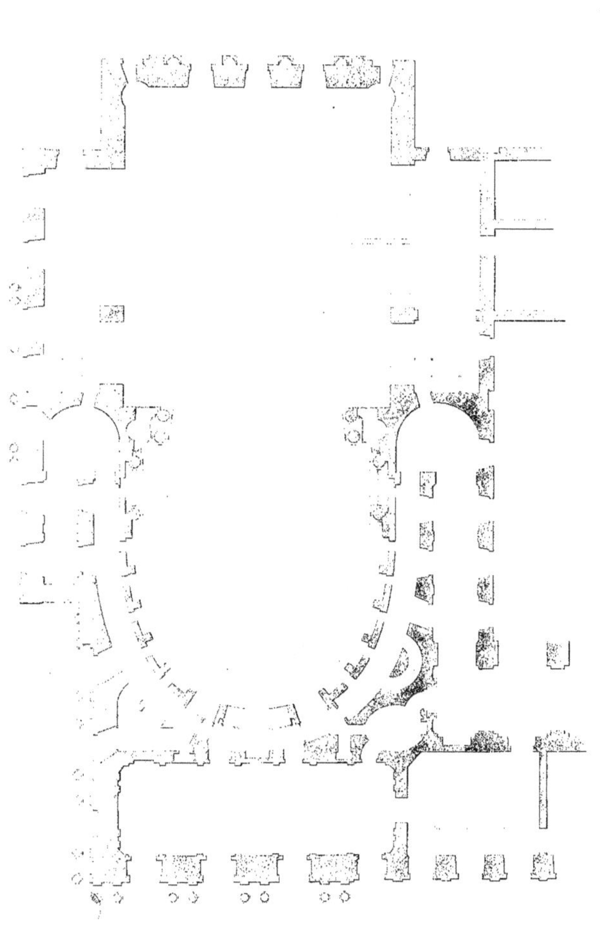

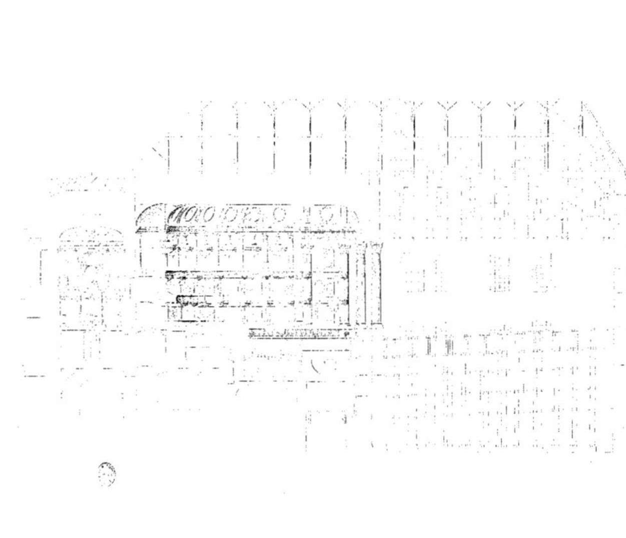

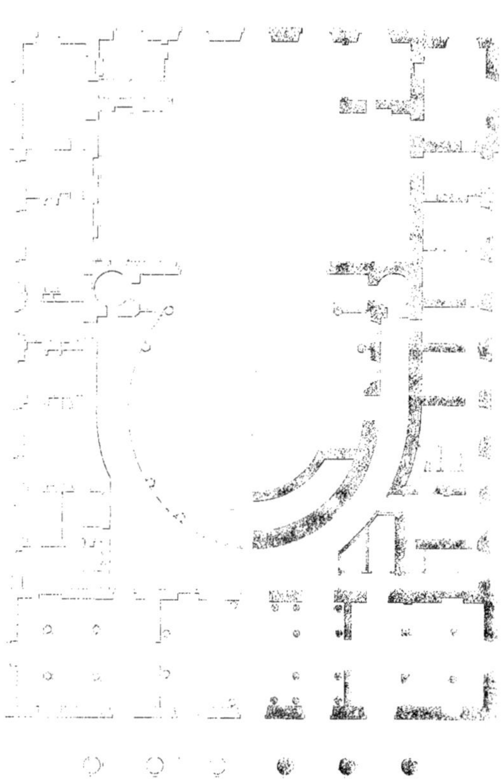

COUPE TRANSVERSALE DES VESTIBULES & FOYER DE L'OPÉRA / THÉATRE DE ...

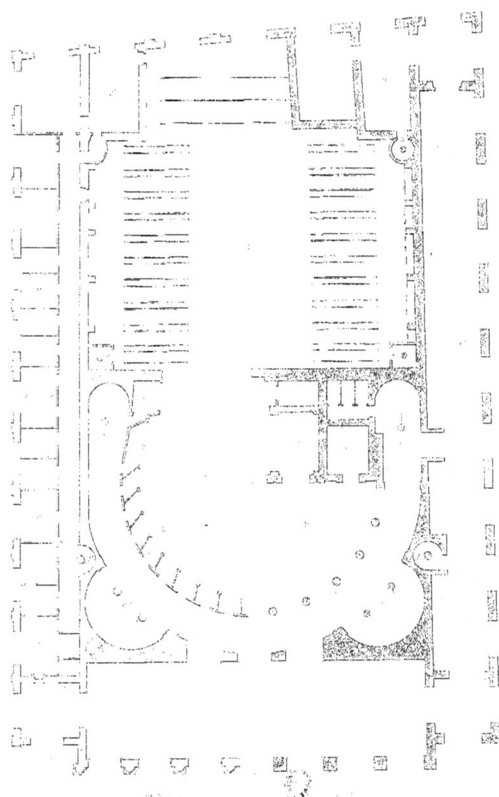

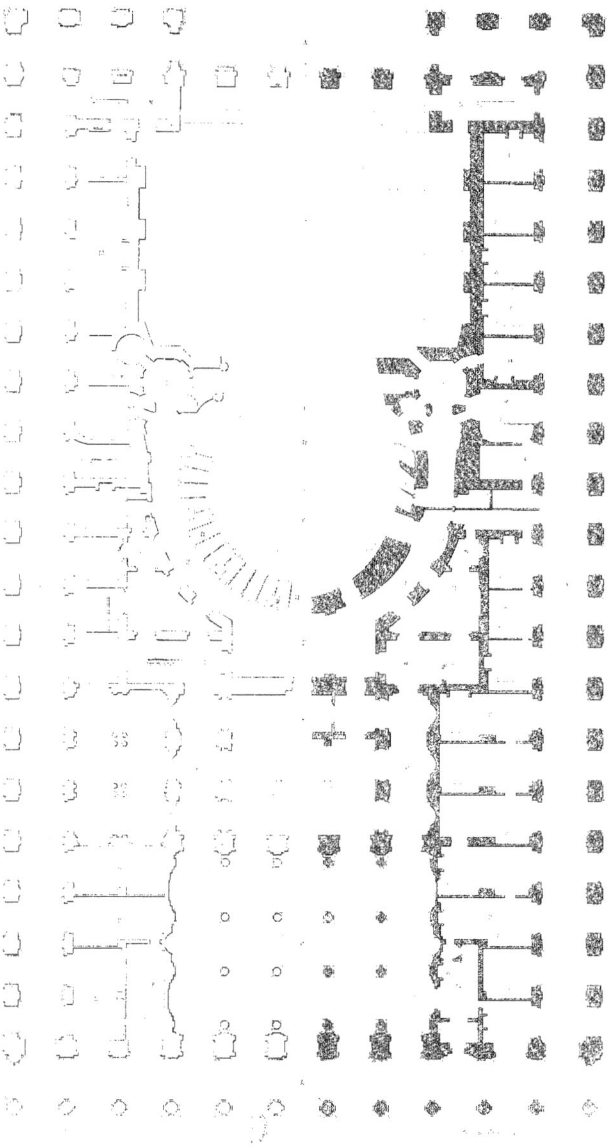

PLAN GÉNÉRAL DU GRAND THÉÂTRE DE LYON — RESTAURÉ

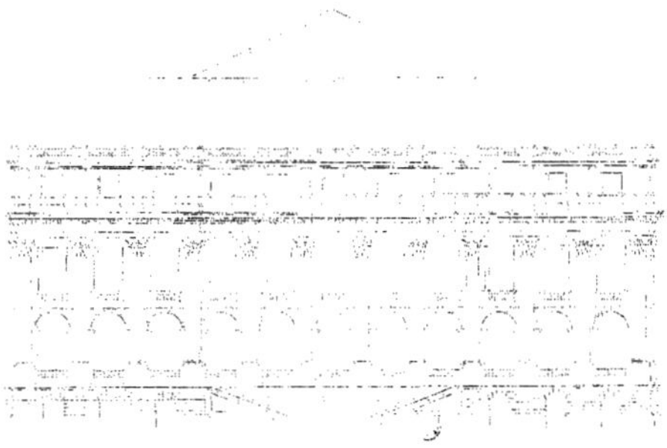

PLAN DU THÉÂTRE DE STRASBOURG.

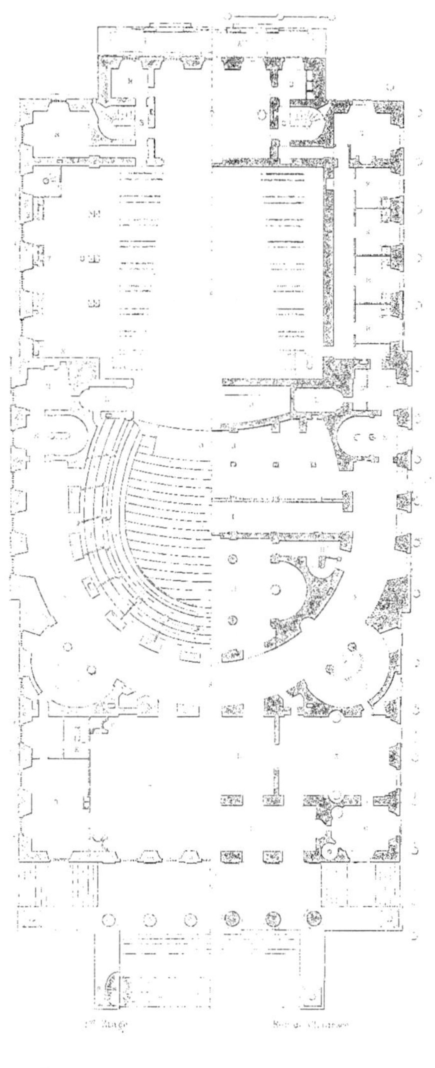

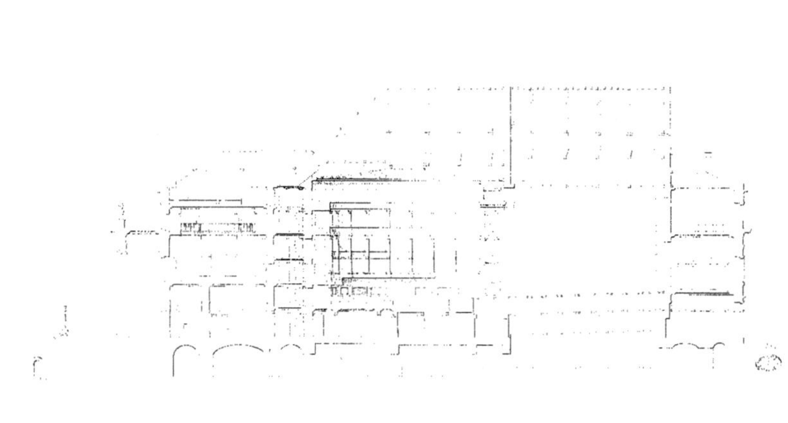

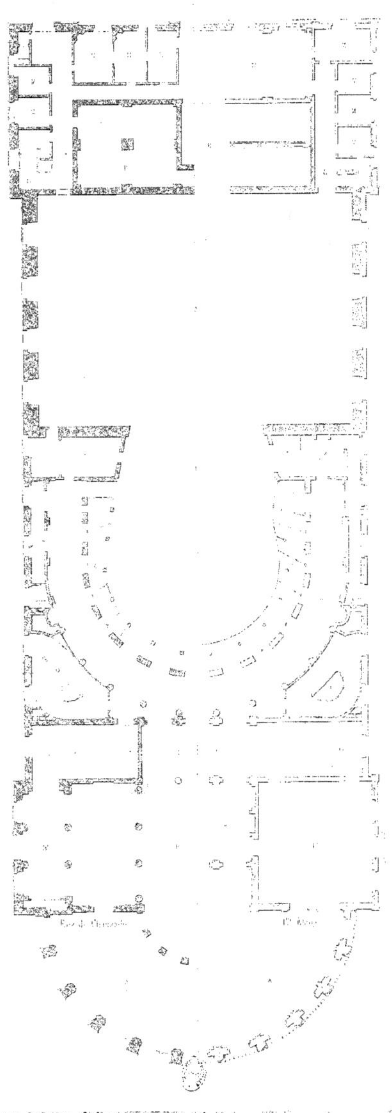

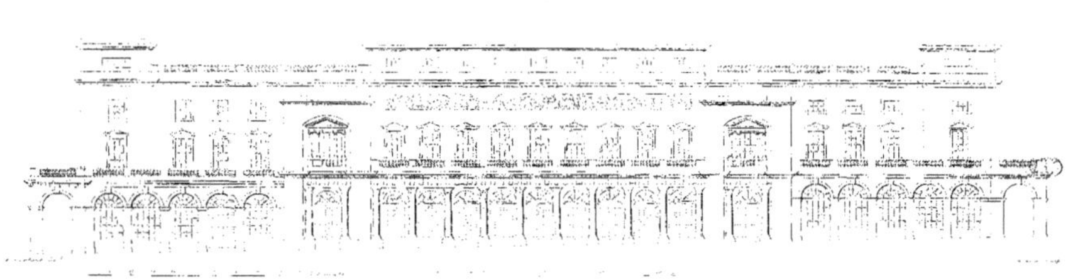

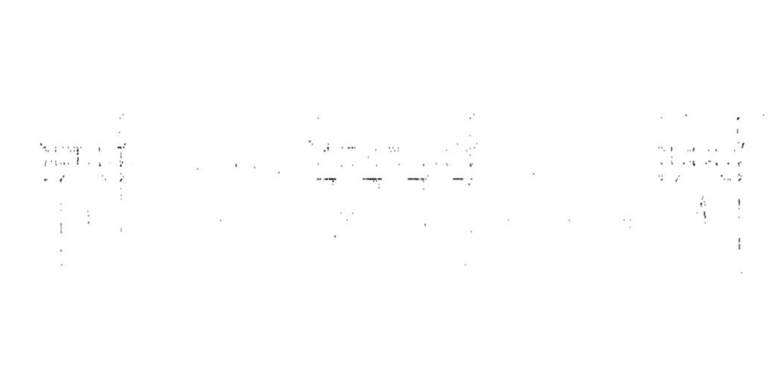

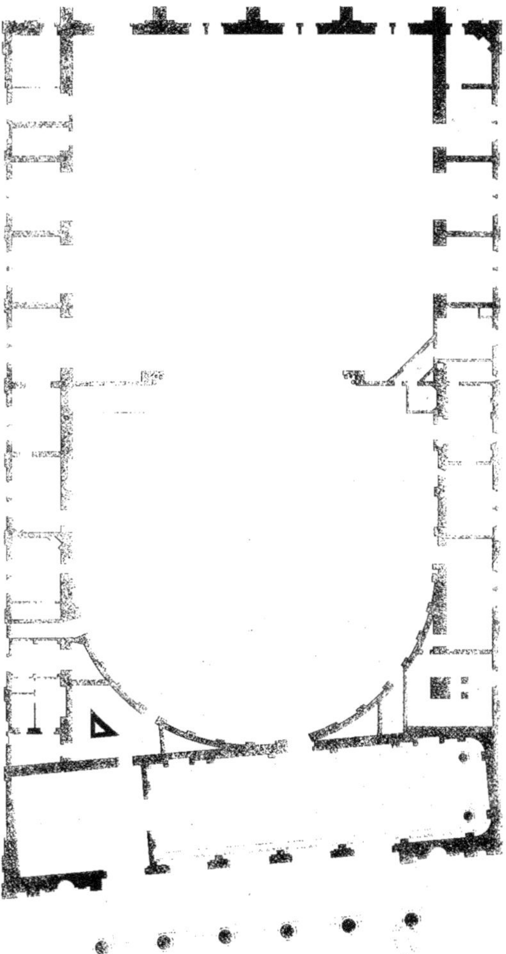

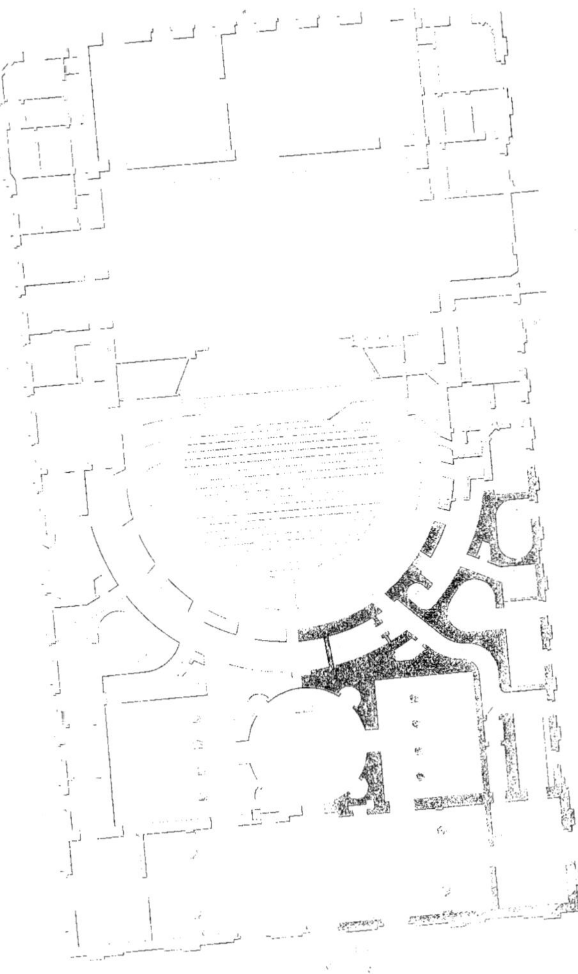

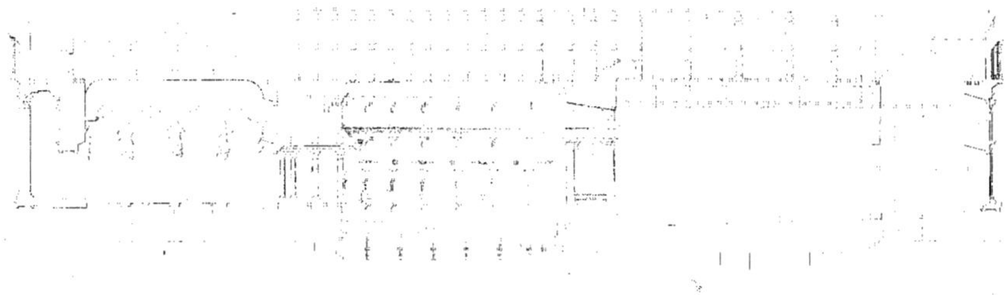

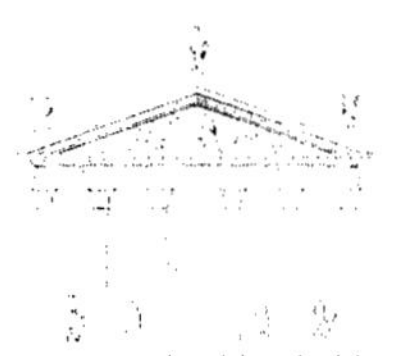

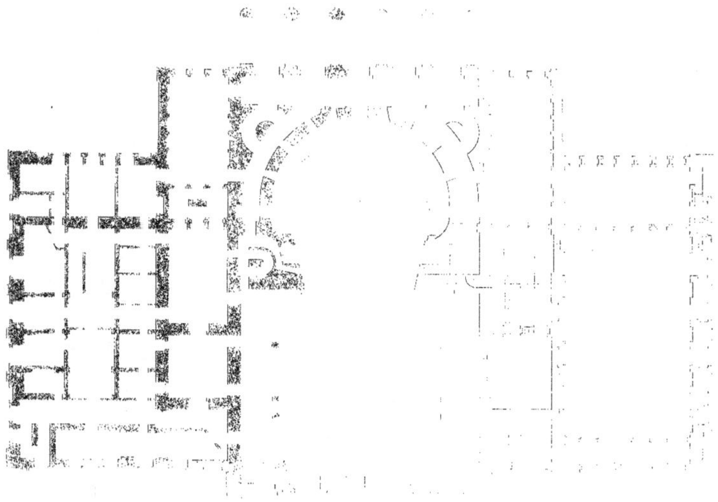

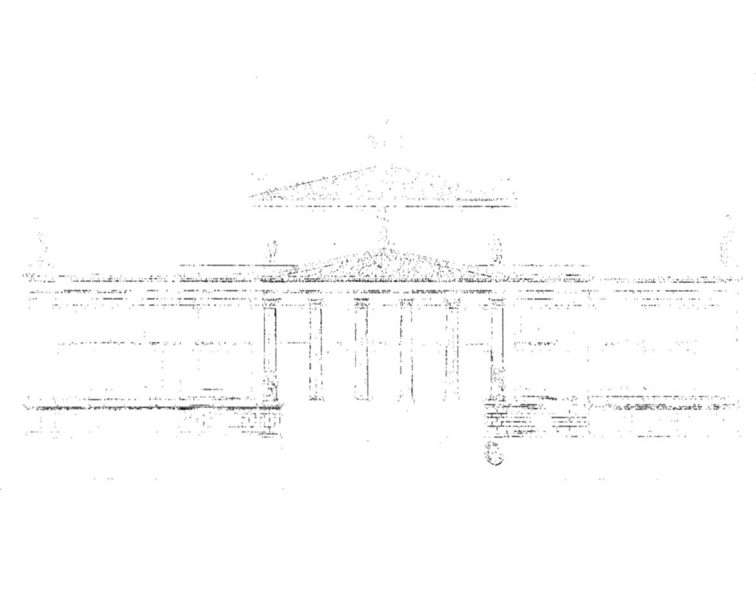

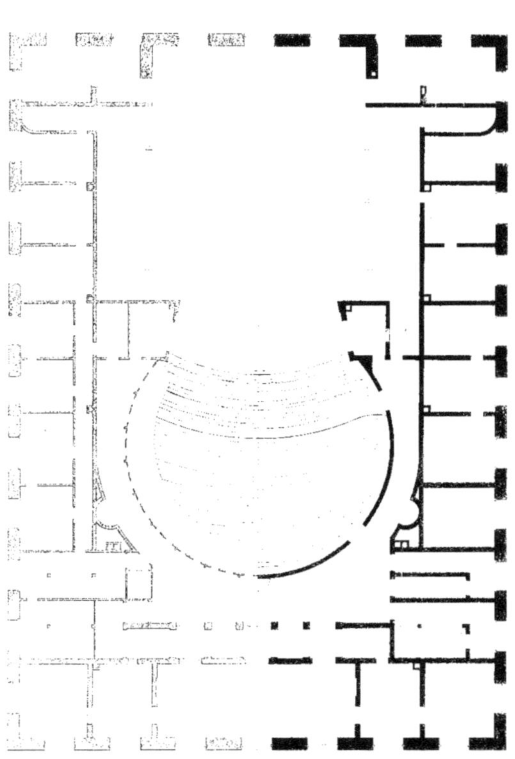

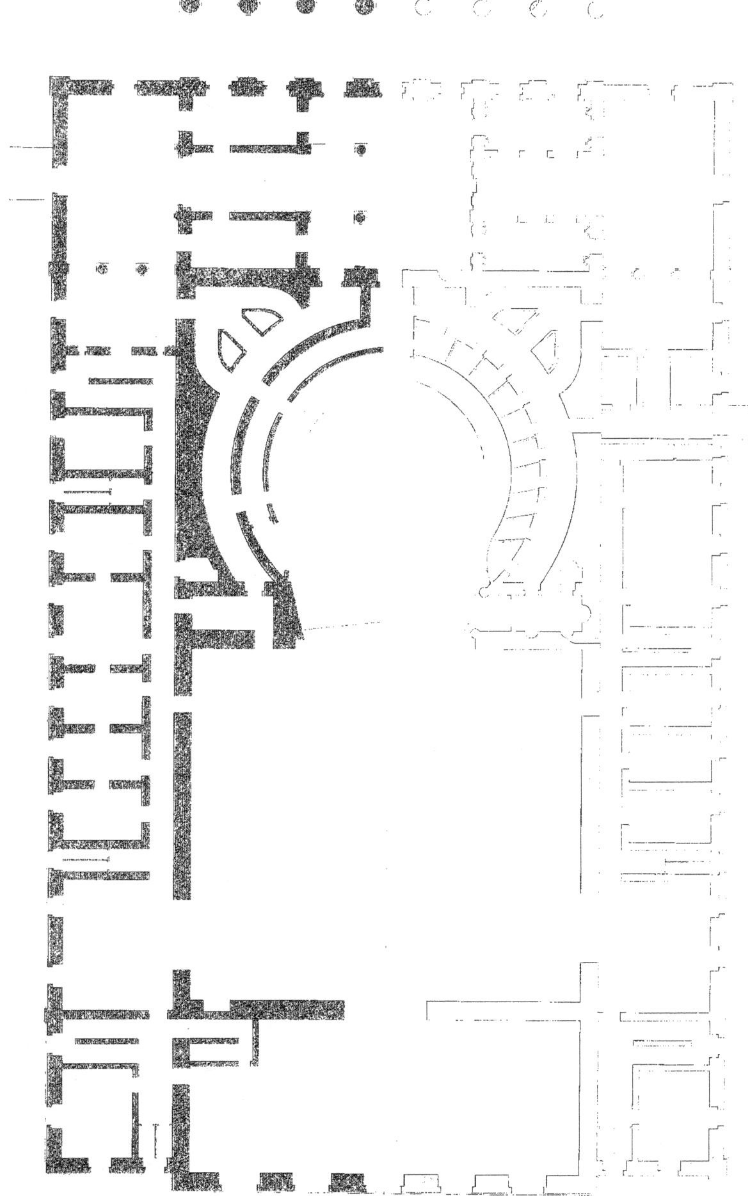

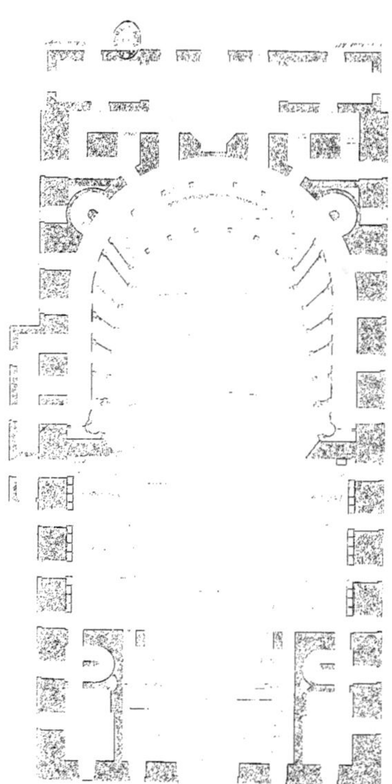

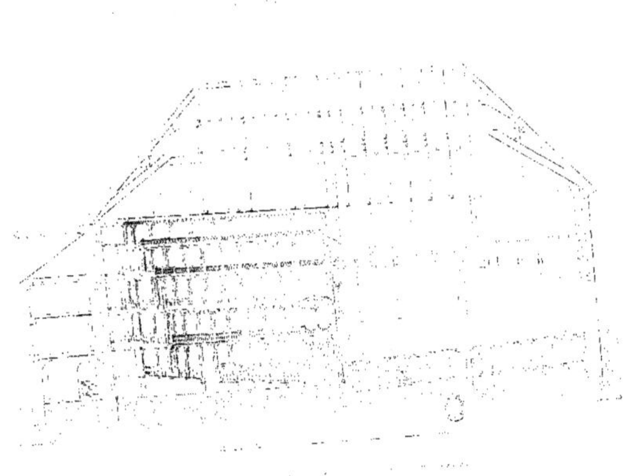

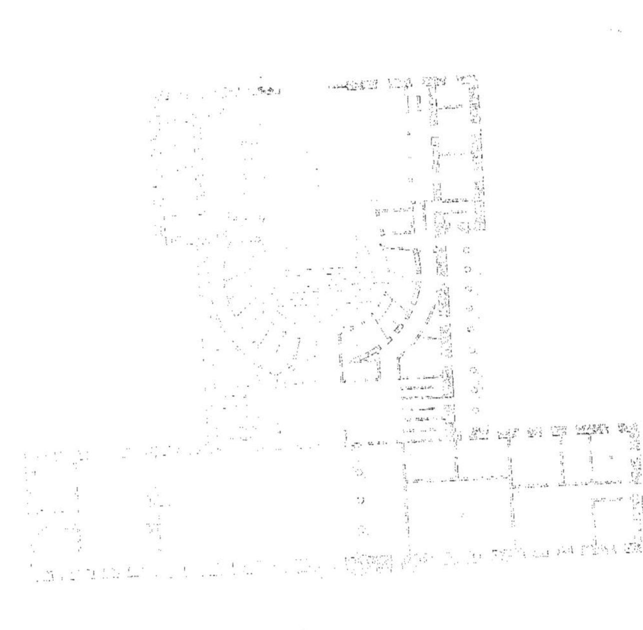

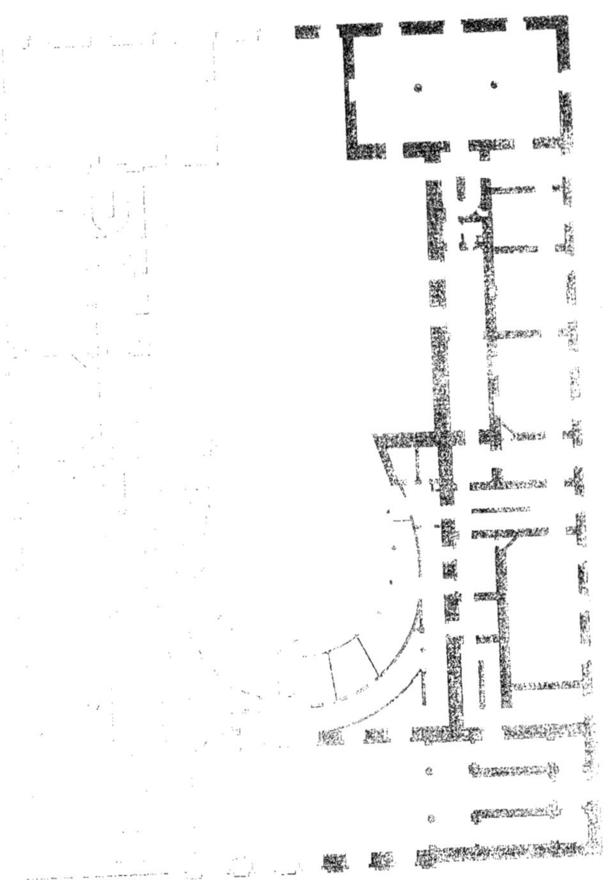

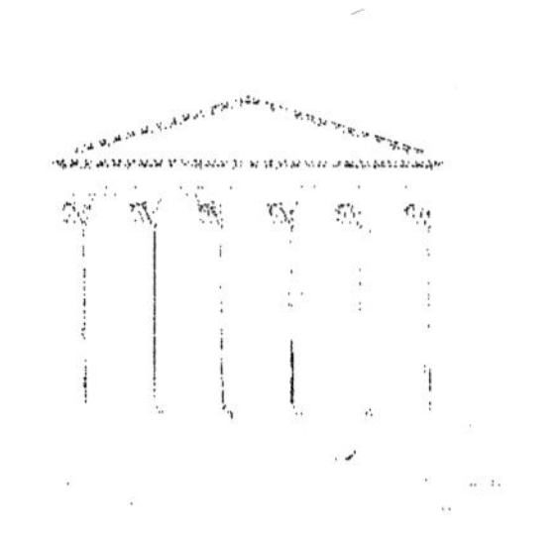

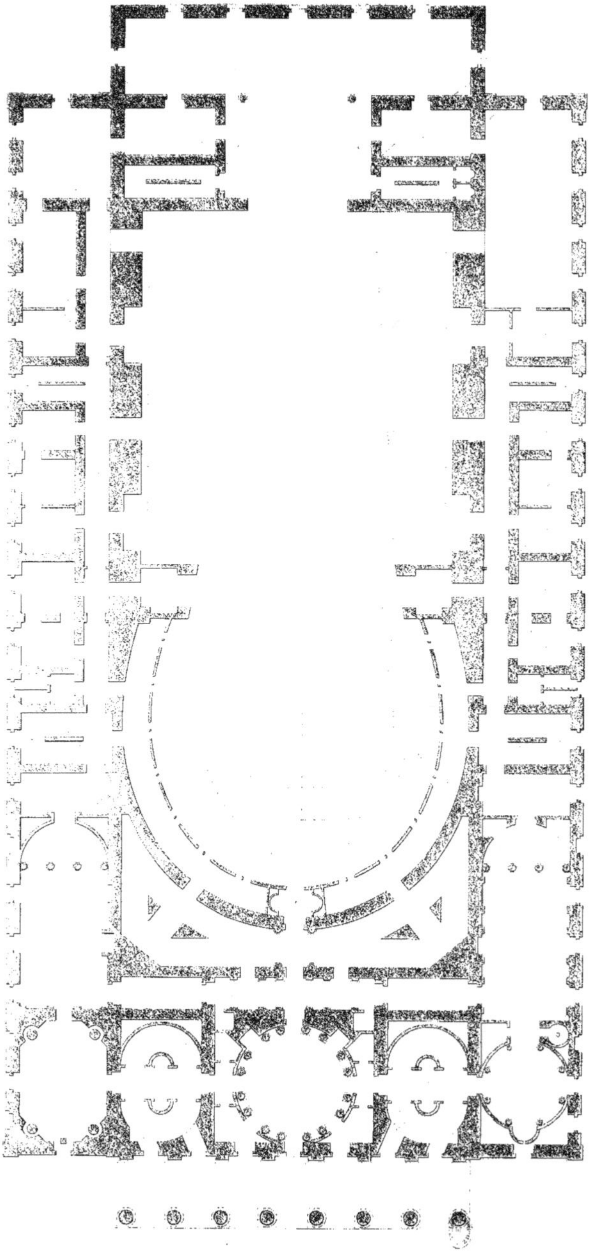

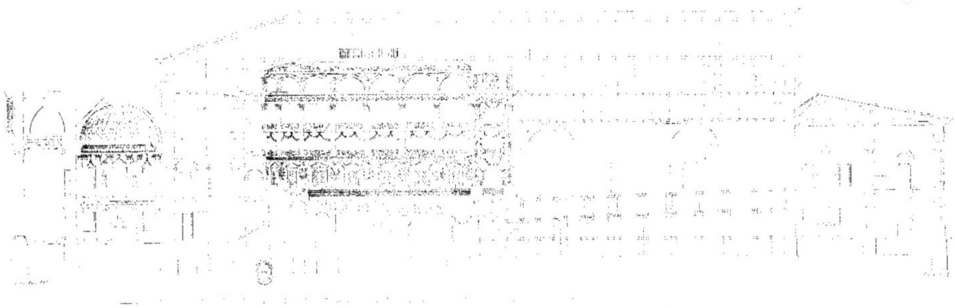

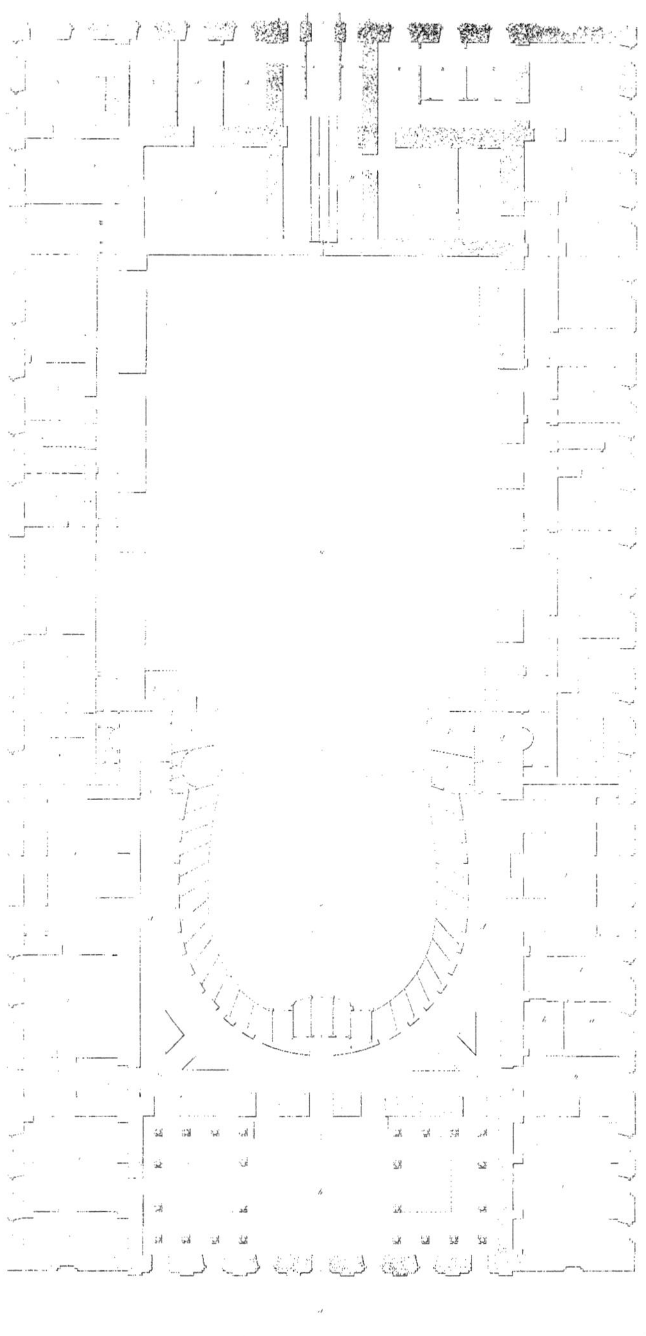

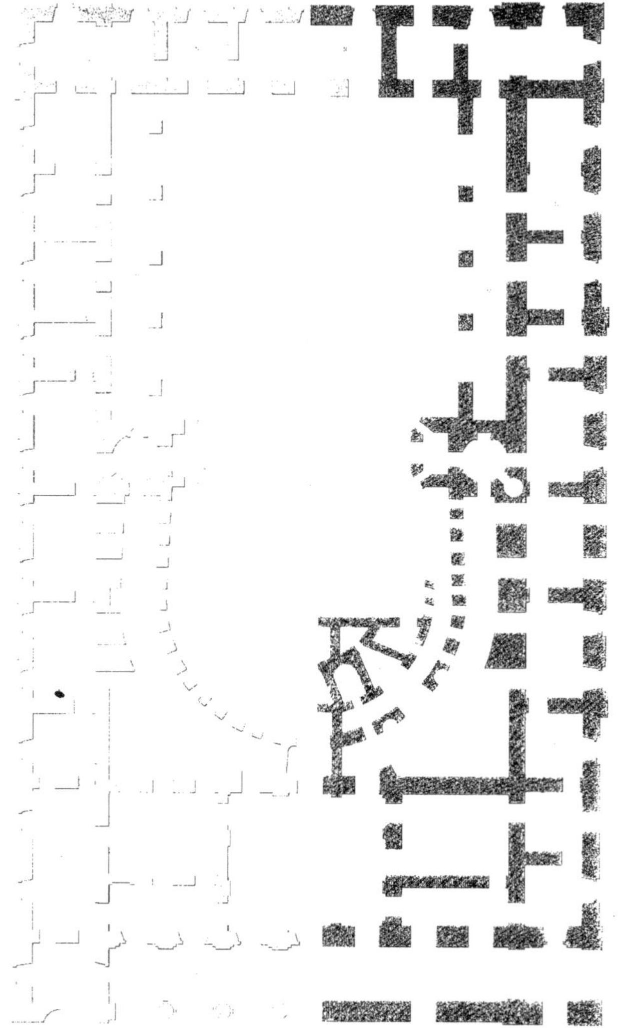

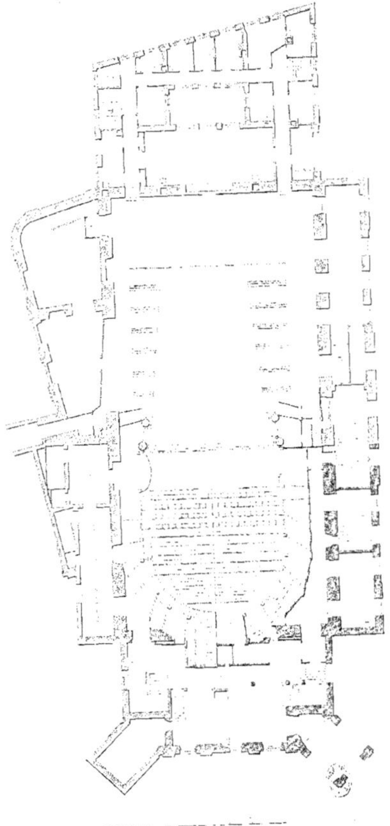

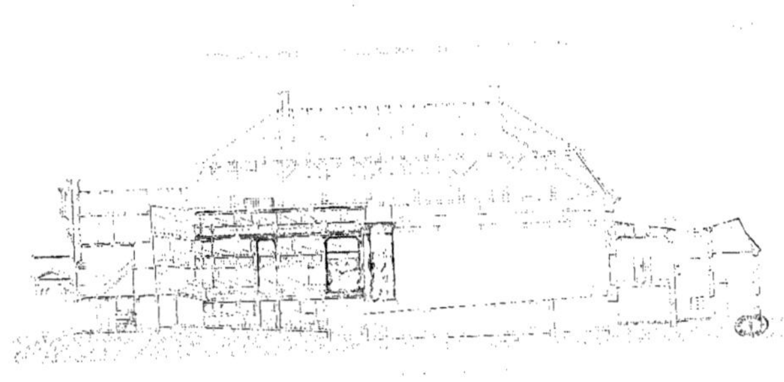

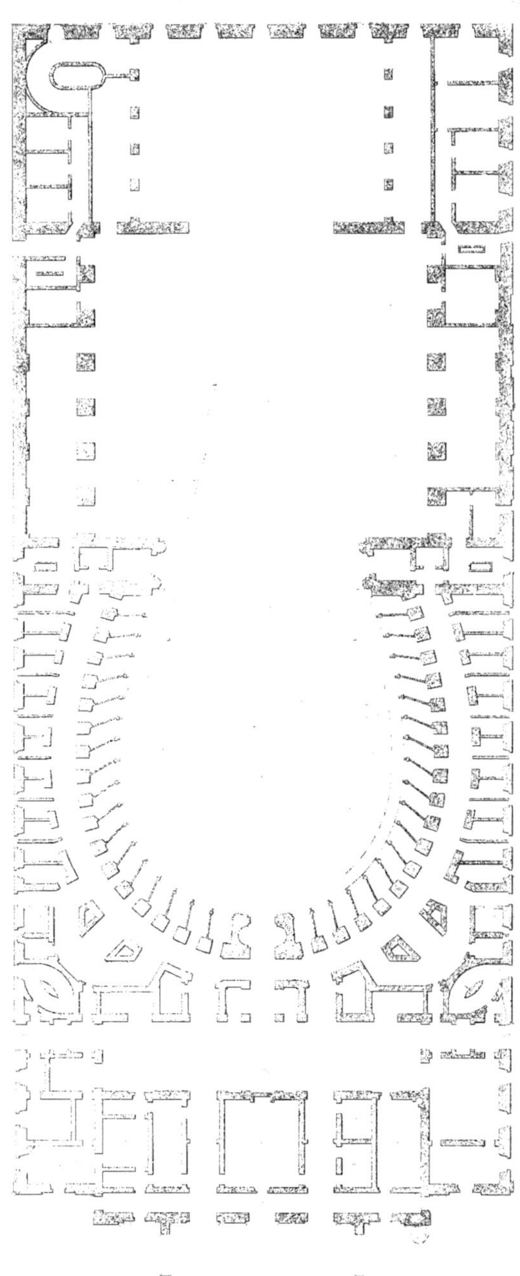

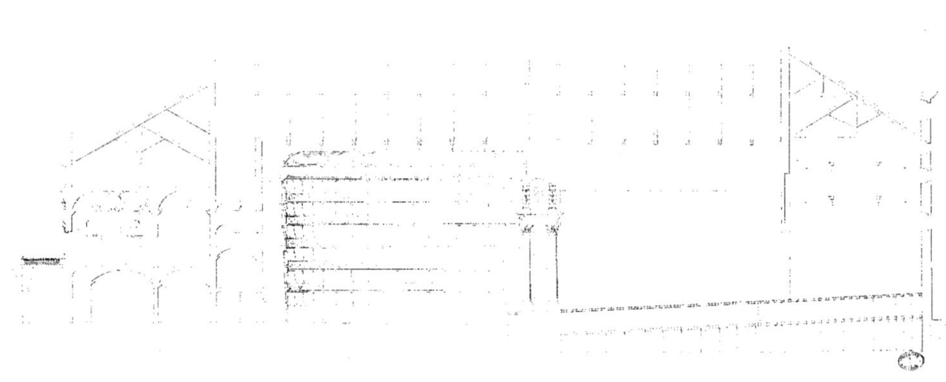

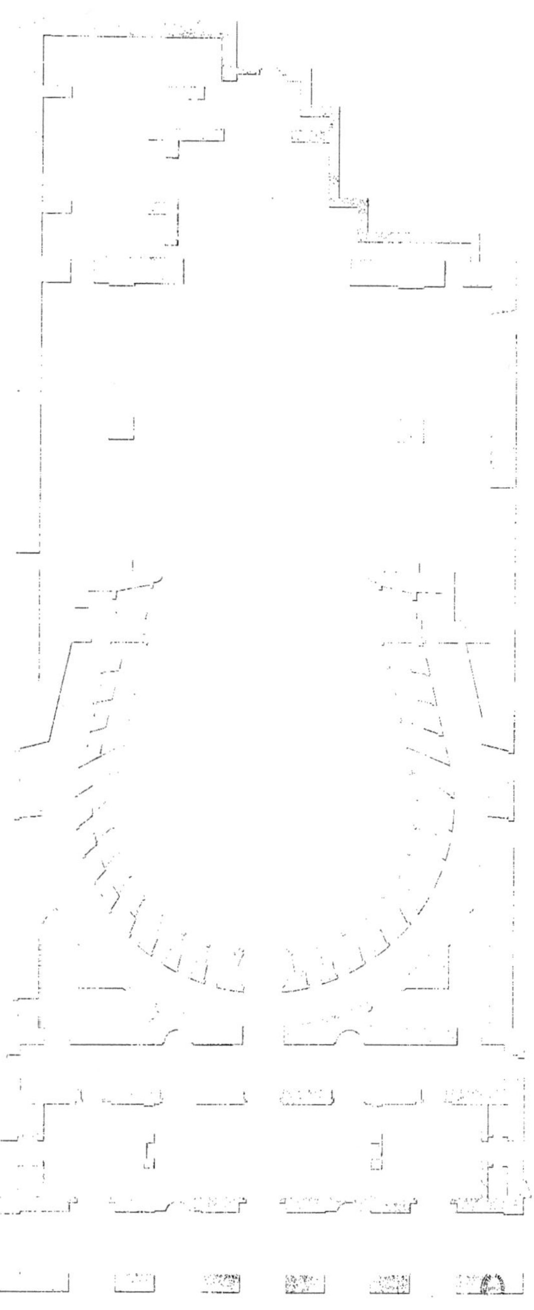

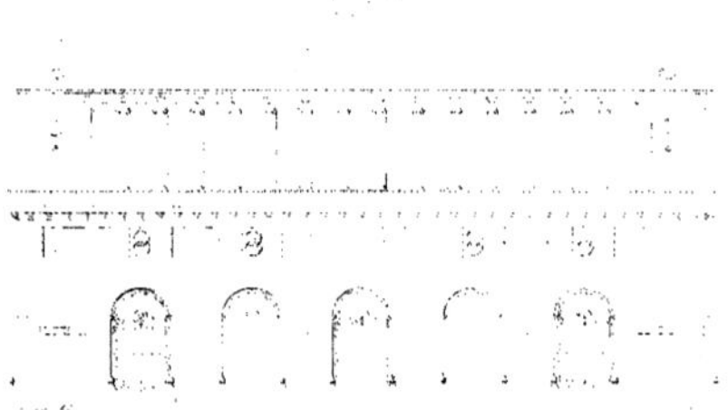

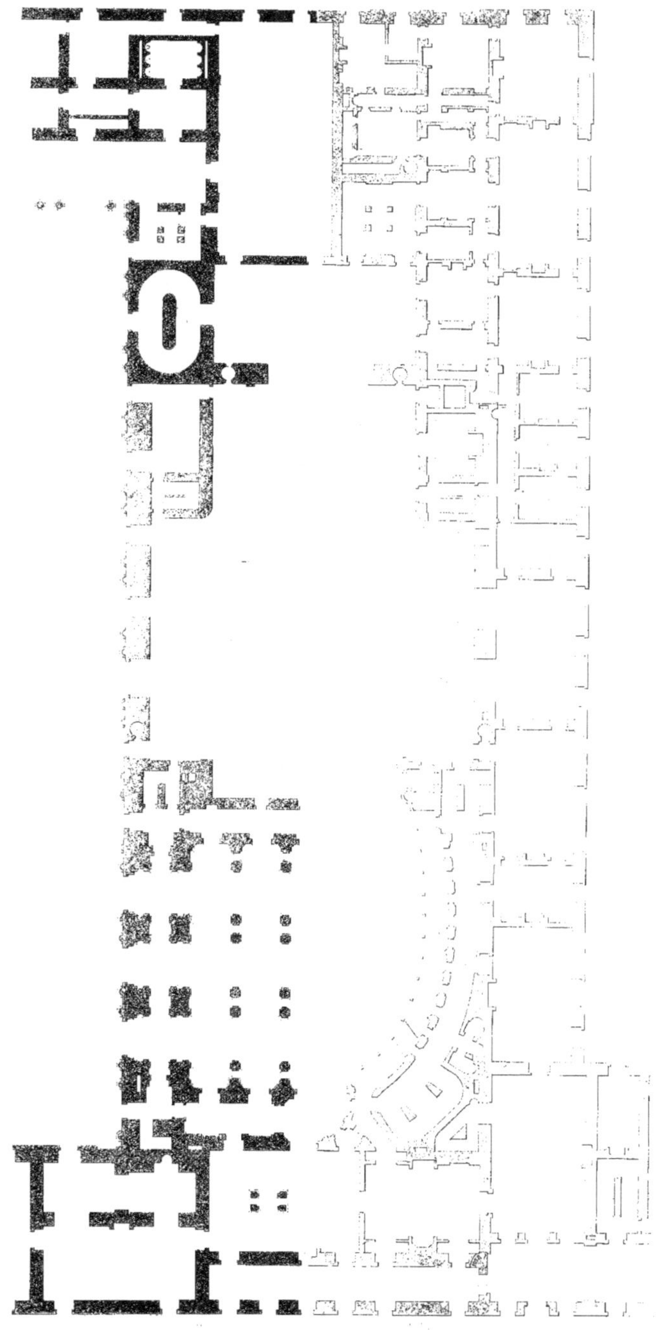

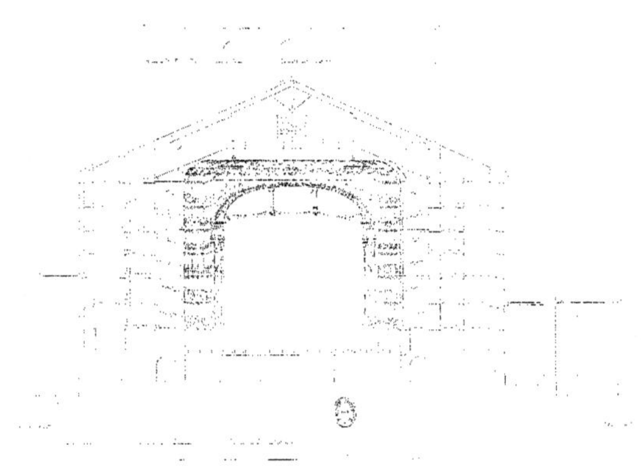

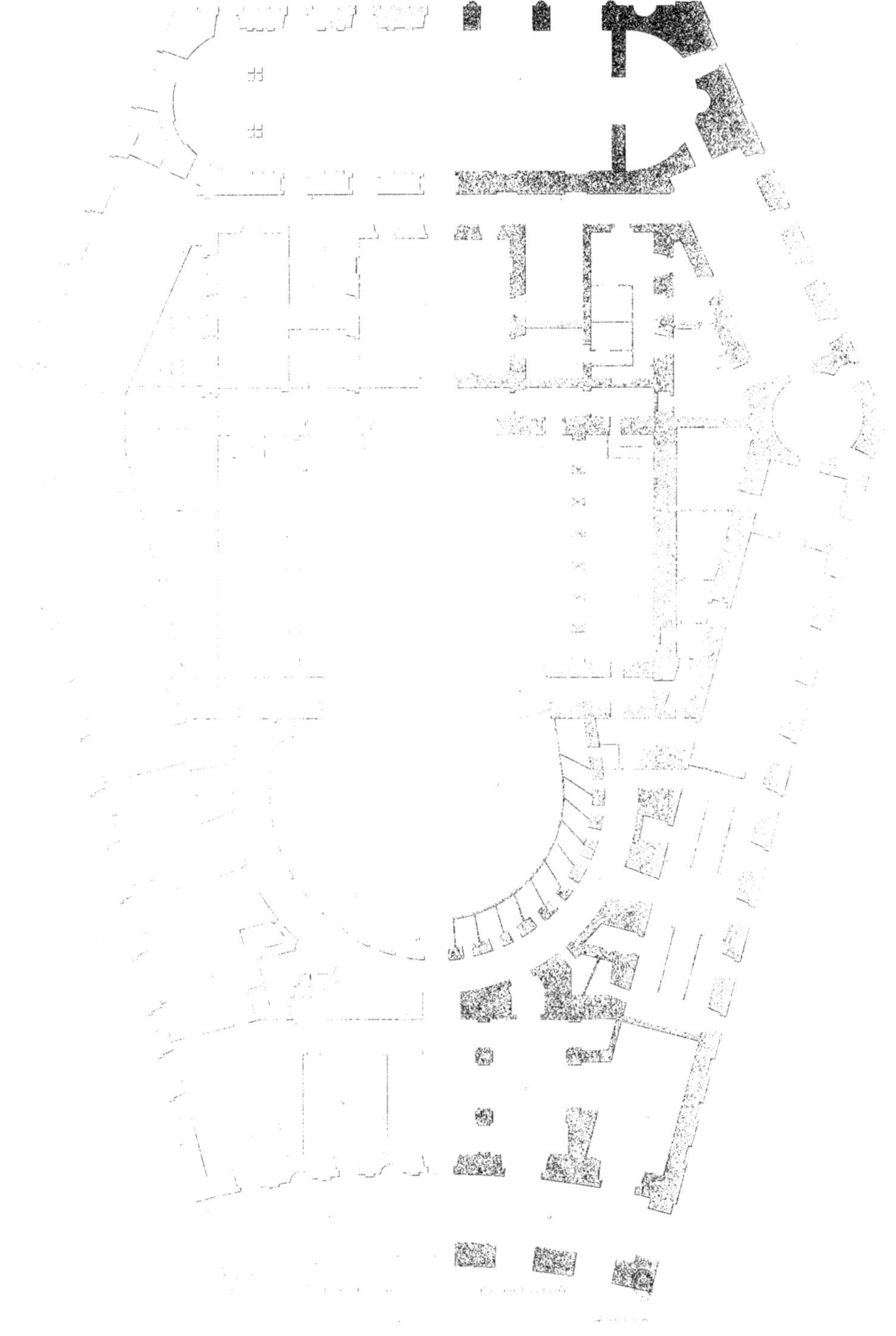

PLAN DU THÉÂTRE ROYAL ... À MADRID

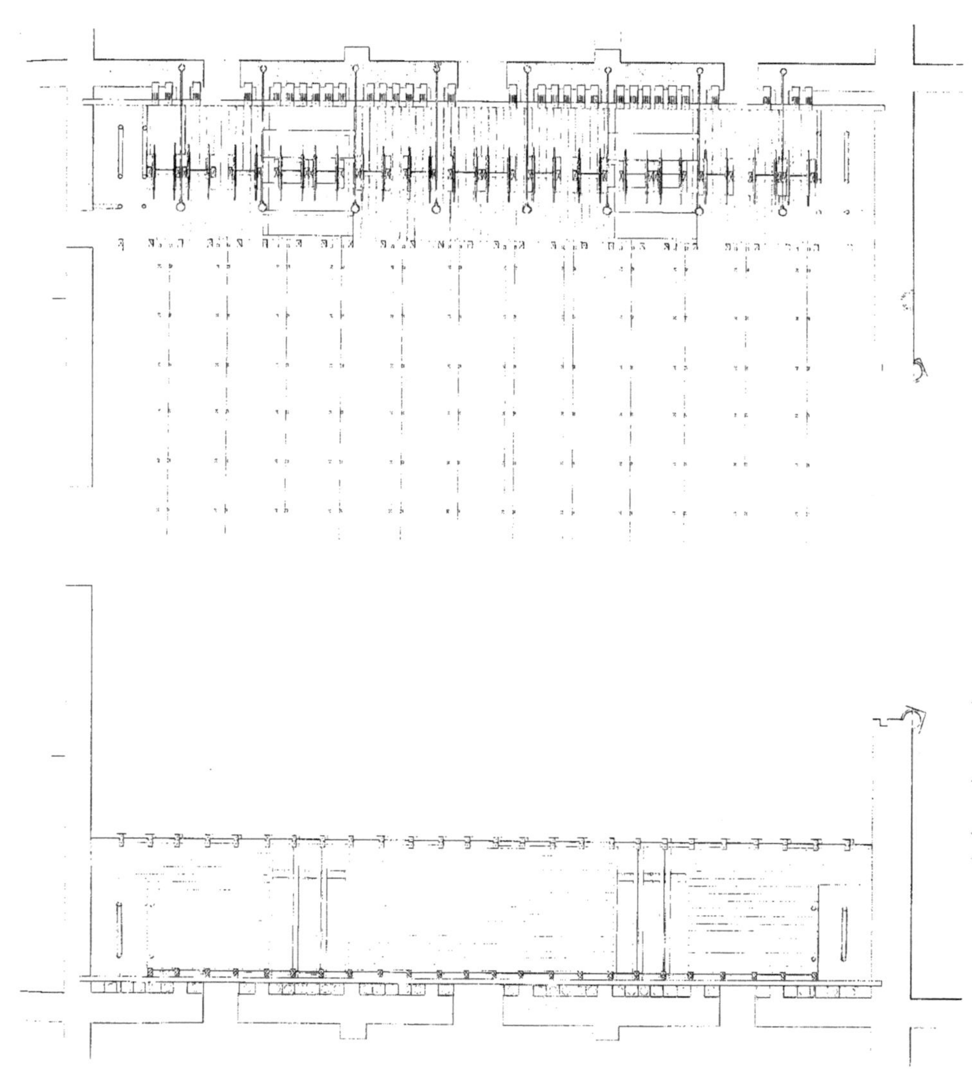

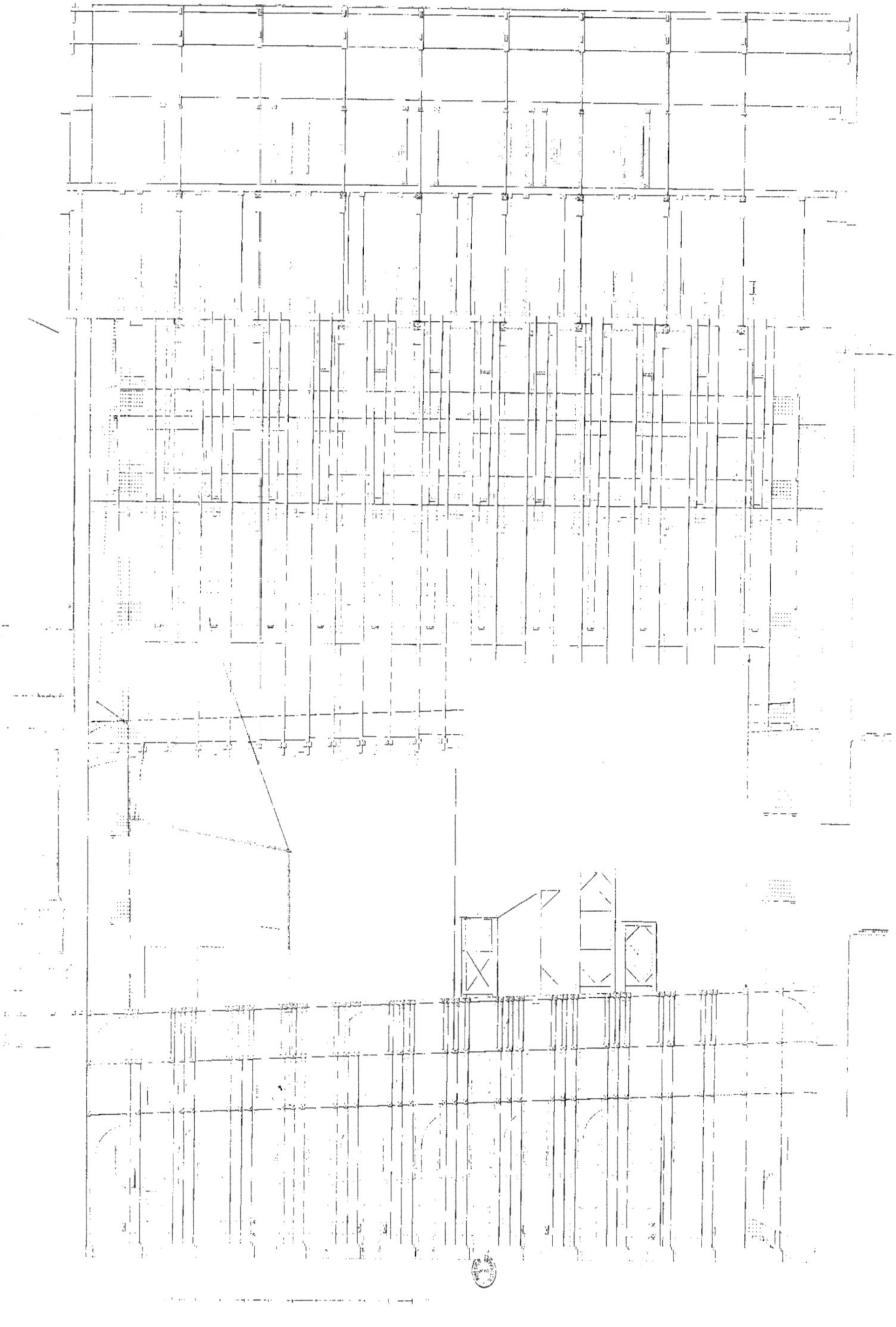

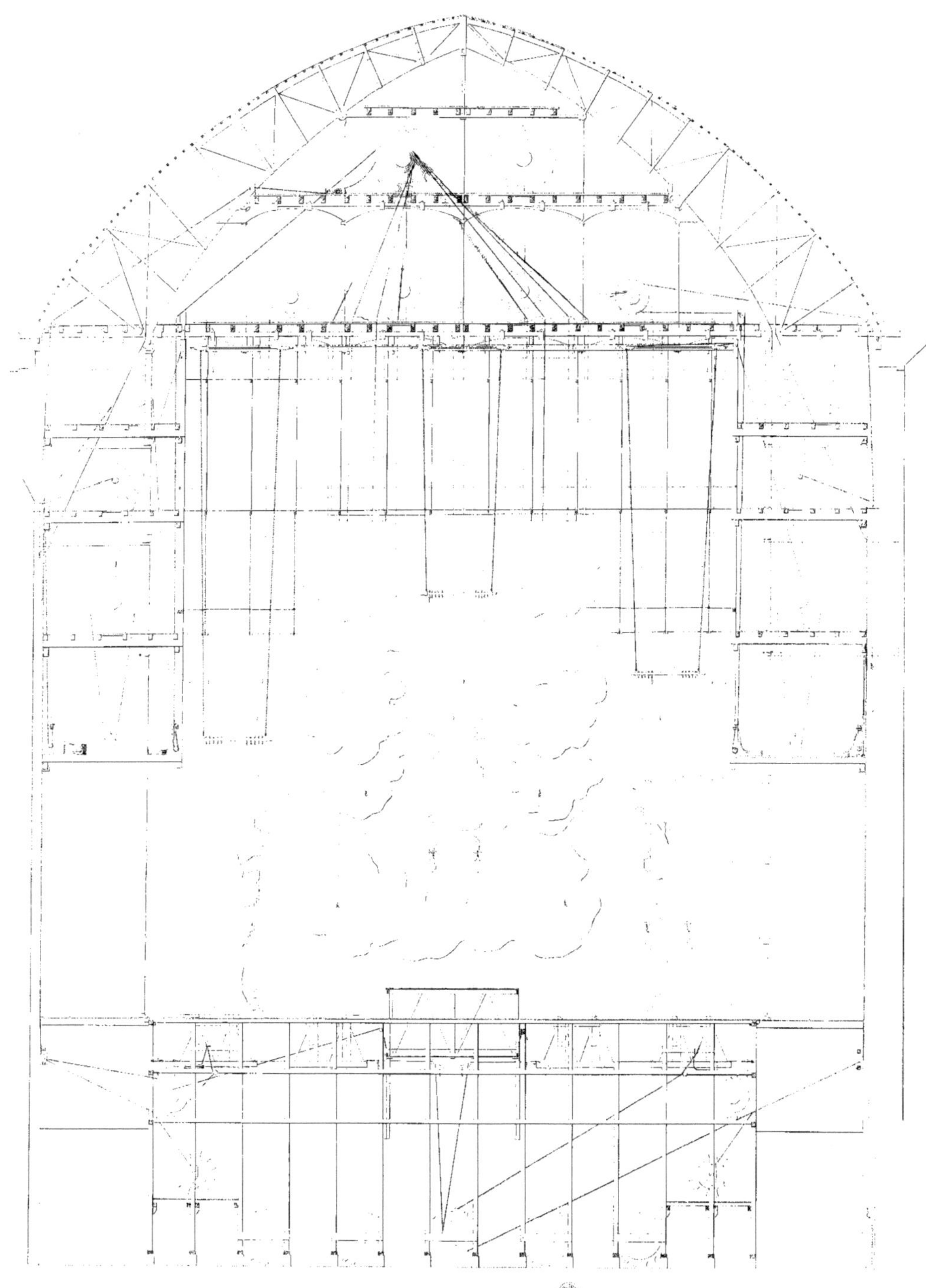

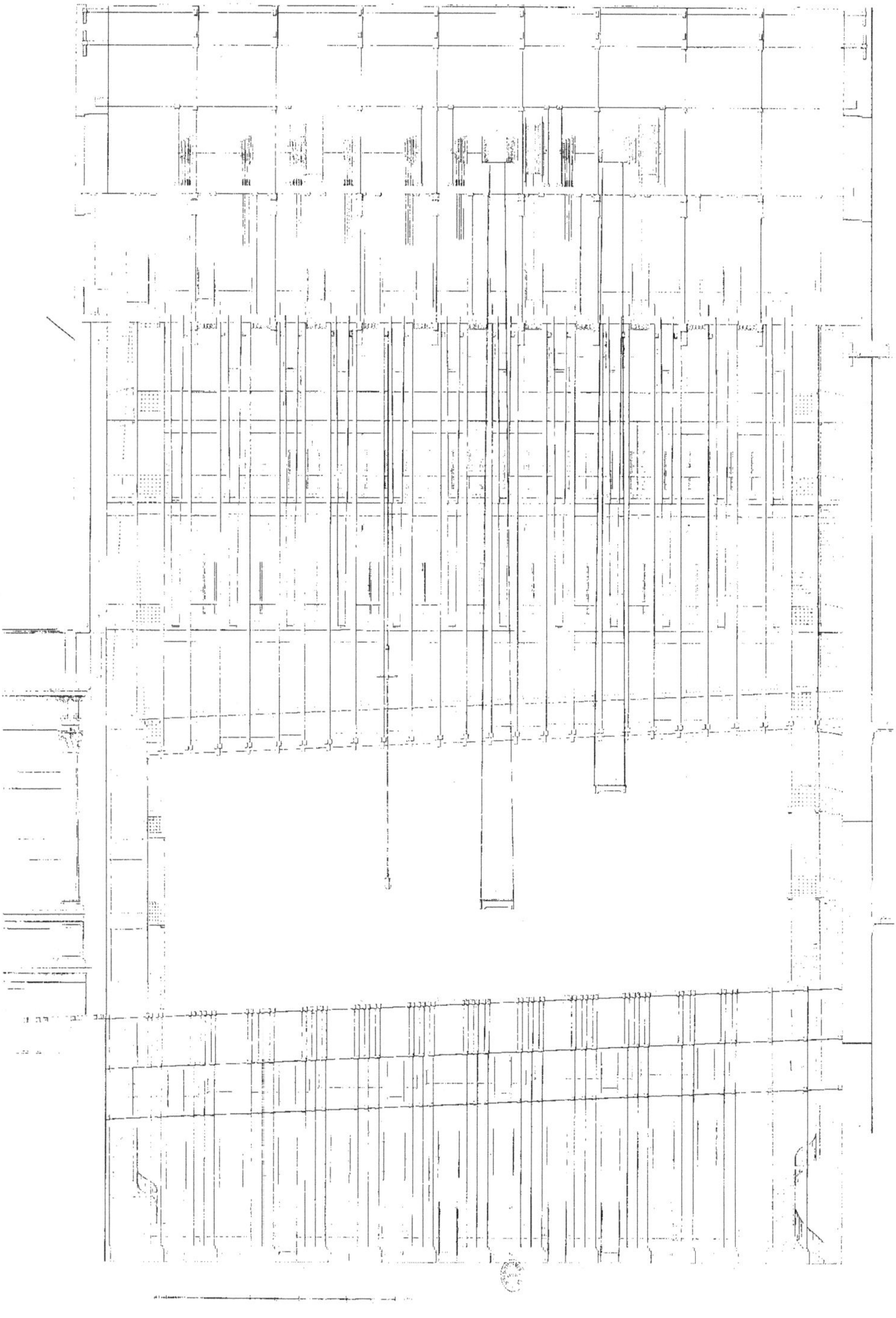

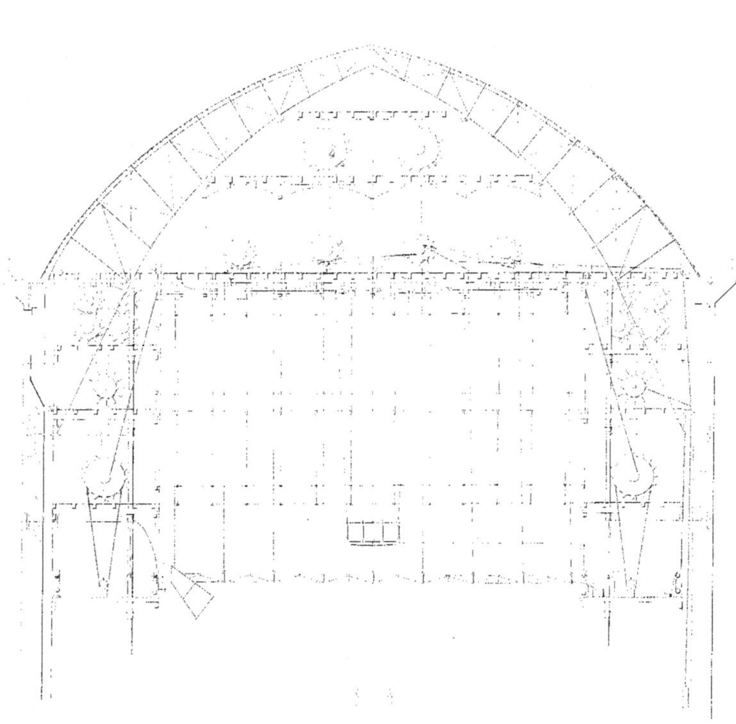

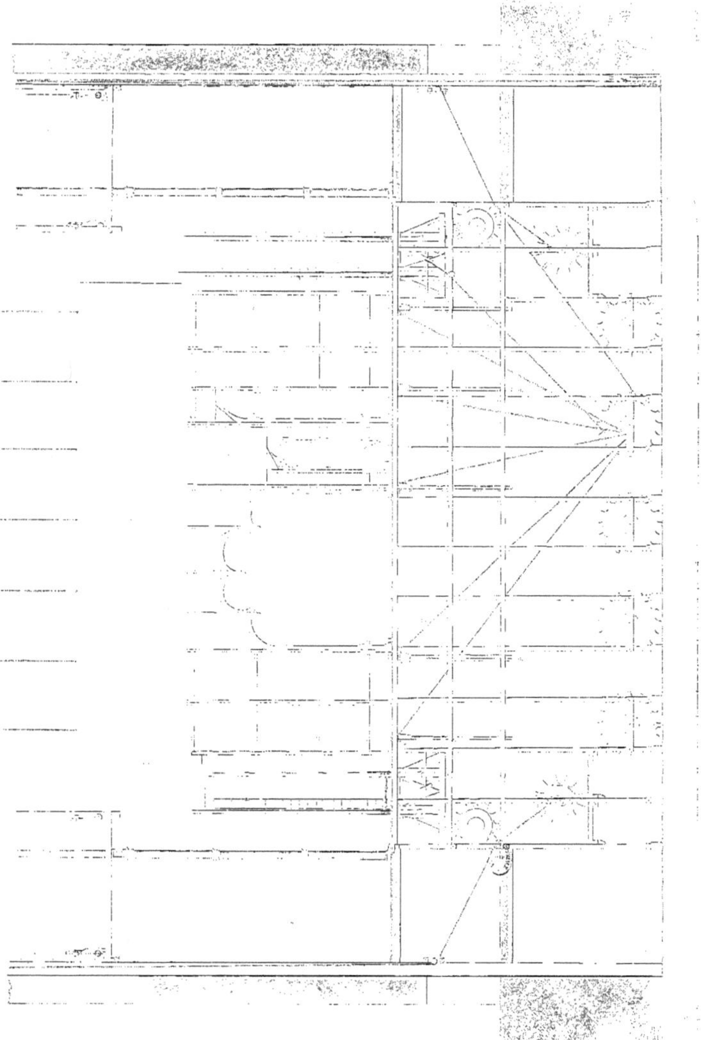

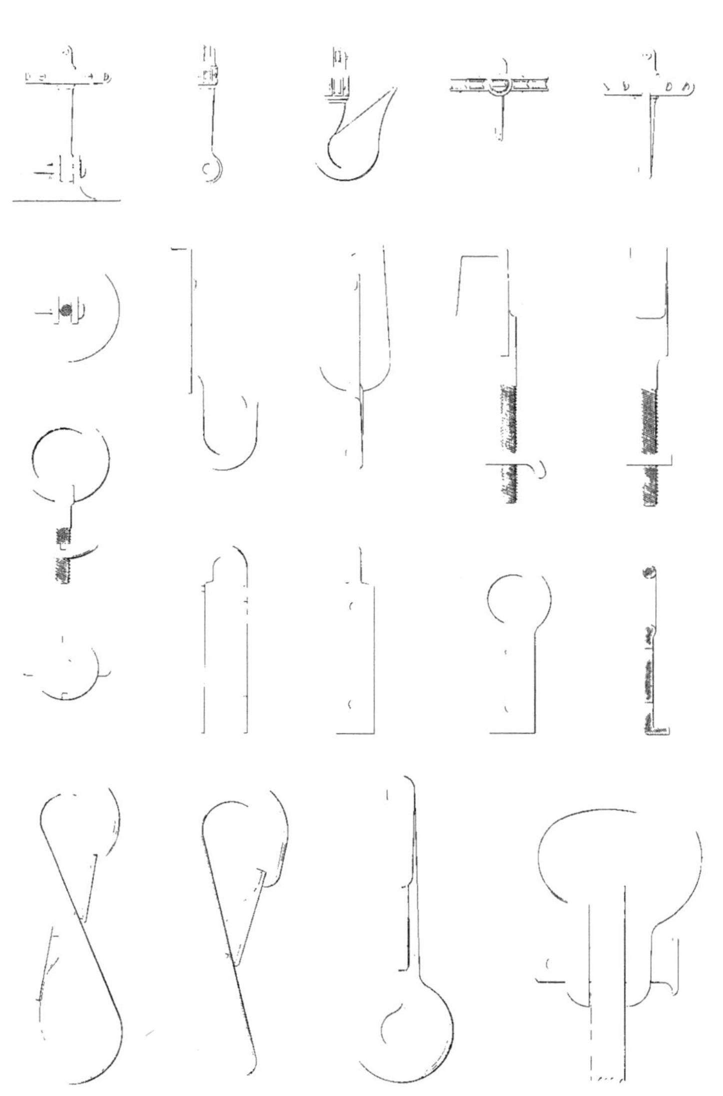

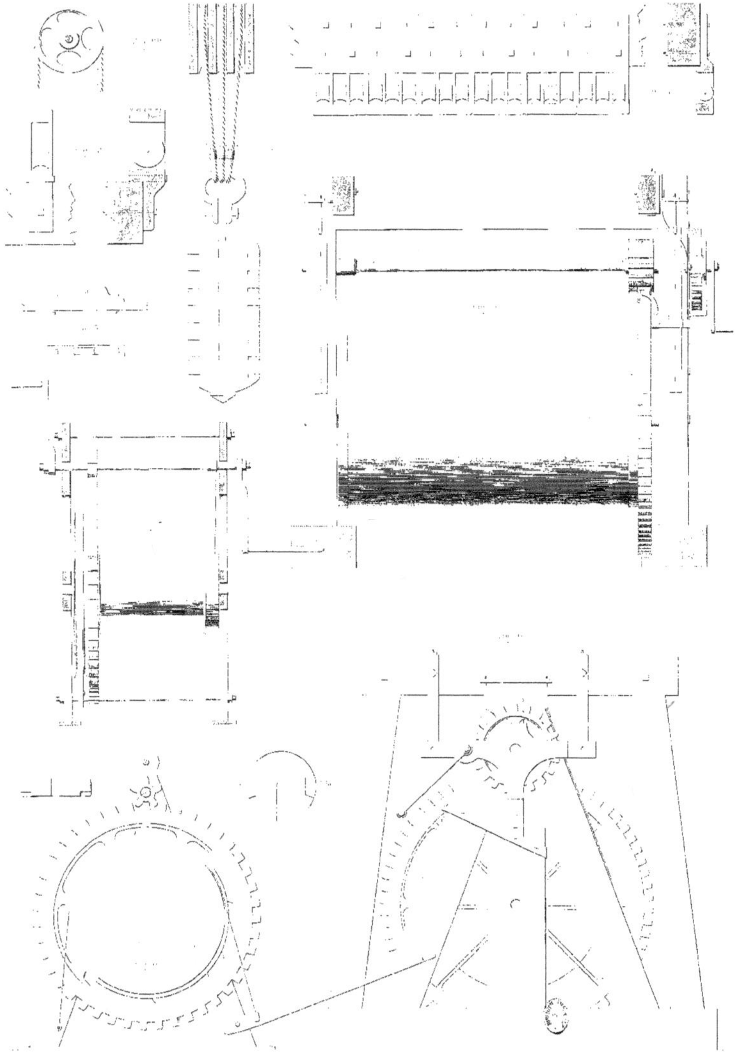

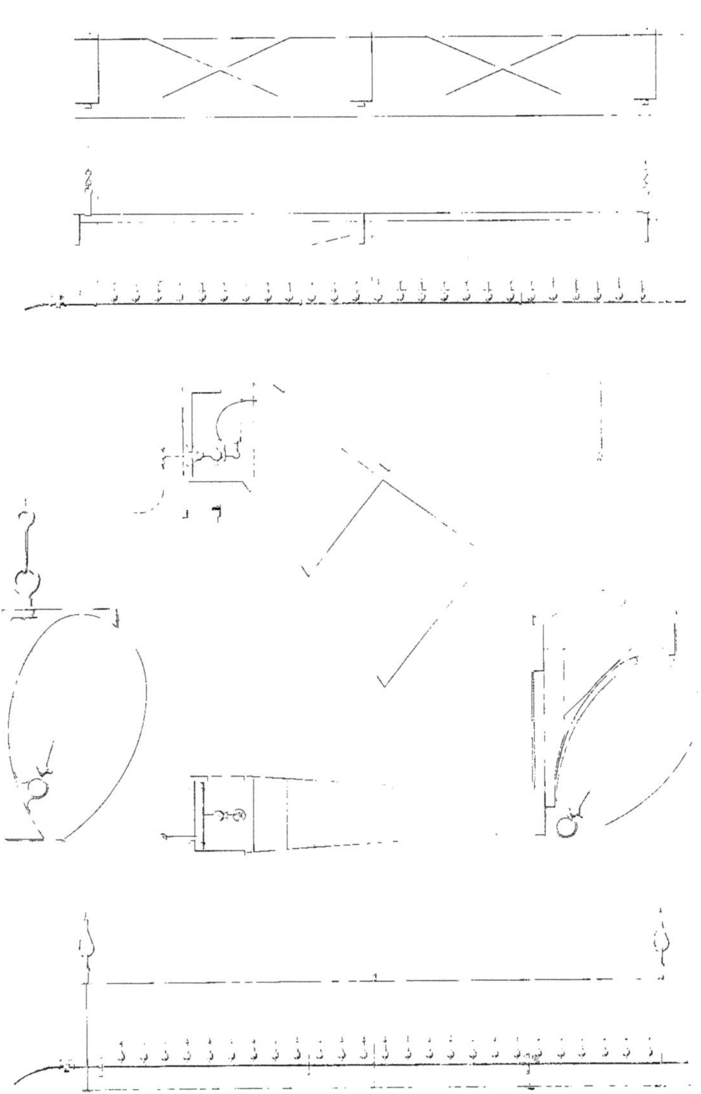

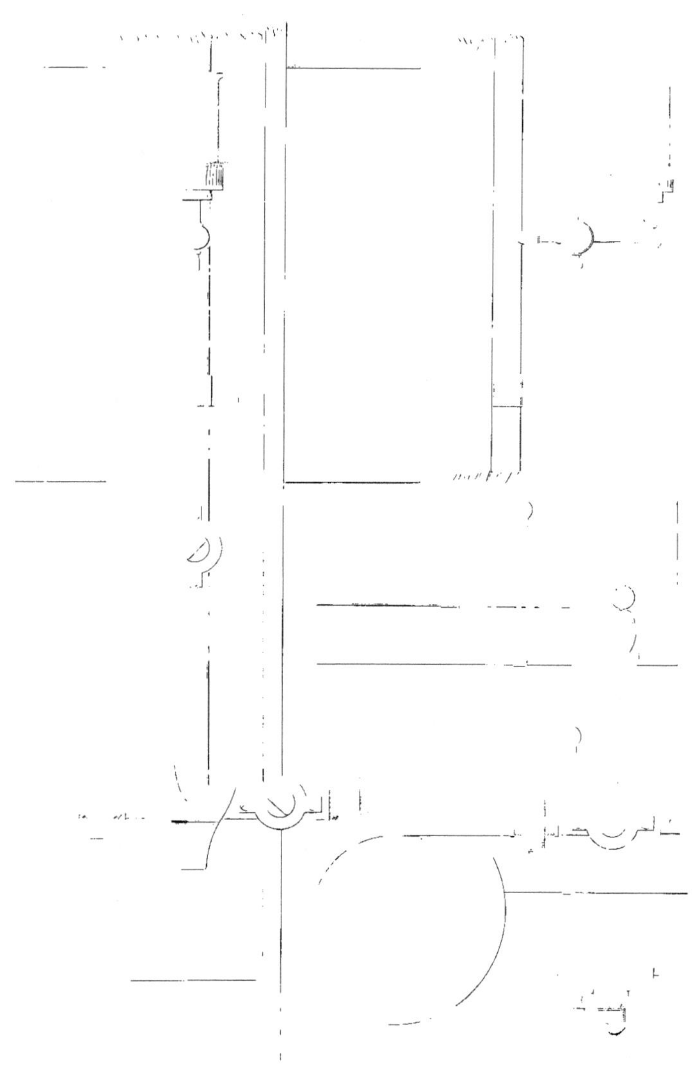

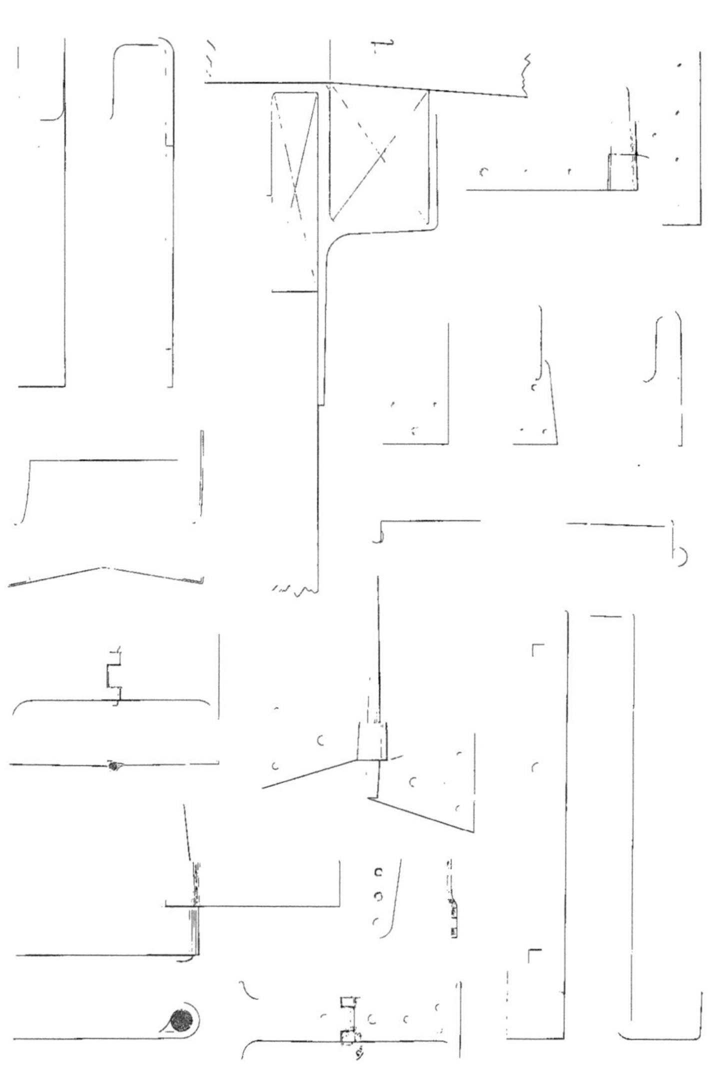

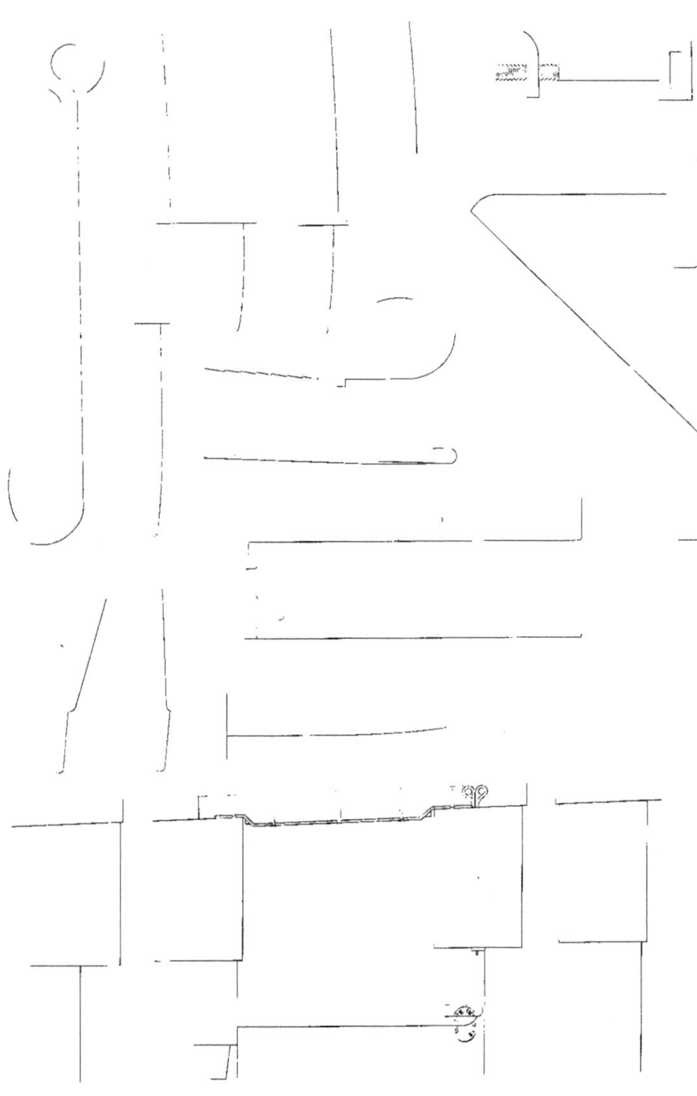

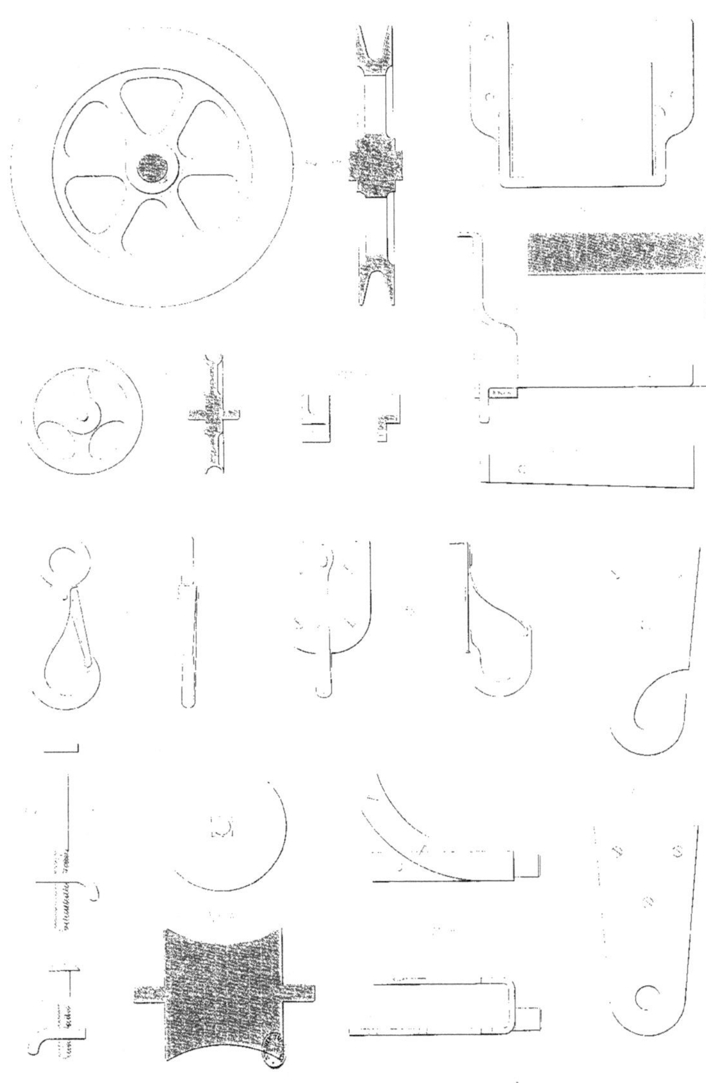

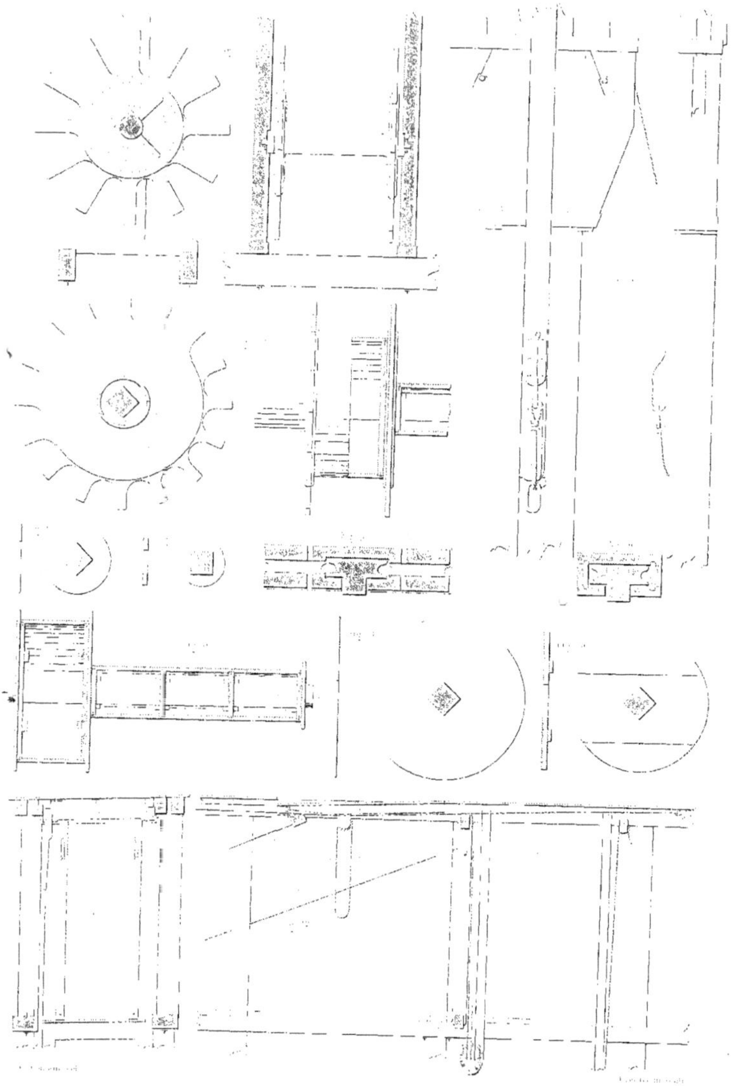

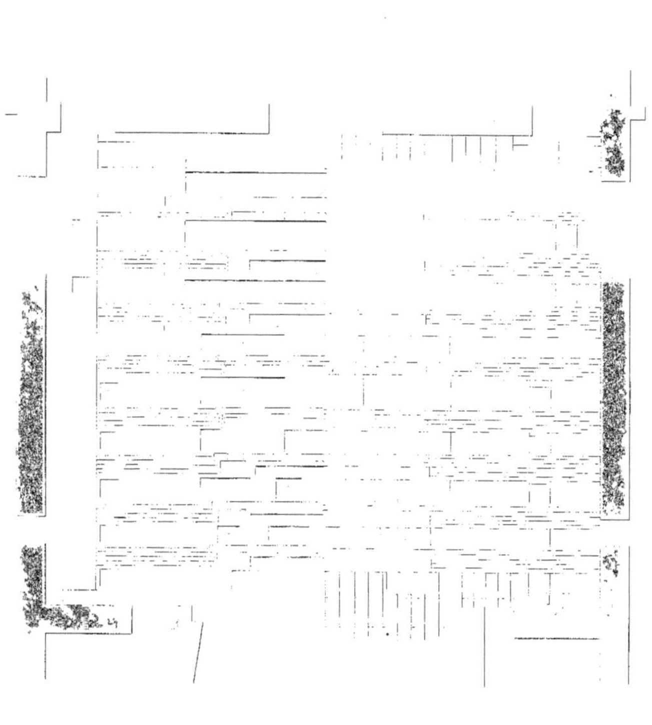

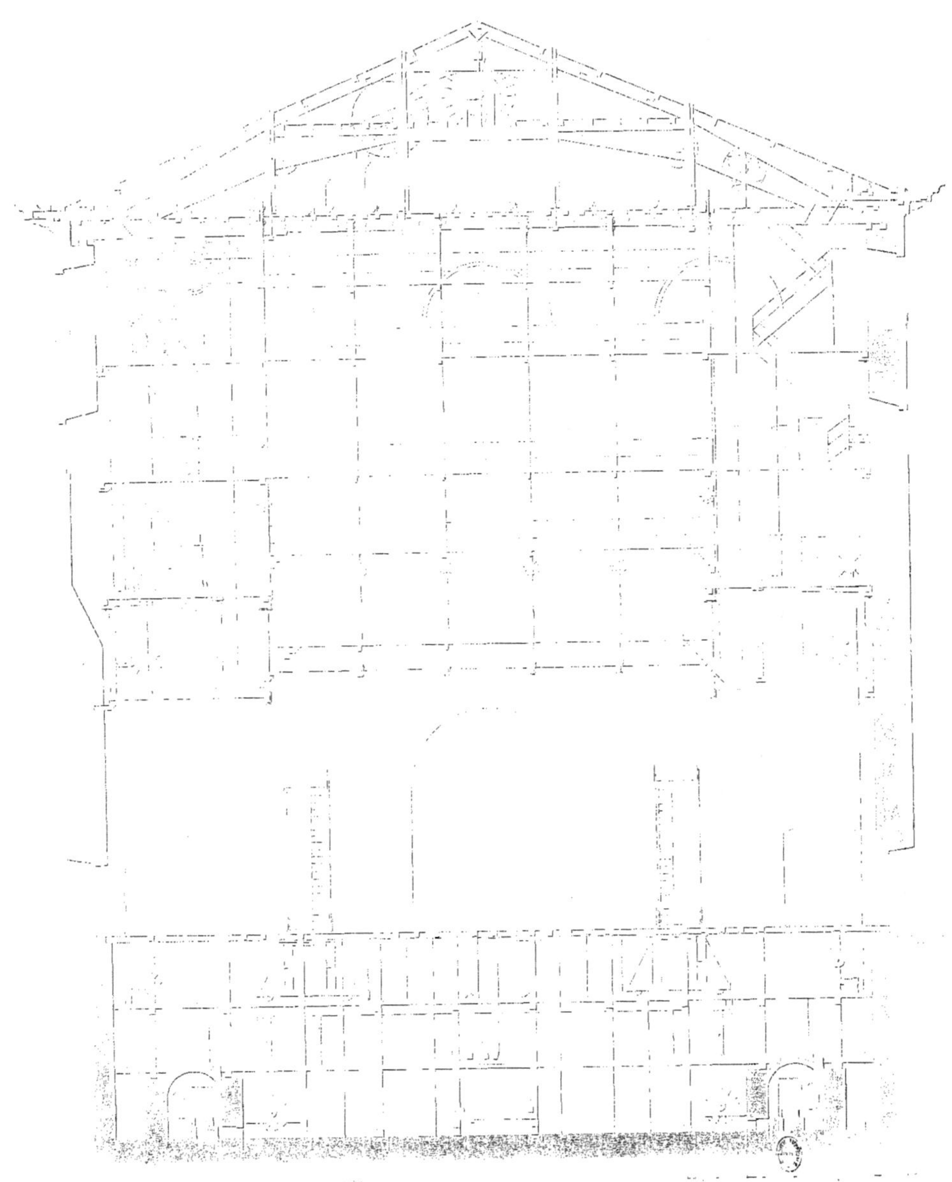

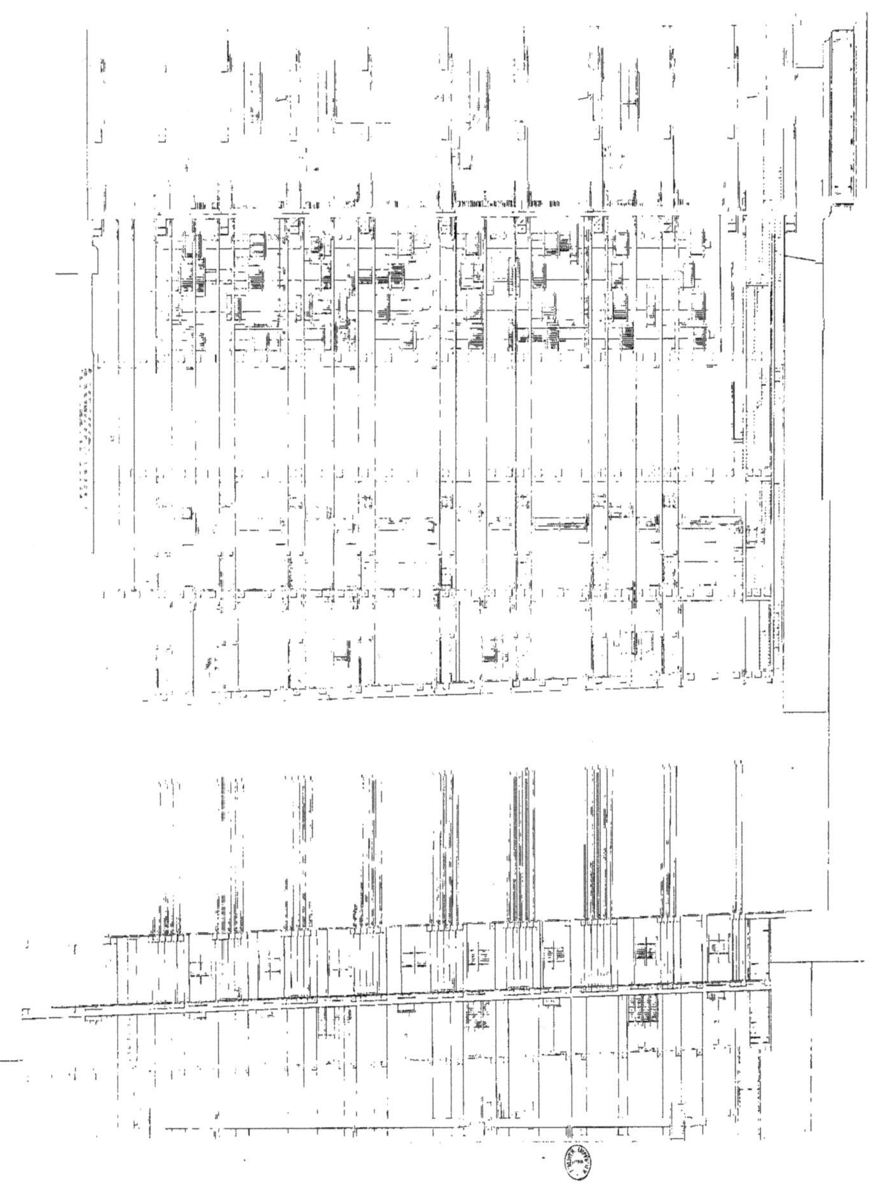

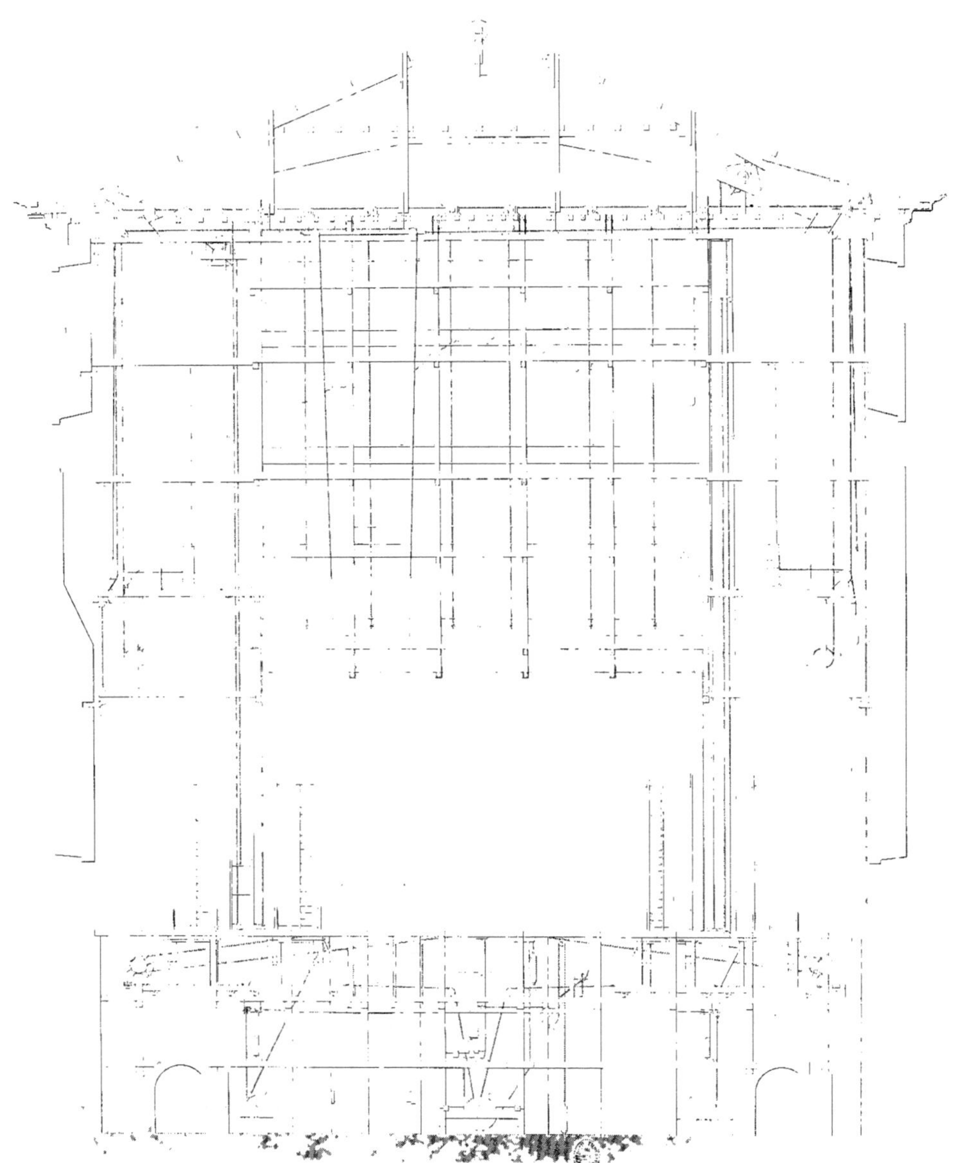
COUPE TRANSVERSALE
DES EQUIPES VOIE CHAUFFAGE TRAPPES RIDEAUX ET PLAFONDS
SYSTEME ALLEVARD

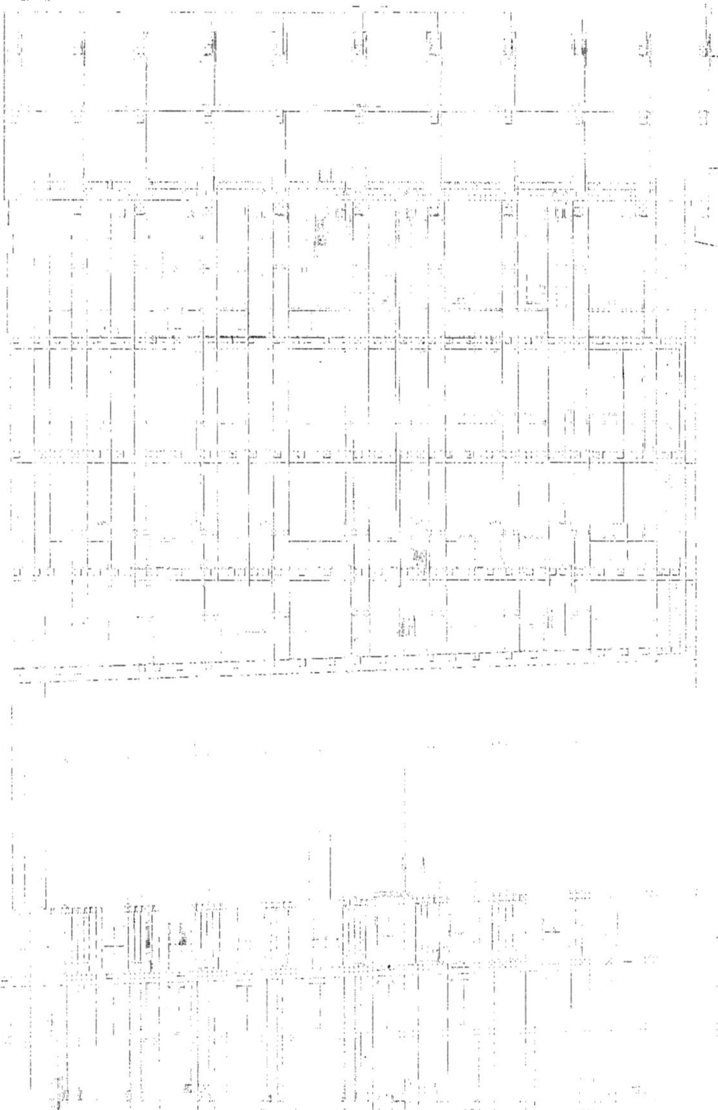
PLANS DES ... DE ... CHATEAUX, TRAPPES, HALLES ET ...

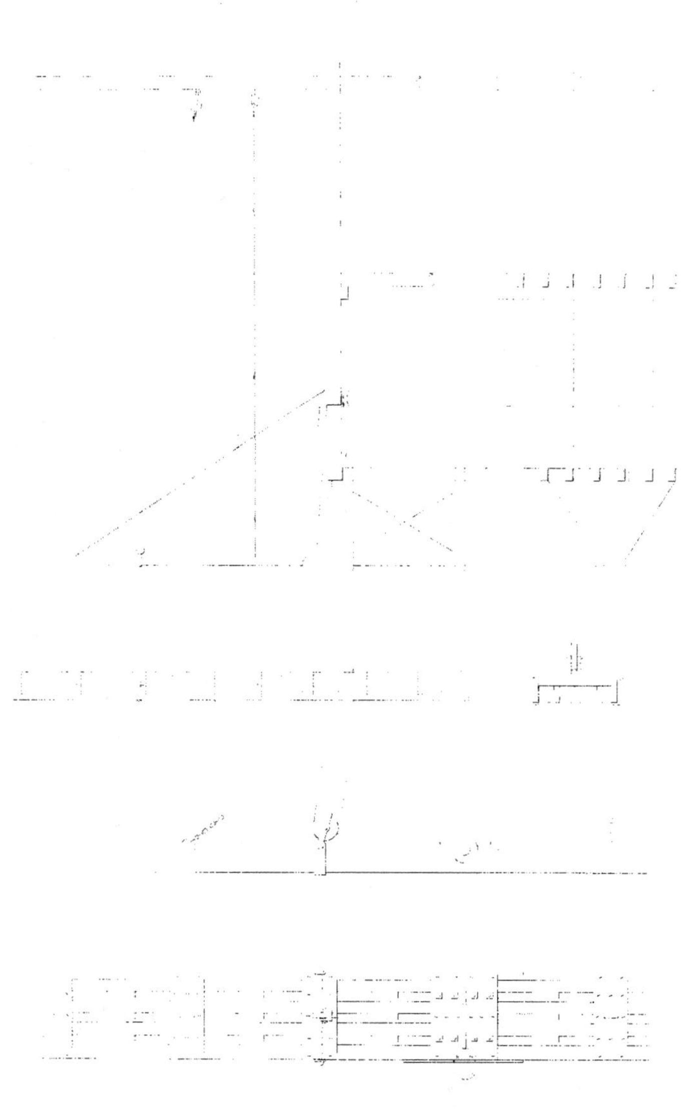

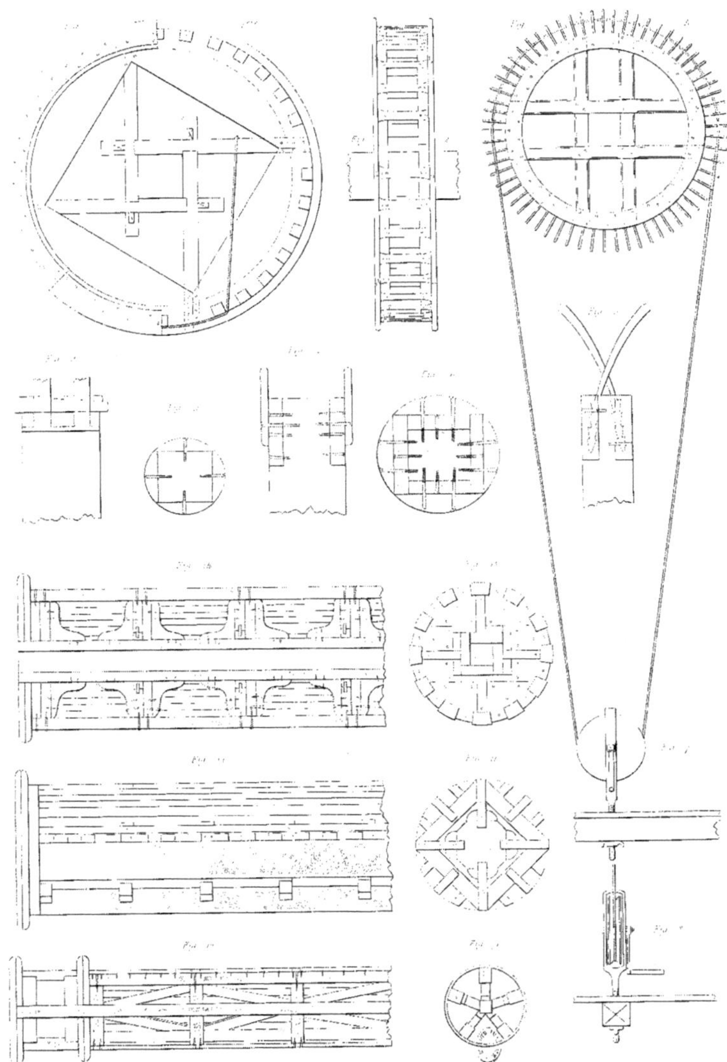

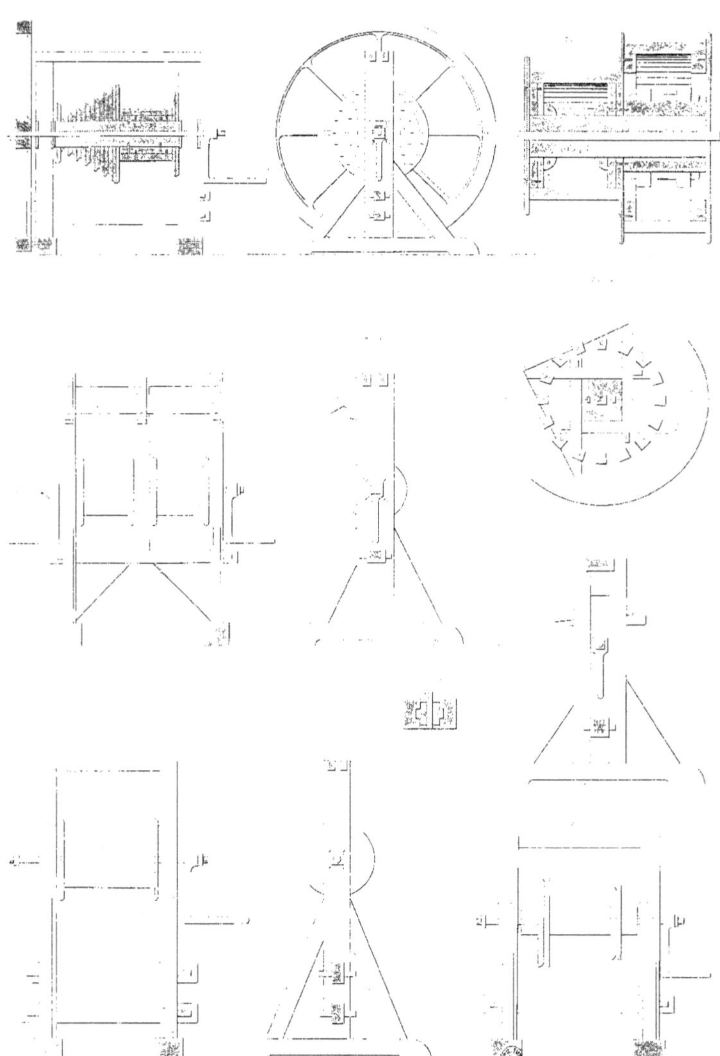

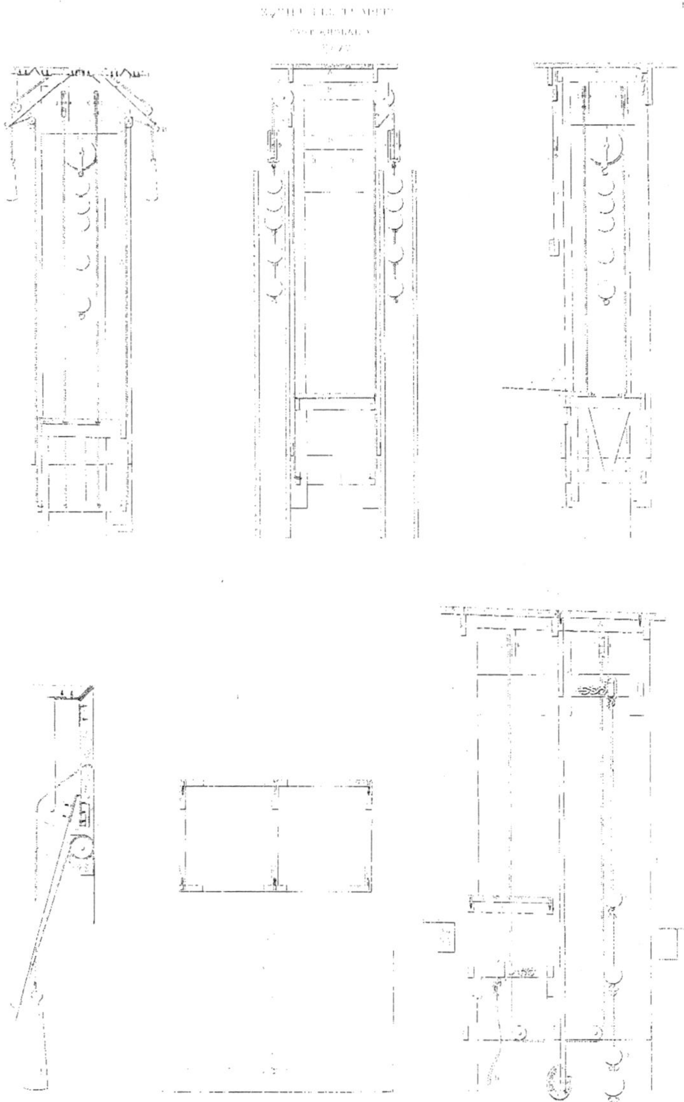

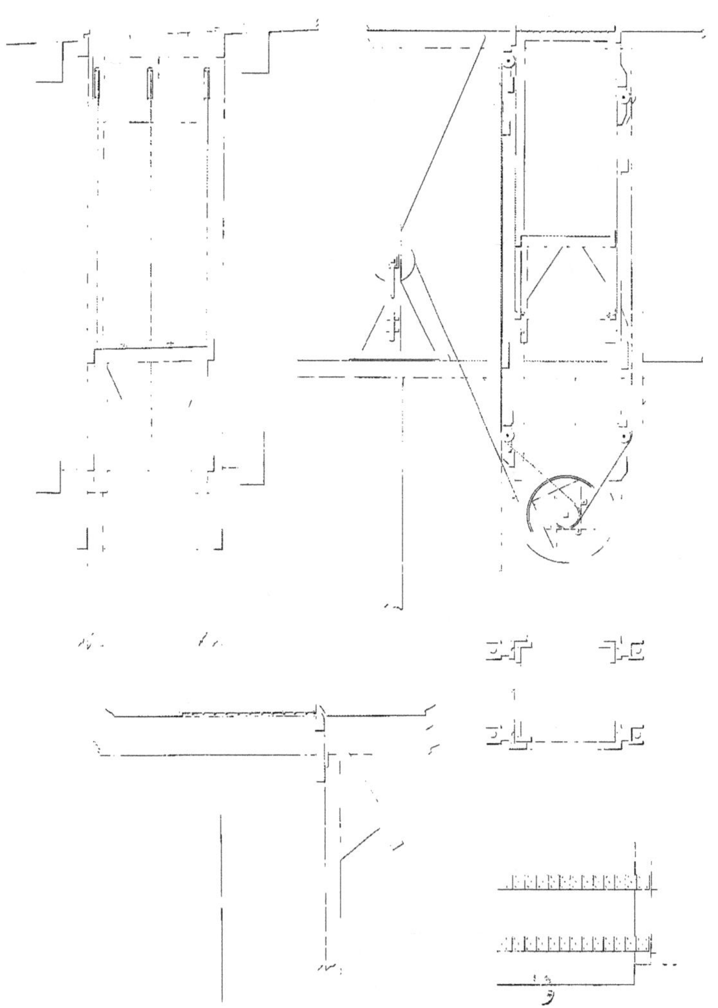

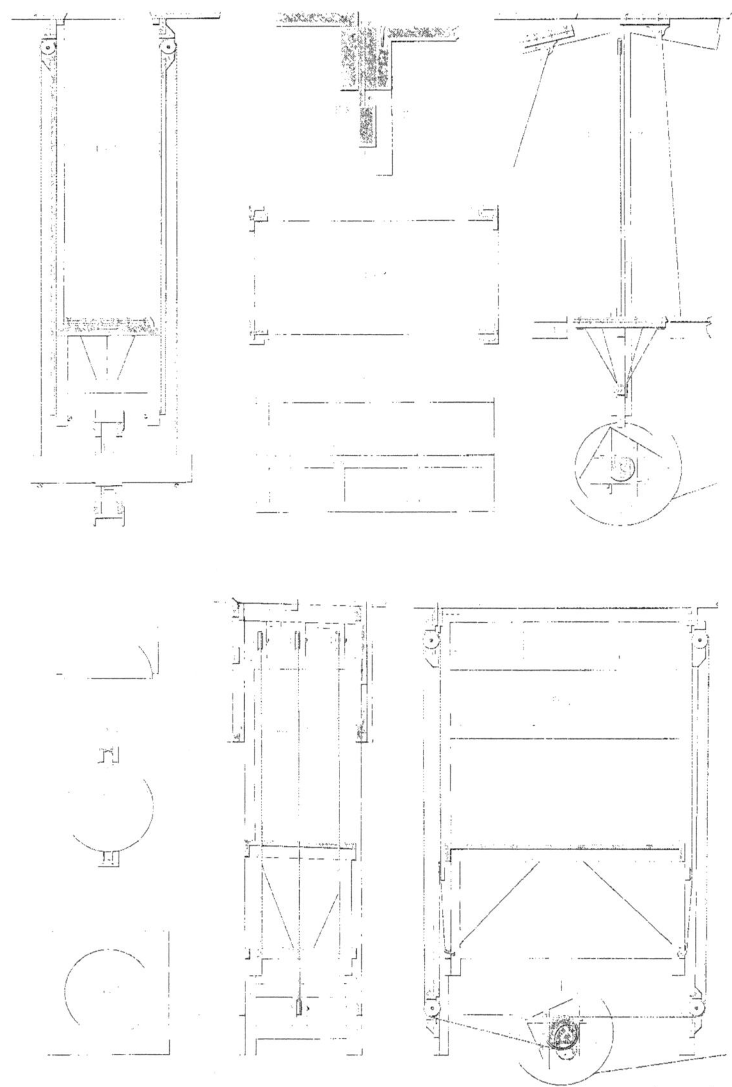

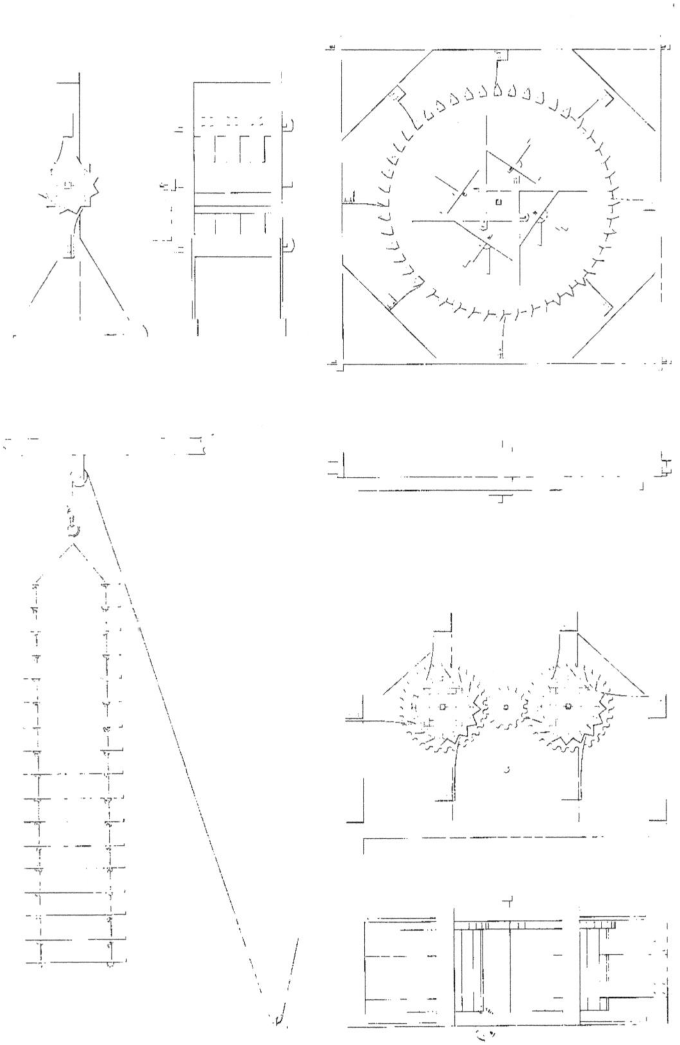

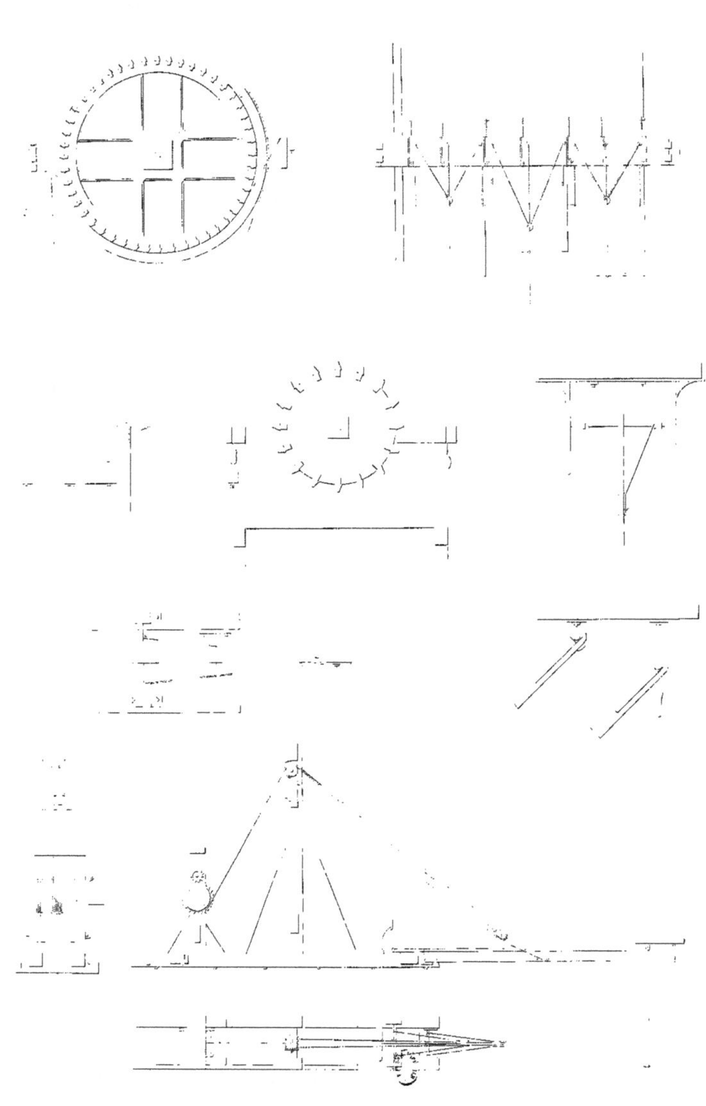

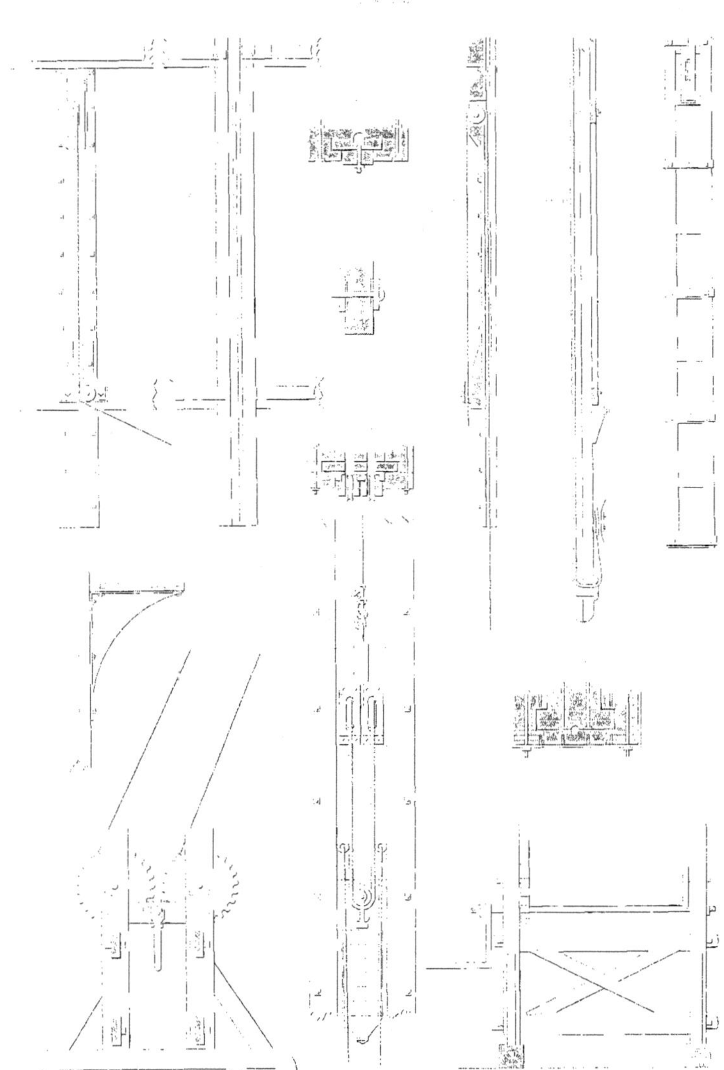

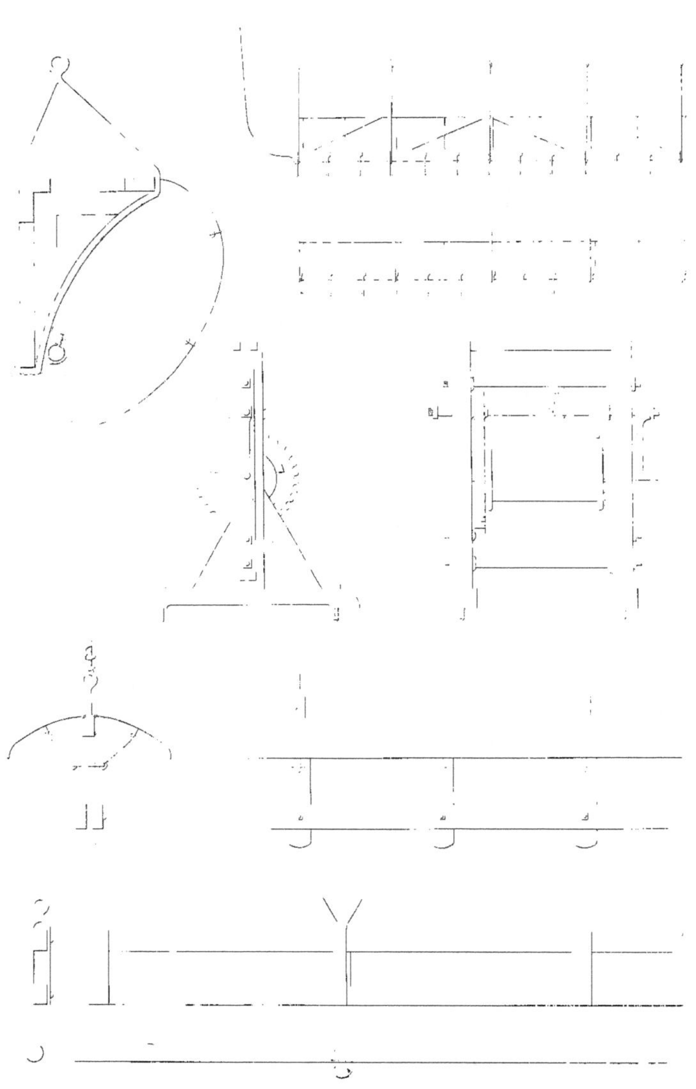

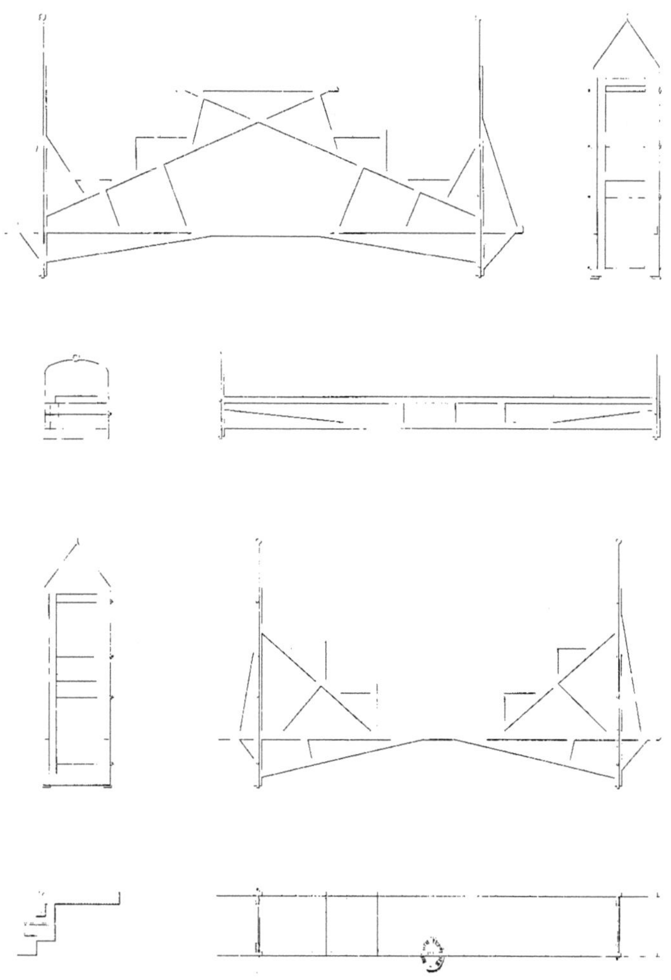

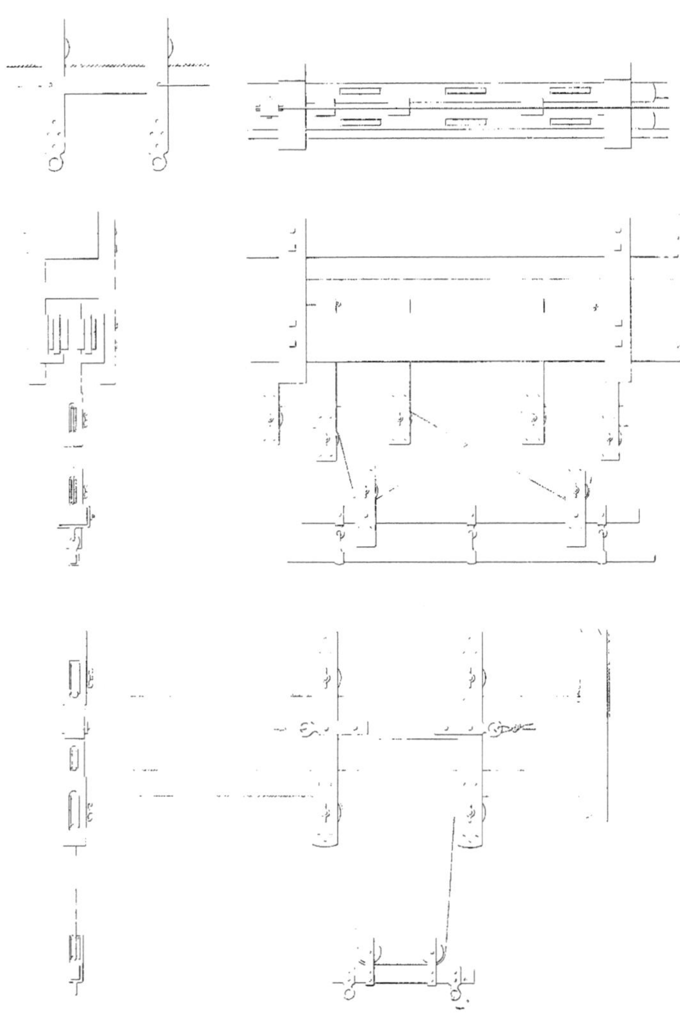

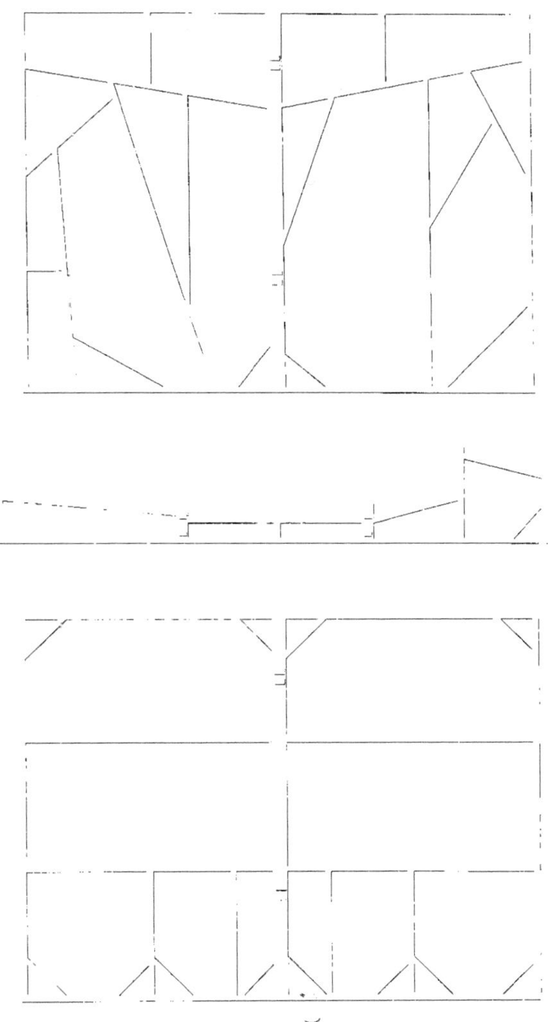

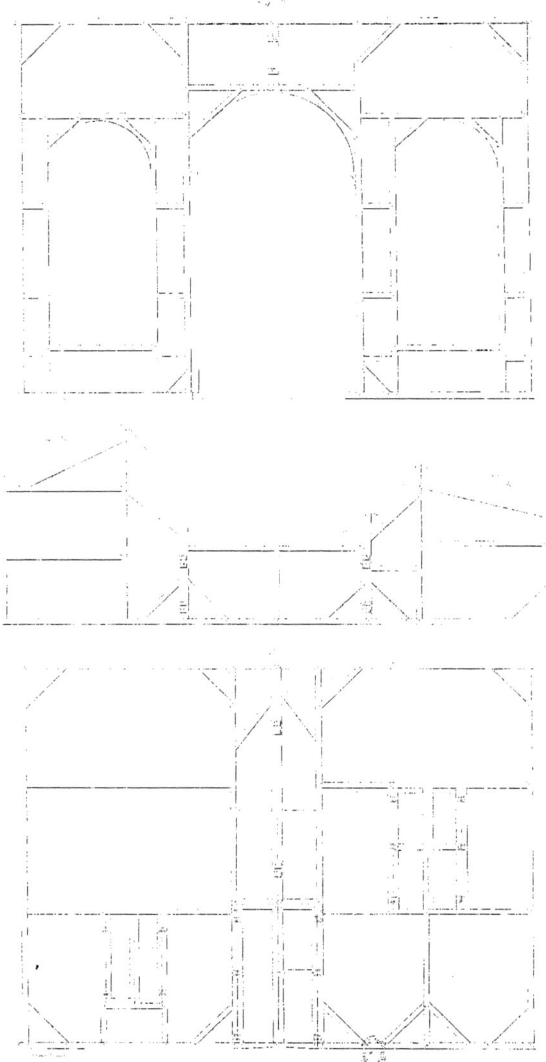

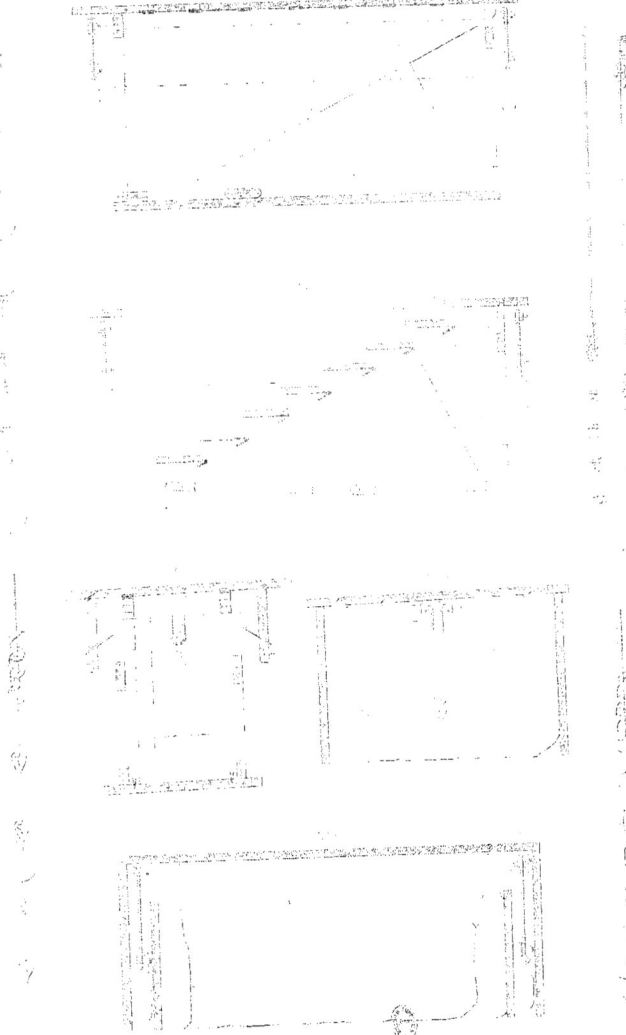